Stefan Künzli
Schweizer Rock Pioniere

Stefan Künzli

Schweizer Rock Pioniere

Eine Spurensuche in den rebellischen Gründerjahren

ZYTGLOGGE

Der Autor und der Verlag danken herzlich für die Unterstützung:

Hans und Lina Blattner-Stiftung

www.lunique-foundation.org

Der Zytglogge Verlag wird vom Bundesamt für Kultur mit einem Strukturbeitrag für die Jahre 2021–2024 unterstützt.

Lektorat: Angelia Schwaller
Korrektorat: Helga Loser-Cammann
Coverillustration: Silvan Wegmann
Umschlaggestaltung: Kathrin Strohschnieder
Inhaltgestaltung/Layout/Satz: Andreas Färber, mittelstadt 21
Druck: BALTO print, Litauen

ISBN: 978-3-7296-5069-5

www.zytglogge.ch

INHALT

PROLOG

Rock war die Musik des Protests und der Rebellion. Der laute, hemmungslose Sound einer Jugend, die gegen die Elterngeneration aufbegehrte und sich als Gegenkultur zur bürgerlichen Welt definierte. Jedenfalls in seinen Anfängen. Rock schlug den Rhythmus der Selbstfindung und Emanzipation mit einem Lebensgefühl des Aus- und Aufbruchs. Die konservative Schweiz reagierte mit heftiger Ablehnung und blankem Unverständnis auf die langhaarigen Musiker mit ihren hedonistischen Erweckungsrufen.

Doch wie, wann und warum wurde die Schweiz vom Rockvirus erfasst? Wann setzte sich die Musik durch? Wer war der erste Schweizer Rockmusiker? Welches die erste Schweizer Rockband? Welches die erste Rockplatte? Welches waren die Meilensteine des Schweizer Ur-Rock? Und überhaupt: Wer hat den Mundartrock «erfunden»? Das Buch über die «Schweizer Rock Pioniere» taucht ein in die Gründerjahre des Schweizer Rock der späten 1960er-Jahre und beschreibt die Entwicklung dieser Musik in den 1970er-Jahren.

Die Schweizer Beatphase in den 1960er-Jahren ist im Buch «BeatProtest» des Musikhistorikers Sam Mumenthaler bestens dokumentiert, die darauffolgende Ära des Rock in den späten 1960er-Jahren und 1970er-Jahren noch nicht. Das vorliegende Buch über die «Schweizer Rock Pioniere» ist eine Spurensuche in einer Zeit des Aufbruchs. In intensiven Gesprächen mit Zeitzeugen und damaligen Musikern wird die Entstehungsgeschichte des Schweizer Rock und werden die Geschichten der betroffenen Rock Pioniere erzählt. Viel wird festgehalten, das noch nicht festgehalten ist und sonst wohl bald verloren ginge. Das Buch hat insofern auch einen starken dokumentarischen Charakter.

Rock ist der Soundtrack einer Zeit im Aufbruch. Die Geschichte des Schweizer Rock ist deshalb auch Schweizer Sozialgeschichte und wird in diesem Buch eingebettet in den gesellschaftlichen und gesellschaftspolitischen Kontext der Zeit. Querverweise und Vergleiche zur Entwicklung der internationalen Pop- und Rockgeschichte dienen der Einordnung. Musikgeschichte ist die Folge von kulturellen Wechselwirkungen und historischen Prozessen. Die Entwicklung und die Geschichte des Schweizer Rock kann deshalb nur über die Vorleistungen der Wegbereiter im Jazz, Blues, Rhythm and Blues, Rock 'n' Roll und Beat verstanden werden.

Der Übergang vom Beat zum Rock ist nicht nur von stilistischen Veränderungen in der Musik geprägt. Mit dem Beginn der Rockära ging die Phase des Kopierens von Hits der internationalen Vorbilder zu Ende. Die Schweizer Rock Pioniere wollten ihre eigene Musik machen, eigene Songs schreiben. Es wurde probiert und experimentiert ohne Rücksicht auf Verluste. Es entstand eine Musik nach dem Prinzip von Versuch und Irrtum. Scheitern war erlaubt.

Es existierte kein Geschäftsmodell, kein Businessplan, es gab keine kommerziellen Vorgaben, Einschränkungen und Zwänge. Die Songs mussten nicht auf Radiotauglichkeit getrimmt sein. Denn beim konservativen Radio Beromünster wurden sie sowieso nicht gespielt. Was zählte, war die Musik und nur die Musik. Dementsprechend verspielt, versponnen und manchmal abgehoben klang sie. Sie war psychedelisch, progressiv und oft auch dilettantisch, aber immer ehrlich. Es war die wilde, verrückte und abenteuerliche Zeit der Schweizer Rock Pioniere – eine Reise in unbekannte Gefilde mit unzähligen Hindernissen, Stolpersteinen und Unwägbarkeiten.

Zürich, Bern, Basel und St. Gallen waren die Hauptstädte des Rock, aber auch in Solothurn, Biel und im Tessin brodelte es heftig. Im Verlauf meiner Recherchen ist deutlich geworden, wie gross der Röstigraben schon damals war. Während zwischen dem Tessin und der Deutschschweiz ein gewisser Austausch unter den Musikern und Bands stattfand, war zwischen der Deutschschweiz und der Romandie weitgehende Funkstille. Es waren in sich geschlossene Szenen. Doch es gab ihn, den Rock in der Romandie.

Dieses Buch ist den Schweizer Pionieren des Rock gewidmet, die das Risiko auf sich nahmen und sich in das ungewisse Abenteuer Rock stürzten. Schweizer Rock in dieser Urzeit war eine Männerwelt. Die wichtigsten und einflussreichsten dieser Pioniere werden in ausgedehnten Porträts vorgestellt, nämlich die Wegbereiter Chris Lange und Toni Vescoli sowie die Rocksaurier Walty Anselmo, Jelly Pastorini, Dany Rühle, Düde Dürst, Hardy Hepp, Ernesto Vögeli, Armand Volker, Tommy Fortmann, Marc Storace, Patrick Moraz, Polo Hofer und Chris von Rohr. Wie verbrachten sie ihre Jugend? Wie war das Verhältnis zu ihren Eltern? Wie wurden sie musikalisch sozialisiert und wie entwickelte sich ihre Karriere im Anschluss an die Rockpionierzeit?

Ende der 1970er-Jahre waren die Lehr- und Wanderjahre des Schweizer Rock vorbei, der Emanzipationsprozess abgeschlossen. Punk rüttelte am Prog, der damals vorherrschenden progressiven Version des Rock. Gleichzeitig hatten sich die Strukturen in der Pop- und Rockbranche auch in der Schweiz weitgehend herausgebildet: Eine Zäsur und das Ende der Pionierzeit.

1 KLEINE GESCHICHTE DER ROCKMUSIK

Keith Richards 1976 im Hallenstadion Zürich.
Der Gitarrist der *Rolling Stones* hat das Riff von
«Satisfaction» erträumt.
© ETH-Bibliothek Zürich, Comet Photo AG

Rock muss ein Geschenk Gottes sein. Denn glaubt man Keith Richards, dann hat ihm so etwas wie eine göttliche Eingebung den Song «Satisfaction» beschert. «Ich habe ihn im Schlaf geschrieben. Ohne es mitzubekommen. Gott sei Dank stand da mein kleiner Kassettenrekorder, sonst hätte es den Song nie gegeben», erzählt der *Rolling Stones*-Gitarrist in seiner Autobiografie «Life» über die Entstehung des epochalen Songs. «Fünf Noten, die die Welt erschütterten», formulierte das amerikanische Magazin «Newsweek» und für das Magazin «Rolling Stone» war «(I Can't Get No) Satisfaction» vom Mai 1965 nichts weniger als die Geburtsstunde des Rock.

Musikgeschichte ist immer ein Prozess, und auch Rockmusik, wie wir sie heute verstehen, entwickelte sich nach und nach. Ihre Entstehung ist eine Folge von Eingebungen, Ideen, Wechselwirkungen, technischen Neuerungen, gesellschaftlichen und politischen Voraussetzungen und vielen Zufällen.

Rolling-Stones-Sänger Mick Jagger im Hallenstadion Juni 1976.
© ETH-Bibliothek Zürich, Fotograf: Christof Sonderegger

The Kinks 1965 auf der Zürcher Allmend. Peter Quaife (Hinterkopf) und Dave Davies.
Haben sie mit «You Really Got Me» den ersten Rocksong geschrieben?
© ETH-Bibliothek Zürich, Jack Metzger

Die Bezeichnungen, Definitionen und stilistischen Einordnungen sind oft subjektiv und Gegenstand heftiger Debatten unter Musikkritikern, Musikhistorikern und Musikfans. Für den britischen «Telegraph» zum Beispiel ist «You Really Got Me» von *The Kinks* von 1964 der erste Rocksong. «Roh, dreckig und verzerrt», heisst es in dem Artikel weiter. Tatsächlich unterschied sich der Song in seinem Ausdruck deutlich von der Sound jener Tage. Da war dieser neue, rockige Drive, der aggressive, fast schon punkige Gestus im Gesang wie auch im Gitarrensolo. Da war aber vor allem dieses markante Gitarrenriff in einem bis dahin unerhört verzerrten Sound.

Für andere wiederum war «You Really Got Me» immer noch ein Song aus der Beatära mit dem typischen mehrstimmigen Gesang. Ein wichtiger Song zweifellos, aber auch ein Song des Übergangs, eine Art Proto-Rocksong, der viele Bands in England und den USA beeinflusste. Zum Beispiel auch *The Who*: Mit «I Can't Explain» veröffentlichte die britische Band Ende 1964 einen Song, der dem Kinks-Hit sehr nahekam.

Einig ist man sich aber immerhin darin, dass «Satisfaction» in einer direkten Linie zu «Really Got Me» gesehen werden muss. Aber erst der *Stones*-Kracher hatte schliesslich alles, was Rockmusik ausmachen sollte: rauer Sound, verzerrte, laute Elektro-Gitarre, markantes, melodisch kurzes, wiederkehrendes Motiv (Riff), harter, binärer Beat sowie aggressiver, rotziger bis ekstatischer Gesang.

In der Musikhistorie waren es immer wieder technische Neuerungen und Erfindungen, die die Musik und damit auch die Musikwelt und das Musikbusiness veränderten. Das zeigt sich ebenso in der Entwicklung des Rock. Ohne die neuen Gitarren, die neuen Effektgeräte und vor allem die neuen Verstärker ab Mitte der 1960er-Jahre hätte es den

Rock wohl nie gegeben. Sie erfüllten nach und nach die Nachfrage der Musiker nach härteren, lauteren und aggressiveren Ausdrucksmöglichkeiten.

Die Entwicklung zur Rockmusik hat natürlich Jahre vor «Satisfaction» begonnen. Rock ist wie der Jazz ein Produkt von Akkulturation, der Annäherung und gegenseitigen Anpassung verschiedener Traditionen und Kulturen. Und wie der Jazz ist die Rockmusik afroamerikanischen Ursprungs. Ohne die Vermischung afrikanischer und europäischer Kultur auf dem amerikanischen Kontinent gäbe es weder Jazz noch Rock.

Und der Blues ist die Ur-Suppe von allem. Alles, was danach passierte, ist auf diesen Ur-Kern zurückzuführen. Wichtig ist, – und das wird immer wieder vernachlässigt – dass im Rhythm and Blues der 1940er-Jahre, und teilweise schon davor, musikalisch fast alles schon vorhanden war, was in den 1950er-Jahre unter der Bezeichnung Rock 'n' Roll die Welt in Aufregung versetzte. Bis 1949 war die populäre Musik der Schwarzen als sogenannte «Race Music» aber gettoisiert. Sie war eine Musik von Schwarzen für Schwarze und Ausdruck der Trennung von weisser und schwarzer Bevölkerung in den USA.

Grundlage für die Geschichte der Rockmusik ist ein gesellschaftlich-politisches Ereignis. Ihre Entwicklung kann nur vor dem Hintergrund der Emanzipation der amerikanischen Schwarzen und von deren Musik verstanden werden. Präsident Lincoln hatte die Sklaverei zwar schon im 19. Jahrhundert abgeschafft, doch sogenannte «black codes», lokale und bundesstaatliche Gesetze, schränkten die Rechte der amerikanischen Schwarzen ein. In den Südstaaten herrschte auch in der Nachkriegszeit eine strikte Rassentrennung, die erst 1964 mit dem «Civil Rights Act» von Präsident Lyndon B. Johnson aufgehoben wurde.

Die 1950er-Jahre waren eine Periode des wachsenden Wohlstandes, von dem auch die Schwarzen profitierten. Das mittlere Einkommen einer schwarzen Familie nahm um 50 Prozent zu. Sie wurden in die Wirtschaft, und damit auch stärker in die von Weissen dominierte amerikanische Gesellschaft integriert. Auf Druck der aufkeimen-

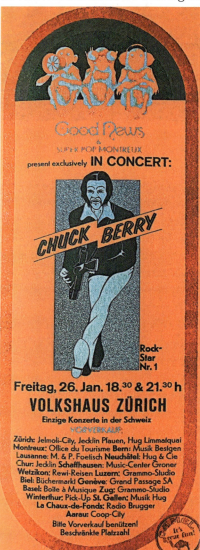

Chuck Berry war für die *Rolling Stones* ein Vorbild.
In den 1970er-Jahren trat er auch in der Schweiz auf.
© Archiv sk

Elvis Presley, das Aushängeschild des Rock 'n' Roll.
© jr-harris-unsplash

den Bürgerrechtsbewegung fielen nach und nach Rassenschranken. Auch in der Musik. Weisse Musiker und Musikerinnen begannen sich für den Rhythm and Blues zu interessieren. Sie spielten die schwarze Musik, nannten sie aber Rock 'n' Roll. Und vor allem: Das Zielpublikum war auch oder vor allem ein junges, weisses Publikum.

Die Leistung von Elvis, Bill Haley und Co., ohne sie schmälern zu wollen, war denn auch weniger das Resultat einer musikalischen Innovation. Vielmehr eigneten sie sich an, was die schwarzen Vorreiter machten und fügten noch einen Schuss Country-musik dazu. Sie waren das weisse Gesicht des Rhythm and Blues und Elvis Presley das Aushängeschild, der überragende Sänger und Interpret. Das Revolutionäre daran war, dass sie mit ihrer Interpretation ein junges, weisses Publikum erreichten und Rock 'n' Roll zu einer Musik über die Rassenschranken hinweg machten.

Entstehung und Entwicklung der Rockmusik geht also einerseits auf ein gesellschaft-lich-politisches Ereignis in den USA, auf die Aufhebung der kulturellen Apartheid, zurück. Andererseits auf einen grundlegenden Wertewandel, von dem die ganze westliche Welt nach dem Zweiten Weltkrieg erfasst wurde. Soziologen haben diese Veränderungen als Erlebnisgesellschaft definiert: Mit der Entwicklung und Ausformung eines individualis-tisch ausgestalteten, hedonistischen Lebensstils, der auf den Genuss und die aktive Frei-zeitgestaltung im Jetzt gerichtet ist. «Erlebe dein Leben» wurde zum bestimmenden Im-perativ einer rebellischen Generation, die das Glück des Einzelnen als oberstes Lebensziel setzte und sich damit im Widerspruch zu traditionellen Werten wie Anstrengung, Geduld und Askese der Erwachsenenwelt definierte. Der Rock 'n' Roll mit seiner ekstatischen, euphorischen und sexorientierten Wirkung passte zu diesem neuen Erleben.

Die Geschichte der Rockmusik ist deshalb immer auch als Protest und Auflehnung der Jugend gegen verknöcherte Konventionen, gegen geistige Erstarrung, Konservativismus, Prüderie und Lustfeindlichkeit zu verstehen. Als eine geistige und körperliche Befreiung von Alltagsmief und Spiesseridylle. Rock bot den Jugendlichen in einer einengenden Umgebung Asyl. Die Rebellion wurde zum Antrieb einer Jugendkultur, die den Zeitgeist abbildete und sich als Gegenkultur verstand. Als Stachel im Fleisch einer als verstaubt wahrgenommenen Gesellschaft. Rock 'n' Roll war die lustvolle, hedonistische Antwort auf die grassierende Atomangst, die juvenile, rebellische Reaktion auf die Endzeitstimmung des Kalten Kriegs.

Der Rock 'n' Roll der 1950er-Jahre hat die amerikanische Gesellschaft herausgefordert, die Mächtigen des Wirtschaftssektors erkannten aber sofort das ungeheure Potenzial und nahmen die Jugendkultur als Wirtschaftsfaktor wahr. Die Musikindustrie übernahm die Initiative und die Massenmedien, Radio und Fernsehen, unterstützten, verstärkten und multiplizierten die neue Jugendkultur. Rock 'n' Roll wurde zu einem Massenphänomen. Vereinnahmt und ausgebeutet, verlor die Bewegung aber schon relativ bald ihre rebellische Kraft.

Schon Ende der 1950er-Jahre war die Rock-'n'-Roll-Herrlichkeit mit ihren Stars vorbei. Buddy Holly und Ritchie Valens stürzten 1959 mit dem Flugzeug ab, Eddie Cochran starb ebenfalls, Little Richard wurde gläubig, Jerry Lee Lewis hatte seine Karriere zerstört, weil er seine erst 13-jährige Grosscousine heiratete, Chuck Berry war im Knast und Elvis Presley liess sich im Militärdienst in Deutschland auch stilistisch disziplinieren. Die Rock-'n'-Roll-Rebellion hatte sich selbst erledigt. In den amerikanischen Hitparaden herrschte wieder Ruhe – und Langeweile.

Anders in England. Dort, in den miefigen, rauchschwangeren Clubs der britischen Städte und Vorstädte lebte der Rock 'n' Roll-Aufruhr weiter. Die Herausbildung der Beatmusik muss vor dem Hintergrund sozialer Spannungen gesehen werden, die aus wirtschaftlichen Strukturveränderungen vor allem in der Region von Liverpool hervorgingen. Die Musik war das Ventil der Frustration, der Soundtrack für eine Generation, die sich von einer als verlogen und prüde empfundenen britischen Gesellschaft distanzieren wollte. Von einer politischen Klasse, die jede Glaubwürdigkeit verloren hatte. In eigenen Freizeitterrains, in Kneipen und Clubs der Vorstadt schuf die britische Jugend eine Gegenkultur und die Musik war der Katalysator, der den Wünschen und Hoffnungen einer desillusionierten Generation Ausdruck verlieh.

Auf der britischen Insel weichten in den 1950er-Jahren die sogenannten Skiffle-Bands mit ihrer Musik, die mit ungewöhnlichen Instrumenten wie Banjo, Waschbrett und Teekisten-Bass gespielte wurde, die britische Schlagertradition auf und weckten das Interesse an traditionellem Jazz und an Volksmusik. Doch der kulturelle Hintergrund des Blues und des Rock 'n' Roll fehlte, weshalb die ersten Imitationsversuche Anfang der 1960er-Jahre nur bedingt gelangen. Die britischen Amateurbands kompensierten die musikalischen Unzulänglichkeiten mit jugendlicher Unbekümmertheit, naiver Unverfrorenheit und Experimentierlust. Der emotionale Ausdruck war wichtiger als der musikalische Gehalt. Aber der Sound traf den Nerv der Zeit. Aus den dilettantischen Übersetzungsversuchen ergaben sich Abweichungen und Veränderungen, die sich zu einer eigenen Sprache, dem britischen Beat oder Mersey-Beat, entwickelten.

Beat war eine britische Angelegenheit. Im Gegensatz zum Rock 'n' Roll war das Rhythmusgefühl bei der Beatmusik nicht ternär, sondern binär. Die Grundschläge (Beats) wurden in der Regel überbetont, was der Musik auch ihren Namen gab. Die Funktionsteilung in Rhythmus- und Lead-Gitarre wurde von den damals in England erfolgreichen

Instrumental-Gitarrenbands wie den Shadows übernommen. Die Gitarren klangen hallig, noch nicht so aggressiv und verzerrt wie danach in der Rockmusik. Dazu war die Beatmusik weniger riffbetont. Beim Beat stand eine Melodielinie im Zentrum und im Refrain der für den Beat typische mehrstimmige Harmoniegesang. Die Musik war zwar zuweilen laut und ungehobelt, der Grundgestus der Musik aber fröhlich. Lustvoll zeigte die Musik der festgefahrenen britischen Gesellschaft die lange Nase.

Mit der wachsenden sozialen Unzufriedenheit änderte sich aber auch die Grundstimmung der Musik. Bands wie die *Rolling Stones* suchten nach härteren, aggressiveren Ausdrucksmitteln und fanden sie im riffbetonten Chicago Blues von Muddy Waters und Co. Auf ihrer ersten US-Tour 1964 spielten sie Titel ihrer afroamerikanischen Vorbilder Willie Dixon, Buddy Holly, Jimmy Reed, Bo Diddley und Chuck Berry. Aber auch *The Beatles* spielten damals hin und wieder Coverversionen von Titeln des Rock 'n' Roll und Rhythm and Blues. Die britischen Bands spielten im Grunde amerikanische Musik, aber doch anders: frisch, frech und keck. Das Resultat war ein Phänomen, das wir unter dem Begriff «British Invasion» kennen. Es war die einmalige und seither unerreichte Dominanz von britischen Bands in den amerikanischen Charts im Jahr 1964.

Die «British Invasion» war also ein Reimport amerikanischer Musik. Bands wie *The Rolling Stones*, *The Animals* aber auch *The Beatles* bezogen sich direkt auf die schwarze Musik. Sie stiessen dabei in jenes Vakuum, das der Rock 'n' Roll in den Vereinigten Staaten hinterlassen hatte und weckten die amerikanische Jugend aus der Schockstarre.

Es waren also kulturelle, soziale, musikalische und technische Impulse, die Rhythm and Blues und Beatmusik zu Rock mutieren liess. Der Urknall mit «Satisfaction» erfolgte als Resultat einer kulturellen Wechselwirkung zwischen Amerika und Grossbritannien. Als anglo-afroamerikanische Coproduktion. Es war dann aber wieder die amerikanische Musikindustrie, die 1965 den bis heute geläufigen Begriff Rockmusik einführte und damit auf die Ursprünge im amerikanischen Rock 'n' Roll verwies. Sie holte damit die uramerikanische Musik wieder zurück zu ihren Ursprüngen, schuf gleichzeitig eine internationale Dimension und damit die Voraussetzungen für den globalen Siegeszug der Rockmusik und deren Dominanz in der Popkultur.

Keith Richards und Charlie Watts am Konzert im Hallenstadion in Zürich 1967.
© ETH-Bibliothek Zürich, Comet Photo AG

2 DIE WEGBEREITER DES ROCK

2.1 Die konservative Schweiz in der Nachkriegszeit

In der Nachkriegszeit setzte in der Schweiz ein nie da gewesener wirtschaftlicher Aufschwung ein. Vom Krieg verschont, hatte das Land auch einen Wettbewerbsvorteil. Die Schweiz profitierte vom unversehrten Produktionsstandort und von stabilen politischen Strukturen. Bis in die 1970er-Jahre dauerte die Hochkonjunktur. Mit der Einführung der Zauberformel mit zwei sozialdemokratischen Bundesräten 1959 wurde der Konsens- und Konkordanz-Gedanke noch vertieft und die politische Stabilität gestärkt.

Die Konsum- und Freizeitgesellschaft, Medien, Ferien und Massensport erhielten immer grössere Bedeutung. Auch Arbeiter erlangten in dieser Zeit einen relativen Wohlstand, konnten sich einen Lebensstandard leisten, der soeben noch kleinbürgerlich war. Wie der Historiker Thomas Maissen in «Schweizer Geschichte im Bild» ausführt, übernahmen die Arbeiter auch bürgerliche Werte. In der Schweiz herrschten also ein bestimmender politischer Friede und eine relativ grosse Einigkeit.

Wirtschaftlicher Aufschwung und politische Stabilität auf der einen Seite, grosse geistige Enge auf der anderen. «Nie wird so wenig gewagt wie in der Hochkonjunktur», stellte der Schriftsteller Max Frisch 1957 in einer 1.-August-Rede fest. Ein gesellschaftlicher Neuaufbruch, der auch weite Teile mitgerissen hätte, blieb aus. Im Gegenteil: Der konservative gesellschaftliche Grundkonsens wurde durch die kommunistische Bedrohung im Kalten Krieg noch verstärkt. Die Erfahrung der äusseren Bedrohung und der Geistigen Landesverteidigung wirkten bei der Kriegsgeneration lange nach und verstärkten die damaligen helvetischen Eigenarten. Fleiss, Bescheidenheit und Tugendhaftigkeit waren die obersten Gebote. Vor allem der Schweizer Film orientierte sich deshalb stark an traditionellen Werten und Mustern wie Heimatverbundenheit, Innerlichkeit, bäuerlichen und kleinbürgerlichen Idealen. Jeremias Gotthelf erlebte über die Verfilmung seiner Werke eine Renaissance.

Eine vom Landigeist bestimmte Kulturtätigkeit, die das Ziel verfolgte, als «schweizerisch» wahrgenommene Werte und Bräuche zu stärken, konnte mittel- und langfristig nicht ohne Widerspruch bleiben. Doch Gesellschaftskritik hatte in dieser Zeit einen schweren Stand. Selbst wenn sie von heutigen Ikonen der Schweizer Literatur wie Max Frisch und Friedrich Dürrenmatt kam. Als sie die traditionellen Bilder von Gesellschaft und Nation infrage stellten, fanden sie zwar weit über die Landesgrenzen hinaus ein Echo, in der Schweiz selbst stiessen sie in weiten Kreisen aber auf Unverständnis und wurden in konservativen Kreisen gar als Nestbeschmutzer bezeichnet.

Max Frisch und Friedrich Dürrenmatt 1963 in der Kronenhalle Zürich.
Die Schriftsteller wurden als Nestbeschmutzer beschimpft.
© ETH-Bibliothek Zürich, Fotograf: Jack Metzger

2.1 Die konservative Schweiz in der Nachkriegszeit

2.2 Rock 'n' Roll in der Schweiz

Im konservativen Klima der Schweiz in den 1950er-Jahren war die Akzeptanz einer neuen rebellischen Jugendmusik aus den Vereinigten Staaten gering. Rock 'n' Roll blieb in der Schweiz ein Randphänomen. «Es interessierte keinen Hundeschwanz, ob da zufällig gerade ein tanzender Stern ebendieser Musik geboren wurde», schreibt der Musiker Chris von Rohr in seiner Autobiografie «Himmel, Hölle, Rock 'n' Roll».

Auch der Zeitzeuge Toni Vescoli machte ähnliche Erfahrungen. Der spätere Sänger von *Les Sauterelles* hatte sein Erweckungserlebnis 1958, als er den Elvis-Film «King Creole» sah. Doch als der damals 16-Jährige die Platte kaufen wollte, hiess es, dass sie noch nicht erhältlich sei. «So lief das eben damals, in die Schweiz kam alles immer um einiges später! Wir lebten wie in der Steinzeit. Die Schweiz hinkte den aktuellsten Trends stets hintennach.»

2.2.1 Jazz und Tanzmusik waren Jugendkultur

1954 zündete Elvis mit dem Song «That's All Right» den Funken der Jugendrebellion, der die ganze Welt erobern sollte. Fast die ganze Welt. Denn in der Schweiz war bei den Jugendlichen jener Zeit nicht Rock 'n' Roll angesagt, sondern Jazz, Tanzmusik und swingender Schlager. Wie etwa im Stück «Swissair» des Hazy-Osterwald-Sextetts. Ein unter-

Louis Armstrong wird 1955 am Flughafen Kloten volkstümlich empfangen.
© ETH-Bibliothek Zürich, Fotograf: Candid Lang, Jack Metzger

2.2 Rock 'n' Roll in der Schweiz **23**

Hazy-Osterwald-Sextett 1961 mit John Ward, Hazy Osterwald, Sunny Lang
und Dennis Armitage (von links).
© ETH-Bibliothek Zürich, Comet Photo AG

haltender, fröhlicher Jazz-Instrumental mit einer Referenz an das Volkslied «Vo Lozärn
gäge Wäggis zue». Für den Musikhistoriker Sam Mumenthaler ist es eine «beschwingte
Vorahnung von Pop in der Schweiz». Schweizer Schlagerstars und Tanzorchester adaptierten den neuen Stil und veröffentlichen Platten, die aber «noch röckeln statt rocken».
Vom Geist des jugendlichen Aufbruchs ist darin kaum etwas zu hören.

Die Jazzwelle war in der Schweiz in der Nachkriegszeit besonders ausgeprägt. Von
1950 bis 1970 dauerte die Ära des Schweizer Amateur-Jazz, das im Zürcher Amateur
Jazz Festival sein Zentrum fand. Mehr als 500 Jazzformationen wurden in jener Zeit gegründet. Für die Entwicklung der Rockmusik ist das deshalb wichtig, weil die Schweizer
Jugend im Jazz und in der mit dem Jazz verwandten orchestralen Tanzmusik ihr Ventil
zur sanften Auflehnung und zum Protest fand. Der 1935 geborene Musiker und Mu-

sikhistoriker Bruno Spoerri gehörte zu jener Jazzgeneration: «Wenn man mit späteren Jahren vergleicht, war die Jugend extrem angepasst und im Allgemeinen politisch kaum engagiert. Sie war aber sehr wohl der Meinung, in einer Gegenwelt zu ihren Eltern und zu den Normen der damaligen Gesellschaft zu leben, und sie testeten die engen Grenzen der Toleranz immer wieder.»

Plattencover Hazy Osterwald Sextett, 1960.
© Archiv sk

In den konservativen Nachkriegsjahren war der Spielraum für die Jugendlichen auch sehr eng. «Handlungen wie Rauchen oder Ablegen der Krawatte in der Öffentlichkeit waren schon beinahe rebellische Akte, Lehrer waren Respektspersonen, denen nicht widersprochen wurde. Die Freizeit, vor allem junger Mädchen, war streng kontrolliert», heisst es in Spoerris «Jazz in der Schweiz». Wichtiger als die Musik, war deshalb für die Mehrheit der Jugendlichen der Tanz. In einer Zeit, in der die Schulen noch streng nach Geschlecht trennten, waren Jazz und Tanzmusik für die Jugendlichen eine Möglichkeit, dem anderen Geschlecht näherzukommen.

Gemäss Spoerri galt Jazz in gutbürgerlichen Kreisen zwar als minderwertig, war aber «als harmlose Jugendsünde geduldet». In der Schweiz betrieben nur Wenige ernsthaft den Ausbruch aus den bürgerlichen Konventionen.

2.2.2 Die Halbstarken

Wie in der ganzen westlichen Welt setzte in der Nachkriegszeit auch in der Schweiz ein Wertewandel ein. Die Bedürfnisse einer Erlebnis- und Freizeitgesellschaft erreichten ebenso die Schweizer Jugend. Auch hier wollten Jugendliche als Jugendliche wahrgenommen und akzeptiert werden. Auch hier artikulierte eine Generation von Teenagern ihre Wünsche und Träume, die die Entbehrung der Kriegsgeneration nicht miterlebt hatte und stiess damit auf Unverständnis. Insofern war auch hier der Boden für einen Generationenkonflikt gelegt.

Der Protest manifestierte sich in der Schweiz am stärksten in der Bewegung der Halbstarken, die Ende der 1950er-Jahre auch in Schweizer Städten auftauchten. Die eidgenössische Version war gemäss Toni Vescoli aber vergleichsweise harmlos. Es waren halbwüchsige Männer aus einfachen Verhältnissen, die allein durch ihr Verhalten und ihre Kleidung auffielen. Bluejeans und Haartolle galten als anrüchig in einer Zeit, als Buben noch kurze Hosen tragen mussten. Vescoli, in den 1950er-Jahren stolzer Bluejeans-Träger, wurde nach Hause geschickt, als er in Jeans in der Schule auftauchte. In der Schule wurde ein Bluejeans-Verbot erlassen.

Halbstarke provozierten aber vor allem durch ihr Verhalten. Sie waren der Schrecken der Chilbis, Dorf- und Jugendfeste, rauchten in der Öffentlichkeit, tranken Bier aus der Flasche und zeigten damit dem Spiessbürgertum die lange Nase. Schon das Nichtstun provozierte. Sie galten als halbkriminell, verwahrlost und ihre Musik war der amerikanische Rock 'n' Roll. In den Augen einer grossen helvetischen Mehrheit waren sie Aussenseiter und die Loser der Nation. Nicht zuletzt deshalb konnte sich der Rock 'n' Roll in der Schweiz nicht durchsetzen.

Aufschlussreich ist der Bericht des Zürcher Jugendamtes, das sich 1959 zum ersten Mal mit dem Problem der Halbstarken befasste: «Da ist einmal die immer grösser werdende Schicht der Primitiven. Es handelt sich um physisch normal gereifte junge Menschen, die aber das Stadium der seelisch-geistigen Reife nicht erreichen. Die heutige geordnete Welt überfordert sie. Zur zweiten Gruppe zählt man die Verwahrlosten aus geordneten Familien. Jeder Wunsch wurde ihnen als Kind erfüllt, alles war ihnen geboten worden, es handelt sich um die Verwöhnten, Überfütterten. Die Nihilisten gehören zur dritten Gruppe. Hier wird der Rückfall in die Wildform bewusst und aus Überzeugung getan.»

Halbstarke am Seenachtsfest in Luzern 1964.
© ETH-Bibliothek Zürich, Comet Photo AG

2.2.3 Die ersten Schweizer Rock 'n' Roller

Der Hauptgrund für die helvetische Ablehnung dürfte sozioalstruktureller Art gewesen sein. Denn Rock 'n' Roll galt, wie später Beat- und Rockmusik, als eine Musik der Unterprivilegierten und der Arbeiterklasse. Die Jugendlichen aus dem bürgerlichen und kleinbürgerlichen Mittelstand, der in der Schweiz wie oben ausgeführt besonders stark ausgeprägt war, konnten sich damals wenig mit dieser Musik identifizieren.

Rock 'n' Roll blieb in der Schweiz ein Randphänomen. Nicht zuletzt auch deshalb, weil viele Musiker den Rock 'n' Roll ablehnten. Kaum ein ernsthafter Jazz- oder Unterhaltungsmusiker liess sich herab, die primitive, neue Musik zu spielen. Gemäss dem Musikhistoriker Dieter Ringli waren sie auch nicht dazu in der Lage, «weil Struktur und Spielpraxis des Rock 'n' Roll einen ähnlichen Paradigmenwechsel darstellte wie zu Beginn des Jahrhunderts der Jazz».

Nur ganz wenige Musiker orientierten sich deshalb an der neuen Musik. Doch es gab sie. Der erste echte Schweizer Rock-'n'-Roller kam aus der Westschweiz. Er stammte aus Lausanne, war ein Schweiz-Kolumbianischer Doppelbürger und hiess Gabriel Uribe. Unter seinem Künstlernamen Gabriel Dalar nahm er 1958 verschiedene Songs auf, unter anderen «39 de fièvre», eine französische Adaption des amerikanischen Hits «Fever», dessen Text kein Geringerer als Boris Vian geschrieben hat. Der Kultautor, Chansonnier und Jazzmusiker war damals auch Leiter der Plattenabteilung bei Philips in Paris. In Frankreich konnte der 1936 geborene Gabriel Dalar einen gewissen Erfolg erzielen, verschwand aber trotzdem schnell wieder völlig von der Bildfläche. Der erste echte Rock-'n'-Roller der Schweiz ist verschollen geblieben.

Gabriel Dalar war der erste Schweizer Rock 'n' Roller.
© Sam Mumenthaler Collection

In den 1950er-Jahren gab es in der Schweiz noch keine Schallplattenindustrie. Die erfolgreichen Deutschschweizer Musiker wie Vico Torriani oder Hazy Osterwald nahmen ihre Songs deshalb in Deutschland auf, die Westschweizer Musiker wie Gabriel Dalar orientierten sich an Paris. Die französische Hauptstadt war nach dem Zweiten Weltkrieg die europäische Kulturhauptstadt Nummer eins. Via Paris erreichten die neusten Trends aus Jazz und Popkultur das Welschland früher als die Deutschschweiz.

Immerhin war bei der Deutschschweizer Jugend ab Mitte der 1950er-Jahre das in Mundart gesungene Heimatlied in Schlagermanier, wie wir es von den Geschwis-

1958 veröffentlichte Gabriel Dalar «Cover 39 fievre».
© Cover Sam Mumenthaler Collection

tern Schmid kennen, nicht mehr angesagt. Musikhistoriker Dieter Ringli sieht darin einen wichtigen Wendepunkt und nennt es einen «Backlash» gegen die Geistige Landesverteidigung. «Unterhaltungsmusik- und Tanzmusik sollte nicht mehr, wie in den späten 1930er- und den 1940er-Jahren, Ausdruck von Schweizertum, sondern internationale Unterhaltung sein. Das Schweizerische in der Musik war nicht mehr Zeichen nationaler Eigenständigkeit, sondern von provinziellem Unvermögen. Dieser Einstellungswechsel war entscheidend für die weitere Entwicklung der Schweizer Populärmusik.» Die Musik von Schweizer Musikern hatte von nun an so zu klingen wie das amerikanische, französische oder italienische Original, wie die Musik der internationalen Vorbilder.

Angesagt waren neben Jazz und Tanzmusik eine schlagerhafte Variante des amerikanischen Rock 'n' Roll. «Sugar Baby» sang 1958 der Österreicher Peter Kraus und wurde zum grössten Teenageridol im deutschsprachigen Raum. Seine Songs hatten aber nie die rebellische Kraft des amerikanischen Originals. Beliebt waren auch hochdeutsch gesungene Schlager wie der «Kriminal Tango» von Hazy Osterwald oder Lieder von Vico Torriani. Neben Heimatschlagern wie «In der Schweiz» (1955) besang der Bündner zunehmend oft auch Ferienparadiese («Ananas aus Caracas» (1957), «Kalkutta liegt am Ganges» (1960)) und bediente damit eine Fernwehromantik, die als Reaktion auf die Heimatlieder aus der Zeit der Geistigen Landesverteidigung gedeutet werden kann. Bei den sogenannten Hawaii-Bands war die Fernwehromantik besonders ausgeprägt.

Hula Hawaiians 1957 nahmen den Geist des Rock 'n' Roll auf.
© Cover Archiv sk

Die Frauenband *Honolulu Girls*.
© Archiv CH Media

Diese exotischen Bands konnten hier wie auch in anderen europäischen Ländern einen beachtlichen Erfolg feiern. Das Phänomen der Hawaii-Bands ist heute fast vergessen, aber gerade für die Geschichte der Schweizer Popmusik mehr als eine skurrile Randnotiz. Bands wie die *Hula Hawaiians* und die *Tahiti Hawaiians* aus Basel spielten möglichst authentische Musik aus der Südsee mit Hawaii-Gitarre und Ukulele und traten mit dementsprechender Kleidung und Hula-Blumenkranz auf.

Die Hawaii-Bands sprengten stilistische Grenzen und waren auch die Ersten, die Elemente des Rock 'n' Roll aufnahmen und in ihre Musik integrierten. Auf Initiative des Gitarristen Werner Kunz nahmen die *Hula Hawaiians* 1957 den Instrumental «Chimpanzee Rock» auf: Es war die erste Schweizer Rock-'n'-Roll-Nummer. Es folgten 1958 die *Tahiti Hawaiians* mit ihrer Vokalversion von «Giddy Up A Ding Dong». Der Erfolg blieb bescheiden, der historische Wert ist umso grösser. Denn gemäss Sam Mumenthaler waren diese Bands die ersten in der Schweiz, die den Geist des Rock 'n' Roll glaubwürdig und authentisch aufnahmen.

Cover *Hula Hawaiians*.
© Archiv sk

2.3 Blues in der Schweiz

«AFN» – American Forces Network waren die drei Zauberbuchstaben. Der Schlüssel zur amerikanischen Musik, zum Jazz und zum Blues. Das Netzwerk der im Deutschland der Nachkriegszeit betriebenen Radiosender der amerikanischen Streitkräfte reichte bis in die Schweiz. Jazz war Trumpf, doch mit dem Jazz erreichten auch die zwölftaktige Blues-form sowie die Blue Notes, die typischen verminderten Intervalle, die helvetischen Ge-hörgänge. Gemäss dem Zürcher Blues Pionier Chris Lange wurde in den Sendungen auch immer wieder auf Perlen des Rhythm and Blues hingewiesen. «Ich kann mich noch gut erinnern, wie ich Mitte der 1950er-Jahre als 13- oder 14-jähriger Sekundarschüler fasziniert vor meiner alten Röhrenradiokiste hockte und auf den Wellenlängen dieser Soldatensender nebst dem Rock ’n’ Roll von Elvis Presley und Bill Haley auch die Blueshits jener Jahre, etwa von Fats Domino, Ray Charles, Ruth Brown, Bo Diddley, Amos Milburn oder von Big Joe Turner in mich aufsog. Auch die Stimme des Sängers Smiley Lewis ist mir mit seinem damaligen Hit ‹I Hear You Knocking› in Erinnerung geblieben, wie auch der Sänger und Pianist Champion Jack Dupree mit dem Stück ‹Walking The Blues›.»

Ab Mitte der 1950er-Jahre sind auch schon die ersten Bluesmusiker durch Europa getourt. Big Bill Broonzy war einer der ersten. Decca London America vertrieb die ame-rikanischen Hits, darunter auch Platten von Broonzy, Fats Domino, Bo Diddley, Muddy

Waters und John Lee Hooker, die es beim Jelmoli in Zürich zu kaufen gab. «Rock 'n' Roll und Rhythm and Blues sind zur gleichen Zeit in Europa und der Schweiz aufgetaucht», sagt Lange, «den ursprünglichen Country oder Folk Blues habe ich erst etwas später kennengelernt. Blues und Rock 'n' Roll waren aber ein Minderheitenprogramm.»

2.3.1 Champion Jack Dupree

Eine zentrale Figur für den Blues in der Schweiz war der Pianist Champion Jack Dupree. Der 1909 in New Orleans geborene William Thomas Dupree war zunächst Boxer bevor er eine Musikerkarriere einschlug. Sein bekanntester Song war der «Junker Blues», der die Grundlage für Fats Dominos «The Fat Man» bildete. Dupree war der erste namhafte amerikanische Bluesmusiker, der sich in Europa niederliess. 1959 als er auf England-Tournee war, heiratete er die Engländerin Shirley und siedelte mit ihr in die Schweiz über.

Das «Africana» in Zürich hatte ihn eigentlich für sechs Monate engagiert, doch er blieb schliesslich fünf Jahre. In Zürich hatte er seinen offiziellen Wohnsitz und bereiste von hier aus ganz Europa. Er pflegte einen direkten Austausch mit weissen Musikern

Champion Jack Dupree in St. Gallen mit Dany Rühle an der Gitarre.
© Sam Mumenthaler Collection

und einer dieser Musiker war der Gitarrist Chris Lange. Sie freundeten sich an und Lange spielte in der Folge drei- bis viermal pro Woche mit dem amerikanischen Bluesmusiker. Immer wieder traten sie zusammen im Africana auf. Um Dupree und Lange bildete sich ein kleiner Schweizer Blueszirkel.

Die gloriosen Zeiten im Africana dauerten bis 1965. Danach siedelte er nach Hannover über. Es waren so etwas wie die Geburtsstunden des Schweizer Blues: öffentlich gespielter Blues mit Schweizer Beteiligung. Dazu hat Dupree weitere amerikanische Bluesmusiker wie die Pianisten Curtis Jones und Eddie Boyd (der Halbbruder von Memphis Slim und Vetter von Muddy Waters) in die Schweiz geholt. Sie haben in dieser Zeit auf Vermittlung von Dupree im Africana gespielt «Der Champion hat wesentlich dazu beigetragen, den Blues in der Schweiz bekannt zu machen und zu verbreiten», sagt Lange.

«The Women Blues Of Champion Jack Dupree» von 1961 heisst ein noch immer erhältliches Tondokument aus jener Schweizer Pionierzeit. Das bekannte amerikanische Label «Folkways» wollte von Dupree eine Demoaufnahme für eine spätere Albumproduktion. Für die Session fragte der Champion Lange und weitere Musiker aus dem Umfeld des Gitarristen an. Er wusste aber nicht, wo er die Aufnahmesession abhalten sollte. Lange schlug das Kirchgemeindehaus der reformierten Kirche in Zürich-Leimbach vor. Er wohnte in der Nähe und wusste, dass dort ein Klavier steht und es keine Nachbarn gibt, die reklamieren würden. «Alles hat wunderbar geklappt», erzählt Lange, «der Pfarrer war einverstanden und hat uns den Saal am 8. April 1961 für etwa zwei Stunden zur Verfügung gestellt. Gratis und franko.» Mit dabei waren noch Fritz Rüegg am Bass und Bobby Leutwiler am Washboard. Nach gut zwei Stunden waren die elf Stücke im Kasten. Ein denkwürdiger Moment: Die Session im Kirchgemeindehaus von Leimbach war die erste Bluesaufnahme mit Schweizer Beteiligung in der Schweiz.

Die grosse Überraschung folgte ein paar Wochen später: «Alles perfekt und super gemacht», lautete die Antwort vom Label aus New York, «wir werden das Album demnächst unter dem Titel ‹The Women Blues Of Champion Jack Dupree› veröffentlichen». Leider fehlen auf dem Cover sowohl Orts- und Zeitangaben als auch die Namen der Schweizer Begleitmusiker. Das war aber kein Versäumnis des Labels, sondern hatte rechtliche Gründe: Damals war Dupree nämlich bei «Storyville» unter Vertrag und hätte die Aufnahmen für «Folkways» zu jener Zeit gar nicht machen dürfen. Deshalb fehlen Zeit- und Ortsangaben.

Als Lange im Jahr 1960 Dupree kennenlernte, war der Blues in Europa noch sehr unterentwickelt. «Es gab praktisch niemanden, der Bluesgitarre spielte und der von Schallplattenaufnahmen oder Auftritten in der Öffentlichkeit schon bekannt war», sagt Lange. Der Zürcher war also sicher einer der ersten, wenn nicht sogar der erste Bluesgitarrist in Europa. Aber sicher in der Schweiz.

Chris Lange

Zuerst war Beethoven. «Als Bub war ich ein riesiger Fan. Blues kannte man damals, in der Schweiz der 1940er- und frühen 1950er-Jahre noch nicht», sagt Chris Lange. Vater Lange hat sich als Künstler gesehen, er hat Geige gespielt und geschrieben. Das musische Talent von Chris wurde aber vor allem von der zwölf Jahre älteren Schwester gefördert. «Sie hat Klavier gespielt, ich habe ihr zugeschaut und von ihr gelernt», erzählt er. Der kleine Beethoven von Zürich-Leimbach war hochbegabt: Schon im Alter von acht bis zwölf Jahren hat er klassische Musik komponiert. «Ich habe noch heute einen Stoss voll Notenblätter mit Klaviersonaten, Streichquartetten und ähnlichen klassischen Scherzen», sagt er lachend. Im Teenageralter hat ihm der Vater eine Geige geschenkt, und er spielte zwischen 13 und 15 beim Jugendorchester Friesenberg, das auch eine kleine Tournee in Deutschland unternahm. Das Klavier blieb aber vorerst sein Hauptinstrument.

Chris Lange in seiner Wohnung in Zürich, 2020.
© Severin Bigler/CH Media

Wir treffen uns an der Hüslibachstrasse 86 in Zürich-Leimbach. Hier, in dieser Drei-Zimmer-Genossenschaftswohnung, ist Chris Lange (Jahrgang 1942) aufgewachsen. In diese Wohnung ist er 1988 mit seiner Ex-Frau wieder eingezogen als sein Vater starb. Und hier in diesem Zürcher Aussenquartier lebt er immer noch. Mit seinen Gitarren, seinen Platten, seinen Büchern und seinen Erinnerungen von damals – als der Blues die Schweiz erreichte.

Chris Lange im «Africana» Zürich, 1961.
© Archiv Lange

Zum Blues kam Lange über einen Mitschüler aus der Parallelklasse der Sekundarschule Zürich-Wollishofen. Er machte ihn auf den amerikanischen Armeesender «AFN» und die Perlen des Rhythm and Blues aufmerksam. Lange wurde vom Bluesvirus erfasst und vertiefte sich in Bücher über den Jazz. Blues wurde damals in Europa als Teil des Jazz wahrgenommen. Über den Jazz ist Lange dann zum Blues, zu Leadbelly und Bo Diddley gekommen.

«Bo Diddley war für mich der Grösste», sagt Lange. Was viele nicht wissen: Diddley war einer der einzigen Bluesmusiker, der eine klassische Ausbildung genossen hatte und sogar klassische Musik komponierte. «Weil er wie ich mit klassischer Musik begonnen und Geigenunterricht hatte, fühlte ich mich mit ihm verbunden. Er war mein Soulbrother», sagt Lange. Im Unterschied zu Bo Diddley nahm Lange aber nie Stunden. «Ich habe mir alles selbst beigebracht, auch das Notenlesen», sagt er.

Lange tauschte schon bald seine kleine Geige gegen eine Gitarre mit Tonabnehmer ein und begann über Bluesphrasen zu improvisieren. Langes erstes Blueskonzert fand 1957 im Schulhaus Leimbach statt. An einem Samstagabend war Tanz mit verschiedenen Bands angesagt. Lange holt ein rotes Xilophon hervor. «Auf diesem Instrument habe ich zum ersten Mal öffentlich Blues gespielt», sagt er.

Ab 1958 versuchte er mit jazz- und bluesbegeisterten Musikkollegen wie Jürg Schott (Gitarre), John Treichler (Bass), Ernst Bobby Leutwiler (Washboard), Max Hunkeler (Gitarre) und Jack Huber (Schlagzeug), den amerikanischen Sound in «fröhlichen Jamsessions» möglichst perfekt zu imitieren. Als er 1960 Champion Jack Dupree kennenlernte, hatte er sich in der Zwischenzeit auf der Gitarre schon ein ordentliches Blues-Know-how angeeignet.

Dupree und Langes Blueskollegen freundeten sich schon nach dem ersten Konzert im Africana im Dezember 1960 an. Der amerikanische Bluesmusiker lud sie am anderen Tag zu sich ein, wo sich Lange keck eine Gitarre schnappte und dem verdutzten Champion ein paar Bluesphrasen vorspielte. Der Amerikaner konnte kaum glauben, was er da von diesem blassen Jüngling hörte. Nie zuvor hatte er einen weissen Gitarristen so den Blues spielen hören. Mit Ausnahme des Briten Alexis Korner gab es damals tatsächlich niemanden in Europa. «Ich war ein viel zu früh geborener Blues-Sonderling und konnte von dieser Situation profitieren», sagt Lange.

«Es war ein Riesenglück, dass ich Dupree getroffen habe», sagt er. Der Champion lud ihn ein, beim nächsten Konzert im Africana im zweiten Set einzusteigen. Das Zusammenspiel klappte so gut, dass Lange während des Aufenthalts von Dupree in Zürich, also bis 1965, regelmässig mit Dupree auf der Bühne stand.

Lange hat zwei Alben mit Champion Jack Dupree aufgenommen, die beide noch erhältlich sind: «The Women Blues Of Champion Jack Dupree», das am 8. April 1961 im Kirchgemeindehaus in Zürich-Leimbach aufgenommen wurde und das als erstes Schweizer Bluesalbum gilt (siehe Kapitel 2.3.) sowie «Trouble Trouble». Auf dem Cover

The Baracudas mit Chris Lange, Christian Hoffmann, Gilbert Gfeller und Oliver Tobias (von links).
© Sam Mumenthaler Collection

von «Trouble Trouble» sieht man den rauchenden Champion mit seinem schüchternen Schüler aus Zürich-Leimbach. Die Recording-Session zu diesem Album fand auf Einladung des Labels Storyville in Dänemark statt. Am 3. und 4. Oktober 1961 wurden insgesamt 34 Titel aufgenommen. Elf Titel landeten zuerst auf der 1962 erschienenen Original-Vinyl-LP «Trouble Trouble». 17 weitere Titel erschienen auf einer 1991 von Storyville herausgegebenen CD gleichen Namens. Der Rest der Aufnahmen wurde auf verschiedene andere Alben verteilt.

Lange blickt heute mit zwiespältigen Gefühlen auf das dänische Aufnahmeabenteuer zurück. Die Erfahrung, mit diesem Giganten des amerikanischen Blues Aufnahmen gemacht zu haben, erfüllt ihn mit Stolz. «Die Arbeit, die der Champion dort abgeliefert hat, war wie immer tipptopp», sagt er. Absolut unzufrieden ist Lange aber mit dem Klang seiner Gitarre. «Wieso klingt sie so peinlich dünn, saft- und kraftlos?», fragt er. Lange vermutet, dass

Lange mit seinem Xylophon und seiner ersten Bluesplatte von *Leadbelly*.
© Severin Bigler/CH Media.

das von der europäischen Plattenfirma so gewollt war. «Damals war es gross in Mode, Blues als leicht gedämpfte Kammermusik erklingen zu lassen. Blues hatte nach deren Vorstellung rein, akustisch und sanft zu sein. Das galt als Kunst. Aber sicher nicht elektrisch verstärkt», sagt Lange. Obwohl der elektrische Blues in den USA schon längst die Norm war, wurde er damals von den europäischen Jazzpuristen heftig abgelehnt. Für Lange ist deshalb «Women Blues», die selbst gebastelte Amateuraufnahme aus dem Kirchgemeindehaus Zürich-Leimbach, «das ehrlichere, authentischere und hundertmal bessere Produkt». «Denn genau so ungehobelt klang unser Blues von damals», sagt Lange.

Auch nach seiner Zeit in der Schweiz hat Dupree immer wieder auf den Gitarristen aus Zürich-Leimbach zurückgegriffen. Das letzte gemeinsame Konzert fand 1983 am Jazzfestival Bern statt. «Danach hatten wir keinen Kontakt mehr und er war auch nie mehr in der Schweiz», sagt Lange. Champion Jack Dupree starb 1992.

Als Champion Jack Dupree 1965 seine Zelte in der Schweiz abbrach, wurde Chris Lange mit *The Baracudas* und Sänger Oliver Tobias Profimusiker (siehe Kapitel 2.3.). Aber nur für ein Jahr, also 1965/66, bis sich die ambitionierte Band nach hoffnungsvollem Start wieder auflöste.

Oliver Tobias hat er 2010 das letzte Mal getroffen. Zu dritt, also noch mit Gilbert Gfeller, wollten sie wieder etwas aufbauen. Aber dann hat sich Oliver Tobias nicht mehr gemeldet und auch spätere E-Mails blieben unbeantwortet. Lange erfuhr, dass Tobias alle Kontakte abgebrochen habe, um seine kranke Frau zu betreuen. Die Pflege und Betreuung seiner Frau sei das Wichtigste in seinem Leben.

Den Rock 'n' Roll der 1950er-Jahre mochte Lange aufgrund seiner Nähe zum Blues immer sehr. Aber den Wechsel zum Rockgitarristen hat er nie vollzogen. «Ich habe mich nie als Rockgitarristen verstanden. «Bluesrock kann ganz toll sein, wenn er nicht zum Spitzensport ausartet. Die ellenlangen Soli, das war nicht mein Ding. Das kann ich gar nicht. Ich spiele den Blues, wie er früher gespielt wurde. Also sehr rhythmisch. Rockgitarristen spielen oft zu viel, zu viel überflüssige Noten. Zu viel auf Power und Druck ausgelegt. Mir gefällt, wenn Gitarristen nur das Nötige spielen – wie B. B. King. Wenn er spielt, sitzt jeder Ton, kein Ton ist zu viel», sagt Lange.

Lange blieb dem Blues treu und spielte in der Folge regelmässig mit Gilbert Gfeller, mit dem er auch Platten aufnahm. Auch Robert Weideli und Dinu Logoz gehörten zu seinen regelmässigen Musikpartnern. Aber der erste Schweizer Bluesgitarrist blieb Amateur-Musiker. Seinen Lebensunterhalt verdiente er als Radiotechniker. In den 1970er-Jahren machte er sich selbstständig und gründete in Leimbach eine eigene Bude für Radio, Fernseh und Elektronik. Für die Migros und andere Firmen erbrachte er den Service. «Ich bin davon nicht reich geworden, aber es hat immer gereicht», sagt Lange. Bis zu seiner Pensionierung hat er als Radiotechniker gelebt und daneben wie so viele Schweizer Musiker immer Musik gemacht.

Chris Lange beschäftigt sich intensiv mit den Ursprüngen des Blues in Afrika und mit afrikanischer Musik. Er hat heute eine afrikanische Freundin und spielt privat mit ihrem Bruder, dem Reggaemusiker Michael Daniels. In der Afro-Kirche Power Gospel Church in Zürich-Altstetten finden seit einiger Zeit Gospelkonzerte im kongolesischen Stil statt. Dort spielt er in der Band *YaYoTe* mit den Kuziem Brothers Saymon und Benjamim. «Ich spiele African Gospel, doch ich bin selbst nicht religiös», sagt Lange, «aber die Musik fasziniert mich und ist qualitativ hochstehend.»

«Afrikanische Musik ist eigentlich nichts Neues für mich», sagt Lange. Schon 1968 wirkte er in der Band *A Cat's Paw* des Ghanesen Teddy Osei mit. «Teddy fragte mich damals, ob ich Interesse hätte, mit ihm zusammen eine neue Band zu gründen. Ich sagte ab, weil ich nicht meine Existenz als Radiotechniker für eine unsichere Zukunft aufgeben wollte.» Die Band, die Osei ein Jahr später gründete, hiess *Osibisa* und feierte als Pionier der Worldmusic weltweite Erfolge.

Chris Lange mit der afrikanischen Band *Cat's Pow*, später *Osibisa*.
© Sam Mumenthaler Collection

2.3.2 Alexis Korner und British Rhythm and Blues

Zur gleichen Zeit wie in der Schweiz, also ab 1960, bildete sich in London um den englischen Sänger und Gitarristen Alexis Korner (1928–1984) eine Bluesszene. Korner gilt, noch vor John Mayall, als Schlüsselfigur und Inspirator des britischen Blues und Rhythm and Blues. Dabei war er weder ein brillanter Sänger noch Gitarrist. Umso wichtiger war seine Rolle als Mentor und Missionar einer ganzen Bewegung. Als einer der ersten Bluesgitarristen in Europa hat er seine Gitarre verstärkt und hat damit den Boden geebnet für den Rhythm and Blues britischer Prägung und für die Rockmusik. 1961 gründete er die Gruppe *Blues Incorporated*, in der unter anderen auch die späteren Stones Charlie Watts, Brian Jones, Keith Richards und Mick Jagger mitwirkten, aber auch Jack Bruce und Ginger Baker (*Cream*), Rod Stewart, Long John Baldry, John Mayall, Jimmy Page (*Led Zeppelin*) sowie der Saxofonist Dick Heckstall-Smith (*Colosseum*).

Korner war ein kosmopolitischer Europäer, geboren in Paris als Sohn eines österreichisch-jüdischen Vaters und einer griechisch-türkischen Mutter. Er lebte zum Teil in der Schweiz und sprach sehr gut Deutsch, weshalb er seine Auffassung von Blues immer wieder auch in Deutschland und der Schweiz verbreitete. Für Radio DRS moderierte er in den 1970er-Jahren auch die Sendung «Music-Korner».

Der englische Blues Pionier Alexis Korner.
© Sam Mumenthaler Collection

2.3.3 Folk-Blues-Festival

Sehr wichtig für die Einführung und Entwicklung des Blues in Europa war das «American Folk Blues Festival». Das war eine Bluestourneeserie, die ausschliesslich in Europa stattfand und das Ziel verfolgte, amerikanische Bluesmusiker, die oft nur lokal bekannt waren, auf internationalen Bühnen zu präsentieren und so bekannt zu machen. Die ab 1962 bis 1970 von Horst Lippmann und Fritz Rau jährlich mit missionarischem Eifer organisierten Festivals lösten in Europa die erste grosse Blues-Begeisterung aus. Vor allem in Grossbritannien, wo Bands wie die *Animals* und die *Yardbirds* Bluesmusiker wie Sonny Boy Williamson begleiteten.

Das «American Folk Blues Festival» im Oktober 1962 im Casino Bern.
© Sam Mumenthaler Collection

Die erste Festival-Tournee führte im Oktober 1962 auch in die Schweiz, ins Casino Bern. «Es war die Nacht, als der Blues Bern erreichte», schrieb fünfzig Jahre danach der Musikhistoriker Sam Mumenthaler in der «Berner Zeitung»: «Doch die Zeitungen schickten keine Kritiker, der Publikumsaufmarsch hielt sich in Grenzen. Angesagt war ein «American Folk Blues Festival». Mit dabei unter anderen John Lee Hooker und der Gitarrist T-Bone Walker, der den Blues elektrifiziert hatte. Am Flügel sass Memphis Slim, den Kontrabass spielte Willie Dixon. Jedem Fan musste bei diesem Staraufgebot der Puls in die Höhe schnellen. Bloss: Bluesfans gab es damals in Europa kaum.» Einer, der das geschichtsträchtige Konzert im Oktober 1962 aber nicht verpasste, war der damals 17-jährige Polo Hofer. «Die American Folk Blues Festivals waren ein Grund, warum es mich vom Oberland nach Bern zog», sagte Hofer, der ein glühender Verehrer der schwarzen Jazz- und Bluesmusiker war.

Die Wirkung des Festivals blieb in der Schweiz vergleichsweise bescheiden. Aber von der britischen Insel drang immer mehr die elektrisierte, bluesrockige Variante des Blues in die Schweiz. Vertreter des British Blues wie John Mayall, Graham Bond, *The Rolling Stones*, Eric Clapton und Peter Green inspirierten eine Reihe von Musikern in der Schweiz, die später für die Entwicklung des Rock wegweisend waren: Dany Rühle, Jelly Pastorini, Gilbert Gfeller, Chris Lange, Walty Anselmo und andere. Im ganzen Land entstanden kleine Blueszellen.

1964 kamen erstmals Vertreter des British Rhythm and Blues in die Schweiz: Die *Yardbirds* mit Eric Clapton nach Locarno (siehe Kapitel 5.1) und die *Rolling Stones* bei ihrem ersten Ausland-Engagement nach Montreux zur Fernsehshow «Rose d'or». Die Stones entwickelten damals einen aggressiven, bluesbasierten Sound, der sich deutlich vom bekömmlicheren Beat abhob. Mit dem Buddy-Holly-Song «Not Fade Away» hatten sie gerade ihren ersten Top 10-Hit und hatten in ihrem Repertoire Songs der Bluesgrössen Muddy Waters, Howlin' Wolf, Willie Dixon, Jimmy Reed, Robert Johnson, John Lee Hooker und Chuck Berry. Veranstalter war der damals 28-jährige Claude Nobs, der 1967 das «Montreux Jazz Festival» gründete. Wichtig für die Schweizer Bluesszene war auch Willy Leiser. Er betrieb eine Konzertagentur und hat damals für Claude Nobs und das Montreux Jazz Festival alles in Sachen Blues, Soul und Gospel vermittelt und gebucht.

2.3.4 *The Baracudas* und Oliver Tobias (1965–66)

Rhythm and Blues wurde für Jugendliche und Musiker in der Schweiz zu einem wichtigen Vorläufer des Rock. Vom rauen Sound des Blues und vom rebellischen Image der *Stones* war auch der Zürcher Manager Hansruedi Jaggi fasziniert. Er hatte bereits *Les Sauterelles*, die «Swiss Beatles», unter seinen Fittichen, jetzt suchte er sich aber noch eine härtere Variante, eine helvetische Ausgabe der *Rolling Stones*.

Im «Schwarzen Ring» in Zürich, dem Szenetreff der harten Jungs, wurde er fündig. Die helvetische Ausgabe von Mick Jagger hiess Oliver Tobias und war der Sohn der Schauspieler Maria Becker und Robert Freitag. «Tobias sah wahnsinnig gut aus, er konnte singen, besser als Mick Jagger, er konnte tanzen und Gitarre spielen. Und er hatte neben seiner Schauspielausbildung Zeit. Wir gründeten *The Baracudas*, schreibt Jaggi in seiner Autobiografie. Am Schlagzeug war Christian Hofmann, der später zu Pepe Lienhard wechselte. Die Band bestand zudem aus dem Leadgitarristen Chris Lange und aus Gilbert Gfeller, der Orgel und Blues Harp spielte und zuvor mit der Rock 'n' Roll-Combo Terry Walt Sextett (*Terry & the Hot Socks*) auftrat. «Ein genialer Tastenmann, der mit den Füssen gleichzeitig Bass spielte und dazu Verrenkungen machen konnte, die anatomisch unmöglich waren», erzählt Jaggi über Gfeller. Gemäss Lange war er auch der Erste in der Schweiz, der die Blues Harp beherrschte. Über Lange schrieb Jaggi: «Ein begnadeter Gitarrist, der leider eine dicke Hornbrille trug, auf der Bühne steif wie ein Holzscheit dastand und die Haare wegen seiner Eltern nicht wachsen lassen durfte. Das war schlecht fürs Image.»

Oliver Tobias an der Gitarre.
© Sam Mumenthaler Collection

Das erste Konzert fand auf der Zürcher Allmend in einem Festzelt statt, Maria Becker hatte die Anlage finanziert. 1965 ging die Band auf Deutschlandtournee und spielte als Vorband von *The Kinks*. Becker beauftragte eine Kostümdesignerin, die für die Band Hemdblusen, grosse Ärmel und weite Kragen entwarf. Piratenlook in rostbraunem Samt. «Mit todsicherer erotischer Wirkung auf die Jugendlichen zwischen vierzehn und zwanzig», wie sie gemäss Jaggi versicherte. «Es funktionierte», meint Jaggi. «In Hamburg sass ein 15-jähriges Zigeunermädchen in der ersten Reihe. Es tanzte und jubelte, verliebte sich in Tobias, schrieb einen Abschiedsbrief und brachte sich noch in derselben Nacht um. Am anderen Tag kam es in der ‹Bild›-Zeitung. Ich dachte, das könnte man PR-mässig ein wenig ausnützen und schlug vor, dass Tobias an der Beerdigung singen sollte. Zugegeben, eine nicht sehr feinfühlige Idee, aber ich war schliesslich der Manager. Tobias lehnte ab.»

Jaggi hatte selbst den Drang zum Selbstdarsteller auf der Bühne. «Einmal, in Düsseldorf, trat ich selber auf. Ich hängte mir eine Gitarre um, stand auf der Bühne und zog eine Riesenshow ab. Die Mädchen tobten und schrien mir zu. In Wirklichkeit konnte ich keinen Ton spielen, und meine Gitarre war nicht angeschlossen. Es war Chris Lange, der hinter dem Vorhang versteckt die himmlischen, erdigen Riffs spielte. Dort hatten wir ihn hingestellt, weil er, wie gesagt, nicht sehr gut aussah.»

«Wir waren eine Rhythm-and-Blues-Band und das Repertoire bestand aus Blues-Nummern aus meiner Plattensammlung. Einige Blues-Covers der *Rolling Stones*, ‹Satisfaction› war aber nicht dabei», sagt Lange. Leider gibt es keine Aufnahmen. Für Jaggi waren *The Baracudas* «die beste Band, die je in der Schweiz ins Leben gerufen worden ist». Im

The Baracudas mit Heinz Hegmann (Bass, Gesang), Chris Lange (Lead Gitarre), Gilbert Gfeller (Keyboards & Harmonika) und Oliver Tobias Freitag (Gesang & Rhythmus Gitarre). Auf dem Tisch mit hängendem Kopf: Schlagzeuger «Shorty» (richtiger Name unbekannt).
© Archiv Lange

Gegensatz zu den *Rolling Stones* haben *The Baracudas* den Schritt von der Rhythm-and-Blues- zur Rockband nie vollzogen.

Maria Becker höchstpersönlich hat nach der «Bild»-Affäre den Stecker gezogen. Hardy Hepp war Zeuge wie die Schauspielerin ihren Filius Anfang 1966 theatralisch von der Bühne kommandierte: «Junge, komm sofort von dieser Bühne herunter!» Widerstand war zwecklos. Die dominante Mama hat die Karriere ihres Sohnes für beendet erklärt, bevor sie richtig lanciert wurde und steckte ihn in eine Schauspielschule in London. «Tobi war ein Muttersöhnchen und total abhängig. Was seine Mutter sagte, machte er. Sie wollte aus ihm einen Schauspieler machen und das wurde er dann auch», sagt Lange. Drei Jahre nach seinem Abgang wurde Oliver Tobias zum Star des Musicals «Hair» und startete eine erfolgreiche Karriere als Film- und Theaterschauspieler. Heute lebt er zurückgezogen in London.

The Baracudas wurde umbenannt in *The Why Not*, Heinz Hegemann von *The Lords* übernahm die Rolle des Sängers und des Bassisten, aber es funktionierte nicht mehr. «Ohne Tobi war es nicht mehr dasselbe», erläutert Lange. Jaggi wiederum hatte das Interesse an Schweizer Bands verloren. Er war eine schillernde, umstrittene Figur. Als Organisator des Skandalkonzerts der *Rolling Stones* sowie des Monsterkonzerts mit Jimi Hendrix sorgte er noch mal für Wirbel. «Im Nachhinein könnte man sagen, dass ich der Geburtshelfer der schweizerischen Rockszene war», schreibt Jaggi in seiner Autobiografie, «aber damals wurde das nicht estimiert.»

2.3.5 Blues im Aargau, Basel und anderen Regionen

Direkt in London wurden die Brüder Martin «Chicken» Fischer (Jahrgang 1946) und Anton «Gorps» Fischer, vom Blues und Rhythm and Blues infiziert. Die Eltern waren Schweizer, ihr Vater arbeitete bis zu seiner Pensionierung in Grossbritannien, weshalb die Brüder ihre ersten Lebens- und Schuljahre in London verbrachten. London war in der frühen 1960er-Jahren schon im Blues- und Beatfieber. «Ich bin mit Blues aufgewachsen», sagt «Chicken» Fischer. Im Haus der Fischers wohnte ein pensionierter Jazzpianist, bei dem sich die Fischer-Brüder alles abschauten.

1962 kehrte die ganze Familie in die Schweiz zurück, ins Aargauische Wynental nach Reinach. Ein Kulturschock. «Chickens» enge, farbige Hosen und spitzen Schuhe kamen im konservativen Wynental nicht gut an. Doch die Brüder waren weiterum die Einzigen, die die englische Sprache beherrschten und richtig auf Englisch singen konnten. Sie gründeten zuerst eine Skiffle-Band, danach 1963 mit dem Schlagzeuger Urs Nussbaumer die Band *The Etc.*. Im Repertoire hatten sie Songs aus dem Bereich des Rhythm and Blues, von *The Rolling Stones*, *The Kinks*, aber auch eigene Songs und Soul-Nummern. «Chicken» war ein Multitalent, spielte Gitarre, Keyboards und sang. Und blies zudem die Tuba in der bekannten *Riverstreet Jazz Band*.

The Etc. mit Peter «Kniri» Knaus, Tony «Gorps» Fischer, Urs Nussbaumer, Martin «Chicken» Fischer und Peter Knechtli (von links) 1968 nach dem Sieg am Rhythm-and-Blues-Festival im Hazyland Zürich.
© Archiv Aargauer Tagblatt

The Etc. nahm an beiden Rhythm-and-Blues-Festivals 1967 und 1968 teil und wurde ausgezeichnet. Zuerst mit dem fünften Platz, ein Jahr später mit den hochgelobten Bläsern «Kniri» Knaus (Posaune) und Peter Knechtli (Trompete) sogar Platz 1 in der Kategorie Rhythm and Blues. Der Gewinn des Wettbewerbs ermöglichte Plattenaufnahmen mit Bläsern um Pepe Lienhard. Die Aufnahmen sind aber verschollen.

Nach der Lehre zum Zahntechniker wurde «Chicken» Profi. Ein Vollblutmusiker und Weltenbummler, ein Live-Musiker, der in unzähligen Projekten beteiligt war und in der Szene wichtige Impulse setzte. Mit Düde Dürst im Duo *Feeling Good*, als Gast von *Krokus* auf dem Album «To You All», bei *Pfuri, Gorps & Kniri*, der Band *Schmirgel*, der *Chicken Fischer Band*, *Ragazzi* und *Pull-Over*. Aufnahmen mit «Chicken» Fischer sind aber Mangelware. Drei Songs sind auf dem POP-Sampler von Bruno Spoerri (1975)

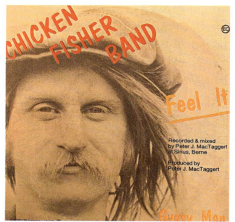

Cover der Single «Feel It» von 1978.
© Archiv sk

zu finden. Dazu ist 1978 die Single «Feel It» erschienen, die er im Berner Sinus Studio unter dem Namen Chicken Fisher (statt Fischer) aufnahm. Die Aufnahmen für das vorgesehene Album blieben aber unveröffentlicht. «Das Studio war nicht meine Welt», sagt er.

Aber auch das Tessin kannte schon früh in den 1960er-Jahren den Blues. Ein Film des Tessiner Fernsehens «RTI» berichtet von einer im Tessin sehr beliebten Bluesband mit dem Namen *Les Aiglons* aus Biasca (nicht zu verwechseln mit der welschen Band gleichen Namens), die vom Sänger und Keyboarder Dado Gandolfi gegründet wurde und die zu den ersten gehört haben soll, die in unserem Land Blues spielte.

The Black Birds aus Bern, *Axis* mit Jack Conrad aus der Ostschweiz, *The Orpheos*, *The Mads* oder *Mad Movies* in Luzern waren weitere Rhythm-and-Blues-Bands der ersten Stunde. Der Basler Caesar Perrig, später bekannt als Bassist der Rockbands *Toad*, *Monroe* mit Bo Katzmann, *Baton Rouge* und *House of Lilly*, hat 1966 auch den Blues von London ans Kollegium in Altdorf gebracht. Der Berner Bluesmusiker, Künstler und Forscher George Steinmann war ab 1966 mit verschiedenen Bands zuerst in der Schweiz und dann europaweit als Bluesgitarrist aktiv.

In Basel war in der Pionierzeit die *Marrow Blues Band* bekannt. Gegründet wurde die Band von den Brüdern Dani und Balz Burckhardt an Sax und Gitarre sowie dem Pianisten Martin Läuchli. Die Gebrüder Burckhardt stammen aus der patrizischen Burckhardt-Familie in Basel. Balz, geboren 1957, besuchte die Musik-Akademie und erhielt in der Knabenkantorei Basel eine klassische Gesangsausbildung. 1971 begleitete er den Bluesmusiker Eddie Boyd, 1975 Sunnyland Slim am Schlagzeug. Er wechselte zum Saxofon und spielte von 1976 bis 1978 in der *Black Cat Bone Blues Band*, die aus der Schülerband seines Bruders hervorgegangen war.

«Chicken» und Gorps Fischer zu Hause in Reinach 1963.
© Archiv Fischer

1981 zog der Saxofonist nach Chicago und wurde dort unter dem Namen Sam Burck-
hardt von Sunnyland Slim unter die Fittiche genommen. Von 1982 bis zum Tod von
Sunnyland Slim 1995 war er Mitglied in dessen Band und produzierte mit ihm das Album
«Chicago Jump». Er lebt noch heute in der Windy City und stellte für das Blues-Festival-
Basel während vielen Jahren eine Band aus Chicago zusammen. Weitere massgebende
Basler Bluesmusiker in der Pionierzeit waren Klaus Scholz, der ähnlich wie Jeremy Spencer bei *Fleetwood Mac* das Fähnlein des amerikanischen Bluesmusikers Elmore James
hochhielt, oder Peter Bitterli, ein brillanter Harmonica-Spieler im Stil von Sonnyboy Williamson und Little Walter.

Bei der *Marrow Blues Band* spielte eine kurze Zeit lang auch Cla Nett Rhythmusgitarre.
Dieser gründete 1975 die *Lazy Poker Blues Band* mit dem Sänger Roli Frei (siehe Kapitel
4.8.1.). Die Band veröffentlichte 1978 ihr erstes selbst betiteltes Album, mit dem sie aber
völlig unzufrieden waren. Erst das zweite Album «Soul Food» vom Januar 1981 wurde
zu einem grossen Erfolg.

Neben den Beatbands hatten all diese Schweizer Rhythm-and-Blues-Bands in den
1960er-Jahren einen schweren Stand. Diese Erfahrung musste auch *The Onion Gook*
machen, mit dem Gitarristen Robert «Blues» Weideli und Jelly Pastorini an der Orgel.
Umso grösser war der Beitrag dieser Bands als Vorreiter des späteren Rock. Studioaufnahmen gab es zu jener Zeit noch nicht.

2.3.6 Das erste Schweizer Bluesalbum: *Freeway 75*

Die erste Schweizer Bluesband, die ein Album veröffentlichte, war die Wettinger Band *Freeway 75*. Sie wurde 1972 vom Gitarristen, Blues-Harp-Spieler und Sänger Dinu Logoz sowie dem Sänger Robert «Goofy» Egloff gegründet. Ein Jahr später nahm die Band in den berühmten «MPS»-Studios in Villingen im Schwarzwald eine Single und 1974 das Album «Boozed» auf. Und wieder leistete Ur-Blueser Chris Lange wichtige Schützenhilfe. «Er war eine grosse Stütze, hat uns beraten und bei einigen Songs mitgespielt», sagt Logoz. «Er hatte die Erfahrung und das Ohr, um uns zu sagen, was noch fehlt.»

Die Platte verkaufte sich in Schweden und der Schweiz recht gut. Es folgten Konzerte in der ganzen Schweiz, unter anderem als Vorgruppe der Rockband *Nazareth* in Italien

Freeway 75, Wettingen 1974. Unten sitzend: Goofy Egloff (Gesang). Oben von links: Dinu Logoz (Gitarre, Harp, Gesang), Philipp Winiger (Schlagzeug), Stix Steiger (Piano), Andy Casagrande (Bass) und Bernie Wenger (Flöte, Gitarre).
© Alfredo Biffi

Die Single von *Freeway 75*.
© Archiv Logoz

und ein Konzert mit Champion Jack Dupree in Deutschland, das aufgenommen und später als Live-Platte veröffentlicht wurde. Doch dann wurde die Band übermütig. «Wir strebten nach Höherem. Wir wollten professioneller werden und trennten uns von Band-Mitgliedern», erzählt Logoz, «doch es war nicht mehr dasselbe. Wir haben die Band in ihrer Einfachheit zerstört». Dinu Logoz blieb mit Unterbrüchen der Einzige der Band, der fast immer musikalisch tätig blieb. Nach dem Ende von *Freeway 75* wechselte er zu Langes *Driving Wheels* und gründete später mit dem Berner Gitarristen Rolf Lüthi die *Acoustic Blues Brothers*.

Es lag etwas in der Luft. «The Times They Are a-Changin'» sang Bob Dylan im Januar 1964 in prophetischer Voraussicht. «A Change Is Gonna Come» sang Sam Cooke einen Monat danach und befeuerte die amerikanische Bürgerrechtsbewegung. Auch in der betulichen Schweiz, wie in allen westlichen Gesellschaften, brodelte es und braute sich etwas zusammen. Es waren jetzt nicht nur Schriftsteller wie Frisch und Dürrenmatt, die die traditionellen Bilder der Schweiz infrage stellten. Der neue Schweizer Film setzte sich nun deutlich von der traditionalistischen Tendenz der 1950er-Jahre ab. Kulturschaffende aus anderen Genres suchten nach neuen Ausdrucksformen, brachen mit der Tradition und distanzierten sich damit immer mehr vom konservativen Geist der Öffentlichkeit. Zwischen dem Publikum und den Kulturschaffenden tat sich eine Kluft auf. Die abstrakte Kunst, Modern und Cool Jazz, später der Free Jazz sowie atonale E-Musik wurden von der Allgemeinheit oft nicht verstanden.

The Beatles bei ihrer Ankunft in der Schweiz auf dem Flughafen Kloten 1964.
© ETH-Bibliothek Zürich, Fotograf: Heinz Baumann

2.4 Beatmusik in der Schweiz

Die Basler Beatband *The Sevens* in der TV-Sendung «Hits à Gogo» 1968.
© ETH-Bibliothek Zürich, Fotograf: Jack Metzger

Selbst in Teilen der Politik änderte sich langsam das Bewusstsein, wurden die Krisensymptome erkannt und die Zeichen der Zeit verstanden. 1964 veröffentlichte der in Basel lehrende FDP-Rechtsprofessor Max Imboden die Schrift «Helvetisches Malaise», in der er der Schweiz mehr «Reformwillen», «utopisches Denken» und weniger «einfallslosen Pragmatismus» empfahl.

Wie der Historiker Georg Kreis in «Die Geschichte der Schweiz» beschreibt, nahm die Reformbereitschaft zu. 1963 trat die Schweiz dem Europarat bei und eröffnete danach die Debatte um einen UNO-Beitritt. In städtischen Regionen wurden gemischtgeschlechtliche Schulklassen eingeführt und nach der Abfuhr 1959 nahm der Druck zur Einführung des Frauenstimmrechts zu, das schliesslich 1971 vom Volk angenommen wurde.

Für viele Schweizer Jugendliche waren die helvetischen Reformbewegungen aber viel zu langsam. Die gesellschaftlichen Strukturen wurden als intolerant, hoffnungslos veraltet, verknöchert und verstaubt wahrgenommen. Wer auffiel oder nicht der Norm der Spiessbürger entsprach, wurde, wie etwa Toni Vescoli, misstrauisch beobachtet. Mitte der 1960er-Jahre lebte Vescoli mit seiner Freundin Ruth, die alle Ruthli nannten, in Dietikon im Konkubinat, was im prüden Zürich der 60er-Jahre noch verboten war. Tatsächlich wurde er im Statthalteramt angezeigt und musste eine saftige Busse bezahlen. «Im privaten Bereich wurde mir leider weniger Akzeptanz entgegengebracht», bemerkt dazu Vescoli. «Die Nachbarschaft machte sich Gedanken über diesen langhaarigen Typen, der da plötzlich in ihre heile Welt eingebrochen war. Ich kam ihnen wohl suspekt vor. Ruthli wurde angehalten, ihr Auto weiter entfernt zu parken, weil wir immer erst nach Mitternacht nach Hause kämen und die Autotüren schletzten.»

Die Schweizer Jugendlichen drängten auf eine Liberalisierung der festgefahrenen gesellschaftlichen Zwänge und erkannten in der internationalen Popmusik ein Instrument, um die bürgerlich-konservative Kultur zu provozieren. Gleichzeitig ermöglichte die neue Musik eine Identifikation und eine Solidarisierung über die Landesgrenzen hinaus.

Für Toni Vescoli war die Ermordung von Präsident John F. Kennedy ein Fanal für die Schweizer Jugendlichen, die zu einer Politisierung führte. «Wir waren wie vor den Kopf gestossen. Für uns junge Schweizer war Kennedy eine Art Symbolfigur für den Aufbruch, ein Aufbruch zu mehr Toleranz, Offenheit und Freiheit. Wir interessierten uns ja nicht wirklich für Politik, aber Kennedy schien einer von uns zu sein. Er hatte den Geist der Zeit geschnallt. Und jetzt wird er einfach so abgeknallt! Wir verstanden die Welt nicht mehr.»

In diesem Klima des Aufbruchs erreichten erste Songs der *Beatles* die Schweiz. Schweizer Medien berichteten von «tumultösen Begeisterungsstürmen» bei den Konzerten. Aber nur auf der Seite der «vermischten Meldungen», nicht im Kulturteil oder Feuilleton. Auch «Radio Beromünster» spielte die ersten Hits wie «She Loves You» und «I Want To Hold Your Hand» nicht.

Bemerkenswert ist, dass auch Schweizer Musiker wie Toni Vescoli zunächst reserviert auf die Liverpooler Pilzköpfe reagierten. Vescoli hatte seine *Les Sauterelles* schon im September 1962 gegründet. Im selben Jahr wie die *Rolling Stones* und einen Monat vor dem Erscheinen von «Love Me Do», der ersten Single der *Beatles*. Doch in der Schweiz kannte man damals weder die Beatles noch die Stones. «Wir orientierten uns nicht an den Beatles, sondern an den Shadows», erinnert sich Vescoli. *The Shadows* waren eine beliebte britische Gitarrenband, die Instrumental oder mit dem Sänger Cliff Richard auftrat. Sie waren zwischen 1960 und 1962 mit vier Nummer-Eins-Hits die angesagteste Band auf der Insel.

«In der Schweiz waren wir damals nicht am Puls der Zeit. Bei uns ist immer alles mit ein paar Jahren Verzögerung angekommen», sagt Düde Dürst, der spätere Schlagzeuger von *Les Sauterelles*. Die Urformation der *Sauterelles* übernahm denn auch den Sound der *Shadows* erst zu einer Zeit, als dieser in England bereits von den neuen Klängen des Beats abgelöst wurde. Es war noch die grosse Zeit der Dancings mit ihrer Unterhaltungsmusik.

Das änderte sich Ende 1964, als die Schweiz von der Beatles-Mania erfasst wurde. *Les Sauterelles* erhielten ihren Übernamen «The Swiss Beatles». Ein geschickter Marketingschachzug, denn dadurch wurde der Popularitätsgrad der Band markant gesteigert. «The Swiss Beatles» profitierten auch davon, dass das englische Original nie in der Schweiz auftrat. «1965 ist die Szene richtig explodiert, und wir standen mittendrin», erzählt Vescoli. Im September 1965 wurde «Hongkong» bei «Columbia» aufgenommen. Der erste Schweizer Beatsong und der erste Hit der Sauterelles.

In der ganzen Schweiz schossen Beatschuppen aus dem Boden. In Zürich das «Pony», «International», «Allotria», der «Hirschen» und, und, und… «Wir haben überall gespielt», erinnert sich Dürst, der Ende 1965 als Schlagzeuger zur Band stiess, «dreieinhalb Monate lang jeden Tag in Zürich und immer volles Haus. So etwas wäre heute nicht mehr denkbar.» Die Schweiz war im Beatfieber, und die Sauterelles als Vollprofis wurden zur populärsten Band der Schweiz. «Der Beat war eine komplett neue Musik», sagt Dürst, «und wir waren bereit und authentisch.»

«Swiss Beat Live» hiess die erste Beatplatte der Schweiz, die die Sauterelles 1965 zusammen mit *The Counts* und *The Dynamites* aufnahmen. Die erste Beatband, die ein Studioalbum aufnahm, war aber Mitte 1966 die Konkurrenz aus Basel. *The Sevens*. Ein wildes, anarchisches Album mit immerhin neun Eigenkompositionen. Im September 1966 gingen auch *Les Sauterelles* ins Studio. Walter Wettler war Toningenieur, Teddy Meier Produzent und Hardy Hepp der musikalische Coach. Nur gerade zwei Songs der

Les Sauterelles im Hallenstadion 1967 mit Rolf Antener, Düde Dürst, Heinz Ernst und Toni Vescoli (von links).
© ETH-Bibliothek Zürich, Comet Photo AG

Ferien in der Schweiz 1965: John Lennon (2. v. l.) mit Frau Cynthia, George Martin (rechts) mit seiner Verlobten Judy Lockhart Smith in St. Moritz.
© ETH-Bibliothek Zürich, Fotograf: Hans Gerber

vierzehn Songs waren aus eigener Hand. Der Rest bestand aus Coverversionen. Die Platte wurde aber zu einem Erfolg in der Schweiz und in Italien.

Der Beat profitierte auch von der in der Schweiz besonders ausgeprägten Kultur der Tanzmusik. Die Nachkriegszeit war das «Goldene Zeitalter» der Tanzorchester. Sie spielten in den Hotels im Winter zum Après-Ski und in den Dancings, die übers ganze Land verstreut waren. Dieses populäre Genre blühte in der Schweiz vergleichsweise lange, zum Teil bis in die 70er-Jahre. Düde Dürst erinnert sich: «Als in der Schweiz der Beat aufkam und immer populärer wurde, nahmen Tanzbands wie die *Dorados* Beatsongs in ihr Repertoire auf oder verwandelten sich in Beatbands. Als der Beatboom vorbei war, waren sie aus kommerziellen Gründen wieder als Tanzband unterwegs.»

Die elektrische Gitarre war schon bei den *Shadows* zentral, aber im Beat wurde sie rauer und schnoddriger gespielt. Die damaligen Beatbands waren eigentliche Boy-Bands in Quartett-Besetzung mit Bass, Schlagzeug und zwei Gitarren (ohne Keyboard). Ein wesentliches Merkmal der Beatbands waren der Gesang und vor allem der mehrstimmige Chorgesang aller Bandmitglieder. «Der ungeschliffene, ungeschulte Gesang ohne Vibrato macht einen Teil des Charmes aus», sagt Vescoli.

Les Sauterelles waren die Erfolgreichsten, aber nicht die Einzigen. In der ganzen Schweiz entstanden Beatbands. Im Aargau *The Mascots* mit Peter «Burki» Burkart. In Bern *The Morlocks* und *The Red Caps*. In Luzern *The Thunderbeats* mit Angy Burri. Beathochburg war Basel mit *The Sevens*, vormals *Les Pirates* mit Pino Gasparini, bekannt durch sein späteres Engagement bei Pepe Lienhard, aber auch *The Countdowns*, *The Sheapes*, *The Haddocks*, *The Vampires*, *The Red Devils*, *The Typhoons* und *The Dynamite*. In Zürich gab es neben den Profis von *Les Sauterelles*, *The Skydreamers*, *Greenbeans* mit Gitarrist Peter Földi und *The Hellfire* mit dem Gitarristen und Sänger Walty Anselmo, *The Counts* mit Schlagzeuger Düde Dürst und Peter Földi, *The Savages*, *The Mods*. Gemäss dem Boulevard-Blatt «Blick» gab es 1965 rund 2000 Schweizer Beatbands.

Beat verdrängte den Jazz und wurde zur Musik der Jugendlichen. Im Gegensatz zum Rock 'n' Roll der Halbstarken kamen viele Anhänger des Beat aus dem behüteten Mittelstand. Die neue Musik versprach etwas Farbe im grauen Schweizer Alltag, viel Spass, Euphorie und etwas Protest und Auflehnung gegen das Elternhaus. Im Mittelpunkt des Protests standen die Haare. Die Beatszene wurde von der Erwachsenenwelt nicht ganz ernst genommen. Man betrachtete das Beatphänomen als eine vorübergehende Modeerscheinung. «Die Beatles sind keine Beatniks und kein Elvis Presley. Nette Burschen», schreibt im April 1964 die «Schweizerische Allgemeine Volks-Zeitung» und spricht von «mildem Gitarrengeklimper», «wenig ekstatischen Songs» und «bubenhaftem Allotria». «Das gefällt und amüsiert. Das ist ganz harmlos.»

Die Zürcher *Les Sauterelles* mit Sänger Toni Vescoli, Schlagzeuger Düde Dürst (ab 1965), Gitarrist Peter Glanzmann und Bassist Freddy Mangili waren in den 1960er-Jahren die mit Abstand erfolgreichste Schweizer Beatband mit einer Ausstrahlung über die Schweizer Grenzen hinaus. Mit dem ambitionierten Album «View To Heaven» mit

Die letzte Formation von *Les Sauterelles* mit Werner Fröhlich und Mike Stoffner (oben), den Schwestern Fioretta und Bernadette Wälle und Toni Vescoli.
© Archiv Fröhlich

Streichorchester, Dixieland-Band, Kinderchor und einer Menge verrückter Ideen erreichte die Band ihren kreativen Höchststand und mit der Single «Heavenly Club» den Höhepunkt ihrer Popularität. Der Song wurde zu einem internationalen Hit, der sich 13 Wochen in der Schweizer Hitparade und davon sechs Wochen auf Position 1 hielt. «Heavenly Club» war der erste Schweizer Song, der es auf Platz 1 schaffte.

Toni Vescoli

Das musikalische Talent hat Toni Vescoli von der Seite der Mutter geerbt. «Meine Mutter Alice (geborene Huber) hatte immer Freude an meiner Musik», sagt Vescoli. Ihr Bruder, Werner Huber, war ein bekannter Volksliedersänger und Tenor («De Köbel, de Chrigel, und de Sepp»), der mit Vrenely Pfyl und Martheli Mumenthaler aufgetreten ist. Aber der eigentliche Antrieb für seine Musik war sein Vater August.

«Mein Vater war grausam autoritär», sagt Vescoli. Widerspruch wurde nicht geduldet. Die anderen drei Geschwister hatten keine Chance, mussten gehorchen und wurden auch geschlagen. «Vater war ein guter Boxer, war zweimal Schweizermeister im Fliegen-gewicht und hat uns immer mal wieder eine geschwollene Lippe verpasst. Noch als ich 20 war, hat er mir eine gehauen. Das letzte Mal», sagt Vescoli und relativiert: «Das war noch eine andere Zeit. Die Prügelstrafe war in den späten 1940er- und 50er-Jahren auch an der Schule an der Tagesordnung».

Toni Vescoli 2012 zu Hause in Wald.
© CH Media/Per Emanuel Freudiger

Zu Weihnachten spielte Toni auf der Gitarre «Stille Nacht», im Probelokal heissen Rock 'n' Roll. «Ich musste meine Musik vor dem Vater verstecken. Dass ich Rock 'n' Roll spielte und in meiner Freizeit mit Jeansmontour als Halbstarker herumlief, wusste er lange nicht. Ich war gezwungen, eine Art Doppelleben zu führen. Als er es doch noch herausfand, verbot er es mir. Doch ich machte es trotzdem, ich konnte gar nicht anders», erzählt Vescoli. Der Jüngling musste sich gegen Widerstände durchsetzen und sich alles selbst erarbeiten. Heute sieht er darin einen Grund, weshalb er es als einer der wenigen Schweizer Musiker geschafft hat und über Jahre als Profi erfolgreich war. «Wenn mir alles in den Schoss gelegt worden wäre, hätte ich es vielleicht nicht geschafft. Ich habe schon da gelernt, mich durchzubeissen», sagt er.

Toni Vescoli ist am 18. Juli 1942 geboren und wuchs in Küsnacht und Peru auf. Im Andenstaat hat alles angefangen.

Toni Vescoli in den 1960er-Jahren bei
Les Sauterelles.
© ETH-Bibliothek Zürich, Comet Photo AG

Die Geschwister haben musiziert und als Toni sah, wie sein Bruder mit Chansons und spanischen Liedern ankam, hat ihn das motiviert. «Man nimmt mich ja als Schnurri wahr, aber eigentlich bin ich sehr schüchtern», sagt er. Als Kind fiel es ihm schwer, auf Leute zuzugehen und sie anzusprechen, vor allem auch das weibliche Geschlecht. «Die Musik half mir, diese Angst zu überwinden. Denn wenn man Musik macht, kommen die Leute auf mich zu», sagt er.

Vescoli hatte Autoritätsprobleme mit seinem Vater, durchlebte den Generationskonflikt in der Gesellschaft, ein Rebell war er aber eigentlich nicht und schon gar kein 68er. «Das Beste von 68 ist meine Tochter», sagt er und lacht. Sie wurde im «Summer of Love», also 1967, gezeugt und ist 1968 geboren. Sie ist ein richtiges Hippiekind.

Les Sauterelles haben an der ersten Vollversammlung in Zürich gespielt, und Vescoli war oft im Bunker. Also dort, wo 1970 in Zürich das erste autonome Jugendzentrum eröffnet wurde. «Ich habe mich schon für die Anliegen der Jungen interessiert. In meiner ID hatte ich sogar einen Stempel der ‹Autonomen Republik Bunker›, und ich ärgerte mich, als der Bunker geschlossen wurde. Aber wir hatten gar keine Zeit, uns politisch zu engagieren. Die Musik stand für uns zuoberst und wir waren ja immer unterwegs», sagt er. «Vieles war mir auch einfach zu links. Einem Jungpolitiker sagte ich mal, er sei ja nur Kommunist geworden, weil er die Hoffnung aufgegeben habe, Kapitalist zu werden.»

Vescoli hat sich deshalb auch gern als Vermittler zwischen den Extremen gesehen. «Ich habe eine bewahrende, konservative Seite und finde nicht, dass man alles umstossen muss», erzählt er weiter. «Hippie sein ist schön, wenn man in den Tag hineinleben kann und niemandem zur Last fällt. Das konnten aber nur jene, die daheim einen Vater mit Kohle hatten. Wenn es auf Kosten anderer geht, ist das nicht so toll. Insofern waren wir gar keine Hippies. Wir haben viel zu viel gearbeitet. Ich bin weder Hippie, noch 68er … und schon gar kein Alt-Hippie.»

Trotzdem sind viele seiner Songs politischer oder gesellschaftspolitischer Art und noch heute informiert sich Vescoli täglich über das Weltgeschehen. Was ist der Grundsatz seines Lebens? «Ich brauche nur ein Gebot, nicht zehn», sagt er. «Ich gehe mit den Men-

Unzertrennlich: Toni und Ruthli Vescoli 2010.
© CH Media

schen so um, wie ich möchte, dass sie mit mir umgehen. In diesem Gebot ist eigentlich alles enthalten und ich versuche danach zu leben. Es gelingt mir aber auch nicht immer.»

Vescoli ist Vescoli und lässt sich nicht so leicht einordnen. Er ist zwar Rock 'n' Roller, aber dem Rock-'n'-Roll-Lifestyle mit Sex und Drogen hat er kaum je nachgelebt. «Als Nichtraucher interessierte mich Haschisch nicht und vor LSD hatte ich viel zu viel Respekt», sagt er. Aber auch die Verantwortung als Familienvater liess ihn vor Eskapaden zurückschrecken. Ruth, seine grosse Liebe, war alleinerziehende Mutter, als sie sich kennenlernten. Die zwei Kinder hat Vescoli immer wie seine eigenen behandelt. Als er 26 Jahre alt war, komplettierte die gemeinsame Tochter Nathalie das Familienglück.

Toni und seine Ruth, das ist im Popbusiness eine einzigartige, rührende Liebesgeschichte. «Ich bin das beste Beispiel, dass man in diesem Geschäft auch ein ganz normaler Mann und Familienvater sein kann», sagt Vescoli dazu. Schon seit den 1960er-Jahren war er mit Ruth zusammen, lebte mit ihr im Konkubinat und wurde deswegen sogar gebüsst. Als die beiden ihre Beziehung «legalisieren» und heiraten wollten, stemmten sich Management und Bandmitglieder dagegen. «Eine alleinerziehende Mutter mit zwei Kindern, das ging für einen Popmusiker gar nicht. Imagemässig war das ganz schlecht», sagt Vescoli.

Aber die Beziehung sollte sich nie als Problem herausstellen. «Weil sie als Einzige Auto fahren konnte, ist sie schnell in das Bandgefüge hineingewachsen. Die Bandmitglieder mussten sich damit abfinden, dass sie als Fahrerin mitkam», enthüllt Vescoli. Die Musik und die Band wurden auch zu ihrem Leben.

Ruths Meinung war und ist für Vescoli sehr wichtig. Bei musikalischen Entscheiden hat sie aber nur indirekt Einfluss genommen. «Ich musste sie gar nie fragen. Ich wusste stets, was ihr gefällt oder nicht gefällt», äussert er. «Ruthli war ein guter Gradmesser, weil sie den Durchschnittsgeschmack der Hörerinnen vertritt. Alles, was allzu kratzig und rau war, hat ihr nicht gefallen und Gitarrenfiedlereien schon gar nicht.»

Vescoli ist ein Familienmensch. «Mit unseren Kindern telefonieren wir zwei, drei Mal pro Woche», sagt er. Dabei haben Schicksalsschläge, der frühe Tod von Stieftochter Carmen und der schwere Unfall von Stiefsohn Kari, die Familie noch stärker zusammengeschweisst.

Die Pionierrolle von Toni Vescoli in der Schweizer Popmusik ist enorm. Wie kein zweiter Schweizer Musiker hat er Popgeschichte geschrieben. Kein anderer Musiker hat so früh so viel angestossen und vorangetrieben wie er. Er war einer der Ersten in der Schweiz, die Rock 'n' Roll spielten. Für eine Gage von zehn Franken gab er im «Schwarzen Ring» sein erstes Konzert. Er war mit *Les Sauterelles* einer der ersten und erfolgreichsten Beatmusiker (siehe Kapitel 2.4.), hängte seinen Beruf als Hochbauzeichner an den Nagel und wurde Profi. Er war ein Pionier des Folk und Folk Rock und der erste, der es mit Mundartpopliedern (siehe Kapitel 7.2.) in die Hitparade schaffte.

Doch auf seine Pionierrolle angesprochen, spielt er sie etwas herunter. «Wir waren in der Schweiz immer verspätet und hinkten den internationalen Trends hinternher Mir hat das einfach gefallen und ich habe diese Musik gespielt, ohne darüber nachzudenken. Es war insofern kein bewusstes Vorgehen», sagt er.

Bei der Mundart kam auch Zufall dazu. Kollegen beim Schweizer Fernsehen haben ihn angestossen, den Stones-Song «Sister Morphine» zu übersetzen. Und auch der erste Mundart-Popsong, «Wilhelm Tell», entstand auf Anfrage des Magazins «POP». «Ich bin hineingerutscht, habe aber sofort gemerkt, wie gut das bei den Leuten ankam und wollte auf dieser Schiene weitermachen», sagt er.

Mit den musikalischen Umbrüchen konnte Vescoli aber nicht viel anfangen. «Als die Gitarrenmusik Ende der 1960er- und Anfang der 70er-Jahre härter, aggressiver und verzerrter wurde, hat mir das gar nicht gefallen. Heute schon, aber damals war mir das zu heavy. Ich habe mich deshalb abgenabelt und wurde stattdessen zum Folkie mit akustischer Musik.»

Vescoli war Rock 'n' Roller und Beatmusiker und ist mit den 1996 wieder vereinigten *Les Sauterelles* noch heute unterwegs. Als Folkmusiker hatte er zwar grossen Erfolg, wurde aber in der Szene immer als Aussenseiter wahrgenommen. «Ich habe mich nicht in den Schweizer Folk Clubs bewegt und habe nie so richtig dazugehört», erzählt Vescoli, «Folk war für mich eine Phase, in der ich einfach genug hatte von dem lauten Sound.» Er bezeichnet diese Phase heute als Abstecher. Erst mit Vescoli und Co. kehrte er Ende der 1980er-Jahre wieder zu seinem Sound und seinen Ursprüngen zurück. Zu den Urformen der amerikanischen Musik, die man heute als «Americana» bezeichnet: Rock 'n' Roll, Country, Folk und Blues sowie den Subgenres Rockabilly, Cajun und Zydeco. Vescoli sagt: «Der Kreis hat sich für mich geschlossen.»

Jimi Hendrix im Hallenstadion Zürich, 1968. Am Schlagzeug Mitch Mitchell.
© ETH-Bibliothek Zürich, Fotograf: Baumann, Heinz Lindroos, Wolfgang Wulle

3 DIE GRÜNDERZEIT DES ROCK

3.1 Die Schweiz bockt

Die gesellschaftliche Demokratisierung und Liberalisierung, die Emanzipation des Individuums in der westlichen Welt mündete in eine tiefgreifende Kulturrevolution, die zwischen dem Berliner Mauerbau 1961 und der Mondlandung 1969 die entscheidende Phase erreichte. Politische Erschütterungen wie die Kuba- und Berlin-Krise, die Ermordung von J. F. Kennedy und Martin Luther King, der Vietnamkrieg, der Sechstagekrieg und die Zerschlagung des Prager Frühlings sorgten für zusätzliche Verunsicherung und verstärkten die bewahrenden Kräfte. Umgekehrt verbündete sich der gesellschaftliche Aufbruch mit unerlässlichem technischen Fortschrittsglauben. Der Wettlauf zum Mond befeuerte Fantasien. Alles schien möglich. Diese gegenläufigen Strömungen steuerten unaufhaltsam auf einen Zusammenprall zu.

Parallel zu diesen gesellschaftlichen und politischen Verwerfungen entwickelte sich die Rockmusik. Innovationen und stilbildende Entwicklungen sind stets Prozesse über eine längere Zeit hinweg. Im konkreten Fall ist es der Übergang von Beat und Rhythm and Blues zum Rock. In der verschlafenen, immer noch relativ heilen Schweiz waren die

Riesiges Polizeiaufgebot vor dem Hallenstadion Zürich am Rolling-Stones-Konzert 1967.
© ETH-Bibliothek Zürich, Comet Photo AG

bewahrenden Kräfte besonders stark. Wie schon beim Rock 'n' Roll und Beat dauerte es deshalb etwas länger bis sich die Rockmusik durchzusetzen vermochte.

Man muss sich bewusst sein: Als die Rolling Stones 1965 «Satisfaction» veröffentlichten, und damit das Zeitalter der Rockmusik einläuteten, wurde die Deutschschweiz erst so richtig vom Beatfieber erfasst. Und als *Les Sauterelles*, die Schweizer Beatband Nummer eins, mit ihrem Hit «Heavenly Club» 1968 die Hitparadenspitze erreichten, war international schon längst die härtere Rockmusik angesagt. «Die Beatphase war eigentlich schon damals vorbei und wurde abgelöst von Hippiemusik, psychedelischen Klängen und vom Rock», erzählt Düde Dürst.

Rock musste an den Türen der Schweiz mehrere Male anklopfen. Schweizer Musiker wie Hardy Hepp, Walty Anselmo und Düde Dürst waren zwar durchaus am Puls der neuen Sounds. Sie waren über die neusten Trends im internationalen Musikgeschäft bestens informiert. In Beatbands wie *The Sevens* oder *The Sauterelles* waren auch verzerrte Gitarren zu hören. Doch der rebellische Rocksound konnte sich in der Schweiz noch nicht durchsetzen. «Die Schweiz war kein Land für Rockmusik», betont Dürst.

Ein wichtiger Grund für die Verspätung dürfte sozio-struktureller Art gewesen sein. Denn RockmusikMusik galt wie der Rock 'n' Roll der 1950er-Jahre als eine Musik der Unterprivilegierten und der Arbeiterklasse. Der Mittelstand, der in der Schweiz besonders stark ausgeprägt war, konnte sich damals wenig mit dieser Musik identifizieren. Sie kam im helvetischen Mainstream nicht gut an.

Rock war in der offiziellen helvetischen Welt nicht willkommen. Die Ablehnung durch die konservativen Kräfte spiegelte sich besonders in den Schweizer Medien. Im Schweizer Radio und Fernsehen fand die neue Musik kaum statt und in den Printmedien wurde das Phänomen Rock meist negativ rezipiert. Dazu fehlten im Gegensatz zu Ländern wie Grossbritannien und den USA die nötigen Strukturen. Eine Musik- und Medienbranche, die die Bedeutung der neuen Musik erkannt, sie gefördert und gestützt hätte, war praktisch inexistent. In einem langwierigen Prozess mussten die nötigen Strukturen für Pop und Rock erst aufgebaut werden.

3.1.1 Rolle der Medien

Man muss sich das vorstellen: Die Rock-'n'-Roll-Revolution von Elvis, Chuck Berry und Co. wurde vom öffentlich-rechtlichen Schweizer Radio ebenso verschlafen wie die Beatwelle der Beatles und die Rockexplosion der Rolling Stones. Ungehört blieben freilich auch Bob Dylans Friedenshymne «Blowin In The Wind» von 1963 wie sein prophetischer Weckruf «The Times They Are a-Changin'» und Sam Cookes Bürgerrechtssong «A Change Is Gonna Come» aus dem Jahr 1964. Das Schweizer Radio hat die ersten Jugendrevolten und damit die wichtigsten Umwälzungen und Revolutionen der jüngeren Musikgeschichte verpasst.

Was das Radio versäumte, mussten informelle Akteure übernehmen. Die gut informierten Verkäufer und Verkäuferinnen in den Schallplattenläden sowie die Jukeboxes, die damals im ganzen Land, vor allem in den Beizen und Bars, verstreut waren. Gemäss Beat Hirt, dem ersten Popjournalisten der Schweiz, wurden die Singles von Bill Haley, Elvis und den Beatles schon damals bis zu 50 000 Mal verkauft. Damit wurden die Jukeboxes gefüttert. Auf diese Weise verbreiteten sich die aktuellsten internationalen Hits und Trends im Land.

Doch im Äther herrschte Funkstille. «Radio Beromünster», wie das Schweizer Radio damals hiess, machte keine Hits, es spielte sie nicht mal. Die Schweizer Radiohörerinnen und -hörer wurden vom Landessender stattdessen mit Ländler und leichter Klassik vom *Radioorchester Beromünster* (später *DRS Big Band*) berieselt. Die harmlose Schlagersendung «Bill und Jo» mit den Sängern Bill Ramsey und Jo Roland Anfang der 1960er-Jahre wurde nach drei Monaten wieder gestrichen.

Jukeboxes (hier im Hotel Walhalla St. Gallen) haben für die Verbreitung der neuen Musik im Land gesorgt.
© CH Media

Das Aufkommen von Pop und Rock hat das Radioorchester völlig infrage gestellt. «Die Hörer wollten unbedingt das Original. Die Musiker des Orchesters haben das aber nicht gespürt», sagt Hirt. Sie waren privilegiert und genossen den Schutz des damaligen Unterhaltungsdirektors Cedric Dumont. Schliesslich hatte er das Radioorchesters 1946 gegründet und geleitet. Sein Kind wollte er nicht gefährden. Für den Filmemacher und Moderator Hannes Hug («Generation Teleboy», 2013) ist Dumont ein «Paradebeispiel für den damaligen Filz». Durch das «Quasimonopol in Sachen Unterhaltungsmusik» habe er «das Schweizer Showbusiness bis in die 1970er-Jahre wesentlich mitbestimmt».

Dumont hat Pop und Rock am Radio nur in homöopathischen Dosen zugelassen. Das Orchester musste aber Trends aufnehmen und spielen. Wie Thomas Moeckel in einem Interview von SRF 2013 ausführte, war das gerade in den 1960er-Jahren, als Pop, Rock und Soul aufkamen, besonders schwierig. Moeckel, der Sohn des langjährigen Leiters Hans Moeckel, wurde in diesen Jahren jeweils für spezielle Aufgaben beigezogen. Die Musiker seien zwar «erstklassig ausgebildet gewesen, aber die Umsetzung des Orchesters konnte nicht an das Original heranreichen. Es fehlte die Authentizität.» Das Orchester, das in *DRS Big Band* umbenannt wurde, hat zunehmend polarisiert. Noch schwieriger wurde die Situation der *DRS Big Band* nach der Einführung von DRS 3 im Jahr 1983. Drei Jahre später hat Radiodirektor Andreas Blum die Band schliesslich aufgelöst.

Doch die Schweiz war mit ihrer konservativen Haltung nicht allein. Auch die öffentlich-rechtlichen Radiosender der ARD waren musikalisch konservativ ausgerichtet. Dafür erreichte Radio Luxemburg bei den jüngeren Zuhörern Kultstatus. Es war neben den britischen und amerikanischen Soldatensendern BFBS und AFN lange die einzige Platt-

Mick Jagger und Brian Jones an der Pressekonferenz mit Journalist Beat Hirt vor dem
Konzert im Hallenstadion 1967.
© ETH-Bibliothek Zürich, Comet Photo AG

form für neue Pop- und Rockmusik. Besonders wichtig war damals «Salut les copains»
auf dem französischen Radiosender Europe 1, wo das wachsende Bedürfnis nach Pop
und Rock zumindest teilweise gestillt wurde. Nach dem Vorbild von «Salut les copains»
wurde im Mai 1965 «Sali mitenand» gestartet. Die erste exklusiv auf junge Popmusik
spezialisierte Radiosendung auf Radio Beromünster. Doch die Sendung war gemäss Journalist Beat Hirt schlecht moderiert, ihre Inhalte wurden stiefmütterlich behandelt und
am unattraktiven Montagabend zwischen 18 und 19 Uhr ausgestrahlt. In der Schweiz
herrschte weiterhin popmusikalische Einöde.

Beat Hirt hat früh gespürt, was sich da musikalisch anbahnte. Er wurde mit Jazz sozialisiert, mochte vor allem Swing und Big-Band-Jazz. Doch in den 1960er-Jahre bewegte
sich für ihn der Jazz in eine falsche Richtung, weg vom Publikum zu immer freieren und
experimentelleren Formen. Der berühmte Satz von Frank Zappa: «Jazz is not dead, it just
smells funny», traf für ihn schon früh den Nagel auf den Kopf. In London erlebte er eine
neue Musik, ungeschliffen und ungehobelt, aber voller Kraft, Energie und Emotionalität.
Eine Musik, die, wie er ahnte, die Vormacht von Klassik und Jazz herausfordern würde.
Doch in der Schweiz war er in den Medienhäusern allein auf weiter Flur und wurde belächelt.

Nicht nur vom Schweizer Radio und Fernsehen wurde die neue Musik totgeschwiegen, auch die Zeitungen und Zeitschriften wussten mit dem Phänomen wenig anzufan-
gen. «Tagi und NZZ haben sich total verweigert und konsequent nichts gebracht», sagt

Hirt, «und wenn in den Zeitungen ausnahmsweise doch mal etwas geschrieben wurde, dann mit einem negativen Unterton. Um Musik ging es dabei nie. Beat ist in der Schweiz angekommen und war gefragt. Doch für die Feuilleton-Redaktoren hatte das nichts mit Kultur zu tun. Die Musik wurde nicht akzeptiert, nicht respektiert, belächelt und deshalb ignoriert.»

Heute kann man sich das fast nicht mehr vorstellen: Zeitungen hatten damals so etwas wie ein Informationsmonopol. Was dort nicht erwähnt wurde, gab es eigentlich nicht. Die neue Musik entwickelte sich deshalb im Untergrund, unter Ausschluss einer Öffentlichkeit. Die Informationen über den neuen Sound, über Events und Konzerte wurden in Szenetreffs weitergegeben. Mund-zu-Mund-Propaganda. In Zürich zum Beispiel im «Pony», einem Tearoom neben der Kronenhalle, oder im berüchtigten Café «Schwarzer Ring» im Niederdorf. In St. Gallen im «Africana» oder im «Atlantis» in Basel. Auf diese Weise konnte sich eine kleine Konzertszene entwickeln, die vor allem in der Beatära gut funktionierte.

Anfang 1966 gründete Hirt mit Jürg Marquart und Susi Bihrer das Magazin «POP», das erste Schweizer Magazin, das sich seriös und tiefgründig mit der neuen Musik beschäftigte. Die erste Ausgabe erschien am 1. März 1966. Jürg Marquart hat 2000, Susi Bihrer 3000 und Hirt 5000 Franken Startkapital beigesteuert. Dazu kam eine Gruppe von Leuten, bestehend aus Werbern und dem Chefredaktor des «Zürich Oberländers», Oscar Fritschi, die sich beteiligt haben. «Die wenigsten haben ans «POP» geglaubt. Ohne diese Gruppe wäre es gar nicht möglich gewesen», sagt Hirt. «POP» hatte am Anfang wenig Inserate, aber das hat sich schnell geändert. Das Magazin wurde stark beachtet. «Das Problem war die ungenügende Distribution, der schlappe Kioskverkauf», erzählt Hirt. «Die Kioskbetreiber bestellten zu wenig Exemplare. An manchen Kiosken wurde es gar nicht angeboten und bei den anderen waren die ein bis zwei bestellten Exemplare schon am ersten Tag weg. Nachbestellt wurde nicht.»

Ende 1965 wagte auch das Schweizer Fernsehen den Schritt in die Popwelt. Am Montagabend

Die erste Ausgabe des POP.
Erschienen am 15. November 1965.
© Archiv Aeby

wurde erstmals die Musiksendung «Hits à Gogo» für ein jugendliches Publikum produziert. In einem Eintrag in der Radio- und Fernsehzeitschrift wird folgendermassen auf die Sendung hingewiesen: «Der amerikanische Disk-Jockey Mal Sondock stellt darin die neuesten Hits und Platten aus der Schlagerbranche vor. Als Publikum sind im Studio rund

Hardy Hepp moderiert die Sendung «Hits à Gogo» mit Keith Emerson (Nice) 1968.
© SRF

achtzig Teenager anwesend. Eine Jury, bestehend aus einem Star, einer Schallplatten-Verkäuferin, einer Journalistin und einem Komponisten, versucht zu bestimmen, welche der vorgestellten Melodien voraussichtlich ein Hit und welche eine Niete sein wird.» Gemäss Hirt war der Start «desaströs», der Moderator war «viel zu alt und katastrophal», zudem waren die Bewertungen der vorgestellten Songs «stets mit einem negativen Unterton» belastet.

Die Sendung, die bis 1973 lief, wurde gegen Ende der 1960er-Jahre besser, unter anderen hat auch Hardy Hepp moderiert. Zu den Meilensteinen der Sendung gehörten Auftritte von internationalen Künstlern wie *Ike & Tina Turner* und den späteren Superstars Elton John und David Bowie. Aber auch für die Schweizer Pop- und Rockszene war «Hits à Gogo» eine willkommene Plattform. Das Kennzeichen der Sendung waren tanzende Gogo-Girls, es wurden aber auch schon Videoclips gezeigt.

«Hits à Gogo» war insgesamt eine gelungene Sache und ein Lichtblick für die Pop- und Rockszene. Sonst herrschte weiterhin Inkompetenz und Ignoranz. Ein weiteres Beispiel dazu lieferten die hiesigen Medien anlässlich des berühmten Konzerts der Rolling Stones im April 1967. Eigentlich gaben Mick Jagger und Co. nie Pressekonferenzen. Doch der einflussreiche Zürcher Labelboss Jack Dimenstein, er war nicht nur Chef der Musikvertriebs AG, sondern auch Miteigentümer des *Stones*-Labels Decca, schaffte es, immerhin vier der fünf Stones in das «Hazyland» zu bewegen. Nur Keith Richards schwänzte. Sogar aus England reisten Journalisten für dieses ausserordentliche Ereignis an. Das «Hazyland» war gerammelt voll. Zehn Minuten hatten die Journalisten, um Fragen zu stellen. «Doch die Schweizer Presseleute standen einfach da und haben nichts gefragt», sagt Hirt, «sie kamen nur aus Neugierde, wussten aber schon vorher, dass sie nichts schreiben würden». Schliesslich brach ein welscher Journalist das Schweigen und fragte Jagger: «Wer von den fünf Stones ist denn sexuell der Stärkste?» Der Sänger antwortete: «I don't know, I haven't slept with them all.»

Hirt vermutet, dass nur wenige Journalisten am Konzert waren. Nur ein «Blick»-Reporter versuchte vergeblich, die Stones beim Konsumieren von Drogen zu ertappen. Vom Konzert wurde nicht berichtet, umso mehr von der «Zerstörungsorgie» («National Zeitung»). Am 21. April, also eine Woche nach dem Konzert, machte sich auch das «Aargauer Tagblatt» «einige Gedanken über den Erfolg solcher Veranstaltungen»: «In erster Linie beruht er auf der raffinierten Werbung, die ans Sentimentale, Sexuelle und Aggressive appelliert. Gewisse Voraussetzungen müssen aber gegeben sein, und diese liegen im modernen, industriellen Wohlfahrtsstaat begründet. Die Zunahme der Automation, die Sinnentfremdung der Arbeit, die Änderung der Bedeutung der Arbeit, die mangelnde schöpferische Betätigung, die zunehmende Freizeit sind alles Faktoren, die sich auswirken. Gibt es einen Weg, die heutige Jugend von diesem Treiben fernzuhalten? Sind es nicht die Erwachsenen, die durch ihr Vorbild solchem Tun Vorschub leisten, sei es durch mangelnde Anteilnahme an der Freizeitgestaltung der Kinder, sei es durch Lektüre entsprechender Zeitschriften und Romane?»

Das Jahr 1968 war ein gutes Jahr für Pop und Rock in der Schweiz. «One! Two! Three! Four!» Am 2. Januar 1968 ertönte aus dem Äther des Schweizer Radios zum ersten Mal die Reprise des Beatles-Songs «Sgt. Pepper's Lonely Hearts Club Band». Endlich strahlte das Radio eine offizielle Schweizer Hitparade aus. Ausgelöst hatte das Umdenken ein Artikel von Beat Hirt im «POP», ein Frontalangriff auf das Schweizer Radio. Cedric Dumont, der 1946 das Unterhaltungsorchester von Radio Beromünster gründete und leitete, übernahm 1966 die Leitung der Unterhaltungsabteilung. Pop und Rock waren nicht sein Ding, aber er spürte, dass er etwas unternehmen musste und befahl gegen den Willen seiner konservativen Musikredaktoren die Einführung und Ausstrahlung der Schweizer Hitparade.

Ein bedeutender Schritt: Erstmals wurde am Schweizer Radio der Sound seiner Zeit, der Soundtrack einer Gesellschaft im Umbruch, gespielt. Tatsächlich waren in diesen ersten Top 10 gleich zwei Songs der Beatles («Hello, Good Bye» und «Magical Mystery Tour») vertreten. Dazu die Hippiehymnen «San Francisco» von Scott McKenzie und «Massachusetts» der Bee Gees. Überflieger des Revolutionsjahres 1968 aber war der harmlose Schlager «Monja» des deutschen Sängers Roland W., ein klassisches One-Hit-Wonder. Und: Als einziger Rocksong schaffte es Joe Cocker mit seiner Beatles-Adaption «With A Little Help From My Friends» in die Schweizer Jahreshitparade.

Die Hitparade von damals erlaubt einen faszinierenden Einblick in die gesellschaftlichen Verhältnisse von 1968. In eine Gesellschaft zwischen Aktion und Reaktion, zwischen musikalischem Aufbruch und bewahrender Schlagerseligkeit.

Der «Blick» sprang auf den Pop-Zug auf, produzierte für *Les Sauterelles* das Album «In Heaven» und deren Hit «Heavenly Club» und begleitete die Band medial. Aber auch die «Neue Presse», das kurzlebige Boulevard-Blatt vom «Tages-Anzeiger» und die Basler «National Zeitung» (bestand bis Februar 1969), haben über die neue Musik berichtet und sogar das Programmheft für das «Monsterkonzert» mit Jimi Hendrix im Mai 1968 herausgegeben, dazu das Plakat gedruckt und einen Wettbewerb ausgeschrieben. Beat Hirt wechselte zur Illustrierten «Sie+Er» und verfasste auch dort immer wieder Artikel über Pop und Rock.

Die «Neue Zürcher Zeitung» (NZZ) und der «Tages-Anzeiger» blieben sich derweil treu und schnitten gemäss Konzertveranstalter Hansruedi Jaggi auch das Monsterkonzert. «Für sie blieb Rockmusik noch über Jahre blosser Radau», schreibt Jaggi, «wie gewohnt schrieben die Zeitungen auch diesmal nichts über das Konzert selbst, sondern nur über das Drumherum». Der «Tages-Anzeiger» rechtfertigte sich folgendermassen: «Die Musik, die sie machten, ging unter im Verstärkergebrüll, das eine seriöse Beurteilung allfälliger künstlerischer Leistungen rundweg illusorisch machte.» Die allermeisten Zeitungen kritisierten aber den «brutalen Polizeieinsatz» (siehe Kapitel 3.2.4.).

Selbst Woodstock, das Hippiefestival, das die Welt veränderte, wurde in den Schweizer Medien zunächst weitgehend totgeschwiegen. «Niemand wusste hier vom geplanten Woodstock-Festival», sagt Beat Hirt. Sogar im «POP» fand das Hippiefest zunächst gar nicht statt. Immerhin brachte der «Tages-Anzeiger» am Montag, 18. August 1969, auf seiner Kehrseite ein Bild. In der Legende war von «Schlamm und Müllhaufen» die Rede und von «300 000 Menschen im Hippiestil, die ein Musik- und Kunstfestival feierten». Namen von Bands wurden nicht genannt. «Woodstock» wurde gemäss Hirt erst mit der LP und dem Film in der Schweiz ein Thema. Bis dahin blieb Woodstock der internationalen Musikpresse überlassen.

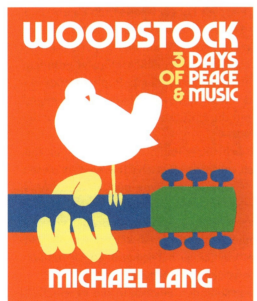

Woodstock wurde weitgehend totgeschwiegen.
© Archiv sk

Noch in den 1970er-Jahren war es schwer, Pop- und Rockgeschichten in den Printmedien unterzubringen. Pop und Rock blieben bei Print wie auch beim Schweizer Radio die Ausnahme. Die Schweizer Hitparade blieb die wichtigste Sendung in Sachen Pop und Rock. Das änderte sich erst am 1. November 1983, als unter dem Druck von Piratensendern wie Radio 24 sowie der Zulassung von privaten Lokalradios DRS 3 auf Sendung ging, der «amtlich bewilligte Störsender». «Ohne Roger Schawinski hätte es DRS 3 nie gegeben», sagt Branchen-Pionier Teddy Meier.

3.1.2 Aufbau der Plattenbranche

«Eine eigentliche Musikbranche, wie wir sie heute kennen, gab es in der Schweiz noch nicht», erinnert sich Teddy Meier an die Zeit Mitte der 1960er-Jahre. Der musikbegeisterte KV-Stift galt damals als Experte der neuen Musik, gründete in Luzern den «Cliff Richard & The Shadows Fanclub», auch weil er mit seiner Band *The Thunderbeats* mit dem Sänger Angy Burri Tanzparties und Treffen veranstalten wollte. Auf diese Weise war es im damals sehr konservativen Luzern leichter, Bewilligungen dafür zu kriegen.

Meier bewarb sich bei Jecklin in Zürich und erhielt den Job als Assistent der Record Division mit einem Lohn von mickrigen 450 Franken. Das Musikhaus war interessant, weil es einige Labels des Majors EMI in der Schweiz im Vertrieb hatte und damit vor allem auch die Platten der Shadows und Beatles. EMI war damals weltweit eines der grössten Labels, einen offiziellen Schweizer Ableger gab es aber noch nicht. Auch Labels wie Tamla Motown, Atlantic und Stax waren im Vertrieb von Jecklin. Dazu kamen sehr erfolgreiche lokale Produktionen etwa von den *Schlieremer Chind*, vom *Cabaret Rotstift*, von Schweizer Folklore, aber die Bereiche Pop und Beat fehlten.

Teddy Meier hielt sich derweil mit Nebenjobs über Wasser. Als DJ im «Pony» an der Rämistrasse und Hansruedi Jaggis «Revolution» im Kreis 4, dazu übernahm er das Schweizer Management für Tony

Teddy Meier als DJ Teddy Crazy Girl (Revolution), Zürich 1967.
© Archiv Teddy Meier

Stratton-Smith und die Liverpooler Band *The Koobas*. «Hauptsache es lief was, Kohle war sekundär», sagt Meier.

Die Schallplattenfirma Turicaphon, gegründet 1930, produzierte schon vor dem Zweiten Weltkrieg Schweizer Künstler, war aber auch bekannt als Presswerk von Vinyl. Das Sub-Label Elite Special, gegründet 1940, veröffentlichte Produktionen unter vielen anderen mit Martheli Mumenthaler und Vreneli Pfyl und den Geschwistern Schmid. Ab 1963 nahm das Label mit dem britischen Rock 'n' Roll-Musiker Jimmy Duncombe eine Reihe von Songs auf, darunter auch die Single «Skinny Minnie», die 1964 Platz 1 in den deut-

«Skinny Minnie» vom Label Elite Special war 1964 war der erste in der Schweiz produzierte Hit aus dem Rock-'n'-Roll-Sektor.
© Archiv sk

schen Charts erreichte und sich dort 32 Wochen hielt. Es war der erste in der Schweiz produzierte Hit aus dem Rock-'n'-Roll-Sektor.

International erfolgreiche Schweizer Stars wie Hazy Osterwald oder Vico Torriani nahmen ihre Platten aber hauptsächlich in Deutschland auf. Westschweizer Musikerinnen und Musiker in Paris. Die Basler Firma «Tell Records» war auf Volkstümliches, Chor und Blasmusik spezialisiert, auch etwas Jazz war im Repertoire. In der zweiten Hälfte der 1950er-Jahre verlegte sie die Basler *Hula Hawaiians* und landete mit dem «Träumli» der *Boss Buebe* 1960 einen Hit. Erst Anfang der 1970er-Jahre wurde auch etwas Pop und Rock produziert, wie das Debüt der Basler Prog-Rock Band *Ertlif*.

Schweizer Produktionen waren also selten. Schweizer Vertriebsfirmen importierten Platten der internationalen Stars, die sie hier vertrieben und verkauften. Musik Hug zum Beispiel hatte das US-Label Liberty in seinem Angebot. Am bedeutendsten war die 1935 in Zürich von Maurice A. Rosengarten gegründete Musikvertrieb AG, die etwa das wichtige amerikanische Label Capitol vertrieb. Rosengarten besass auch beträchtliche Anteile an der britischen Decca und den deutschen Telefunken, die von Zürich aus unter Kontrolle waren. Jack und Sara Dimenstein, die Tochter von Maurice Rosengarten, haben das mächtige Familienunternehmen mit ihren internationalen Verbindungen weitergeführt. Es ist noch heute das grösste Schweizer Independent Label.

Mitte der 1960er-Jahre boomte in der Schweiz der Beat, doch die Musikvertrieb AG wollte zunächst nichts damit zu tun haben. Die Firma nahm einige Anläufe, liess die Projekte aber wieder fallen. Das änderte sich erst 1968 mit dem Album «View To Heaven» der *Les Sauterelles*, das bei Decca herausgebracht wurde.

Diese abwartende Haltung war die Chance für den umtriebigen Teddy Meier. Er bestürmte seinen Chef Max Brunner, versprach ihm unbezahlte Überstunden und konnte ihn schliesslich überzeugen, *Les Sauterelles* für Singles-Aufnahmen zu buchen. Die Bedingung von Jecklin war: Die Aufnahmen durften nichts kosten.

«Hongkong», die erste Single von *Les Sauterelles,* wurde unter dem Label Columbia veröffentlicht und von Jecklin vertrieben. Sie wurde zum ersten Beathit und dem ersten in der Schweiz produzierten Hit seit dem «Träumli». Das Instrumental verkaufte sich in der Schweiz über 10 000 Mal – ein respektabler Erfolg. Aber wer hat profitiert? Jecklin, Columbia, *Les Sauterelles* oder Teddy Meier? «Keine Ahnung! Ich garantiert nicht», sagt Meier. «Beatbands zu produzieren, gehörte eigentlich nicht zu meinen Aufgaben bei Jecklin. Aber ich hatte die Unterstützung von meinem Chef Max Brunner, der hat sich damals bei Hans Jecklin für meine Projekte starkgemacht.» Es sei aber sicher «kein grosses Geschäft» gewesen.

Schon einen Monat später produzierte Jecklin im «Salmen» von Schlieren ein Konzert mit *Les Sauterelles*, *The Counts*, *The Dynamites* und *The Thunderbeats*, um ein Livealbum aufzunehmen, das unter dem Titel «Swiss Beat Live» veröffentlicht wurde. Es war das erste Beatalbum der Schweiz. Der «Salmen» in Schlieren war das Stammstudio von Jecklin und Walter Wettler, dem Haustechniker, der primär für die Aufnahmen mit den *Schlieremer Chind*, *Cabaret Rotstift* und die Volksmusik-Produktionen zuständig war. Auch die Aufnahmen zum ersten Schweizer Rhythm-and-Blues-Festival im November 1967 wurden von Jecklin in Zusammenarbeit mit der Musikzeitschrift «POP» produziert.

Das Schweizer Label Eurex nahm die Badener Beatband *The Angels* unter Vertrag.
© ETH-Bibliothek Zürich, Bildarchiv Fotograf Jack Metzger

In den USA und in Grossbritannien erkannte man die neue Jugendkultur sehr schnell als profitabler Marktfaktor, mit dem sich Geld verdienen liess. In der Schweiz fehlte es dagegen an Vielem. Beat boomte zwar, doch die Widerstände in der Schweiz, vor allem vonseiten der Medien, waren gemäss Meier in dieser Pionierzeit enorm und schadeten dem neuen Sound.

In Zürich gründete Hansruedi Büchi Anfang 1964 die Plattenfirma Eurex Record und nahm die Basler *Sheapes*, die Aargauer *The Angels* und die Freiburger *Moby Dicks* auf. Trotz Vertrieb durch die Phonag AG floppten die Verkäufe. Ende 1964 versuchte es der Unterhaltungselektroniker John Lay mit seinem Label Layola. Neben Volkstümlichem und leichter Klassik widmete sich das Label dem Beat. Es folgten Aufnahmen mit den *Red Devils*, *The Countdowns*, *Sheapes*, *The Savages*, *The Mods* und *5 Dorados* mit Giorgio Moroder. Das grösste Zugpferd war die Basler Band *The Sevens*. Bis 1968 nahm Layola 60 Singles und fast 80 LPs auf. Der kommerzielle Erfolg blieb aber bescheiden.

Gemäss Teddy Meier hatten die Plattenfirmen, oder wenigstens Teile davon, das Marktpotenzial durchaus erkannt. «Aber ohne jegliche Medienunterstützung konnten wir nicht mehr erreichen», sagt Meier. Wenn die bürgerliche Presse überhaupt berichtete, dann war das «total negativ» und bei Radio und Fernsehen herrschte Funkstille.

Eine Schweizer Musikbranche entwickelte sich erst im Laufe der 1970er-Jahre. 1969 wurden die Schweizer Firmen Phonogram AG in Schlieren und Polydor in Zürich gegründet, die 1981 in Polygram verschmolzen. Wichtig war auch der Entscheid der Major-Labels, in der Schweiz Ableger zu bilden. Eigenständige Firmen, die sich auf die Bedürfnisse der Schweizer Konsumenten ausrichteten und auch Schweizer Künstler unter Vertrag nahmen. EMI Schweiz wurde 1971 gegründet, mit Büros an der Badenerstrasse in Zürich. Das Label war in jener Zeit sehr aktiv und hat Aufnahmen mit Bandprojekten wie *The Dynamites*, *The Gentlemen* (Genf), *Tusk*, *Joint*, Hepp Anselmo und *Minstrels* veröffentlicht. Dazu war EMI auch in die Karriere von *Krokodil* und Hardy Hepp involviert.

Nach EMI folgte das Majorlabel CBS. Das deutsche Plattenlabel Ariola war zunächst noch unter den Fittichen der Musikvertrieb AG, bevor es sich 1. Juli 1977 als Ariola Schweiz selbstständig machte. Mitbegründer war die Branchen-Legende Bruno Huber, der zuvor zehn Jahre beim Musikvertrieb angestellt war. Er und sein Team wollten mit Schweizer Produktionen ein Zeichen setzen. Zunächst mit Pepe Lienhard, dann folgte der grosse Coup mit «Metal Rendez-Vous» von *Krokus*.

3.1.3 Aufbau der Studios

Ein weiteres Problem war, dass die meisten damaligen Schweizer Tontechniker mit der Energie von elektrischen Gitarren, ihren Verstärkern und Effektgeräten sowie mit dem Schlagzeug noch nicht umzugehen wussten. Für das Branchen-Urgestein Victor Pelli waren die professionellen Studios für Volkstümliches, für Blasmusik, Chor und Radioorchester bestimmt, aber nicht für Beat-, Rock- und Popmusik. Dazu war das technische Equipment zu dürftig, Mehrspurtechnik gabs zunächst noch nicht.

Walter Wettler und Hellmuth Kolbe waren zwei international angesehene Tonmeister. Wettler nahm in den 1950er-Jahren in Südafrika Miriam Makeba, Ende der 1960er-Jahre «Heavenly Club» mit *Les Sauterelles* sowie «Grüezi wohl, Frau Stirnimaa!» mit den *Minstrels* auf. In seinem Studioraum im «Salmen» in Schlieren konzentrierte er sich aber auf Jazz und klassische Musik.

Der Österreicher Kolbe richtete in Winterthur ein Studio für das Label Phonag ein, wo er 1969 das Debüt der legendären Psychedelic-Band *Brainticket* aufnahm und dabei viel mit elektronischen Effekten experimentierte. Aber auch er war sonst vor allem in Klassik und Jazz zu Hause. Schon der Rockgruppe *Toad* genügte das Studio nicht mehr (siehe Kapitel 4.6.).

Entweder war das technische Equipment zu dürftig oder das Know-how war zu wenig vorhanden. Die ersten Rockaufnahmen in Biel im Studio von Stefan Sulke (siehe Kapitel 4.1.) waren nicht zufriedenstellend. Der Enthusiasmus der Macher konnte das fehlende Knowhow nicht wettmachen. Dementsprechend dünn klang der helvetische Sound. Ähnliches kann man über die ersten Aufnahmen im «McGill Studio» in Dietikon sagen, wo EMI die Produktionen für *Tusk* und *Joint* aufnahm.

Peter McTaggart und Eric Merz im «Sinus Studio» in Bern (von links).
© Sam Mumenthaler Collection

Bobby Leiser, der in den 1960er-Jahren mit Miles Davis unterwegs war, ortet aber auch ein Mentalitätsproblem. «Die damaligen Pioniere haben zu wenig an sich geglaubt. Eine Frage des Selbstvertrauens», sagt er. Das technische Equipment sei zum Teil gar nicht mal so schlecht gewesen, aber den Machern habe es an Mut gefehlt, es krachen zu lassen.

Mit der Entwicklung einer Popbranche rüstete man Anfang der 1970er-Jahre in der Schweiz auch punkto Studios auf. Im «Sinus Studio» in der Berner Altstadt begann eine neue Zeitrechnung. Das Studio war eng, aber technisch auf dem neusten Stand. Es war eines der ersten 16-Spur-Studios der Schweiz. Gegründet wurde es vom Lehrer Kurt Zimmermann. 1972 kam Drogenpapst Timothy Leary ins Sinus, um die sieben Bewusstseinsstufen zu vertonen. Vorgesehen waren zunächst die *Rumpelstilz*, doch die Band war dem LSD-Guru zu poetisch. Die Platte «Seven Up» wurde deshalb mit der Musikerkommune der Berliner Gruppe Ash Ra Tempel (später Ashra) aufgenommen.

Mit dem Tonmeistern Peter McTaggart (ab 1973) und seinem Assistenten Eric Merz wurde das Sinus in der Folge zu einem massgeblichen Treffpunkt der Schweizer Rockszene. «Dort stank es wie die Pest», sagt Eric Merz, «aber es gab diesen legendären Aspekt. Die Akustik war nicht hervorragend. Vielleicht ging es um den Charme des Unvollendeten. Man musste einfach den Groove des Sinus spüren: Sex, Drugs, Rock 'n' Roll und

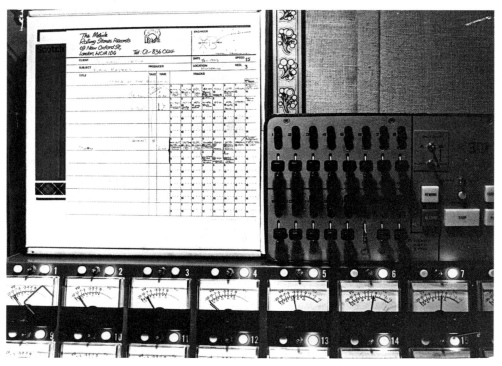

«The Mobile», das mobile Rolling-Stones-Studio in Montreux.
© Archiv Teddy Meier

Toni Vescoli (rechts) neben Bruno Spoerri in dessen Studio in Zürich.
© Archiv Spoerri

ein Stinkekeller, wo man die Sau rauslassen konnte.» 1974 spürte auch Keith Richards den Groove, als er ein paar Tracks für Jimmy Page einspielen musste.

Walter Wettler gab sein Studio-Know-how an den Jazzmusiker und Elektro-Pionier Bruno Spoerri (siehe Kapitel 4.5.) weiter und richtete mit der Anlage von Stefan Sulke 1974 in Zürich sein Studio ein. Es folgte das «Powerplay Studio» in Horgen, das 1983 nach Maur zog und dort zur ersten Adresse für Schweizer Pop- und Rockmusik wurde. Wo die schwedische Band *Europe* 1986 ihren Welthit «The Final Countdown» aufnahm und auch internationale Top-Musiker wie Gianna Nannini, Lady Gaga, Lenny Kravitz und Prince haltmachten.

1978 investierte das Label Bellaphon in das «Soundpalace Studio» in Oberehrendingen mit Martin Pearson und Beat Hebeisen, wo die Elektro-Band *Yello* ihr Debüt aufnahm und *Krokus* «Metal Rendez-vous» , mit dem die Band den grossen Durchbruch schaffte.

Tragische Berühmtheit erlangte das Studio im Keller des Casinos in Montreux. Hier wurden jeweils die Konzerte des Festivals aufgezeichnet und die Musikshows für die «Rose d'or» produziert. *Deep Purple* wollte hier im Dezember 1971 das Album «Machine Head» mit dem Stones Mobile Studio aufnehmen. Teddy Meier war mit der englischen Band am Konzert von Frank Zappa als das Feuer ausbrach und das Casino in Flammen aufging. «Purple-Organist Jon Lord rannte durch Polizei und Feuerwehr hindurch, die ihn hindern wollten, nochmals rein ins Casino-Studio. Doch er schaffte es und kam mit dem Mobile rausgefahren», erzählt Meier.

Nach dem Brand wurde das mobile Studio zuerst in den Pavillon verlegt, wo «Smoke On The Water» entstand, das den Brand im Casino thematisierte und zum grössten «Schweizer» Welthit werden sollte. Doch den Anwohnern des provisorischen Studios war der Sound zu laut, weshalb die ganze Bagage nochmals gezügelt werden musste. «Das Grand Hotel in Territet war schon lange pleite und stand leer, so konnte die Band das ganze Hotel als Studio benutzen», sagt Meier weiter.

Deep Purple kehrten 1974 nochmals ins Casino zurück, wo das Album «Burn» entstand. Danach wurde das Casinostudio in «Mountain Studios» umbenannt. Die Eigentümer waren der Schweizer Geschäftsmann Alex Grob und seine Frau, die mehrfache Grammy-Siegerin, Sängerin und Komponistin Anita Kerr, die seit 1970 in Genf wohnten. Es war eines der begehrtesten Studios Europas, wo die *Rolling Stones* die Alben «Black and Blue» (1976), «Yes» das Album «Going For The One» (1977), Rick Wakeman sein «Criminal Record» (1977) und *Emerson, Lake & Palmer* ihr «Works Volume 1» (1977) aufnahmen. Schliesslich verkauften Grob und Kerr das Studio an die englische Band *Queen* mit Sänger Freddie Mercury. Die Schweizer Studios waren nun konkurrenzfähig, hatten den Anschluss an die internationale Pop- und Rockmusik geschafft.

Deep Purple mit Ritchie Blackmore, Ian Gillan, Ian Paice und Jon Lord (von links) im Stones Mobile Studio in Montreux, Dezember 1971.
© Archiv Teddy Meier

The Renegades im «Africana» Zürich.
© ETH-Bibliothek Zürich, Comet Photo AG

3.1.4 Aufbau der Livebranche

Als die Beatmusik Mitte der 1960er-Jahre in der Schweiz anrollte, schossen auf dem ganzen Land Beatschuppen aus dem Boden. Dabei konnten die Bands auch auf die Bühnen der Tanzmusik zurückgreifen. Was für die Tanzbands taugte, war auch geeignet für die Beatbands: Dancings, Restaurant-Sälis, Festzelte und Clubs. Die Lokale waren relativ klein, weshalb die Bands die Nachfrage selbst schaffen konnten. Das «Pony» an der Rämistrasse wurde 1965 zu einem Beatschuppen mit einem Programm mit Schweizer Amateurbands, das vom Westschweizer Félix Esseiva zusammengestellt und gemanagt wurde. «Die Jungen wollten Live-Musik, das ‹Pony› zum Beispiel war immer voll besetzt, und ich verkaufte meine Bands dorthin», schreibt der schillernde Manager Hansruedi Jaggi und spricht von einer «Marktlücke».

In Zürcher Knellen und Beizen wie dem «Longstreet», der «Bagatelle», dem «Allotria», «Hirschen», «Café Endspurt» oder im «International» wurde regelmässig Beat programmiert. Im Zürcher «Africana» Jazz und Blues. Im legendären «Hirschen» im Zürcher Niederdorf starteten zum Beispiel *Black Sabbath* ihre internationale Karriere. Die Bands spielten dort teilweise sieben Stunden am Tag. Es folgte Jaggis «Blow Up» an der Schoffelgasse, wo John Mayall und *The Faces* auftraten. Es entstanden Lokale in der ganzen Schweiz: Das «Mascotte» in Luzern, das «Africana» in St. Gallen, das «Africana» in Winterthur, «La Rotonde» in Neuenburg, das «Atlantis» in Basel, die Tanzdiele «Matte» in

Krokodil im «Blow Up» Zürich.
© Archiv Dürst

Bern und und und. Es herrschte eine rege lokale Clubszene. Esseiva war der wichtigste Veranstalter in Zürich, King Larry in der Romandie, in Basel war es Christoph Schwegler. Gemäss Teddy Meier spielte sich die Livegeschichte am Anfang auch in Form von Band-Wettbewerben ab. Im «Glatthof» in Glattbrugg oder im «Albisriederhaus» in Zürich.

Doch für die Amateurbands gab es nicht viel zu verdienen. Selbst professionelle Bands wie die Basler *The Sevens* oder die Zürcher *Les Sauterelles*, die sehr gefragt waren, konnten sich nur knapp über Wasser halten. Die meisten blieben deshalb im Amateurstatus. Trotzdem: Die junge Schweizer Beatszene war eine Live-Szene, die in sich relativ gut funktionierte.

Das Problem der jungen Schweizer Szene war vielmehr, dass es neben den kleinen Clubs und Lokalen zu wenig geeignete Konzertsäle im mittleren und grossen Bereich gab. Nur wenige der internationalen Top-Bands hatten deshalb in der Schweiz haltgemacht. Mit den Konzerten der *Rolling Stones* 1967 und dem Monsterkonzert 1968 im Hallenstadion kommt Konzertorganisator und Manager Hansruedi Jaggi hier eine Pionierrolle zu. Zu den Pionieren muss man auch den umtriebigen Claude Nobs zählen, der ab 1967 für das Tourismusbüro in Montreux das Jazzfestival gründete, das klein begann, aber rasch expandierte und schliesslich Weltruhm erlangte. Ansonsten gab es damals keine professionellen Konzertagenturen für den Rockbereich.

Das änderte sich 1970 mit «Good News». Die erste professionelle Schweizer Rock-Konzertagentur wurde von Peter Zumsteg und den weiteren Aktionären Johannes Heinrich Kunz (HHK) und Stefan Zucker gegründet. Der damals erst 22-jährige Zumsteg, war gemäss Informationen von «Sam's Collection», dem Onlineportal von Sam Mumenthaler, «die treibende Kraft». Schon in seiner Zeit als Kantonsschüler in Aarau hatte er das nationale Festival «Beat Scene 67» organisiert und war in der Anfangsphase des Musikmagazins «POP» dort Redaktor. 1968 ging er als freier Korrespondent nach London, wo er Kontakte zu Musikern, Managern, Agenten und Plattenfirmen knüpfte. Diese kamen ihm zugute, als er 1969 für die Hotelgruppe «CEM» im Zentrum von Lausanne den Club «Electric Circus» konzipierte und dann auch leitete – quasi eine Exklave der Londoner Musikszene in der Schweiz. In der kurzen Zeit seines Bestehens spielten dort – neben

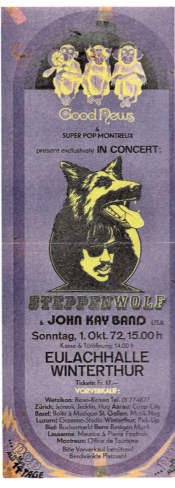

«Good News» brachte die angesagtesten Rockbands in die Schweiz.
© Archiv sk

vielen anderen – Bands wie *Black Sabbath*, *Free* oder *Taste*, die später auch an «Good-News»-Konzerten auftreten sollten.

Die Kapazität von nicht einmal 500 Plätzen wurde bald zu begrenzt für die Acts, die Zumsteg in den lounge-artigen «Electric Circus» holte. Der junge Veranstalter wollte und musste mit «seinen» Acts wachsen. Darum zog er im Sommer 1970 von Lausanne nach Zürich um, um die Konzertagentur «Good News» zu lancieren. «Wir wollen beweisen, dass die Pop- und Rockmusik die Kultur unserer Zeit ist», sagte Zumsteg. Ein Glücksfall für die Freunde der Rockmusik in der Schweiz, die auf diese Weise in den Genuss der angesagtesten Bands kamen.

Das Eröffnungskonzert am 27. September 1970 bestritt die irische Band *Taste* mit dem Gitarristen Rory Gallagher im Limmathaus Zürich, dann folgten die ersten Schweizer Auftritte von Tony Williams' Lifetime mit John McLaughlin und Jack Bruce, *Emerson, Lake & Palmer* sowie *Uriah Heep*. In Zürich standen das Hallenstadion oder das Volkshaus vorerst nicht für Rockkonzerte zur Verfügung. Die Popkultur hatte hier zunächst Hausverbot. Zumsteg musste viel Überzeugungsarbeit leisten, bis er wenigstens das Volkshaus gewinnen konnte.

Deep Purple 1971 in Wetzikon organisiert von der C & S Agency.
© ETH-Bibliothek Zürich, Fotograf: Ruedi Steiner

Plakat des Monsterkonzertes in Wetzikon 1971.
© Archiv sk

führenden Schweizer Konzertagentur. Bemerkenswert waren die reichhaltigen und informativen Programmhefte, die die «Good News»-Konzerte begleiteten.

Im Januar 1972 verkauften die Firmengründer von «Good News» die Mehrheit ihrer Aktien an André Béchir, Jacky Amsler und Peter Stadler, die als C & S Agency zuvor schon ein Grosskonzert in Wetzikon mit *Deep Purple* und anderen organisiert hatten.

Zumsteg zog nach England, wo er Management-Aufgaben für das in Entstehung begriffene Manticore-Label von *Emerson Lake & Palmer* und ab 1973 für Chris Blackwells «Island Records» übernahm. Ende 1975 kehrte er aus familiären Gründen in die Schweiz zurück und stieg als Partner von André Béchir und Freddy Burger wieder bei «Good News» ein.

Für grössere Konzerte und Tourneen wich man deshalb in Hallen im Mittelland aus wie dem Stadttheater Basel, dem Stadttheater St. Gallen, dem Saalbau Aarau, der Festhalle Bern, der Eishalle Wetzikon, der Mehrzweckhallte Zofingen oder dem Stadtsaal Dietikon, wo «Good News» oft mit lokalen Veranstaltern zusammenarbeitete. Unter den Bands findet man Acts wie Jeff Beck, Alice Cooper und Colosseum, aber auch immer wieder Schweizer Bands wie *Krokodil* und *Toad*. Die Rockkultur war definitiv in der Schweiz angekommen.

Die Konzerte waren gemäss Mumenthaler «kein grosses Geschäft». Die Bands waren zwar sehr angesagt, aber zu progressiv, die Spesen zu hoch und die Eintrittspreise mit gut 10 Franken zu niedrig. Dennoch entwickelte sich «Good News» rasch zur

Veranstalter-Legende André Béchir 2014.
© CH Media/Per Emanuel Freudiger

3.2 Die Schweizer Jugend rockt

3.2.1 Der Startschuss: Höllenspektakel im Hallenstadion (1967)

In der zweiten Hälfte der 1960er-Jahre steuerten die gegensätzlichen Kräfte unweigerlich auf eine Konfrontation zu. Der politische Diskurs wurde rauer, eine aufmüpfige Jugend stellte vieles infrage: politisch, gesellschaftlich und kulturell. Dementsprechend wurde die Musik lauter und härter, fordernder und aggressiver. Die Rockmusik lieferte den Soundtrack zu diesen bewegten Zeiten. Mehr als Jazz und Beat definierte sich Rock explizit als Gegenkultur der Jugendlichen zum Kanon des Bürgerlichen. Rock war der Stachel im Fleisch einer Gesellschaft, die von den Exponenten der Gegenkultur als verstaubt und verknöchert wahrgenommen wurde. Das passte vielen nicht.

Umso heftiger war der Zusammenprall als es am 14. April 1967 zur ersten grossen Begegnung in der Deutschschweiz mit dem neuen Rockphänomen kam. Der Auftritt der *Rolling Stones* im Hallenstadion Zürich war das erste grosse Rockkonzert in der Schweiz. Es endete im Chaos und gilt heute als Auftakt der Jugendrevolten in der zweiten Hälfte der 1960er-Jahre. Zeitzeugen erinnern sich.

Die *Rolling Stones* galten als die bösen Buben der Rockmusik, als Bürgerschreck. Doch die 12 000 Fans, die am Abend des 24. April 1967 ans Konzert ins Hallenstadion Zürich strömten, waren keine wilden Langhaarigen. Sie waren ganz adrett und ordentlich gekleidet, viele von ihnen sogar in weissem Hemd und Krawatte. Alle fieberten sie dem ersten grossen Rockkonzert in der Schweiz entgegen. «Es herrschte eine aufgeladene, aufgeheizte Stimmung», erzählt der Musiker Max Lässer, der damals als 17-Jähriger das Konzert besuchte. Die Fans wurden vor dem Hallenstadion von einem Polizeiaufgebot empfangen, welches Zürich bis dahin noch nie gesehen hatte. 300 bis 400 Ordnungskräfte wurden mit Wasserwerfern nach Oerlikon abkommandiert, um nach dem Rechten zu sehen. «Das grosse Polizeiaufgebot hat sicher nicht zur Beruhigung beigetragen», sagt Lässer.

Schon lange vor dem Konzert sei «die Menge nur mithilfe von Hochdruckschläuchen im Zaum zu halten» gewesen, berichtete damals die «NZZ». Später im Stadion hätten die Tumulte «gravierende Formen» angenommen. Besucher hätten «in einem Höllenspektakel» einen Teil der Bühne, das Mobiliar und anschliessend alles Greifbare in der Umgebung des Hallenstadions zerstört. Die Band habe den Saal fluchtartig verlassen müssen.

Das bürgerliche Establishment war entsetzt ob dieser Aggressionen und Zerstörungswut. Das Konzert fand ein grosses Echo in der Presse und wurde in der braven Schweiz, nicht nur in der «NZZ», als nationales Drama erster Güte interpretiert. Der Berner «Bund» schrieb: «Das Bedürfnis nach solchen Massenzusammenrottungen und Massenausschreitungen zeugt von einer inneren Leere bei den Teilnehmern. Sie fühlen sich sich selbst überlassen und sind es auch in unserem modernen Wohlstandsdasein.»

Ein Fan versucht während des
Konzerts auf die Bühne zu
klettern.
© ETH-Bibliothek Zürich,
Comet Photo AG

Für Toni Vescoli, der mit seinen *Les Sauterelles* im Vorprogramm auftrat, wurden die
Ereignisse «masslos übertrieben» dargestellt. «Für die bürgerliche Presse war es ein ge-
fundenes Fressen», sagt er. «Da sieht man es wieder einmal, diese Langhaarigen! Wenn
man sich heute die Bilder anschaut, muss man beinahe etwas lächeln. Es handelte sich ja
um Klappstühle. Wenn die zusammengeklappt auf einem Haufen liegen, sieht es zwar
nach einem Trümmerhaufen aus, aber ein grosser Teil dieser Stühle war noch intakt»,
schreibt er in seiner Autobiografie «Mache Was I Will». Das betont auch Les-Sauterelles-
Schlagzeuger Düde Dürst und zeigt als Beweis auf einen intakten Klappstuhl, den er am
Skandalkonzert erbeutet hat.

Die hölzernen Klappstühle seien in der Mitte des Hallenstadions aufgestellt worden.
«Aber wer will bei einem Konzert der Rolling Stones schon auf einem Stuhl sitzen?», fragt
Lässer. Die Fans wollten möglichst nah bei ihren Idolen sein, hätten «die Stühle zusammengeklappt und auf einen Haufen geworfen». «Die Fans im Hallenstadion waren von
Begeisterung getrieben, nicht von Zerstörungswut», ist Vescoli überzeugt. Die Polizei
sei dagegen völlig «überfordert» gewesen, habe «unverhältnismässig und ungeschickt
reagiert» und die Stimmung noch angeheizt. Die Aggression sei zuerst von der Polizei
ausgegangen.

Erst nach dem Konzert habe «eine Gruppe von Freaks Stühle zertrümmert», sagt der Musiker Hardy Hepp (72), der ebenfalls im Vorprogramm auftreten durfte, aber von den Stones-Fans gnadenlos niedergepfiffen wurde. Und Vescoli ergänzt: «Natürlich gab es auch ein paar ‹Chaoten› wie es sie heute überall auch an Fussballspielen gibt. Eine Minderheit von ‹Krawallbrüdern›, die nichts mit der damals aufkeimenden Hippiebewegung zu tun hatte. Am Konzert waren Fans der Stones, keine Hippies und erst recht keine 68er. Die gab es nämlich noch gar nicht», sagt Lässer.

Dennoch gilt das Konzert als der Startschuss dessen, was wir heute unter dem Begriff «68» verstehen. «Wir spürten, dass sich etwas zusammenbraut», sagt Lässer. Am Konzert brach der schwelende Generationskonflikt zwischen Jugendlichen und Erwachsenen in der Schweiz zum ersten Mal auf und hat den Graben und das gegenseitige Unverständnis noch vertieft. «Nach dem Stones-Konzert wurden wir wie Ungeziefer behandelt», erklärt Hepp und vermutet, dass ein Teil der Jugendlichen bei diesem Ereignis radikalisiert wurde. Das Stones-Konzert war deshalb so etwas wie der Beginn einer Jugendrevolte.

Was sich am Stones-Konzert abspielte, sei «symptomatisch» für das Jahr 1967, schreibt Beat Gossenreiter in «Das Jahr mit den Blumen im Haar». Der Literaturhistoriker Gerhard Kaiser nennt es «das Schaltjahr des Pop». Wenn die 1960er-Jahre das Jahrzehnt des

Publikumsgedränge vor dem Stones-Konzert.
© ETH-Bibliothek Zürich, Comet Photo AG

Stuhlschlacht nach dem Konzert im Hallenstadion.
© ETH-Bibliothek Zürich, Comet Photo AG

Wandels waren, dann war 1967 das Jahr, in dem sich die Ereignisse überstürzten. Und nicht nur aus pop-historischer Sicht. Pop hat die Welt in jenem Jahr für immer verändert, wie es der Musikautor Ernst Hofacker in seinem Buch «1967» auf den Punkt bringt.

Welche Wirkung das Stones-Konzert hatte, macht das erste Flugblatt der «Antiautoritären Menschen» deutlich, das von den Mittelschülern der Schweiz, den fortschrittlichen Studenten sowie der Jungen Sektion der Partei der Arbeit, initiiert wurde und hier in Auszügen wiedergegeben wird:

«Rebellion ist berechtigt. Wer spricht denn da von Ruhe und Ordnung? Was wir wollen heisst Satisfaction. Tag für Tag werden wir in privaten und staatlichen Institutionen, von Fabrik bis Universität, von Schule bis Kirche, von Kindergarten bis Militär, autoritär abgerichtet. Das heisst, wir erhalten eine Ausbildung, welche die Anpassung an die bestehende Spiesserklasse in den Mittelpunkt stellt. Durch die Dressur zum willigen Arbeitsuntertanen durch Triebverdrängung und Erzeugung von Schuldgefühlen von frühester Jugend an, produziert das Establishment autoritär-neurotische Persönlichkeiten, die sich in der Gesellschaft einsam fühlen, Menschen, die Angst haben, die deshalb manipulierbar werden und eines Tages ihre Aggressivität abladen wollen. So ein Tag war der vom Rolling-Stones-Konzert. Um grad klar zu sein: Den Stühlen trauern wir nicht nach. Und um auch das klarzumachen: Die Schuld an dieser Entladung aufgestauter Aggression haben weder Mick Jagger noch die andern Stones. Sie haben für uns alle gesprochen, mit: ‹(I Can't Get No) Satisfaction›. Dass wir keine Befriedigung finden, geht voll aufs Konto derer, die uns angeben wollen, das Leben bestehe aus nichts anderem als Unterordnung und Vorwärtskommen; Respekt und Karriere, Lernen und Zeugnissen, Arbeit und Zahltag, Fleiss und Erspartem, Ruhe und Ordnung, Anstand und Gesetz, VW und Opel, Bratwurst und Rösti. Das ist so ungefähr, was die Bürger vom Leben erwarten. Eingetrocknet und verschraubt wie sie sind, können sie nicht dulden, dass wir Freude und Begeisterung zeigen, für Sachen, die ‹nichts› einbringen. Aber Beat gibt uns nicht Nichts. Er gibt uns das, was auch den Bürgern guttun würde: ‹Satisfaction›. Befriedigung heisst hier Befreiung aus dem täglichen Krampf, heisst Freude, Begeisterung, Lust, Liebe, Beat ist eben viel mehr, als die Spiesser wahrhaben wollen. Beat ist eine kulturelle Rebellion. Mit der verlogenen und seichten Romantik unserer Ahnen haben wir Schluss gemacht. Und weil die Bürger an so etwas Unnützem keine Freude haben können, ist unsere Begeisterung ein Schlag in ihr Gesicht. Und darum schicken sie ihre Polizei, um zurückzuschlagen. Sie behaupten, es sei der Lärm des Beat, der ihre Ruhe und Ordnung störe. Aber auch das ist Heuchelei. Denn der Lärm ihrer Schützenfeste, Superdüsenjäger, Marschmusiken und 1-August-Feuerwerke stört sie nicht – in ihren Ohren ist dies Musik. Erweitern wir die Rebellion in der Musik. Fordern wir Full-Time-Satisfaction!!»

«Die Jugendrevolten der 1960er-Jahre sind vielschichtig und komplex», sagt auch der Historiker Fabian Furter, der die Ausstellung «Schweiz 1968» 50 Jahre nach den Ereignissen im Bernischen Historischen Museum kuratierte. Für Furter ist 68 «eine Chiffre für die Fülle von Brüchen und Reformen, welche jede Facette der Gesellschaft durchdrangen: Mode, Umgangs-, Lebens- und Wohnformen, Musik, Kunst oder pädagogische Konzepte».

Woran entzündete sich der Generationenkonflikt? «In den 1960er-Jahren war eine Jugend volljährig geworden, die im Zeichen des Nachkriegsbooms aufgewachsen war. Als erste Generation profitierte sie von den Annehmlichkeiten des materiellen Wohlstands», sagt Furter. Sie hatten Geld, Freizeit und stellten die geltenden Normen infrage. Sie suchten nach ideologischer, kultureller und sexueller Freiheit und brüskierten damit eine Elterngeneration, welche unter der Glocke des Kalten Krieges mehrheitlich im Konzept der Geistigen Landesverteidigung verharrte und wenig Verständnis für kulturelle Neuerungen aufbrachte.

Die Folge war gemäss Furter «eine Asymmetrie zwischen starren gesellschaftlichen Normen und technischen, wirtschaftlichen und kulturellen Entwicklungen». Daraus resultierte eine Orientierungskrise, welche sich in der zweiten Hälfte der 1960er-Jahre entzündete.

Das Stones-Konzert war aber nicht nur der Startschuss für 68, sondern auch so etwas wie eine Initialzündung für Rockmusik in der Schweiz. Dort zeigte sich, dass eine wachsende Zahl von Schweizer Jugendlichen bereit war für den lauten, rebellischen Sound. In dieser Stimmung des Aufbruchs und zunehmenden Generationenkonflikts wurde der Nährboden für Rock in der Schweiz gelegt.

3.2.2 «Love-in» auf der Allmend (1967)

1967 war das Jahr der Hippiebewegung, das Jahr mit dem «Summer of Love» als Höhepunkt. Die Hippiebewegung, die sich von Kalifornien ausbreitete, war von einer euphorischen Stimmung und einem unbändigen, naiven Optimismus geprägt. Die Kraft der Blumen, Flower-Power, die reine Liebe und Drogen sollten die Welt verändern und Frieden bringen. «All You Need Is Love», wie es die Beatles-Hymne vom Juni 1967 verkündete. Die Kraft der Blumen einte die Jugend dies- und jenseits des Atlantiks. In der Schweiz war die Szene weit von einer Volksbewegung entfernt. «Wir hängten an der Riviera unter der Quai-Brücke in Zürich rum. Wir machten Musik, rauchten Gras und Andreas Vollenweider verkaufte selbst gemachte Glace», sagt der Gitarrist Max Lässer, «wir wollten einfach eine gute Zeit verbringen. Es war total friedlich und harmlos.»

Einzelne Exponenten wie Hardy Hepp oder Düde Dürst atmeten sicher auch in der Schweiz den Geist der Blumenkinder. In der legendären Künstler-Wohngemeinschaft im Raben in Zürich wurden alternative Lebensformen geprobt. Es war mehr ein soziokulturelles als ein musikalisches Projekt», sagt der Kommunarde Hepp. Aber der Raben sei auch eine wichtige Zelle für die Entwicklung der Rockmusik in der Schweiz gewesen.

Inspiriert vom grossen Hippiefest in Kalifornien, dem «Monterey Pop Festival», organisierte die Plattenfirma EMI mit den Rädelsführern Hardy Hepp und Düde Dürst am 26. August in einem Bauernhaus in Hütten auf der Hirzel das erste «Love-in». Wie Beat Hirt, der damals fürs «POP» schrieb, ausführt, waren die Tanzbändel ein Werbegeschenk

Hippies am «Love-in»: Mehr als ein Maskenball?
© Archiv Hirt

von EMI, um die neue Beatles-Single «All You Need Is Love» zu promoten. Es wurden echte und künstliche Blumen zum Anstecken organisiert, Schminke und modische Hippiekleider verteilt. «Eigentliche Hippies gab es damals gar nicht», sagt Hirt heute dezidiert. Dazu waren die rund 150 Hippies handverlesen.

Erst das zweite «Love-in» eine Woche darauf war öffentlich zugänglich. 1000 bis 2000 Besucher versammelten sich auf der Zürcher Allmend. «Die beiden Zürcher Love-ins erscheinen im nüchternen Rückblick eher als Verkleidungspartys. Alles wirkte ein bisschen aufgesetzt, und noch wenig authentisch. Die Teilnehmer waren angemalt, sie machten merkwürdige Prozessionen. Die Leute lebten im Alltag ja meistens nicht so, wie sie sich an den Treffen zeigten; das war irgendwie Street Parade 1967», sagt Sam Mumenthaler in Beat Gossenrieders «Das Jahr mit den Blumen im Haar».

Musikalische Hauptattraktion der Love-ins war Gitarrist Walty Anselmo mit seinem Trio *Anselmo Trend*, das dort dem staunen-

Blumenmädchen am «Love-in» Brunau.
© ETH-Bibliothek Zürich, Fotograf: Baumann, Heinz

den Publikum eine Musik präsentierte, die wie sein grosses Vorbild Jimi Hendrix tönte. Es war eines der ersten Rockkonzerte in der Schweiz, aber nicht das erste. Zuvor hat er seine revolutionäre Version von Hendrix schon vorgestellt. Anselmo kann sich aber nicht mehr erinnern, wo es war.

Hardy Hepp bezeichnet sich selbst heute noch als Hippie. Die Hippies brachen mit gesellschaftlichen Normen, aber erst die 68er-Bewegung war politisch aufgeladen, fordernd und aggressiv. «Die Hippiebewegung war das Gegenteil von Aggression und Gewalt und hat nichts mit der politisierten 68er-Generation zu tun», sagt Vescoli. Die Hippies wollten mit Happenings und Konzerten die Welt verändern, die 68er mit Parolen, Demonstrationen und Pflastersteinen. «Wir Hippies sind keine 68er», sagt Hepp dezidiert. «Ich bin nie mit dem Mao-Büchlein am Limmatquai auf und ab gelaufen, habe nie ‹Ho, Ho, Ho Chi Minh› geschrien. Die 68er machten Politik und propagierten den Marxismus. Thomas Held, Moritz Leuenberger, Dieter Meier waren 68er. Damit wollten wir nichts zu tun haben. Die 68er gingen mir schon damals auf den Sack.» Aber die Behörden, die Medien und die grosse Mehrheit der bürgerlichen Schweiz reagierten mit völligem Unverständnis. «Die haben alle Jugendlichen in denselben Topf geworfen», sagt Hepp.

Walty Anselmo

Hendrix war die Erleuchtung. Die Schweiz schüttelte sich noch zur Beatmusik als Walty Anselmo Anfang 1967 erstmals die Musik des amerikanischen Gitarrenmagiers hörte. «Hendrix hat bei mir extrem viel ausgelöst», sagt Anselmo. Das war es, wonach er so lange gesucht hatte. Eine Wende bedeutete es nicht nur für den jungen Zürcher Gitarristen, sondern für die ganze Schweiz. In Anlehnung an die Jimi-Hendrix-Experience gründete er die erste Schweizer Rockband *Anselmo Trend* (mit Bassist Martin Walder, Schlagzeuger Jonas Häfeli und Saxofonist Stefi Wittwer). Anselmo selbst wurde zum ersten Schweizer Rockmusiker.

Die Entwicklung des Musikers und Gitarristen Walty Anselmo ist deshalb so interessant, weil er alle Entwicklungsstufen zur Rockmusik erlebt und als Musiker sie in der Schweiz massgeblich geprägt hat. Ob Rock 'n' Roll, «Shadows», Beat, Rhythm and Blues, Folk, Soul oder Rock. «Ich war immer zuvorderst dabei und habe Sachen aufgesogen, initiiert und aufgegleist», erzählt Anselmo. Ein wahrer Pionier.

Entscheidend für seine musikalische Entwicklung war auch schon die Kindheit. Geboren ist Walter 1946 in einer Familie, die in der dritten Generation von italienischen Einwanderern in der Schweiz lebte. Der Vater war zuerst Flächenmaler, dann Abwart, Sigrist in der Kirchgemeinde und ein begeisterter Marschmusikant in der Musikgesellschaft von Rüschlikon. Eine Respektsperson im Dorf und ein überangepasster Neo-Schweizer, der mit den «Tschinggen» nichts zu tun haben wollte. «Das Verhältnis zu meinem Vater war eigentlich gar kein Verhältnis», sagt Anselmo, «er war zwar da und hat für uns gesorgt. Aber ich wusste eigentlich nichts von ihm». Er interessierte sich auch nicht für die Musik seines Sohnes.

Mit 14 konnte sich Walty aus seinem ersparten Geld eine Gitarre kaufen. Er war ein schüchterner, zurückhaltender Knabe, übte aber wie ein Besessener seinen Elvis Presley. Die Musik war auch ein Mittel, um sich bei den Mitschülern Respekt zu verschaffen. Als er 1961 zum ersten Mal die Gitarrenmusik der «Shadows» hörte, wurde Lead-Gitarrist Hank Marvin sein grosses Idol und virtueller Gitarrenlehrer. Seine Gitarre stöpselte er mit Bananensteckern in einen Radioverstärker. 1962, als er die Lehre als Tiefdruckretuscheur begann, trat er als Gitarrist dem *West Street Quartett* bei. Wie kein anderer in der Schweiz beherrschte der Hank Marvin aus Rüschlikon den Sound der Stunde, nahm er das Heft in der Band in seine Hand und krempelte das Repertoire um.

Gegenüber dem neuen Sound der Beatles blieb Anselmo zunächst reserviert. Er hatte ja seinen Hank Marvin. Das änderte sich mit «Twist and Shout», einem Rhythm-and-Blues-Song, den die Beatles 1963 mit ihrer Interpretation bekannt machten sowie mit der Coverversion des Chuck-Berry-Klassikers «Roll Over Beethoven». Anselmo spielte damals bei *The Limelights*, die als Begleitband den Sänger Pichi begleitete. Als dieser bei einem Engagement im «Allotria» Pause machte, ergriff Anselmo das Mikrofon: Sie spielten «Roll Over Beethoven» und «Twist And Shout». Die Stimmung war so aufgeladen, das Publikum so aufgepeitscht, dass Tische, Stühle und Gläser in Trümmer gingen. Nicht aus Zerstörungswut, sondern aus Begeisterung. «Das ‹Allotria› lag in Trümmern», erzählt Anselmo. Von Pichi wollte niemand mehr etwas hören.

«Singen war eigentlich nie mein Ding», sagt Anselmo. Doch nach dem Schlüsselerlebnis im «Allotria» trennte sich die Band von Pichi und nannte sich ab 1964 *Hellfire*. Die Betreiberin des «Allotria» wechselte ins «Longstreet» und engagierte Hellfire als Hausband. Die Band wurde mit ihrer Mischung aus Rock 'n' Roll und Beat zu einer der gefragtesten Bands in Zürich. Dreimal die Woche zündeten sie im «Longstreet» das Höllenfeuer. Die Bude war stets gerammelt voll, übervoll, die Gage lächerlich klein. 300 Franken in der Woche für vier Leute und drei Konzerte. «Wir füllten das Lokal, die Veranstalterin hat abkassiert», bemerkt Anselmo. «Heute würde man das Ausbeutung nennen, uns war das egal, wir wollten spielen.»

Walty Anselmo 2015 im Bonsailaden seiner Frau.
© CH Media/Alex Spichale

Der hochtalentierte Gitarrist war noch in der Stifti, eine Lokalgrösse, aber weit davon entfernt, von der Musik leben zu können. Das Geld ging für die neuen elektrischen Instrumente und das technische Equipment drauf. Hellfire war eine der ersten Schweizer Bands mit Fender Gitarren und Vox-AC-30-Verstärkern. «Ich hatte schon eine Fender Stratocaster und ein Wah-Wah-Effektgerät. Der Gitarrensound war aber immer noch relativ clean. Technisch war ich immer auf dem neusten Stand», erzählt Anselmo. Die anderen Bandmitglieder spielten dagegen auf Instrumenten, die sie bei der Betreiberin der «Longstreet» abarbeiten mussten. Das heisst: Mit der Gage wurden die Instrumente abbezahlt. «So haben wir eigentlich nichts verdient», resümiert Anselmo, «ich konnte nie mit Geld umgehen». Geldprobleme sollten Anselmos gesamte Profikarriere begleiten.

Als die Rolling Stones im Juni 1965 den Urknall der Rockmusik zündeten, war Walty Anselmo Frontmann bei Hellfire. Die neuen Trends und neue musikalische Impulse faszinierten und verunsicherten ihn gleichzeitig. Sein Lehrer Hank Marvin wollte ihn noch nicht loslassen, doch Jazz und vor allem Rhythm and Blues zogen ihn immer stärker in seinen Bann. Und da war noch dieser Bob Dylan. Hardy Hepp, damals Plattenverkäufer im Globus-Provisorium, hatte ihm die Platte «The Times they are a changing» vorgespielt. Es war die neue Perspektive, auf die Anselmo gewartet hatte.

Anselmo hatte gerade seine Lehre abgeschlossen. Ein günstiger Zeitpunkt für einen radikalen Schnitt. Er verkaufte seine elektrische Gitarre, erstand stattdessen eine edle akustische Gitarre Marke Hoefner und gründete mit Hardy Hepp *Hepp-Anselmo*, das erste Folkduo der Schweiz. Kein Gestöpsel, kein Feedback, keine Effektgeräte und Verstärker. Nur zwei Stimmen und zwei Gitarren. «Ich war in dieser Beziehung immer sehr radikal», sagt Anselmo, «wenn ich mich für etwas entschieden habe, dann immer mit voller Konsequenz».

Auf dem Weg zur Rockmusik nahm Anselmo also noch einen Umweg, eine Zusatzschlaufe. Interessant ist auch, dass die beiden Musiker die Abkehr von elektrischen Instrumenten in einem Moment vollzogen, als Bob Dylan am denkwürdigen Auftritt im Juli 1965 bereits den umgekehrten Weg eingeschlagen hatte: Vom Akustischen zum Elektrischen. Für die Schweiz war der amerikanische Folk freilich immer noch eine Novität, aber das Timing war denkbar schlecht. Mitten im Beatfieber schenkten Schweizer Ohren den Zürcher Neo-Folkies wenig Gehör. Deshalb versuchten unsere beiden Pioniere ihr Glück als Strassenmusikanten in Paris und London bis sie das leere Portemonnaie zurück ins heimatliche Zürich zwang. Da war es wieder, das Problem mit dem Geld. Immerhin hatten Teddy Meier und Hans Jecklin ein Erbarmen und ermöglichten den beiden Aufnahmen: Die vergriffene Single «Walkin On This Road» (1966) ist Zeugin dieser relativ kurzen Episode. Dann trat Jimi Hendrix in Anselmos Leben und damit die volle Wucht des Rock.

Wann und wo das erste Rockkonzert der Schweiz, der erste Auftritt von *Anselmo Trend*, stattfand, weiss der Gitarrist nicht mehr. «Mein Gedächtnis …!». Er ist sich aber sicher, dass es schon vor dem ersten «Love-in» Ende August 1967 war. Es war auch nicht im April 1967 im Hallenstadion mit den Stones. Denn dort trat er mit *Anselmo Set* auf. Das war das Trio Anselmo Trend mit Hardy Hepp als Sänger, einer siebenköpfigen Bläserwand und einem Repertoire, das sich am bluesgetränkten amerikanischen Memphis Soul des Labels Stax orientierte. Es wurde zu einem traumatischen Erlebnis, denn das Publikum pfiff schon, als die Band in geschniegelten Anzügen und Krawatten die Bühne betrat.

Zur Katastrophe kam es, als die Band «Satisfaction» in der Version von Otis Redding anstimmte. Der grosse amerikanische Soulsänger landete mit dieser Version in den Staaten gerade einen Hit, in der Schweiz kam der Soul von *Anselmo Set* und Hardy Hepp aber gar nicht an. Das Publikum kannte das nicht und wollte das nicht – obwohl die Musik topaktuell war. Das Publikum wollte die Stones und nicht eine in ihren Ohren verunstaltete Version von «Satisfaction». Die Leute tobten, die Leute wollten Rock.

Eine heilsame Lektion. *Anselmo Set* wurde begraben und der Gitarrist konzentrierte sich auf seinen Hendrix. Aber auch da klappte nicht immer alles wie vorgesehen. Der Auftritt am ersten Love-in zum Beispiel wurde zum Fiasko, weil das technische Equipment versagte. Zuerst tönte sein Marshall-Verstärker nicht, dann stieg auch noch die Fuzz-Box aus, die einen verzerrten Klang mit vielen Obertönen erzeugen sollte. «Meine Gitarre klang ganz clean. Ein Desaster. Wenn du Hendrix spielen willst, ist der Sound aus den Marshall-Verstärkern zentral, sonst ist das wie sterben auf der Bühne», resümiert Anselmo. Er war so frustriert, dass er seine Fender auf den Boden knallte und auf ihr rumtrampelte. Mit beiden Füssen auf dem Griffbrett. Jetzt endlich fing die störrische Gitarre an zu tönen. «Ich habe dann das wie eine Performance ausgebaut und in ein viertelstündiges Feedback-Gewitter verwandelt», sagt Anselmo. So wie bei Hendrix und Pete Town-shend. Nur war beim Schweizer Hen-

Walty Anselmo 1970.
© Archiv Dürst

drix die Einlage weder geplant noch gewollt. «Ich bin nicht einer, der oft weint», erwähnt Anselmo, «aber nach dem Konzert war ich so enttäuscht, dass ich hinter der Bühne wie ein Schlosshund heulte.»

Doch sein Ruf als Jimi Hendrix der Schweiz verfestigte sich. Für das zweitägige Monsterkonzert mit Jimi Hendrix war *Anselmo Trend* als einzige Schweizer Band gesetzt. Zwei Abende für die Schweizer Rockgeschichte, zwei unvergessliche Abende für Anselmo. Denn von Veranstalter Hansruedi Jaggi erhielt er einen Doppelauftrag. Neben dem Konzertauftritt sollte er den neuen Gitarrengott vom Flughafen abholen.

«Wir hatten kein Namensschild dabei, und Jimi kannte mich nicht. Er kam durch die Tür, schaute sich um, ging schnurstracks auf mich zu und sagte: ‹Hello brother›. Bis heute der eindrücklichste Moment meines Lebens», erzählt Anselmo. Hendrix ist für ihn bis heute wie ein Bruder, «ein speziell guter Bruder». «Wenn ich seine Musik noch heute höre, bewegt mich das emotional. Ich höre das, wie wenn er mit mir sprechen würde. Für mich ist Hendrix die grosse Revolution in Sachen Musik. Er hat die Gitarre behandelt, wie sie vorher und nachher nie behandelt worden ist. Er hat Dinge herausgeholt, die nicht mit Technik allein erklärbar sind. Deshalb ist er der grösste Gitarrist, den diese Welt je gesehen hat.»

Beim Soundcheck im Hallenstadion stand Anselmo auf der Bühne und hat Hendrix' Marshall-Sound auch physisch erlebt. «Wenn du die Gitarre einsteckst, schiesst es wie aus einer Pistole. Und wenn du mit weiten Hosen vor einem Marshall-Turm von Hendrix stehst, dann flattern die Hosen», beschreibt er.

Die Zeit bei *Krokodil* war die intensivste Zeit. Die Schweizer Superband ist mit viel Vorschusslorbeeren gestartet und das Debüt kam gut an. Für Anselmo ist es immer noch die beste Platte. «Sie ist ganz spontan entstanden und enthält die Musik, die ich gern weiterentwickelt hätte», sagt er. Es lief gut und die Bandmitglieder konnten sich als Profis gut über Wasser halten. «Wir hatten einen Star-Nimbus und in Deutschland hatten wir ein irrsinniges Echo», führt Anselmo weiter aus.

Doch da kam es wieder, das Geldproblem. «Du kannst noch so viele Konzerte geben, ein noch so guter Liveact sein. Wenn die Platten in den Regalen bleiben, geht die Rechnung nicht auf», sagt Anselmo. Die Abhängigkeit von den Plattenfirmen war gross und die Gagen zu klein. Er beschreibt das Leben «on the road»: «Du kriegst eine Gage von 2000 Mark, musst einen Bus mieten, Benzin für die gefahrenen Kilometer und zwei Roadies bezahlen. Dann kommst du nach Hause und jeder kriegt noch 20 Franken ausgezahlt. Dabei hast du seit drei Monaten deine Miete nicht mehr bezahlt.»

Unter diesen Bedingungen litt zusehends auch die Kreativität. «Ich war ausgebrannt und hatte keine Ideen mehr», sagt Anselmo, der den Grossteil der Kompositionen lieferte. «Es machte keinen Sinn mehr weiterzumachen. Ich hatte einen riesigen Schuldenberg und konnte es nicht mehr ertragen, meine Freunde immer wieder zu vertrösten. Ich wollte tabula rasa machen», legt Anselmo dar. Deshalb habe ich wieder einen Job bei der Druckerei «Conzett & Huber» angenommen. Die Profikarriere des ersten Schweizer Rockmusikers war vorbei.

Anselmo wohnte im Hechtplatz 1 im Rüden, wo auch der Gitarrist Max Lässer seine Bleibe gefunden hatte. Mit ihm trat er in der Folge in Kleintheatern auf. Ganz einfach mit Lässer an der Gitarre, Anselmo am Bass. Das Duo bildete einen Grundstock für weitere Sängerinnen und Sänger wie Walter Lietha und Corinne Curschellas, Musiker wie den Saxofonisten Bruno Spoerri und den Schlagzeuger Walter Keiser, woraus die «Bode Bänd» entstand. Doch Feierabendmusiker Anselmo fühlte sich in der Folkrockband zunehmend überlastet. «Mir ist alles zu viel geworden, ich gab 1979 den Ausstieg und habe einige Jahre keine Musik gemacht», erzählt er.

Exotische, fremde Musik hat Walty Anselmo schon immer angezogen. Alles, was anders war als Marschmusik. «Jetzt spinnt er komplett», sagte sein Vater als er als Jugend-

Walty Anselmo mit Sitar am Monsterkonzert 1968.
© Archiv Dürst

licher am Radio einmal indische Musik hörte. Berühmt geworden ist auch das Bild vom Monsterkonzert, wo Anselmo eine Sitar auf dem Bühnenboden des Hallenstadions spielt. In den 1980er-Jahren hat er ernsthaft versucht, in der klassischen südindischen Musik heimisch zu werden. Er besorgte sich eine Vina, ein indisches Lauteninstrument, und ist einmal in der Woche nach Colmar zu einem Vinalehrer gereist. «Die indische Kunstmusik ist ganz streng reglementiert», erklärt Anselmo, «sie erfordert ein hohes Mass an Disziplin, die ich leider nicht aufbringen konnte. Ich bin ein Bauchmusiker und lasse es gern laufen.» Die Vina hat ihn fasziniert, doch musste er nach zwei, drei Jahren erkennen, dass das nicht seine Sache ist. Nach Jahren der Abstinenz hat er wieder zur Gitarre gegriffen.

Er plante ein Comeback und wollte Gitarrenlehrer werden. Er wohnte jetzt im solothurnischen Stüsslingen und arbeitete bei der «Litho AG» in Aarau. Daneben besuchte er die Jazzschule in Luzern bei Gitarrenkollege Christy Doran. «Christy hat mir viel beigebracht, vor allem in Sachen Theorie», sagt Anselmo. Er hat die Schule auch abgeschlossen, der Abschluss war damals aber noch nicht anerkannt.

In seinen Aarauer Jahren spielt er in der Band von Gogo Frei und Rock Pionier Jelly Pastorini (siehe Kapitel 4.1.), der in Aarau einen Schallplattenladen unterhielt. Daneben gründete er eine Band mit dem Namen *Daria Dreams*. Ein ganz spezielles Trio mit Didgeridoo und Didine Stauffer an den Tablas. «Wir haben völlig frei improvisiert und ich habe es bedauert, dass wir die Band aufgeben mussten, als ich zurück nach Zürich ging», sagt Anselmo.

Mit dem Alkoholkonsum ist es in den 1990er-Jahren immer schlimmer geworden. «Manchmal ist es ausgeartet, ich wurde unzuverlässig und unpünktlich», offenbart Anselmo. Dabei hat alles mit Gelenkschmerzen angefangen. Anselmo leidet seit Jahren an Morbus Bechterew, einer besonders fiesen Form von Rheuma. Wenn er sich am Morgen aus dem Bett quälte, plagten ihn Schmerzen in Rücken und Beinen. Als Erstes ging er in die nächstgelegene Beiz und genehmigte sich zwei Kaffee Doppellutz. «Dann hatte ich Ruhe. Alkohol war das wirksamste Schmerzmittel und wurde mein ständiger Begleiter. Wenn ich getrunken habe, hatte ich keine Schmerzen. So bekam ich ein Alkoholproblem», sagt er, «doch am Schluss stand ich auf der Kippe.» Mithilfe seiner heutigen Frau Renata konnte er einen Schlussstrich ziehen und ist seit 2004 trocken. «Von einem Moment auf den anderen habe ich aufgehört und habe keinen Tropfen Alkohol mehr getrunken», schildert er.

Seine Frau Renata führt seit 1981 in Zürich ein Bonsaigeschäft. Sie und das Geschäft spielen seit 2003 die zentrale Rolle im Leben des ersten Rockmusikers der Schweiz. Zusammen sind sie für drei Jahre nach Schweden, in die kleine Gemeinde Eksjö ausgewandert. Dort beschäftigte er sich mit der Nyckelharpa, einem traditionellen schwedischen Streich- und Saiteninstrument.

Heute wohnen sie zusammen in einem alten Bauernhaus am Bachtel. Zuletzt plagten Anselmo wieder gesundheitliche Probleme. Vieles ist zusammengekommen. Die Gelenkschmerzen kamen zurück, und seit einigen Jahren beeinträchtigt Parkinson das Gitarrenspiel. Als das *Krokodil* 2020 in der Formation Düde Dürst, Terry Stevens und neu Erich Strebel (Keyboards) und Adrian Weyermann (Gitarre) wiederbelebt und das Kultalbum «An Invisible World Revealed» neu aufgelegt wurde, war Anselmo noch dabei. Ein festes Engagement in der Band ist ihm heute aber nicht mehr möglich. Doch das Krokodil-Blut fliesst immer noch in seinen Adern. Walty Anselmo ist und bleibt ein Teil von *Krokodil*.

3.2.3 Rhythm-and-Blues-Festival (1967 und 68)

Eine wichtige Station auf dem Weg zur Rockmusik in der Schweiz war das vom «POP»-Magazin initiierte Rhythm-and-Blues-Festival, das zum ersten Mal im Herbst 1967 durchgeführt wurde. In fünf regionalen Vorausscheidungen hatten sich sechs Bands für das Finale am 25. November im Hazyland qualifiziert. Dabei wurden sie von einer Fachjury unter anderen mit den Jazzmusiker Bruno Spoerri, Pepe Lienhard und Hardy Hepp beurteilt. Das Finale wurde aufgenommen und liegt als Tondokument vor. Das Durchschnittsalter der Musiker lag bei knapp über 19 Jahren und «POP»-Redaktor Beat Hirt schrieb in den Liner-Notes: «Bedenkt man, wie jung diese Musiker sind, so muss man über das hohe Niveau des Festivals ehrlich erstaunt sein.»

Am Wettbewerb setzte sich die St. Galler Band *The Shiver* mit dem talentierten, damals 18-jährigen Gitarristen Dany Rühle mit ihren Interpretationen von Songs von *John*

Walty Anselmo mit *Anselmo Trend*, der ersten Schweizer Rockband,
1967 am Rhythm-and-Blues-Festival.
© Sam Mumenthaler Collection

Mayall and the Heartbreakers und Buffalo Springfields durch. Die eigentliche Sensation war aber der Gitarrist Walty Anselmo, der zusammen mit Rühle zum besten Gitarristen gekürt wurde.

Der Zürcher Gitarrist spielte zuvor Songs der Shadows und Beatles. Doch als er Anfang 1967 zum ersten Mal Jimi Hendrix ab Platte hörte, war er «schockiert und fasziniert». Die Sounds, die Hendrix da kreierte, liessen ihn nicht mehr los. Er begann mit Rückkoppelungen zu experimentieren, traktierte sein Instrument mit Händen und Füssen und liess es schon bald aufheulen wie sein amerikanisches Vorbild.

An den Vorausscheidungen zum ersten Rhythm-and-Blues-Festival demonstrierte Anselmo seinen neuen expressiven und aggressiven Stil. Die Jury war verstört und stritt sich darum, ob das jetzt noch Musik sei oder doch schon Lärm. Trotzdem qualifizierte sich seine Band *Anselmo Trend* für das Finale. Was er dort mit seiner Version des Songs «Walkin The Dog» von Luther Thomas präsentierte, hatte man damals in der Schweiz noch nicht gehört. Das Fundament war noch Blues, Ausdruck, Kraft und Emotionalität waren aber Rock. Hendrix hatte seine Wirkung nicht verfehlt.

Auch der damals 18-jährige Dany Rühle beherrschte seinen Hendrix. Doch waren er und seine Band stärker im Blues verwurzelt als die rockigere Variante *Anselmo Trend*. «Ich habe mich immer mehr als Bluesmusiker gesehen. Mein Vorbild war mehr Eric Clapton als Jimi Hendrix», sagt Rühle rückblickend. Im Band-Wettbewerb hatte *The Shiver* die Nase vorn und wurde zur besten Band gewählt. Für die St. Galler Band blieb der Sieg aber ohne grosse Auswirkungen. «Wir blieben eine regionale Band», sagt Rühle. Anselmo dagegen wurde in der Folge als «Schweizer Hendrix» und *Anselmo Trend* als erste Rockband der Schweiz gehandelt. «Walty Anselmo war der erste Schweizer Rockmusiker und seine Band hat den Namen als erste echte Rockband verdient», meint dazu Beat Hirt. Für das berühmte Monsterkonzert Ende Mai 1968 mit Jimi Hendrix im Hallenstadion wurde denn auch *Anselmo Trend* als einzige Schweizer Band gebucht.

Dany Rühle

Das «Africana» war in St. Gallen von 1965 bis 1976 das Zentrum der neuen Musik. Hier versammelten sich die Gleichgesinnten. Der legendäre Club gehörte zu den ersten Konzertadressen der Schweiz. Die *Jeff Beck Group* mit Rod Stewart, *Black Sabbath*, *The Koobas*, *Remo Four*, *Audience*, *Van der Graaf Generator*, *Jon Hiseman's Tempest* und viele andere traten hier schon auf, noch bevor sie zu Weltstars wurden. Unter den Schweizer Bands stachen *Les Sauterelles*, *The Sevens*, *Q66*, *The Shiver*, später *Deaf* und *Island* hervor.

Dany Rühle 2020 in St. Gallen vor dem ehemaligen «Africana».
© Michel Canonica/CH Media

Hier trat aber auch öfters der junge St. Galler Gitarrist Dany Rühle mit seinen Bands auf, der Beatband *The Shivers*, später mit der progressiven Rockband *The Shiver*. «Wir waren so etwas wie die Hausband», erzählt Rühle rückblickend. Er erinnert sich auch an einen Auftritt mit dem Bluespianisten Champion Jack Dupree. «Das war eine ziemliche Herausforderung», sagt er, «denn Dupree hielt sich kaum einmal an das zwölftaktige Blues-Schema. Er wechselte einfach jeweils den Akkord, wenn seine Textzeile fertig war.»

Das «Africana» ist längst Geschichte. Geblieben sind Erinnerungen an eine Zeit im Aufbruch. «Es war noch viel Dilettantismus dabei», gesteht Rühle, «unser Bassist Mario Conza konnte eigentlich noch fast nichts. Aber er hatte ein freches Maul, oder etwas freundlicher formuliert, ein gesundes und inspirierendes Selbstbewusstsein. Vor seinem

ersten Auftritt im «Africana» fragte ich ihn: «Bist du nervös?». Er darauf: «Nö, wieso? Die anderen müssen es ja anhören.»

Doch Rühle selbst gehörte neben Walty Anselmo, Peter Földi und Chris Lange in den 1960er-Jahren zu den Schweizer Pionieren auf der Gitarre. Im Übergang von Shadows-Gitarre und Beat zu Blues und Rock spielte er eine prägende Rolle.

Geboren ist Daniel Rühle am 21. August 1949 in St. Gallen. Sein Vater war Berufsmusiker, Stimmführer der Viola-Sektion im Stadtorchester und unterrichtete Violine und klassische Gitarre. «Ich sollte schon früh Klavier spielen, doch ich hatte überhaupt keine Geduld», erzählt Rühle. Der Vater schenkte ihm eine Ukulele als er achtjährig war. Zwei Jahre später wechselte er zur Gitarre. «Ich hatte ein paar Platten mit US-Folksongs, unter anderem von *Peter Paul and Mary* oder auch von *Trini Lopez*, bei denen ich mitschrummte», sagt er. Später kamen dann auch Aufnahmen von noch sehr seltenen einschlägigen Radioprogrammen dazu, die er mit seinem ebenfalls früh geschenkt erhaltenen Spulentonbandgerät mitschnitt. «Oft kannte ich weder Titel noch Interpreten, ich übernahm einfach, was mir gerade gefiel», erinnert er sich.

«Ich verstand mich gut mit meinem Vater, trotzdem wollte ich nicht, dass er mich unterrichtet. Im Rückblick natürlich wirklich schade, aber ich mochte damals das wiederholte Üben und das Noten-Entziffern nicht.» Rühle brachte sich die grundlegenden Dinge spielend selbst bei. «Wenn mir mein Vater etwas vorspielte, konnte ich es praktisch sofort nachspielen. Dieses Talent hatte er schnell erkannt und respektiert.» Die orale Tradition der Volksmusik wurde also auch in der Frühzeit des Rock praktiziert.

In der Kantonsschule gründete er ein namenloses Trio mit Schlagzeug. Er wechselte zur elektrischen Gitarre. «Die Shadows waren unsere Helden. Wir haben einfach ihre Songs nachgespielt», sagt Rühle. In der Schule war er der Typ Einzelgänger. «Der bewunderte Aussenseiter, weil ich diese moderne Musik spielte und schon damals immer wieder Auftritte hatte», schildert er. Doch die Lehrer rümpften die Nase. Noch mehr als die Musik störte sie allerdings die Haarlänge. «Mein Vater verwies sie aber lächelnd auf die Peter-Scheitlin-Büste vor der Schule», sagt Rühle. Der St. Galler Theologe und Lehrer prangt dort auch heute noch mit mehr als schulterlanger Mähne.

Vater Rühle unterstützte seinen Sohn ohnehin, auch was diese «neumodische» Musik betraf. Er erkannte bald, dass da etwas dahintersteckt. «Als am Radio ‹She Loves You›

Roger Maurer, Dany Rühle, Bruno Hafner, Rico Fischbacher (von links).
The Shivers, die Vorläuferband von *The Shiver*.
© Archiv Rühle

von den Beatles gespielt wurde, hörte er diesen mehrstimmig gesungenen Schlussakkord und bemerkte sofort eine gewisse Parallele zu Mozarts Schreibweise. Von da an liess er mich machen», erzählt Rühle.

Mit Bruno Hafner (Bass), Rico Fischbacher (Orgel) und Roger Maurer (Schlagzeug) gründete Rühle Mitte der 1960er-Jahre die Band *The Shivers*. Er war der Bandleader. Die ersten Auftritte hatte die Band an Schüler- und Kinderfesten, aber auch an Tanzveranstaltungen in Restaurants. «Wir spielten dann Beat, aber weniger Beatles, denn keiner von uns konnte wirklich gut singen», sagt Rühle, «deshalb neigten wir eher zu den Kinks und Rolling Stones. Auch ein Tamla-Motown-Einfluss war präsent, aber irgendwelche musikhistorischen Zusammenhänge waren uns damals gar nicht bewusst. Wir haben einfach nachgespielt, was gerade in war und was wir gut fanden. Von Blues wussten wir eigentlich noch gar nichts. Auch Chuck Berry war uns damals noch kein Begriff.»

Der erste stilistische Wechsel folgte 1966. Das Album von *John Mayall's Blues Breakers* mit Eric Clapton hat es dem Gitarristen angetan. Es war das unter diesem Begriff heute noch weltweit geschätzte «Beano»-Album. «Das hat mich fasziniert und tagelang zum Üben reingezogen», sagt er.

Das erste und zweite Rhythm-and-Blues-Festival des Magazins «POP» 1967 und 1968 wurde zum Triumph. Zweimal gewann seine Band, zweimal wurde er zum besten Gitarristen gewählt. «Nach dem Gewinn beim zweiten Festival musste ich in der Garderobe unter der Bühne im Hazyland ein Interview geben, während gleich darüber eine mir noch unbekannte Band mit dem Namen *Pink Floyd* spielte. Ich wäre viel lieber am Konzert gewesen und konnte mich überhaupt nicht konzentrieren. Ich habe nur Stuss rausgelassen.»

Rühle wurde vor allem in seiner Heimatstadt bewundert. «De Dany Rühle isch de King», heisst es im Buch «You Really Got Me». Mit der Matura im Sack, gerade volljährig geworden und motiviert von den Preisen, stürzte sich Rühle in die Musik. Sein Interesse galt der Musik, nicht etwa der Politik. «Ich war kein Rebell», sagt Rühle, «der Protest hat sich bei mir auf Haare und Kleidung beschränkt. Klar, die Lehrer hatten keine Freude, der Generationskonflikt hat sich bemerkbar gemacht. Aber mit der Zeit haben ja auch einige wenige Lehrer verstanden, dass an dieser Musik, an dieser Kultur etwas dran sein könnte.»

Auch mit Drogen hatte Rühle nicht viel am Hut. «Was wir damals gern geworfen haben, waren Euphoriepillen. Aufputschmittel für die Bühne», erklärt er. Ein paar Mal hat er auch LSD probiert, dann aber wochenlang nicht mehr. Die Bewusstseinsveränderung war für ihn zwar interessant, «doch ich bin ein viel zu rationaler Mensch. Wein konnte ich mir noch nicht leisten, und Bier mochte ich gar nie. Die offiziell genehmigten Verbindungs-Saufgelage und das damit verbundene Grölen von Studentenliedern waren für mich ohnehin ein Graus. Meine Sucht ist vielleicht noch das Rauchen», sagt er und zieht an seiner E-Zigarette.

In den Bands *Deaf* (1969–72) und *Island* (1973–77) war Rühle Profimusiker. «Sagen wir es mal so: Ich habe einfach nichts anderes gemacht», bemerkt er schmunzelnd. Zur

Dany Rühle, Mischer und Techniker am Open Air in Abtwil 1977.
© Archiv Rühle

Aufbesserung seines Einkommens hat er in der Deaf-Zeit noch als Korrektor bei einer Zeitungsdruckerei zu einem Minimallohn gearbeitet. «Ich kam mehr schlecht als recht durch. Wenn ich bei Island dann mal allzu knapp bei Kasse war, hat mir meine Mutter ein wenig unter die Arme gegriffen. Insofern war ich besser dran als die anderen, die zwischendurch wieder einen anderen Job annehmen mussten», sagt er.

Rühle wollte nie ein grosser Star werden. «Das war damals verpönt. Wer erfolgreich war, konnte nicht innovativ sein, war die Meinung. Kommerziell war ja schon beinahe ein Schimpfwort. Musik wurde bei uns noch an ihrer Qualität gemessen», erläutert Rühle. Doch um 1976 schlitterte er in eine Krise. In einer Filmdokumentation über die Gruppe *Island* ist ein leicht demotivierter Rühle zu sehen. Er sei der Schlechteste der Band, meint er und glaubt, dass er mit den anderen nicht mehr mithalten könne. «Ich habe mich zunehmend gefragt, was ich eigentlich auf einer Bühne mache. Mir hat das Sendungsbewusstsein gefehlt. Eine gewisse Form von Missionsdrang, ein ‹Look-At-Me› gehört wohl zu jedem auftretenden Künstler. Ich war nie eine Rampensau, kein Gitarren-Poser. Ich konnte das nicht und fühlte mich zunehmend unwohl dabei.»

Rühle war schon immer eher der Mann, der im Hintergrund die Fäden zog. Doch jetzt nahmen die Zweifel zu, bis er seine Profikarriere an den Nagel hängte. Bei den Aufnahmen zur Platte «Pictures» 1977 war er noch dabei, hat aber schon nicht mehr mitgespielt. Er hat sich um das Technische gekümmert. Seine Neuausrichtung zeichnete sich ab.

Nicht mehr das einzelne Instrument, nicht mehr die Fertigkeit an der Gitarre standen im Vordergrund. Rühle interessierte der Gesamtsound einer Band. «Deshalb habe ich die Seite gewechselt und den Platz am Mischpult bei Konzerten eingenommen», sagt er. Wenig später nahm er einen Job in Jacques Islers Musikinstrumenten-Vertrieb an, zuerst als Servicetechniker für die Elektronikfirmen «ARP» und «Peavey», später als Konzert-Tontechniker und Mischer im Volkshaus und Hallenstadion Zürich sowie an vielen anderen Orten.

In den 1980er-Jahren haben sich Rühle und zwei seiner Teamkameraden selbstständig gemacht. Unter dem Namen «R&D Sound Hire» in Dietikon führten und betreuten sie eine PA-Vermietung. Konzertagenturen wie «Good News» und «Free & Virgin» zum Beispiel gehörten zu ihren Stammkunden, wie auch die allerersten St. Galler (damals noch Abtwiler) und Arboner Open Airs. Das Arbeiten für internationale Grössen wie Joan Baez, Emmylou Harris, Johnny Cash und Miles Davis liessen Rühle seine vergangenen Zeiten auf einer Bühne überhaupt nicht mehr vermissen.

Ein länger anhaltendes Arbeits- und auch Freundschaftsverhältnis mit der Sängerin und Pianistin Chi Coltrane gehörte für Rühle zu den Highlights: «Sie solo am Konzertflügel über ein klatschendes, stampfendes, rockendes 1500-köpfiges Publikum dominieren zu lassen, das war schon eine Challenge, die auch mich als Techniker forderte und reizte.»

Als die Konzerttechnik sich veränderte, Tontechniker vermehrt mit den Tournee-Crews anreisten und PA-Vermietungen zu reinen Logistikunternehmen für Transport, Auf-/Abbau und Unterhalt «reduziert» wurden, drängte sich für Rühle ein Schritt Richtung Kreativität auf: Studiotechnik. Dieser Wunsch und der laufend schlechtere Gesundheitszustand seiner mittlerweile alleinstehenden Mutter führten ihn wieder nach St. Gallen, in die Masters Studios von Victor Waldburger auf dem schönen Dreilindenhang. Eine seiner ersten Arbeiten waren Aufnahmen mit der Lausanner Band *Taboo* zum Album «Ten Hundred Thousand». «Ich lernte dabei mehr Französisch als in der gesamten Kanti», grinst er. Die ersten Digital-Synthesizer kamen gerade ins Spiel, die Aufnahmetechnik war in den 1980ern aber noch vornehmlich analog. Arbeiten mit der Heavy Metal-Band *Sultan* oder dem Ex-*Yello*-Mitgründer Carlos Perón folgten. Nach der Schliessung der Masters Studios fand Rühle 1998 beim Gallus Tonstudio (heute Gallus Media AG) eine Heimat, wo er bis nach seiner Pensionierung arbeitete.

Gitarre hat er während dieser Zeit nur noch nebenbei gespielt. Zuletzt bei der Country-Sängerin Daniela Mühleis, deren letzte zwei Alben er noch mitproduzierte. Heute geht auf der Gitarre aber leider gar nichts mehr. «Ich hatte eines Tages einen leichten Hirnschlag und das hat gewisse Nerven lahmgelegt. Eigentlich hatte ich viel Glück im Unglück, aber seither wollen die Finger der linken Hand nicht mehr recht. Ich spüre nicht mehr, wo ich hingreife, und so macht's halt nur noch wenig Freude», sagt der Mann, der einmal der beste Gitarrist der Schweiz war.

3.2.4 Monsterkonzert mit Jimi Hendrix (Mai 1968)

Als der neue Gitarrengott Jimi Hendrix für das berühmte «Monsterkonzert» am 30. und 31. Mai 1968 erwartet wurde, war Rock in der Schweiz gemäss Walty Anselmo «noch ein zartes Pflänzchen». Am ersten Abend mit *Anselmo Trend*, *The Koobas*, *The Move*, *Traffic*, John Mayall, *Small Faces*, *Eric Burdon & the New Animals* sowie Hauptattraktion Hendrix blieb die Halle halb leer. Dazu wurde der Gitarrengott zu seiner eigenen After-show-Party nicht zugelassen. Vom Türsteher wurde er zum Teufel geschickt – weil er schwarz ist. «Traurig», resümiert Anselmo. «Die Schweiz war noch nicht bereit für diesen Ausnahmekönner», bilanziert er.

Anselmo erhielt von Veranstalter Hansruedi Jaggi einen Doppelauftrag: Er sollte als Einheizer auf der Bühne sowie Chauffeur und Betreuer von Hendrix fungieren. Dem Gitarristen machte das unverhältnismässig grosse Polizeiaufgebot zu schaffen. «Ich konnte es ihm nicht erklären, weil ich selbst schockiert war», sagt Anselmo. «Die Polizisten warteten unter der Bühne hinter einem Bretterbeschlag nur darauf, dass ein Stuhl flog, damit sie auf die Leute einprügeln konnten. Als ich aus Hendrix' Garderobe kam, verfolgten mich die Polizisten. Sie dachten wohl, ich sei Engländer, beleidigten mich als schwule Sau und versuchten, an meinen Haaren zu zerren. Danach getraute ich mich nicht mehr in den Garderobengang.»

Jimi Hendrix am Monsterkonzert im Hallenstadion Zürich 1968
© ETH-Bibliothek Zürich, Comet Photo AG

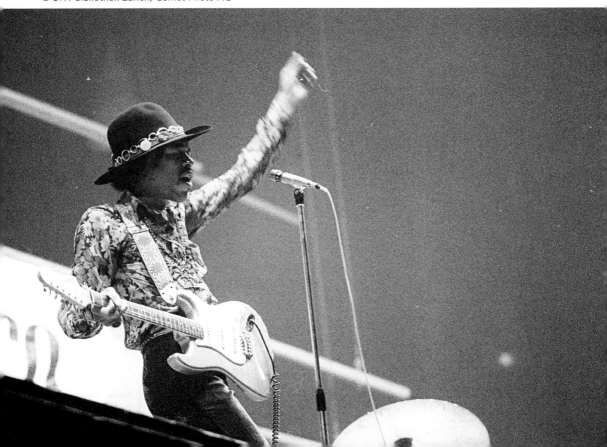

Nach den Erfahrungen vom Konzert der *Rolling Stones* im April 1967 zeigten sich die Behörden am zweitägigen Monsterkonzert wenig kooperativ. Zum geplanten Sicherheitsdispositiv liess sich ein Mitglied der Stadtpolizei Zürich mit folgendem vielsagenden Satz zitieren: «Im Krieg sagt man ja auch nicht, wie gross das Heer ist, das ausrückt.»

War der erste Konzertabend noch «ohne Komplikationen über die Bühne gegangen», wie die Presse berichtete, kam es am zweiten Abend zu Zwischenfällen. Nach dem Auftritt von Hendrix gingen Stühle zu Bruch. Dazu hätten ein paar Jugendliche gemäss der «NZZ» «ein harmloses Feuerchen» entzündet, um sich aufzuwärmen. Die Uniformierten tauchten auf, ein Mädchen wurde «von einem Polizisten geohrfeigt». Das löste gemäss dem freisinnigen Blatt die Proteste und Handgreiflichkeiten aus. Mit 160 Mann ging die Polizei gegen den friedlichen Fan-Umzug vor, der sich zum Bahnhof in Gang setzte. Mit Knüppeln und Hunden soll die Polizei gegen die Konzertbesucher vorgegangen sein.

Der Gitarrist und Hendrix-Kenner Marcel Aeby beschreibt das Vorgehen rückblickend als «massiv überdimensioniert und keineswegs gerechtfertigt». Dieser Meinung war aber auch schon damals eine Mehrheit der Tageszeitungen, die das brutale Vorgehen kritisierten. «Die Polizei war das Monster», schrieb Beat Hirt in der «Sie+Er», die «National Zeitung» von «Sadisten in Uniform» und einem «Skandal ohnegleichen». «Sie jagten die Jugendlichen mit einer Lust am Polizei-Sein», schrieb die «Weltwoche» und für die «Tagwacht» «dürfte der Polizeieinsatz ohne Zweifel sein Nachspiel haben».

Dieses Polizei-Bashing war insofern erstaunlich, als sich die Presse noch ein Jahr zuvor deutlich auf der Seite der Sicherheitsbehörden positionierte. Jetzt sympathisierten sie teilweise offen mit den friedlichen Jugendlichen, den Opfern der Polizeigewalt. Ein Nachspiel hatte das «Monsterkonzert» aber für Veranstalter Hansruedi Jaggi, der von den Behörden der Anstiftung zum Landfriedensbruch angeklagt, vor Gericht aber freigesprochen wurde. Der Wind hatte sich offenbar gedreht, die Akzeptanz in der Öffentlichkeit nahm zu.

Bei den Jugendlichen bewirkte das Vorgehen der Behörden dagegen eine Radikalisierung: Vier Wochen nach dem Monsterkonzert kam es in Zürich zu den Globus-Krawallen. Es waren die heftigsten Zusammenstösse der 68er-Unruhen in der Schweiz. Die Revolution war in der Schweiz angekommen.

3.2.5 Rockmusik und 68er-Revolte

Der Umsturz schien zum Greifen nah. Nur noch eine Frage der Zeit. Nach der Ermordung des schwarzen Bürgerrechtlers Martin Luther King am 4. April 1968 brannten in den USA die Gettos. Gewalttätige Ausschreitungen erschütterten Deutschland, nachdem der Studentenführer Rudi Dutschke niedergeschossen wurde. In London kam es schon im März zur ersten grossen Anti-Vietnamkrieg-Demonstration und in Paris gingen die Studenten auf die Strasse, besetzten im Mai die Sorbonne, bis ein Generalstreik das Land lahmlegte. Die Regierungen von Charles de Gaulle, Kurt Georg Kiesinger und Lyndon B. Johnson taumelten.

In Zürich hielten die Globus-Krawalle die Stadt zwischen Mitte und Ende Juni in Atem. In Biel solidarisierte man sich im Juli in einer Demo mit der Zürcher 68er-Bewegung. In Basel passierte dagegen zunächst nichts. «Obwohl auch unter den Jungen am Rheinknie Beat und Rock, Hasch und lange Haare, Ho Chi Min, Che Guevara und ein bisschen Promiskuität angesagt waren. Die signifikanten Aktionen auf der Strasse gingen hier aber erst 1969 los», schreibt Christian Platz. Eine angekündigte Erhöhung der Billett-Preise für den öffentlichen Verkehr war der Stein des Anstosses für die erste Basler Demo am 18. Juli 1969. Bis zum Ende des Jahres folgten dann 20 weitere Demos.

Die Euphorie und der Optimismus des «Summer of Love» waren jedenfalls auch in der Schweiz verflogen, gebrochen. Die «Good Vibrations», die 1967 die *Beach Boys* besungen hatten, waren endgültig vorbei. Wut, Ernüchterung, Angst und Entsetzen machten sich breit und verdrängten den naiven Glauben an «Love, Peace and Happiness» der Hippiegeneration.

Die erwachte Pop- und Rockkultur wurde zum Soundtrack des Protests. Der freie Tanzstil galt als Ausdruck der zunehmenden Individualisierung. Kleidung, Minirock, Haarlänge, Drogen und Enttabuisierung der Sexualität waren Elemente der Provokation

Studentendemonstration und Krawall am 29. Juni 1968 in Zürich.
© ETH-Bibliothek Zürich, Comet Photo AG

gegenüber der Erwachsenenwelt. Rockmusik wurde zum Seismografen der politischen und gesellschaftlichen Erschütterungen der bewegten Jahre.

Der Basler Journalist und Zeitzeuge Martin Schäfer sieht die Rockmusik als Gefährtin der Rebellen und macht deutlich, dass es «eine Trennung von Rock und Revolte nie gegeben hat und schon gar kein Gegeneinander». Im Gegenteil: Der Stones-Krawall vom April 1967 und das Jimi-Hendrix-Konzert vom Mai 1968 seien in der Schweiz «die Momente gewesen, in denen der bürgerlichen Öffentlichkeit – und wohl auch einem guten Teil der Linken – überhaupt erst bewusst wurde, dass es um mehr ging als um eine studentische Bewegung, und dass diese Bewegung etwas mit Musik zu tun hatte. Aber was? Wer die musikalische Entwicklung der vorausgegangenen fünf Jahre nicht miterlebt hatte, musste sich mühsam einfühlen in eine Mentalität, für die Popkonzerte etwas Ähnliches waren wie Demonstrationen … und Demonstrationen etwas Ähnliches wie Popkonzerte.»

Als Trägerin und Verbreiterin von Botschaften und Utopien wurde der Pop- und Rockmusik eine entscheidende Rolle bei der Veränderung von gesellschaftlichen und politischen Verhältnissen zugetraut. Für Klaus Staib ist «Rockmusik für die 68er-Bewegung» Impulsgeberin und sogar ein konstitutiver Faktor der Studentenbewegung und er geht davon aus, dass es eine 68er-Bewegung ohne Rockmusik wohl kaum gegeben hätte. Rock- und Popmusiker hätten «die Revolte mit vorbereitet, begleitet und schliesslich jenes Klangbild geschaffen, das für die Zäsur am Ende der 1960er-Jahre langfristig eine

Beschriftung vor dem Globus Zürich im Juni 1968.
© ETH-Bibliothek Zürich, Comet Photo AG

grössere Bedeutung hatte als die Protestaktionen in Berlin, Paris und anderen Städten auf der ganzen Welt».

Doch wie gross war das revolutionäre Potenzial wirklich? Im Vietnamkrieg hatten die Protestbewegungen dies- und jenseits des Atlantiks ein gemeinsames Thema. Der «Feel-Like-I'm-Fixin'-To-Die Rag» («Mir-kommt's-vor-als-würd'-ich-bald-sterben») von Country Joe McDonald wurde 1968 zur fröhlich-sarkastischen Hymne der Antikriegsbewegung. «One, two, three, what are we fighting for? Don't ask me, I don't give a damn. Next stop is Vietnam», sollen sogar amerikanische Soldaten in Vietnam gesungen haben.

Zwischen Musik und Politik kam es zu Wechselwirkungen. Und Musiker beeinflussten sich gegenseitig und fühlten sich verpflichtet, sich mit den studentischen Begehren auseinanderzusetzen. Doch wo waren die grossen Wortführer des Pop und Rock? Wo waren die Beatles, Rolling Stones, Jimi Hendrix und Bob Dylan? Mit «The Times They Are A Changin'» wurde Dylan 1964 zum Propheten des Umbruchs, setzte 1965 seine Gitarre unter Strom. Alle hingen an seinen Lippen, doch ausgerechnet in den entscheidenden Jahren schwieg das «Sprachrohr der Generation». Nach einem Motorradunfall 1966 zog sich der Chefideologe der Popkultur für zwei Jahre völlig aus der Öffentlichkeit zurück und widmete sich, ganz bürgerlich, seiner Familie. Auch in Woodstock ein Jahr später glänzte er durch Abwesenheit. Dylan war ein 68er vor 68, und mit der Hippiekultur und den 68ern, so heisst es, wurde er nie so richtig warm. Aber auch der damals populärste französische Rockstar Johnny Hallyday stand den revoltierenden Studenten distanziert bis ablehnend gegenüber.

Die Beatles waren zunächst nur Beobachter der Geschehnisse. Von Februar bis April waren die Engländer auf ihrem Indien-Trip, meditierten bei Maharishi Mahesh Yogi und verpassten prompt die erste grosse Anti-Vietnamkrieg-Demo in London. Immerhin war Mick Jagger dort und liess sich von den Krawallen in London und Paris zum Song «Street Fighting Man» inspirieren. «The time is right for fighting in the street» («Die Zeit ist reif, um auf der Strasse zu kämpfen»), singt Jagger und fordert zunächst unmissverständlich zum Aufstand auf. Doch schon in der nächsten Zeile relativiert er das Ganze: «What can a poor boy do except to sing in a rock 'n' roll band» («Was kann ein armer Junge schon tun, ausser in einer Rock-'n'-Roll-Band zu singen»). «Cause in sleepy London town there's just no place for a street fighting man» («Weil im verschlafenen London gibt es einfach keinen Platz für einen Strassenkämpfer»). Jagger markiert zwar den Rebellen, zum Äussersten wollte er es dann doch nicht kommen lassen. «Street Fighting Man» gilt als der politischste Song der Band, die eigentlich nie sehr politisch agierte.

Als zorniger junger Mann inszenierte sich auf der Bühne auch Jimi Hendrix. Er war nicht der Einzige. Vor ihm zelebrierten Pete Townshend und Jeff Beck diesen aufsehenerregenden Akt der Zerstörung. Das Zertrümmern von Gitarren galt als Ausdruck der Rebellion und Protestkultur. Doch auch Hendrix war ein musikalischer, kein politischer Revoluzzer. Mehrmals sollen die radikalen «Black Panthers» versucht haben, den Gitarrengott für ihre politischen Zwecke zu gewinnen. Hendrix liess sich nicht vereinnahmen, er liess sie abblitzen.

Politisch am aktivsten war John Lennon. Die Ernüchterung, die Enttäuschung über den Lauf der Dinge, die Radikalisierung und Ideologisierung ist auch an Lennons Haltung abzulesen: Noch im Sommer 1967 schuf er mit Paul McCartney die euphorische Hippie-hymne «All You Need Is Love». Ein Jahr später komponierte er «Revolution». «We all want to change the world. But when you talk about destruction. Don't you know that you can count me out», singt er in der zentralen Passage und erteilt der revolutionären Anwendung von Gewalt eine deutliche Absage. Selbst Lennon war offensichtlich nicht bereit, bis zum Äussersten zu gehen.

Was für die internationale Rockmusik galt, traf auch auf die Schweizer Pop- und Rock-musiker zu: Sie waren nicht bereit, sich von der Studentenbewegung vereinnahmen zu lassen. *Les Sauterelles* hatten im Umfeld der Globus-Krawalle zwar einen Auftritt. «Das Politische hat aber keine Rolle gespielt», beteuert Düde Dürst, «wir haben sympathisiert, aber uns rausgehalten. Wir waren viel zu stark mit uns und unserer Musik beschäftigt.»

Interessant ist, dass die deutschen Rädelsführer des «Sozialistischen Deutschen Stu-dentenbundes» die Rockmusik als «amerikanisch» diffamierten und deshalb ablehnten. Diese deutsche Haltung war im internationalen Kontext aber die Ausnahme und hatte auch keinen Einfluss auf die Bewegung in der Schweiz. Im Gegenteil: «Bei Krokodil woll-ten uns die Studenten instrumentalisieren», sagt Dürst, «sie haben sich an uns gehängt und meinten, dass sie uns brauchen. Aber uns gingen sie mit ihrem Mao-Büchlein und dem Schlachtruf Ho-Ho-Ho-Chi-Minh! auf den Wecker. Bei Hardy Hepp in der WG am Hechtplatz sind sie in Scharen aufgetaucht und haben sich mit ihren Parolen und ihrem Wissen aufgespielt. Allen voran Dieter Meier, ein Salon-Revolutionär mit Geld im Rücken. Sein Engagement war mit null Risiko verbunden. Die haben nicht zu uns gepasst, in keiner Art und Weise. Unsere Herkunft und unsere Ambitionen waren ganz anders. Wir haben gegen die Erwachsenenwelt aufbegehrt, waren gegen Autoritäten und Autori-tätsgläubigkeit, gegen den Mief und die verlogenen Moralvorstellungen. Aber mit den revolutionären Parolen hatten wir nichts am Hut. Wir lebten für unsere Musik, dafür haben wir alles gegeben.»

Umgekehrt hat die Rockmusik von den 68er-Protesten profitiert. Rockmusik wurde zu einer weltumspannenden Sprache der Jugend und setzte sich jetzt auch in der Schweiz durch. Ohne die Vorleistung der neuen Musik wäre 68 nicht denkbar, aber ohne 68 wäre auch der Durchbruch der Rockmusik nicht denkbar.

Rückblickend hatte in der Schweiz der Ausstieg von Dürst bei *Les Sauterelles* grosse Symbolkraft. Dreizehn Wochen stand 1968 ihr grösster Hit «Heavenly Club» in der Schweizer Hitparade. Davon sechs Wochen auf Platz eins. Der Song markierte Höhe-und Endpunkt der Beatbewegung und bedeutete den Übergang zur Ära der Rockmusik in der Schweiz. Rock, vor allem die progressive und psychedelische Variante, wurde zum Sound der Zeit. *Les Sauterelles* versuchten sich danach dem Zeitgeist anzupassen. «Wir haben uns vom Beat wegbewegt», sagt Vescoli, «aber wir haben damit kein Publikum gefunden.» Im April 1970, wenige Tage nach der Auflösung der Beatles, verschickte Toni Vescoli die berühmte Todesanzeige der Sauterelles.

Hardy Hepp

Der Mann ist ein Vulkan, voll von Geschichten und wenn man ihn loslässt, brechen sie aus ihm heraus. Ohne Punkt und Komma, unaufhaltsam, impulsiv, eruptiv und brodelnd. Er fabuliert, schwadroniert, schweift ab, verliert sich und kommt irgendwann auf den Punkt – oder auch nicht. Der Mann ist das Programm und gibt dabei alles. Vier Stunden Gesprächsaufnahmen, besser Monolog, hören sich an wie ein Hörspiel – nur unterhaltsa-

Hardy Hepp, der Lebenskünstler und Glückspilz 2020 in Wallenwil.
© Andrea Stalder/CH Media

mer. Der rote Faden ist Hardy Hepp, ein Unikum, ein Lebemann, Künstler, Überlebungskünstler – und ja, ein Glückskind. Doch dazu später.

«Ich hatte eine wunderbare Kindheit», sagt Hepp. Am 13. Mai 1944 geboren, wuchs er behütet mit zwei Brüdern und einer Schwester in Rüti/ZH auf. Die Eltern waren Lehr-

Hardy Hepp, der Folksänger 1966.
© Archiv Hepp

personen, die Mutter auch eine talentierte Sängerin und langjährige Chordirigentin. Im Hause der Hepps waren Beethoven, Brahms und Mozart angesagt. «So etwas wie Ländler kannte ich lange gar nicht», erzählt er. Wie es sich in einem gut bürgerlichen Haus gehört, lernte Heiner, wie ihn alle nannten, zuerst Blockflöte, dann Violine. Fünf Jahre lang genoss er klassischen Unterricht. «Mit 14 wollte ich Sänger werden, mit 16 Kunstmaler und mit 18 Schauspieler», sagt er.

Der Vorkurs an der Kunstgewerbeschule in Zürich bei Karl Schmid, den er besuchte, war für ihn prägend, der Kulturschock 1960 in der Stadt gross. Doch das Neue und Unbekannte zog den braven Jüngling an. Statt in die Schulkantine, ging er mit den 1,60 Franken fürs Menu in den «Schwarzen Ring», den zwielichtigen Treffpunkt der Halbstarken und der teuersten Prostituierten (250 Franken für eine halbe Stunde).

Er besuchte die Kanti in Wetzikon, brach die Mittelschule aber nach anderthalb Jahren ab. Die Eltern waren von seinem Vorhaben wenig begeistert, weshalb er den Knatsch und den Bruch mit dem Elternhaus provozierte. «Es ist wohl besser, wenn du gehst», legte sein Vater Hepp dar. Er verstand den Weg seines Sohnes nie.

Hardy Hepp bestand die Aufnahmeprüfung zur Schauspielschule des Bühnenstudios Zürich, hatte aber keine Bleibe und kein Geld. «Ich kannte niemanden und habe zwei Wochen im Freien übernachtet», erzählt er. Im «Schwarzen Ring» fand er eine Ersatzheimat. «Ich bin in den Schwarzen Ring gegangen, um die Huren zu bekehren und sie auf den rechten Weg zu bringen. Doch das Gegenteil ist passiert. Die Nutten haben mich von meinen Illusionen erlöst und gerettet», sagt Hepp.

«Wenn du ein Problem hast, dann sag es mir», bedeutete ihm ein gewisser Hansruedi. Es war Hansruedi Jaggi, der ebenso umtriebige wie umstrittene Entrepreneur, der später das Rolling-Stones-Konzert 1967 und das Monsterkonzert mit Jimi Hendrix organisieren sollte. Bei der Garderobe entdeckte der gwundrige Hepp einen Geigenkasten, machte ihn auf und erschrak. Denn darin war keine Violine, sondern eine Maschinenpistole.

«Schnell wieder zu», erzählt Hepp. Schliesslich ist Jaggi mit dem Geigenkasten aus dem Lokal gelaufen.

Um Geld zu verdienen, absolvierte Hepp einen Barmixerkurs, servierte mal im «Schwarzen Ring», mal im «Africana» oder im «Odeon», den Szenelokalen jener Zeit. 1963 wurde er von Maurice A. Rosengarten, dem Eigentümer der Musikvertriebs AG, angestellt, um die Schallplatten in den Musikboxen zwischen Basel und Glarus zu wechseln. Sieben Monate später wechselte er in die Schallplattenabteilung im Globus. Jetzt war er an der Quelle und hat den Laden mit einer eigenen Laden-Hitparade innert kürzester Zeit auf Pop getrimmt. «Ich war die wandelende Hitparade von Zürich», sagt er.

«Schwarzer Ring», «Africana», «Odeon»: Hardy Hepp war am Puls der Zeit und Teil des aufstrebenden Popgeschehens. Er war der bestinformierte Mann auf dem Platz und wurde zum Dreh- und Angelpunkt der Szene, zum grossen Mischler, Antreiber, Anreisser und ersten DJ der Stadt.

Erst recht als er 1966 in das «Haus zum Raben» zog, in eine Sechszimmerwohnung im ehemaligen Hotel am Hechtplatz 1, und dort 15 Jahre lang als eine Art Kommunen-Obmann der legendären WG wirkte. «Alle kamen zu uns, Jürg Marquard, Pepe Lienhard,

Hardy Hepp, der Soulsänger 1967 im Hallenstadion Zürich.
© Archiv Hepp

Christoph Marthaler, Dodo Hug. Wir lebten dort Love, Peace und Happiness aus.» Auch seine Mutter ist einmal aufgetaucht. «Es traf sie hart, als ich ihr eröffnete, dass mir diese Familie wichtiger ist als meine Blutsfamilie.» Aber jeder und jede war im Raben willkommen. Auch die zwei sturzbetrunkenen Engländer, die am Pub am Rindermarkt ihr letztes Bier nicht mehr bezahlen konnten. Es wurde gekifft und getrunken, da sagte der eine: «We gonna write a musical – about Jesus». Sie hätten aber noch keinen Namen. «Ist doch klar», entgegnete Hepp, «Jesus Christ Superstar». Wie sich erst später herausstellte, waren die sturzbetrunkenen Engländer die Musicalautoren Tim Rice und Andrew Lloyd Webber. «Jesus Christ Superstar» wurde im Oktober 1971 in New York uraufgeführt.

Hardy Hepp war ein Rädelsführer, aber kein 68er. «Ich war ein Rebell,

Hardy Hepp, der Violinist
bei *Krokodil*.
© Archiv Dürst

ein 67er, ein Hippie, aber sicher kein 68er», sagt er. Aber vor allem wollte er Musiker werden. Mit Walty Anselmo nahm er 1966 bei Columbia die erste Folksingle der Schweiz auf. Ein Flop. Dann rief eines Abends aufgeregt Düde Dürst an: «Toni steigt bei den Sauterelles aus, jetzt musst du ran», sagte er. Hepp traute der Sache nicht, doch auch Vescoli höchstpersönlich bestätigte ihm seinen Entscheid. Er wolle ein Soloprogramm erarbeiten. «Toni geht, Hardy kommt», hiess es auch schon bald im «POP». An einem zweiwöchigen Engagement der Band in St. Moritz wollte er sich in das Repertoire einarbeiten. Doch als er im Engadin ankam, war alles wieder anders: Vescoli hatte es sich anders überlegt. «Ich war wieder draussen», resümiert Hepp.

Schon bald kam die nächste Chance. In Deutschland lockte der grosse Erfolg mit *Liberty*. Der berühmte Produzent Siggi Loch wollte ihn 1967 zu einer Art schweizerischem Roy Black machen. Mit hochdeutschen Schlagern. «Junge, das mit den deutschen Chansons kannst du vergessen», sagte Loch, «das kannst du machen, wenn du 40 bist. Du bist doch keine Knef!» Und Loch passte auch der Name nicht. «Wir haben Heino, wir haben Heintje. Heiner will keiner, wir nennen dich Stevie Stevens». Doch Hepp wehrte sich und sogar das Teenie-Magazin «Bravo» schrieb darüber eine Story. «Hilfe, man will mir meinen Namen klauen», titelte das Heft. Loch zeigte sich einsichtig. In Anlehnung an den Sänger Tim Hardin schlug er schliesslich Hardy vor. Hardy Hepp war geboren. «Ich bin Siggi noch bis heute dankbar, denn seither nennen mich alle Hardy. Sogar meine Eltern», erzählt Hepp. Trotzdem hat es nichts genützt. Nach drei Schlager-Singles kam es zum Knatsch. «Ich war wieder draussen», sagt Hepp.

Inzwischen kriselte es bei den Sauterelles noch mehr. Düde Dürst zog die Konsequenzen, stieg aus und konnte Hepp zum Mitmachen in einer neuen Band überreden: *Krokodil*. Vom Schlagerhimmel in den Avantgarde-Untergrund. Siggi Loch hörte davon und
unterbreitete *Krokodil* einen Vertrag. Nach vielversprechendem Start und zwei Alben
war für Hepp das Abenteuer beendet. «Düde und ich hatten den Karren gezogen. Die
anderen waren betrunken oder bekifft oder beides», sagt Hepp. «Ich habe bei Krokodil
auch nie Geld gesehen – bis vor ein paar Jahren, als mir Düde 700 Franken für aktuelle
Verkäufe in Japan, den USA und überall überreichte.»

Und wieder war es Loch, der Hepp im April 1971 half, ihn aus dem Vertrag mit *Krokodil* entliess und ihm stattdessen einen Warner-Deal für drei Alben anbot. «Ich habe

Hardy Hepp, der Schlagersänger.
© Archiv sk

Siggi Loch viel zu verdanken. Es war ein Traum-Deal», sagt er. Das erste Album «Hepp –
Hahn & Huhn» wurde 1971 noch in Hamburg produziert. Das zweite sollte in den USA
aufgenommen werden und Hepp erhielt pro Monat 1000 Franken, um es vor Ort vor-
zubereiten. «Es war einfach grossartig», sagt Hepp, «ich konnte bei Warner ein und aus
gehen». Und weil er grad vor Ort war, konnte er in Hollywood bei den Aufnahmen zum
Song «Listen To The Music» der *Doobie Brothers* im Chor mitsingen.

Drei Monate später kehrte er mit George Gruntz nach New York zurück, um «Hardly
Healed» aufzunehmen. Der Basler Jazzmusiker war um die Arrangements besorgt, im
Studio waren hochkarätige Jazzmusiker wie Saxofonist Joe Farrell, Schlagzeuger Bernard
Purdie, Bassist Ron Carter, Gitarrist David Spinozza und andere versammelt. Doch beim
Stück «Tatanka Yotanka» kam es zum Streit mit den Labelbossen. Inspiriert von einer
Rede des Indianerhäuptlings Sitting Bull enthielt es die Zeile: «My country used to have
a good name, now it has a bad name. And I wonder, who it is, that has given it a bad
name». Hepp bestand darauf, das Stück als Opener des Albums zu belassen.

Zurück in Zürich wurde Hepp ein neuer Vertrag offeriert. «Du kriegst 250 000, in einem halben Jahr noch mal so viel und in einem Jahr bist du Millionär», sagte Loch, formulierte aber gleichzeitig eine Bedingung. Anstelle des eingespielten Albums sollte er bestehende Lieder aus dem Warner-Verlag singen. «Ich lehnte selbstverständlich ab und bin davongelaufen», erzählt Hepp. Aber er verlor den Machtkampf. Zwei Pakete mit 25 Exemplaren von «Hardly Healed» konnten gerade noch vor der Schredderanlage gerettet werden. Doch der Traumvertrag wurde aufgelöst und die Option auf das dritte Album gestrichen. «Ich war wieder draussen», resümiert Hepp. Nach langem juristischen Seilziehen konnten für 25 000 Franken immerhin die Rechte zurückgekauft werden. Doch seine Lust auf die grosse Karriere war ein für alle Mal dahin.

Stattdessen gründete er 1973 mit Max Lässer die Band «Tabula Rasa». Doch auch diese hoffnungsvolle Band existierte nicht lange. Neben Heinz Gräni (Bass, Ex-Tusk) war Töbi Tobler, der heutige Hackbrett-Spieler, als Schlagzeuger vorgesehen. «Wir hatten schon eine Tour eingefädelt, die von der Migros unterstützt wurde, und einen Fernsehauftritt bei ‹Hits à Gogo›», berichtet Hepp. Doch drei Tage vor dem Premierenkonzert in St. Gallen war Töbi nach Spanien abgehauen. Kurzfristig musste Düde Dürst einspringen.

Und wie steht Hardy Hepp zur Mundart? «Als ich den Schlagervertrag im Streit kündigte, erklärte ich den Deutschen, dass ich nur noch Englisch oder in meiner Muttersprache singen wolle. Schon damals schrieb ich Mundartgedichte, aber noch keine Mundartsongs», sagt Hepp. Er produzierte die «Minstrels». Aber erst als der Mundartboom mit Toni Vescoli und Rumpelstilz einsetzte, versuchte er es auch mit Mundart. Auf dem Album «Hepp – Demo – Spoerri» von 1976 hat er dieselben Lieder einmal auf Englisch und einmal in Mundart interpretiert. «Das mit Bruno war zu speziell und hat niemanden wirklich interessiert», sagt Hepp «und das, was Polo und Vescoli machten, war für mich Cowboymusik mit schweizerdeutschen Texten. Das hat mich nicht interessiert und reichte mir nicht. Aber ich habe es zunächst auch nicht geschafft, etwas Eigenständiges, Schweizerisches zu schaffen. Es dauerte bis 1992. Erst mit dem Heppchor und den singenden Hausfrauen gelang es mir, den Duktus der Sprache zusammen mit der Musik zu etwas Eigenem zu machen.»

Hepp komponierte die Filmmusik für Xavier Kollers «Das gefrorene Herz» (1979) und «Der schwarze Tanner» (1985). Zudem gründete er Ende 1978 mit Max Lässer die Band *Hand in Hand* mit Philippe Kienholz (Keyboards), Beat Aschwanden (Drums), Hubi Huber (Sax) und Andreas Vollenweider (Harfe, Sax, Flöte und Gitarre). «In sechs Wochen gaben wir 35 Gigs. Ein Riesenerfolg. 1981 erschien dann das einzige *Hand in Hand*-Album, mit Lässer, dem jamaikanischen Bassisten Rosko Gee und den Jazzern Christy Doran und Fredy Studer. Doch Max und Christy verstanden sich überhaupt nicht. Das waren zwei Welten. Da ist zu viel Unvereinbares zusammengekommen», äussert sich Hepp.

Massenveranstaltungen reizten Hepp immer weniger, er spielte Solo-Gigs und entwickelte sich immer mehr zum Kunstmaler. «Ich wollte immer nur zeichnen, singen und Geschichten erzählen. Überhaupt: Ich habe 1000 Gedichte geschrieben, die niemand kennt. Ich bin immer noch persona non grata, habe nie einen Preis gewonnen, wurde nie staatlich gefördert», sagt er. Die 1500 Franken Rente pro Monat reichen nie. «Ich muss pro Jahr für 20 000 Franken Bilder verkaufen», erklärt er, «aber ich bin Herr meiner Zeit. Mit meiner forschen Art habe ich im Laufe meines Lebens viele Leute verletzt. Aber heute lass ich einfach alles auf mich zukommen.»

Nein, der Vulkan ist noch nicht erloschen, aber Hepp hat inzwischen in einer 1901 gebauten ehemaligen Seidenfabrik im thurgauischen Wallenwil in der Gemeinde Eschlikon seine Ruhe gefunden. Mit seiner Frau Hanna (Hepp hat einen Sohn und zwei Töchter) lebt er hier seit 1999 auf vier Etagen, jede 185 Quadratmeter gross und mit einem grossen Garten. Und auch das ist eine unglaubliche Geschichte. Hepp hatte keine 5000 Franken auf dem Konto als er zur Bank ging. Der Bankdirektor schätzte die Liegenschaft auf 700 000 bis 950 000 Franken. «Die Eigentümer verkauften ihm die Liegenschaft für 270 000 Franken. Mithilfe von Freunden konnte ich innert weniger Tage 120 000 Franken hinblättern. Die Bank hat 150 000 beigesteuert und eine halbe Million für den Umbau. Dann gehörte die ehemalige Abbruchbude mir. Wahnsinn, ich bin ein Glückskind.»

Der Journalist Michael Lütscher widmete ihm ein Buch, das mit folgendem Satz beginnt: «Jesus hat mich erlöst. Die Huren haben mich gerettet. Der Bordun hat mich ein Leben lang begleitet.»

Hardy Hepp, der Kunstmaler 2020 zu Hause in seinem Atelier mit seinem Bild von der WG im «Haus zum Raben».
© Andrea Stalder/CH Media

Island 1974 in der Festhalle Bern mit Jack Conrad,
Peter Scherer und Benj Jäger (von links).
© Archiv Conrad

4 DIE SCHWEIZER ROCKEXPLOSION (1969–1978)

1968 und die Unruhen der bewegten Jugend blieben nicht ohne Auswirkungen auf das gesellschaftliche und politische Leben der Schweiz. Das «helvetische Malaise», wie es der Staatsrechtler Max Imboden formulierte, welches die Schweizer Gesellschaft immer stärker erfasste, setzte traditionelle Leitbilder unter Druck. Die Orientierungskrise befeuerte nicht nur revolutionäre Ideen und Bewegungen, sondern auch die Bereitschaft zunehmend breiterer politischer Kreise zu Reformen. In diesem Zusammenhang ist das Frauenstimmrecht zu sehen, das bei der eidgenössischen Abstimmung am 7. Februar 1971 endlich eine Mehrheit fand, aber auch Reformbestrebungen im Bildungsbereich gehörten dazu, namentlich eine inhaltliche Modernisierung. «Die Unruhe der Jugend stimulierte den Willen, die Probleme durch Änderungen innerhalb des bestehenden politischen und sozialen Systems zu bewältigen», schreiben Peter Gilg und Peter Hablützel in «Geschichte der Schweiz und der Schweizer».

Kontrollierter Wandel war die Losung. Den utopischen Fantasien begegnete die politische Schweiz mit helvetischem Pragmatismus. Für die bewegte Jugend bedeutete dies, dass alternative Lebensformen wenigstens toleriert wurden. Während vor allem katholische Kantone noch am Konkubinatsverbot festhielten, hob es der Kanton Zürich 1972 auf. Aufweichungen und gesellschaftliche Liberalisierung waren offensichtlich. Eine Umfrage von 1973 ergab, dass fast 60 Prozent der Schweizer kein Problem mit der wilden Ehe hätte.

Vom Wandel wurden auch die Medien ergriffen. Die sogenannte Meinungspresse, die sich lange politischen Parteien und ihren jeweiligen Ideen und Werten verpflichtet fühlte, wurde nach und nach aufgeweicht. Der ökonomische Druck und die Konkurrenzsituation bewogen die Presse, sich stärker nach den Bedürfnissen einer breiten Leserschaft auszurichten. Sie verpflichteten sich in sogenannten Forumszeitungen, alle Facetten des politischen und öffentlichen Lebens abzubilden. Von dieser neuen Rolle der Medien profitierten neue soziale Bewegungen oder Alternativbewegungen wie die Jugendbewegung, die Frauenbewegung, die Umweltbewegung, die Bewegung gegen Atomkraftwerke, aber auch die Überfremdungsbewegung (Schwarzenbach-Initiative). Sie erhielten eine Publizität, wie sie noch in den 1960er-Jahren undenkbar war.

Im Zuge dieser Öffnung entstanden neue Lebensgemeinschaften wie die Kommunen. Den Anfang machten die berühmten Künstlerkommune von Hardy Hepp im Haus zum Raben im Niederdorf Zürich sowie die Musikerkommune mit Polo Hofer an der Effingerstrasse in Bern. Vor allem Rockmusiker machten sich diese Lebensform zunutze, erlaubte sie ihnen doch, sich bei niedrigen Lebenskosten ausschliesslich der Musik zu widmen. So entstanden in den frühen 1970er-Jahren Musikerkommunen von *Grünspan* in Hämlismatt im Emmental, von *TEA* zuerst in Boniswil, dann in Heimisbach im Emmental, von *Deaf* und *Island* in der Zürcherischen Ortschaft Raat sowie von *Circus* in einem Bauernhof im Solothurnischen Bättwil.

Diese gesellschaftliche Situation begünstigte auch die Rockbewegung als Teil der Jugendbewegung. Rock blühte auf und in der ganzen Schweiz bildeten sich zum Ende der 1960er-Jahre und in den frühen 1970er-Jahren kleine Rockzellen. Hauptstadt des Rock

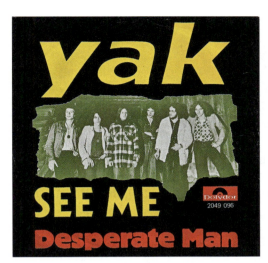

Cover von *Yak*, 1970: Die lauteste Single der Schweiz.
© Archiv sk

war Zürich, wo Bands wie *Krokodil* (siehe Kapitel 4.2.) und *Tusk* (siehe Kapitel 4.3.) den Ton angaben. Schon 1970 hat aber auch die Rockband *Yak* mit Leadsänger Forty Morell und dem Gitarristen Peter Fürst im Tonstudio *Max Lussi* in Basel die Single «See Me/Desperate Man» aufgenommen, die bei *Polydor* erschienen ist. Gemäss Ton-Ingenieur Peter McTaggart war «See Me» «die lauteste bis anhin in der Schweiz aufgenommene Single».

In Bern gab es die Band *Delation* um den späteren *Grünspan*- und *Span*-Musiker, die Gebrüder Christoph und Matti Kohli, *The Morlocks*, *The Black Lions*, *The Lives*, *The Livings* mit Dänu Stöckli, *Lindbergh* mit Schöre Müller hiessen andere Berner Bands, die Ende der 1960er-Jahre erste Rockelemente aufnahmen. Polo Hofer mit *The Jetmen* und *Polo's Pop Tales* war dagegen eher dem Rhythm and Blues und Soul verbunden. Dokumentiert ist alles auf dem Sampler «50 Jahre Berner Rock» von Samuel Mumenthaler.

Neben Zürich waren Basel und St. Gallen Rock-Hochburgen. Aber auch in Solothurn (siehe Kapitel 8.1.) und dem Aargau wurde Ende der 1960er-Jahre gerockt. *The Expelled* hiess die erste Band des Westaargauers Kurt «Gutze» Gautschi (später *DJ BoBo*, *El Deux* und *Fresh Colour*). 1968 spielte die Band im Hammer Olten im Vorprogramm von *Pink Floyd*. *The Crew* mit dem Gitarristen Michael Frey eroberte den dritten Platz am ersten Popfestival in Schwyz. *Resurrection* und *Pendix* hiessen Bands von Rainer «Yemen» Suter. *Misty Blue* coverten 1969 die *Stones*, *The Who* und *Cream*. Recht hart zur Sache ging es auch schon von 1969 bis 1972 mit der Aarauer Band *Mental Disorder*. Die 1970 gegründeten *Herodes* mit Sänger Armin Frey, Gitarrist Heinz Bolliger und Bassist Werni Ammann war die erste Hardrockband im Aargau. Sie ist auch mit einem Auftritt im Schweizer Fernsehen dokumentiert und bestand bis 1975.

In der Zentralschweiz hatte der Obwaldner «Alpen-Hendrix» Bruno Eicher sein Initiationserlebnis 1970 als er am «Isle Of Wight Festival» in England Jimi Hendrix sah. «Der Auftritt veränderte mein Leben. Ich kaufte eine elektrische Gitarre und begann zu üben», erzählt er im Buch «Kreative Provinz. Musik in der Zentralschweiz». Früh vom Rockvirus infiziert wurde Multiinstrumentalist Fredy Fellmann aus Dagmersellen. Mit den *Magicals* spielte er noch Beat, die Nachfolgebands *Steam* und *The Group* wurden aber immer rockiger. 1973 gründete Fellmann die Band *Moby Dick*. Zur selben Zeit sang Peter Schärli, der spätere Jazztrompeter, bei der Bluesrockband «Exodus». Und bei der psychedelischen Zuger Band *Lochness* war sogar schon Mundart angesagt.

Als die Schweiz Ende der 1960er-Jahre von der Rockrevolution erfasst wurde, war international der Rock von Hendrix und *Cream* angesagt, aber auch Psychedelic Rock. Der Begriff «Psychedelic» ist im Zusammenhang mit der Bewusstseinserweiterung über halluzinogene Drogen aufgekommen. In der Popmusik wird Psychedelic Rock Mitte der 1960er-Jahre mit Bands wie *Grateful Dead*, *The Byrds*, *Doors* sowie den späten *Beatles* in Verbindung gebracht und meint die klangliche und experimentelle Erweiterung durch ungewöhnliche und unerhörte Sounds. Es wurden aber auch die herkömmlichen Songstrukturen aufgerissen. In diesem Punkt trifft und vermischt sich Psychedelic Rock mit dem Progressive Rock ab Ende der 1960er-Jahre sowie mit der deutschen Variante, dem Krautrock. Zwei Rockstile, die die 1970er-Jahre prägen sollten.

Die Musik wurde also nicht nur lauter, aggressiver und elektronischer, sie wurde zudem immer komplexer und experimentierfreudiger. Die Richtung wiesen auch hier die *Beatles* mit ihrem Album «St. Pepper's Lonely Heart Club Band» (1967) und schon ein Jahr zuvor die *Beach Boys* mit dem durchgestylten Songzyklus «Pet Sounds». Pop löste sich von den Fesseln einer Funktionsmusik zum Tanzen und präsentierte sich als eigenständiges ästhetischen Kunstprodukt.

Das Enfant terrible Frank Zappa, auch er ein Vorreiter des Progressiven, bediente sich mit den *Mothers Of Invention* schon im Debütalbum «Freak Out» vom Juni 1966 jener Montage- und Collage-Techniken, die auf den Komponisten Edgar Varèse zurückzuführen sind. *The Who* komponierten schon Ende 1966 die neunminütige, aus sechs Teilen bestehende suitenartige

Die Band *Procol Harum* war in der Schweiz sehr beliebt und einflussreich.
© Archiv sk

Rockoper «A Quick One, While He's Away». 1969 folgte die Rockoper «Tommy». *The Moody Blues*, die in der Schweiz besonders beliebt waren, spielten das Album «Days of Future Passed» mit dem Welthit «Nights In White Satin» mit einem grossen Sinfonieorchester ein. Noch vor *Deep Purple* und ihrem «Concerto for Group and Orchestra»

(1969). *Procol Harum* und *The Nice* schliesslich bezogen sich in «A Whiter Shade Of Pale» sowie «The Thoughts of Emerlist Davjack» direkt auf Übervater Bach. Das Doppelalbum «Ummagumma» von *Pink Floyd* enthält Geräuschcollagen, die an die französische «musique concrète» erinnern. Rock hat seine Wurzeln im afroamerikanischen Blues, die Progressiven liessen sich aber auch von der europäischen klassischen Musik inspirieren.

Der progressive Rock wollte mehr sein «als stimulierende Klangkulisse zum Abtanzen» (Peter Wicke). «Was mit dem Rock 'n' Roll einmal auf dem Tanzboden begonnen hatte, artikulierte sich nun mit einem Kunstanspruch, der in die gehörte Klanggefilde führte.» «Progressive Rock war kunstvoller, ambitionierter als alle anderen Rockstile, ein ausschweifendes, musikalisches Fest im Kontrast zu den schablonenhaften Popsongs», schreibt der amerikanische Autor David Weigel in seinem Buch «Progressive Rock».

Das kulturelle Leitmotiv der Sixties lautete: Reisst alle Einschränkungen und Grenzen ein. «Break on through to the other side», wie es bei den *Doors* hiess. Der Progressive Rock wollte dagegen das Terrain hinter den Mauern ergründen und unbekannte Welten erkunden. Die progressiven Spielarten des Rock spiegelten einen euphorischen Fortschrittsglauben dieser Boomphase, der durch die technischen Neuerungen und die Mondexpeditionen genährt wurde. Man glaubte an unbegrenzte Möglichkeiten und die Machbarkeit einer besseren Zukunft. Kaum jemand zweifelte daran, dass die Zukunft wunderbar sein würde. Dementsprechend hochfliegend, hochtrabend und manchmal anmassend klang die Musik. Sie sollte höchsten Ansprüchen genügen. Alles war denkbar, alles möglich.

Die Entstehung des Progressiven war aber auch «ein direkter Reflex» auf die Beschränkungen des 3-Minuten-Popsongs des Beat. «In the Court of the Crimson King», das Debüt der britischen Band *King Crimson* (1969), gilt mit seinen langen und virtuosen Instrumentalteilen, den rhythmischen Brüchen, der harmonischen Komplexität sowie den surrealen Texten als stilbildend für eine Musikrichtung, die das musikalische Experiment feierte, den Kunstanspruch stellte und die erste Hälfte der 1970er-Jahre prägte. Entscheidend erweitert wurde im Progressive Rock auch das Klangbild. Synthesizer waren prägend, besonders beliebt waren aber ebenso die Flöte, manchmal das Saxofon und die Geige. Der Kreativität waren keine Grenzen gesetzt.

Von dieser Experimentier- und Fabulierlust der späten 1960er-Jahre und frühen 70er-Jahre liess sich auch die junge Schweizer Rockszene anstecken. Der Progressive Rock war Trumpf und es entstanden viele weitere Bands, die sich in diesem Subgenre des Rock bewegten. Schätzungsweis 90 Prozent der wichtigsten Tonträger des Rock zwischen 1969 und 1974 sind der progressiven Spielart zuzurechnen.

4.1 Das erste Rockalbum: «Walpurgis» von *The Shiver* (1969)

Insgesamt 112 Bands meldeten sich für das zweite Schweizer Pop- und Rhythm-and-Blues-Festival an. Ein riesiger Erfolg, der den Aufschwung der neuen Musik eindrücklich verdeutlichte. In den Vorausscheidungen von neun Schweizer Städten wurden die 22 Finalisten erkoren, die sich an zwei Wochenenden im November 1968 wiederum im «Hazyland» Zürich präsentierten. Der Andrang war enorm. Die «NZZ» beklagt denn auch «die Überfüllung» am zweiten Wochenende, wo «sich über 700 Zuhörer in das für die Hälfte berechnete Lokal quetschten».

«Die äussere Aufmachung halten wir nach wie vor für Geschmacksache», schrieb das Blatt weiter, bescheinigte den jungen Musikern aber «Ernsthaftigkeit». «Viele bemühen

Albumcover «Walpurgis» von *The Shiver*, gestaltet von H. R. Giger.
© H. R. Giger

sich inzwischen auch, über die blosse Nachahmung bekannter und erfolgreicher Vorbilder hinauszukommen und produzieren durchaus eigenständige Ideen und Arrangements». Dagegen beanstandete der Bericht die Abwesenheit von Bands aus der italienischen und französischen Schweiz und das Benehmen der jungen Musiker. Der Röstigraben hat sich auch in der neuen Musik der 1960er-Jahre bemerkbar gemacht.

Neu schufen die Organisatoren neben dem Rhythm and Blues die zweite Kategorie «Pop», die die noch junge Rockmusik beinhaltete. «Zweifellos auch», wie die «NZZ» weiter schrieb, «um sauberer als im letzten Jahr zwischen dem jazznäheren Rhythm and Blues und der weniger anspruchsvollen, populären Popmusik trennen zu können». Wie unzutreffend diese qualitative Einordnung war, zeigt sich an der Vorjahres-Sieger-Band *The Shiver*, die sich bei der zweiten Austragung in der Kategorie «Pop» eintragen liess. «Wir waren ehrgeizig und wollten uns weiterentwickeln», sagt Gitarrist und Bandleader Dany Rühle rückblickend zum Wechsel, «Rhythm and Blues schien uns zu sehr einzuschränken, wogegen das Etikett ‹Pop› uns stilistisch mehr Möglichkeiten eröffnete.» Die Band hatte sich damals schon vom Blues in Richtung progressivem Rock bewegt.

Schlüsselerlebnis war für Rühle ein Konzert der progressiven Rockband *Procol Harum* im Volkshaus in Zürich. «Die Band hat mich sehr beeindruckt und hat den Stilwechsel bewirkt», resümiert Rühle. Aber auch die musikalisch verwandte englische Band *Moody Blues* war wichtig. Bedeutsam war zudem der Wechsel von Organist Jelly Pastorini von *The Sevens* und Anselmo Trend zur St. Galler Band. Der klassisch geschulte Pastorini unterstützte den Stilwechsel vom Rhythm and Blues zum Progressiven Rock. «Für den Band-Wettbewerb haben wir das Gewicht auf ausgeklügelte Arrangements gelegt. Das war unsere Stärke und das hat gewirkt», meint Rühle.

The Shiver hat denn auch in der zweiten Austragung des Wettbewerbs in der Kategorie «Pop» gewonnen. «Erwartungsgemäss», wie die «NZZ» feststellte. Dazu wurden

The Shiver live mit Marco «Jelly» Pastorini, Roger Maurer und Dany Rühle (von links).
© Archiv Rühle

Rühle erneut als bester Gitarrist, Roger Maurer als bester Schlagzeuger und Jelly Pastorini als bester Keyboarder ausgezeichnet. In der Kategorie «Rhythm and Blues» gewann die Aargauer Band *The Etc.* mit dem Reinacher Sänger «Chicken» Fischer (Vorjahr Platz fünf), die mit einem Bläsersatz glänzte.

Der Siegerpreis für *The Shiver* waren Plattenaufnahmen, die das Boulevardblatt «Blick» im neu eröffneten Soundcraft Studio in Biel von Stefan Sulke finanzierte. Sulke feierte in den 1980er-Jahren als Liedermacher vor allem in Deutschland Erfolge. 1969 hatte der damals 26-jährige Schweizer gerade sein Studium der Rechtswissenschaften abgebrochen und war im Studio gemäss Rühle ebenso überfordert wie die Band. Trotzdem sind die Aufnahmen für die Schweizer Rockgeschichte ein Meilenstein: Im Frühjahr 1969 wurde «Hey Mr. Holy Man» (B-Seite «The Peddle») veröffentlicht, die sogar mit den Top 10 der Schweizer Hitparade flirtete: Die erste Schweizer Rocksingle. Wenig später

Dany Rühle, Roger Maurer und Mario Conza von *The Shiver* im Neugässli in St. Gallen.
© Archiv Rühle

erschien das Album «Walpurgis» beim deutschen Label Maris: das erste Schweizer Rock-album.

Rühle lacht verschmitzt und spricht im Zusammenhang mit «Walpurgis» von einer «Jugendsünde». «Wir wären damals nie auf die Idee gekommen, dass es das erste Rock-album der Schweiz werden würde», sagt Rühle, «überhaupt hatten wir absolut keinen Plan, wie das in einem Studio abläuft und gingen völlig unvorbereitet ins Studio. Wir hatten in dieser Zeit musikalisch ziemlich alles ausprobiert, hatten aber keine konkreten Vorstellungen.» Immerhin wurde als Verstärkung noch der englische Sänger Peter Robin-son geholt. «Wir waren mit dem Resultat überhaupt nicht zufrieden», bilanziert Rühle, aber auch das Produzententeam habe «einen schlechten Job gemacht». «Es wollte ein-fach nicht so klingen, wie wir uns das vorstellten. Wir haben das Album gehasst, bevor es veröffentlicht wurde», sagt Rühle.

Das Titelstück «Repent Walpurgis» ist eine Coverversion von *Procol Harum*, aus dem Debütalbum der britischen Band von Ende 1967. Auch das Bachzitat in der Mitte des Stücks aus dem «Wohltemperierten Klavier» wurde vom Original übernommen. Ver-sehentlich wurde aber Rühle als Komponist angegeben. Weiter wurde das *Moody Blues*-Stück «Leave This Man Alone» fälschlicherweise Mike Pinder statt Justin Hayward zuge-schrieben. Die Fehler machen deutlich, dass das Produktionsteam manchmal die nötige Sorgfalt vermissen liess. Die Single «Hey, Mr. Holy Man» geht auf einen gregorianischen Choral mit dem Namen «Dies Irae» («Tage des Zorns») zurück, wurde von Rühle und Sulke aber originell verarbeitet. Interessant ist, dass eine deutsche Band mit dem Namen *Golgatha* 1972 die Version von *The Shiver*, diesmal unter dem Namen «Dies irae» prak-tisch unverändert übernahm, ohne auf *The Shiver* zu verweisen. In «No Time» mischt

Rühle Psychedelik mit Beat. Zwei eigene Bluestitel «The Peddle» und «What's Wrong About The Blues» sowie der Klassiker «Don't Let Me Be Misunderstood», den die *Animals* bekannt machten, ergänzen das Album und weisen auf die Rhythm-and-Blues-Wurzeln der Band hin.

«Walpurgis» wurde in einer kleinen Auflage beim deutschen Label Maris Musik veröffentlicht und 2001 und 2004 sowohl als CD wie als LP nachgepresst. Heute gilt das Album sogar als Sammlerstück und wird für 400 bis 800 Franken gehandelt. «Nicht der Musik wegen», vermutet Rühle, «sondern wegen des ersten von H. R. Giger gestalteten Plattencovers». Wie es dazu kam, weiss Rühle nicht mehr. Giger war damals jedenfalls auch noch völlig unbekannt. «Wir kannten ihn nicht, das hat das Produzententeam um Sulke organisiert», sagt Rühle.

«Walpurgis» wurde ganz unterschiedlich aufgenommen. Im «Cosmic Dream At Play», dem «Guide to German Progressive and Electronic Rock» von 1996 heisst es: «Die Platte erschien in einer grossartigen, bedrohlich wirkenden Klapphülle von H. R. Giger gestaltet. Die Musik war kennzeichnend für das Jahr 1969, ein Gemisch aus psychedelischem Blues und frühem progressiven Rock. Als solche wirkt die LP etwas zusammengestoppelt und holperig, doch hat sie tolle Höhepunkte.» «Das Quintett aus St. Gallen beweist, dass es auch in der Schweiz progressiven Rock der guten Art gab», heisst es im «Oldie-Markt» Ausgabe 7/04 und im «German Rock News» 25: «Von *The Shiver* habe ich bis dato noch nie etwas gehört – shame on me! Die Jungs aus St. Gallen bieten nämlich echte Qualität.»

«Walpurgis» ist ein Werk zwischen progressiven Rockfantasien und Rhythm and Blues. Es ist klingt aber noch uneinheitlich, ungeschliffen und unausgegoren. Die Band hatte ihre Identität noch nicht gefunden und die Aufnahmen leiden unter der mangelhaften Abmischung. Trotzdem ist es ein wunderbares Dokument aus einer Zeit im Aufbruch.

Ende des Jahres kam es zu musikalischen Meinungsverschiedenheiten, worauf sich die Band nach rund 300 Konzerten auflöste. Gemäss Bandleader Dany Rühle war einem Teil der Band die Rockbranche zu unsicher und entschied sich daher für einen bürgerlichen Beruf. Schlagzeuger Roger Maurer, der noch ein Jahr zuvor beim Rhythm-and-Blues-Festival zum besten Schlagzeuger gewählt wurde, wollte seine Abende lieber mit seiner Freundin als im Übungsraum verbringen, Sänger Peter Robinson verschwand spurlos und Mario Conza «ging einer Sekte auf den Leim», wie es in den Linernotes zu einer Neupressung heisst. Rühle und Pastorini setzten ihre Karriere fort und versuchten sich als Profimusiker.

The Shiver am Rhythm-and-Blues-Festival Zürich.
© Archiv Rühle

Marco «Jelly» Pastorini

Das Musikhaus «Pastorini» an der Kasinostrasse 25 in Aarau war legendär. Ein zweiteiliges Geschäft mit Blockflöten, Querflöten, akustische Gitarren, Orff-Instrumenten und Musiknoten im hinteren Ladenteil. Im hufeisenförmigen vorderen Teil waren die Platten – das Reich von Marco Pastorini. Einem etwas steif und ungelenk wirkenden Mann, schlacksig und dünn, mit langen, schwarzen Haaren und Schnurrbart. «Er war blind wie ein Maulwurf. Auch mit Kontaktlinsen sah er fast nichts», erzählt Nick Heizmann, der bei Pastorini in den 1980er-Jahren eine Lehre absolvierte und heute das Label NiRo Music betreibt.

Marco «Jelly» Pastorini 2007 in Zürich.
© Archiv Pastorini

Grummelig und wortkarg war er. Aber wenn es um Musik ging, sprudelte es aus ihm mit seiner tiefen, sonoren Stimme heraus. Egal ob Pop, Rock, Jazz oder Klassik. Vor allem im Jazz und in der klassischen Musik verfügte der Wagner-Fan über ein enzyklopädisches Wissen.

Wer seinen Laden besuchte, konnte nicht ahnen, dass dieser lange Lulatsch in Jeans und weissem Hemd die Schweizer Rockgeschichte in seinen Anfängen entscheidend mitgestaltet hatte. Marco «Jelly» Pastorini war einer der wichtigsten Schweizer Rock Pioniere.

Marco «Jelly» Pastorini in Aktion. Er war der gefragteste Schweizer Organist der 1960er-Jahre.
© Archiv Jennifer Pastorini

Geboren wurde er 1942 in Zürich. Sein Vater Carlo (der Bruder führte die Pastorini-Spielwaren) war bei Musik Hug für die damals sehr wichtige Notenabteilung zuständig. In diesem musikfreundlichen Umfeld genoss Marco eine klassische Musikausbildung am Klavier. In den 1950er-Jahren wurde er von Blues und Jazz infiziert. Der Übername «Jelly» geht auf diese Zeit zurück. Sein Vorbild war der amerikanische Jazzpianist Jelly Roll Morton. Schon mit 18 Jahren spielte Jelly Dixieland bei den *Black Bottom Stompers*, Zürcher Urgesteinen in Sachen Old-Time-Jazz.

Dann schwappten die grossen Beat- und Rhythm-and-Blues-Wellen von England in die Schweiz, packten den jungen Pianisten und rissen ihn mit. «Ich habe mein Klavier verschrottet und eine Orgel gekauft», erzählt er 1988 in einem Interview bei «Radio Alora». Mit Robert «Blues» Weideli (dem Bruder von Mojo Weideli von *Krokodil*) an der

Gitarre, Red Miller (Bass und Stimme) und Bruno Steiner (Drums) gründete er die Band *Onion Gook*. Es war «die erste echte Rhythm-and-Blues-Band von Zürich», die sich einem Stil der *Animals* und Graham Bond verschrieben hatte. «Frech wie wir waren, sind wir sogleich ins professionelle Lager gewechselt», sagt Pastorini.

Pastorini verkehrte in den Zürcher Beatnik- und Existenzialistenkreisen im «Odeon» und im «Café Select». Der Filmemacher Fredi M. Murer gehörte ebenso dazu wie der Underground-Poet Urban Gwerder und der damals noch unbekannte Künstler H. R. Giger. «Wir waren die Bohemians von Zürich. Eine Künstler-Clique, die eigentlich noch nichts vorzuweisen hatte, aber sich als solche fühlte und ausgab», erzählt Pastorini. Mit der Teenager-Musik Beat hatten die Hardcore-Blueser von *Onion Gook* wenig am Hut.

Marco «Jelly» Pastorini oben mit *The Onion Gook*.
© Archiv Jennifer Pastorini

Jelly Pastorini war zu jener Zeit der virtuoseste Organist der Schweiz, aber auch ein begnadeter Showman, der mit seinen Grimassen und spastischen Zuckungen die Blicke auf sich zog. «Auf der Bühne machte er gerne das Kalb», erinnert sich Dany Rühle, «manchmal kroch er unter seiner rotschwarzen Vox-Orgel hindurch und spielte von unten weiter.»

Pastorini war hochintelligent, belesen und an Literatur interessiert. 1963 gründete er mit Blues Weideli die alternative Literaturzeitschrift «contre». Die Zürcher Bohemians waren Exoten und richtige Bürgerschrecke.

Der Aufschrei war gross als *Onion Gook* und der selbst ernannte «Dichter und Querulant» Urban Gwerder 1966 das erste multimediale Popkultur-Projekt der Schweiz mit dem Namen «Poëtenz» auf die braven Kleintheaterbühnen brachten. «Urban hatte die Idee, Poesie ins Volk zu tragen», erinnert sich Pastorini. Am Anfang wurde der heutige Kultfilm «Chicorée» von Fredi Murer gezeigt (zu sehen bei Youtube). Mit Gwerder in der Hauptrolle und der Musik von Pastorini. «Ich sass währenddessen hinten im Dunkeln und orgelte dazu. Das war sauglatt, hat aber nicht allen gefallen. In konservativen Kreisen sind wir damit schwer angeeckt. Urban sah damals mit seinen schulterlangen Haaren aus wie ein Guru», sagt Pastorini im «Alora»-Interview. Onion Gook spielte krachenden Rhythm and Blues und Gwerder rezitierte avantgardistische und nicht gerade massentaugliche Gedichte. Dementsprechend

The Sevens mit Michel Bovay, Marco «Jelly» Pastorini, Pino Gasparini und Pit Schäfer (von links).
© Archiv Jennifer Pastorini

fielen die Besprechungen in den Zeitungen aus: «Der totale Urban. Der dröhnende Applaus legte sich, eine Band machte ihre Elektronik betriebsbereit. Der Leader der *Onion Gook* (Pastorini) in rosaroter Blümchenbluse und mit Pagenschnitt, hauchte in englischer Zunge etwas ins Mikrofon. Dann aber lärmte er los: Gleichbleibende Lautstärke, einförmig im Rhythmus, langweilig in der Zusammensetzung und formal unveränderlich festgefahren: Beat. Ein Wecker in einer Suppenschüssel tönt abscheulich, aber ein Beatkonzert im Aarauer Kellertheater …», schrieb ein C. Müller in den «Aargauer Blättern» am 25. Juni 1966.

An anderer Stelle hiess es: «Die Band spielte in einer Lautstärke, die einen erschlug. Die Elektronik dominierte eindeutig und das war betrüblich. Man wünschte – aber vielleicht gehören wir auch schon zu den Ewiggestrigen – der Strom möge ausfallen. Er tat es aber nicht, sodass sich die Musik zur Lärmorgie verdichtete.»

Nichtsdestotrotz war Pastorini damals der begehrteste Organist der Schweiz, der bei *Anselmo Trend* andockte und sogar von den berüchtigten *The Slaves* aus Österreich angeheuert wurde, der damals brachialsten Band. Für ein halbes Jahr zog er nach Wien und stieg nach seiner Rückkehr in die Schweiz bei *The Sevens* ein, der zweiten professionellen Beatband der Schweiz nach *Les Sauterelles*. Mit *The Sevens* spielte er 1967 im Vorprogramm der *Rolling Stones* im Hallenstadion, ging auf Tour in Deutschland, Frankreich und Österreich. Eine gute Zeit, anderthalb Jahre, aber auch knallhart. «Wir spielten täglich von acht Uhr bis um Mitternacht, am Samstag bis 2 Uhr und am Nachmittag war noch das Teenagerkonzert angesagt. Heute sind Musiker Stars, wir waren harte Arbeiter», sagte er, «billige Arbeitskräfte».

Doch dann war der Ofen langsam aus, Beat war auf dem Rückzug und die Clubkonzerte waren nur noch halbvoll. Nach einem Konzert in St. Gallen blieb er dort hängen. Er stieg 1968 bei *The Shiver* ein (siehe Kapitel 4.1.), gewann mit der Band das zweite. Rhythm-and-Blues Festival und nahm «Walpurgis», das erste Rockalbum der Schweiz auf. Auf Shiver folgte das ambitionierte Nachfolge-Projekt *Deaf* (siehe Kapitel 4.7.1). «Abgefahrener Kunst-Rock», wie Pastorini selbst bilanziert.

Bis Ende 1971 blieb Pastorini in St. Gallen und gründete mit seiner Frau Marianne, den Kindern Jenny und Wanja eine Familie. «Als Person und als Musiker war Jelly ganz toll. Etwas verschroben, aber nie um einen Spruch verlegen. Er liebte Wortspiele», sagt Rühle. Sein grosses Vorbild war in jener Zeit der Keyboarder Manfred Mann, der einen ähnlichen klassischen Hintergrund hatte und wie Pastorini alle Stile durchlief.

Als sein Vater in Aarau das Musikhaus Jauch übernahm, zog es auch die junge Familie Pastorini von St. Gallen nach Aarau. Der Vater kümmerte sich fortan um die Notenabteilung und überliess seinen Kindern die Schallplatten. Für Jelly kam das Angebot gerade recht. Denn die Einkünfte aus seinem Musikerleben reichten für die junge Familie nicht

Im Schallplattenladen «Pastorini» in Aarau mit Roli Fischer (links), seiner Frau Marianne, Nick Heinzmann (rechts) und einer weiteren Angestellten.
© Archiv Jennifer Pastorini

Peeping Tom mit Fredy Schibler, Roli Hirt (vorne mit Flasche), Marco «Jelly» Pastorini
und Roli Fischer (von links).
© Archiv Jennifer Pastorini

mehr. «Ich hatte die Ehre nach Aarau zu ziehen und gab meine Karriere vorübergehend
auf», sagte Jelly Pastorini im «Alora»-Interview.

Im Plattenladen an der Kasinostrasse 25 begegnete sich die lokale Aarauer Musiker-
szene. Gutze Gautschi und Gogo Frei versuchten den Rock Pionier für ihre Bands zu gewinnen. Tatsächlich stieg Pastorini um 1978 bei Gautschis *Fresh Color* ein. Angesagt war
Punk, dabei waren noch Tex Schifferle, Bruno Graf und am Mikro brüllte sich ein gewisser Dieter Meier, später bekannt von *Yello*, die Seele aus dem Leib. Pastorinis Gastspiel
bei *Fresh Color* war aber relativ kurz und dauerte nur rund ein halbes Jahr. «Mit Dieter
Meier haben wir immerhin zwei, drei gute Konzerte gegeben», sagt dazu Pastorini.

Sein Freund und langjähriger Mitarbeiter Roli Fischer, später «Head of Jazz and Classics» bei Universal/Polygram, lotste ihn danach zur Band *Peeping Tom*, wo Gogo Frei
als Sänger engagiert war. Die Band bestand zwei bis drei Jahre und nahm zur Zeit der
Opernhauskrawalle unter anderen den Song «Down With The Opera» auf.

Jelly Pastorini wurde zum begehrtesten Musiker der Aarauer Musikszene und trat
auch immer wieder als Gastsolist bei Bands wie der *Hagelwätter Blues Band* und den
Bluesaholics in Erscheinung. «Er war ein begnadeter Live-Musiker», schreibt Frei in seiner biografischen Dokumentation über Pastorini, der in allen Bands von Frei beteiligt war.
«Wir nahmen es schon ernst, aber nicht mehr so streng», meint dazu Pastorini.

In Aarau kam es 1990 zur grossen Wiedervereinigung der Rock Pioniere Pastorini und
Walty Anselmo. Die Nase voll von Zürich, hatte der Gitarrist in Aarau Arbeit gefunden
und traf seinen alten Kumpel zufällig in dessen Plattenladen. Pastorini spielte zu jener

Zeit mit dem Schriftsteller und Musiker Wolfgang Bortlik und mit Jet Wittmer in Gogo Freis Band *The Camaros* Covers zwischen Rock und Punk. Nach Anselmos Eintritt wurde die Band in *Highrise* umbenannt. «Jelly war damals (in den 1960er-Jahren bei *Anselmo Trend*) schon ein komischer Kauz. Er nannte alle Männer Kari, die Frauen Käreli», erzählt Anselmo, «aber ich wusste schon damals, dass ich wieder mit ihm zusammenspielen würde». In Aarau war es so weit.

In den frühen 1990er-Jahren wirkte Pastorini auch in den Bands *Stallstars* und *Los Flacos* von Posaunist und Schnöregiigeler Kniri Knaus (bekannt von *Pfuri, Gorps & Kniri*) mit. Ebenfalls wieder an Bord waren Bölke Bortlik, Gogo Frei und Bassist Lucky Kuhn.

Zu einem grossen Widersehen mit Urban Gwerder und den Zürcher Bohemians der 1960er-Jahre kam es 1998 an Gwerders Vernissage zum Buch «Im Zeichen des magischen Affen», wo Pastorini, Anselmo und Frei unter dem Namen *Jelly Sound Ltd.* auftraten. In der Pause zeigte Anselmo sein Können auf der Sitar und als Gast tauchte auch noch Robert «Blues» Weideli auf.

The Camaros mit Konrad «Jet» Wittmer, Gogo Frei und Wolfgang Bortlik (von links).
© Archiv Jennifer Pastorini

Über die Jahre sah Pastorini immmer schlechter und musste sich mehrerer Augenoperationen unterziehen. Er schrieb die Akkorde aller Songs mit grobem Filzstift auf weisse Karten, die er mit Nummern versah und oben rechts auf dem Keyboard hinstellte. «Ich sagte ihm die Nummer und er zückte die Karte», erinnert sich Frei.

Pastorinis Sehschwäche führte an Konzerten immer wieder zu herausfordernden Situationen. Als er vor einem Konzert auf der Bühne etwas schlingernd seine Orgel suchte, meinte der Veranstalter: «Ein schon vor dem Auftritt besoffener Pianist geht gar nicht». Nur mit Mühe konnte der Veranstalter von Jellys Augenproblemen überzeugt werden. Ein andermal, an einem Konzert auf dem Mutschellen, rutschte ihm eine Stange Bier in den schönen Flügel.

Marco «Jelly» Pastorini mit Zigarette bei *Base's Original Jazz* Ende der 1950er-Jahre.
© Archiv Jennifer Pastorini

«Pastorini war ein ausgesprochen liebenswürdiger und grosszügiger Kerl. Ein etwas in sich gekehrter Typ, der sich erst bei Leuten, die er gut kannte, öffnen konnte», sagt Heizmann. Seine Sehschwäche blieb aber ein grosses Handicap. «Er trug zwar Kontaktlinsen und trug eine Lesebrille, doch das nützte alles kaum etwas», meint Fischer. Er hat darunter gelitten, dass viele Leute ihn als arrogant wahrnahmen, weil er sie auf der Strasse, aber auch im Laden nicht gleich erkannte.

Bemerkenswert symbiotisch war die Beziehung zu seiner Frau Marianne, die er liebevoll «Biber» nannte. «Die beiden ergänzten sich perfekt», erzählt Roli Fischer. Der gutmütige, liebenswürdige Jelly konnte schwer Nein sagen und hasste geschäftliche Verpflichtungen. Seine Frau Marianne verrichtete die Büroarbeit im Laden und war wie eine Schutzwand für ihren Mann. Dem sensiblen Musiker hielt sie stets den Rücken frei. Beide waren schwere Raucher, tranken gern und ihr pechschwarzer Humor verband sie.

1998 verkaufte Jelly Pastorini seinen Laden an die «Lipp AG». Nach Jahrzehnten im Laden waren die Pastorinis müde geworden und zogen zurück nach Zürich, ins Niederdorf. Die zunehmenden Augenprobleme spielten beim Entscheid auch eine Rolle. «Jelly und Marianne führten eine gute, glückliche Ehe und als seine Frau 2004 an einem Hirnschlag verstarb, konnte Jelly dies nur schwer verkraften. Als er an Darmkrebs erkrankte, hatte er bereits viele Metastasen. «Es war aussichtslos», sagt Tochter Jennifer Pastorini, «er hat den Schicksalsschlag aber recht gut gemeistert. Er hat viel gelesen und am Schluss hatte er 7000 Bücher in seiner Wohnung». 2012, acht Jahre nach seiner Frau, ist Marco «Jelly» Pastorini gestorben.

Jelly Pastorini gehörte mit Walty Anselmo, Dany Rühle, Düde Dürst und Hardy Hepp zu den prägenden Figuren in der Urzeit des Schweizer Rock. Ob Rhythm and Blues, Beat, Rock, Progressive Rock und sogar Punk – Jelly Pastorini war überall an vorderster Front dabei. Ein echter Rock Pionier.

4.2 Die erste internationale Rockband: *Krokodil* (1969–74)

In der Beat-Ära haben die Schweizer Bands ihren internationalen Idolen nachgeeifert
und wollten möglichst ähnlich klingen wie sie. «Das wollten wir nicht mehr», sagt Düde
Dürst, «wir wollten unser eigenes Material spielen oder Covers mit eigenen Arrangements.» Für ihn war das der entscheidende Unterschied. «Die Schweiz braucht neue
Gruppen, die frei von Plagiaten etwas Neues schöpfen. Bloss kein Rückfall in kommerzielle Gefilde. Niemand soll über unsere Musik bestimmen können, weder ein Manager
noch sonst jemand. Wir wollen frei sein von allen möglichen nichtmusikalischen Interes-
sen.» So lautete das Credo als Düde Dürst nach seinem Abgang bei *Les Sauterelles*, ab
Sommer 1968 eine Band mit dem Sänger Hardy Hepp, mit Mojo Weideli (Blues Harp,
Flöte), dem gebürtigen Briten Terry Stevens (Bass) und Gitarrist Walty Anselmo formierte.
Ein progressives, psychedelisches und vor allem unbedingt unkommerzielles Rock-Un-
getüm, bei dem «alles, wirklich alles möglich war»: *Krokodil*. Die erste professionelle
Rockband der Schweiz, die erste Schweizer Supergroup.

«Wir haben nur für unsere Musik gelebt», sagt Dürst, «doch das war nicht ganz einfach. Am Anfang haben wir uns deshalb nur von Süssmost und Brot ernährt.» Noch
vor der offiziellen Bandgründung im Januar 1969 kam es zu einem, aus heutiger Sicht,
etwas befremdlichen Vorspiel. Im Auftrag des Zigarettenherstellers «Reynolds» hatte
Krokodil Ende 1968 in den SM Studios Dietikon von Serge Meier den Song «Camel Is
Top» im Auftrag von Reynolds-Zigaretten als Promo-Single aufgenommen. Dabei gab es
keine musikalischen Vorgaben. Es war ein Werbesong, um die Camel-Filterzigarette in
der Schweiz einzuführen. Die Band ging darauf mit Go-go-Girls für Camel auf Promotour

Krokodil (im Bild Hardy Hepp und Walty Anselmo) mit Go-go-Girls und der Single «Camel Is Top»
auf Promotour 1969.
© Archiv Dürst

4.2 Die erste internationale Rockband: Krokodil (1969–74) **139**

Krokodil live 1970 im Quintett mit Hardy Hepp hinten an der Geige, Walty Anselmo, Mojo Weideli, Düde Dürst und Terry Stevens (von links).
© Archiv Dürst

in der Schweiz, wo der Song gratis verteilt wurde. «Wir spielten den Song und die Girls tanzten vor uns den Camel-Tanz», erzählt Dürst.

Was heute einen Shitstorm auslösen würde, galt damals als geschickter Schachzug. «Wir haben damit relativ viel Geld verdient, konnten uns ein Bandauto kaufen und die Band professionell aufbauen. Der Camel-Deal war eine willkommene Starthilfe für *Krokodil*», sagt Dürst.

Serge Meier vom SM Studio in Dietikon war von der Aufnahme so begeistert, dass er mit *Krokodil* Anfang 1969 nochmals in sein Studio ging. Also fast zu gleichen Zeit wie *The Shiver*. Alles schien paletti, die Scheibe war schon im Presswerk und stand kurz vor der Veröffentlichung. Doch da kam Hepp mit dem einflussreichen deutschen Musikmanager und Produzenten Siggi Loch in Kontakt (heute Chef des Jazzlabels ACT). Die beiden kannten sich von Hepps Abstecher in die Schlagerwelt. «Das ist dufte, das machen wir», sagte Loch nachdem er die Dietiker Aufnahmen gehört hatte, «aber wir nehmen es komplett neu auf.» Auch die ersten Aufnahmen von *Krokodil* konnten also höheren, internationalen Ansprüchen nicht genügen. Dazu bot Loch der Band einen weltweiten Deal mit dem bedeutenden amerikanischen Label «Liberty» an, bei dem auch Weltstars wie *Ike & Tina Turner*, *Canned Heat* und *Cher* unter Vertrag waren. Ein solches Angebot konnte man nicht ausschlagen.

Den fünf Krokodilen wurden in Deutschland optimale Arbeitsbedingungen geboten. Man schickte die Band im Mai 1969 für zwei Tage in das Münchener Trixi-Studio, wo die

Songs, zunächst als Demos, aufgenommen werden sollten. Doch als Siggi Loch die Aufnahmen hörte, entschied er, das eingespielte Material unverändert für die Platte zu übernehmen. Das gesamte Debütalbum war nach einem Durchgang schon fertig im Kasten.

Und was geschah mit den Aufnahmen von Dietikon? Liberty regelte das und die fertigen Platten wurden zerstört, indem ein Loch ins Vinyl gestanzt wurde. Dürst, der inzwischen alle Rechte der Original-Krokodilaufnahmen von Liberty und United Artist besitzt, weiss, dass irgendjemand eine solch gelochte Platte an sich genommen hat. «Die möchte ich», sagt Dürst. Die historisch wichtigen Aufnahmen von Dietikon wurden erst viel später, 2014, unter dem Titel «The First Recordings» veröffentlicht.

Als *Krokodil* im Mai in München ins Studio ging, war «Walpurgis» von *The Shiver* schon veröffentlicht. Im Wettstreit um die erste Schweizer Rockaufnahme hatte *The Shiver* zwar knapp die Nase vorn. Doch die Bedeutung von *Krokodil*, auch über die Landesgrenzen hinaus, war ungleich grösser. «Wir waren die erste Schweizer Rockband, die einen Deal mit einem Weltlabel abschliessen konnte. Wir waren in ganz Europa unterwegs, spielten auf den grössten Festivals zusammen mit all den berühmten Bands», resümiert Dürst. Krokodil war die erste Schweizer Rockband mit einer Ausstrahlung weit über die Schweizer Grenzen hinaus.

Krokodil 1969 im Quintett: Mojo Weideli an der Flöte, Walty Anselmo an der Sitar, Düde Dürst an den Bongos, Hardy Hepp an der Violine und Terry Stevens an der Gitarre.
© Archiv Dürst

Cover des Debütalbums von
Düde Dürst.
© Archiv Dürst

Liberty und Siggi Loch waren sehr engagiert und setzten sich für die Schweizer ein. Es trug Früchte, denn schon die erste Liberty-Single «Don't Make Promises» verkaufte sich allein in der Schweiz 4000 Mal und auch die Album-Verkäufe zogen an. Nur die USA wollten vom Debüt des Schweizer Reptils nichts wissen. Denn Dürst, der als Grafiker alle Hüllen fertigte, zeichnete ein Krokodil als Freiheitsstatue mit Shillum (dient zum Rauchen von Cannabisprodukten) als Fackel. Zu viel Freiheit für das amerikanische Freiheitssymbol.

In der Schweiz wurde die Supergroup gefeiert. «Das ist das Beste, was ich in der Schweiz je gehört habe», sagte Musikunternehmer Hansruedi Jaggi. Jazzmusiker Bruno Spoerri war «hingerissen» und Toni Vescoli musste an der Premiere im «Blow Up» neidlos anerkennen: «Sie sind schaurig gut.» Peter Everts schrieb: «Ihre Musik ist nicht nur technisch virtuos, sondern vor allem auch fantasievoll, witzig und unkonventionell instrumentiert. Wenn nicht alles trügt, gibt es nun endlich wieder eine Schweizer Popgruppe, die Vergleiche mit der ausländischen Konkurrenz nicht zu scheuen braucht, die international gesehen mitspielen und mitsprechen kann», hiess es in der «Tat». «Für ihren Mut, nicht wiederzukäuen und anders zu sein, verdienen sich alle einen Lorbeerkranz», schrieb Beat Hirt im «POP» und in der Hitparade des Magazins rangierte Krokodil hinter «Let It Bleed» der *Rolling Stones* auf dem zweiten Platz, noch vor «Abbey Road» von den *Beatles*.

Krokodil war keine typische Prog-Rockband. Sie war zwar progressiv, aber auch psychedelisch und bluesig. Die Blues Harp von Mojo Weideli war für den Reptilien-Sound prägend. *Krokodil* war einzigartig und mehr als die meisten anderen Prog-Bands amerikanisch ausgerichtet. Die Improvisation war ein wesentliches Element und die Song-Strukturen waren offen, nicht so starr strukturiert wie bei den meisten progressiven Bands. Die Songs liessen einen relativ grossen Spielraum für Spontaneität und Interaktion, vor allem live. Insofern war der Rock von Krokodil näher beim Jazz als bei der klassischen europäischen Musik.

Mangels Auftrittsmöglichkeiten in der Schweiz konzentrierte sich die Band aber zunehmend auf den deutschen Markt. Ob als «Einheizer» für Top Acts wie *Pink Floyd* und *Uriah Heep* oder an Festivals. In Deutschland war *Krokodil* allgegenwärtig und spielte meist in grossen Hallen von gegen 6000 Zuschauern. Oft im Paket mit den deutschen Labelkollegen, den Kraut-Rockern Can und Amon Düül. *Krokodil* war eine gefragte Live-Attraktion und vor allem Walty Anselmo hinterliess bleibende Eindrücke als psychedelischer Zeremonienmeister an Gitarre und Sitar. Das «Hamburger Abendblatt» schrieb: «Anselmo ist zweifellos einer der interessantesten Musiker der deutschen Szene, mit einer Einschränkung: Er ist Schweizer.»

Liberty machte viel für *Krokodil*, doch die Band musste auch liefern. Jedes Jahr ein Album. Deshalb zog sich *Krokodil* in die Berge zurück, um ein neues Album aufzunehmen. Die Musiker waren beflügelt, lebten ihre musikalischen Fantasien aus und scheuten auch nicht vor verrückten Ideen zurück. So entstand mit Gerd Augustin, dem 2021 verstorbenen Produzenten von *Ike & Tina Turner*, der Zweitling «Swamp», der musikalisch gegenüber dem Debüt nicht abfiel, sich dennoch deutlich weniger gut verkaufte. «‹Swamp› hat irgendwie nicht in die Zeit gepasst», meint Dürst. Aber vor allem wurde deutlich, dass der Gesang von den Instrumentalisten immer stärker in den Hintergrund gedrängt wurde. Hardy Hepp, der vom konventionellen Songwriting kommt, fühlte sich nicht mehr wohl. «Er wollte keine grossen Konzerte mehr geben. Es war ihm zu viel. Hardy hatte keinen Bock und wohl schon seine Solokarriere im Hinterkopf», sagt Dürst. Hardy Hepp verliess die Band Ende April 1971 in Freundschaft.

Die reduzierte Band blieb aber hochmotiviert, Anselmo und Stevens übernahmen den Gesangspart, die Musik wurde noch psychedelischer und experimenteller. Auch nachdem Liberty an United Artists verkauft und Siggi Loch zu Warner Music wechselte. Der Produzent und Tonmeister Dieter Dierks, der später *Scorpions* produzieren sollte, nahm sich mit viel Engagement der Band an. Über seine spätere Frau, Corina Fortmann, hatte er auch einen Bezug zur Schweiz. Sie war die Schwester des Schweizer Komponisten Thomas Fortmann und hat viele Jahre massgeblich am Aufbau des «Dierks-Imperiums» mitgewirkt. Dierks hatte in Stommeln bei Köln gerade ein neues Studio gebaut und grosse Lust, Neues auszuprobieren.

Krokodil 1974 im Quartett mit Walty Anselmo, Düde Dürst, Mojo Weideli und Terry Stevens (v. li.).
© Archiv Dürst

«Die Chemie hat sofort gestimmt, wir waren auf dem gleichen Trip. Dierks wollte ständig neue Sounds ausprobieren und wir waren ebenso scharf drauf. Und das tolle Mellotron hatte es uns besonders angetan», sagt Dürst. In diesem abenteuerlustigen und experimentierfreudigen Klima entstand das Album «An Invisible World Revealed» (1971), das auch von der Kritik positiv aufgenommen wurde: «Fast durchweg gelungen, mit einer für deutsche Verhältnisse überdurchschnittlichen Aufnahmequalität», schrieb etwa das deutsche Magazin «Sounds». Das Album verkaufte sich auch in Amerika und Grossbritannien ansprechend und reifte über die Jahre zum Kultalbum. «An Invisible World Revealed» ist ein Meilenstein für *Krokodil* und die Schweizer Rockmusik.

Trotz des Erfolgs bestand ein ewiger Kampf ums Geld. «Wir hatten Erfolg, hatten aber nie Geld und waren immer auf dem Letzten. Die Gagen waren nicht gross, der Aufwand umso grösser», erzählt Dürst. Rückblickend bezeichnet er die Verträge als «kriminell». «Wir hatten keine Rechte. Wir kriegten einfach einen Vorschuss, der mit Plattenverkäufen abgearbeitet werden musste. Deshalb sahen wir von den Plattenverkäufen nie Geld. Doch das war uns Greenhorns damals egal. Zu verlockend war ein internationaler Plattenvertrag mit einem populären Label wie Liberty», sagt er. Trotzdem reichte es nie, weshalb wir auf Nebenjobs als Studiomusiker angewiesen waren. Zum Beispiel für einen Soundtrack von Willi Bogner, der in jenen Jahren sein Glück in der Filmbranche versuchte. Oder Studiojobs für Tommy Fortmann und sein Bandprojekt *Demon Thor* (siehe Kapitel 4.9.). *Krokodil* definierte sich als unkommerzielle Band, das Geld war aber ironischerweise ein Dauerthema.

Dann der Schock: United Artists ging Konkurs und über Nacht standen alle Künstler vor dem Nichts. «Das hat uns ganz schön fertiggemacht», erinnert sich Dürst, «wir waren ja meistens für die Bühne bereit, lebten unser Musikerleben und dann diese Scheisse …»

Doch Dürst raffte sich auf und holte neue Angebote rein. Das Interesse bei Plattenfirmen war auch tatsächlich gross. *Krokodil* entschloss sich für die Frankfurter Firma «Bellaphon», weil sie mit 40 000 Mark den grosszügigsten Vorschuss zahlte. Dürst erinnert sich: «Wir hatten vier Angebote, doch das Angebot von Bellaphon war massiv. Ich nahm den Flug nach Frankfurt, habe Speed reingeworfen und ging ins Bellaphon-Gebäude. Wir brauchten Geld. Der Herr Direktor sass auf einem Podest und befragte mich intensiv. Nach einer Ewigkeit von drei Stunden sagte er: Das ist okay, nahm einen Revolver aus einer Schublade, zielte auf mich und sagte: ‹Wenn was schiefgeht, erschiess ich Sie.› Er kam vom Podest runter, gab mir den Scheck und holte eine Flasche Cognac, um mit mir auf den Deal anzustossen. Ich war dermassen durch den Wind und wusste nicht, was sagen. Keine Ahnung, was ich unterschrieben habe. Ich nahm den Scheck und wollte nur noch raus. Von «Invisible World» haben wir damals mehr als 8000 Einheiten verkauft. Aber Kohle haben wir nie gesehen, weil es schon damals vom Vorschuss abgerechnet wurde.»

Krokodil nahm bei Bellaphon zwei Platten auf: Das «Getting Up For The Morning» (1972) und das Doppelalbum «Sweat and Swim» (1973) waren nicht mehr so verspielt, dafür wieder rockiger und bluesiger. «Wieder wurden wir ausgenützt», meint Dürst,

Krokodil 1969: Hardy Hepp, Terry Stevens, Düde Dürst, Walty Anselmo und Mojo Weideli (v. li.).
© Archiv Dürst

«Sweat and Swim» wurde in Quadrophonie aufgenommen. Aber das hat ja nie funktioniert», ereifert sich Dürst, «die Platte konnte man gar nie richtig hören. Die eine Hälfte hörte man sehr schlecht. Es wurde ein Riesenflop.»

Bandintern gab es zunehmend Probleme. «Drogen waren der Killer», sagt Dürst. Für die Musik habe es «manchmal durchaus gestimmt», aber organisatorisch hatte es katastrophale Auswirkungen. Gemäss Dürst war das in der Szene weitverbreitet. Die Verfügbarkeit war riesig und kaum jemand hat nicht mitgemacht. «Die Dealer sind auf dich als Musiker zugekommen», erzählt Dürst, «Drogen waren in, die haben einfach dazugehört. Sie waren ein Teil der damaligen Kultur. Wir haben gekifft, LSD und Alkohol konsumiert. Mit LSD gingen wir selten auf die Bühne und Heroin hat in den Bands, in denen ich war, zum Glück nie eine Rolle gespielt.»

Dürst hatte die Nase voll und wollte aufhören. Hauptkomponist Walty Anselmo gingen die Ideen aus. «Wir waren ausgelaugt und ausgebrannt», sagt Dürst. Nicht nur wegen den Machenschaften der Musikindustrie. Anfang der 1970er-Jahre entstanden die Discos. Die DJs waren viel billiger als Livebands. Die Veranstalter wollten den Bands nichts mehr bezahlen. Das war brutal», offenbart Dürst, «ich habe keine Möglichkeit mehr gesehen.» «Vielleicht war es ein Fehler, dass wir den Massenerfolg gar nicht gesucht haben», gibt Anselmo heute zu bedenken. Die unbedingt unkommerzielle Band, die sich nur der Musik verpflichtet fühlte, musste sich aus kommerziellen Gründen auflösen. Ein wichtiges Kapitel Schweizer Rockgeschichte ging zu Ende.

Düde Dürst

«Die Schule in den 1950er-Jahren war für mich der absolute Horror. Von den Lehrern wurde ich oft fertiggemacht und geschlagen. Ich war froh, als die neun Schuljahre vorbei waren», erzählt Düde Dürst in seiner Altstadtwohnung im Zürcher Niederdorf. Hier lebt der Schlagzeuger und Grafiker schon seit 1974. Überhaupt: «I bin en richtige Zürcher», sagt Dürst, «bin immer da gsi.» Selbst während der Hippiezeit, als viele aufs Land zogen, ist er seiner Stadt treu geblieben.

Düde Dürst zu Hause im Zürcher Niederdorf 2017.
© CH Media

Geboren ist er am 21. November 1946 als Kurt Dürst. «Düde» ist wohl eine Ableitung von «Küde», vermutet er. Jedenfalls wurde er seit frühester Kindheit so gerufen. Aufgewachsen ist er in Zürich-Wiedikon, damals ein typisches Arbeiterquartier. Die Kinder- und Jugendjahre haben ihn stark geprägt. Düde war ein «Nachzüglerli», zwölf Jahre jünger als sein Bruder Otto, der früh ausflog und acht Jahre jünger als seine Schwester Gertrud. Die Eltern hatten eine Bodenreinigungsfirma und mussten meist nachts arbeiten. So wurde Düde bis ins Alter von elf Jahren vor allem von seiner Schwester aufgezogen. Bis auch sie das Weite suchte und Düde zu einem Schlüsselkind wurde. «Ich wurde oft allein gelassen, niemand hat mit mir Hausaufgaben gemacht, weshalb ich in der Schule ein schlechter Schüler war. Ich war ein Träumer und habe mir meine eigene Welt aufgebaut, habe in einer anderen Welt gelebt.

Das war meine Überlebensstrategie. Ich wurde auch schnell selbstständig, habe schon damals viel gemalt, konnte gut singen und war im Zeichnen der Beste. Das war meine Rettung», erzählt er.

Sein Vater ist in einem Waisenhaus in Bilten aufgewachsen und wurde dort mit Schlägen erzogen. «In seiner Familie hat er das so übernommen. Die Prügel war seine Erziehungsmethode. Er kannte nichts anderes. Und meine Mutter hat es geduldet», sagt Dürst.

Von den Eltern hat Düde aber die künstlerische Ader geerbt. Sein Vater malte Ölbilder, die Mutter hat modelliert und Zither gespielt. Sein Bruder war Jazzfan und unterhielt einen Jazzclub in Zürich in den 1940er-Jahren. Er war zwar früh weg, hat aber seine Jazzplatten zu Hause gelassen. «Ich bin mit Jazz aufgewachsen. Die Leute meinen immer ich sei nur ein Beat- und Rockmusiker. Dabei wurde ich vom Jazz sozialisiert», erklärt Dürst.

Düde Dürst (hier 1969) gehört bis heute zu den besten Schweizer Schlagzeugern.
© Archiv Dürst

Düde Dürst versuchte sich ohne Erfolg an der klassischen Gitarre und der Posaune. Zum Schlagzeug kam er aber eigentlich per Zufall über seinen Jugendfreund René Leutwyler, der in den frühen 1960er-Jahren in der Band «The Starlights» spielte, die unter anderem Shadows-Titel coverte. «Wir brauchen einen Schlagzeuger», sagte dieser zum verdutzten Düde Dürst. «Ich habe doch nicht mal ein Schlagzeug», antwortete dieser. Sie gaben dem 16-jährigen Jüngling eine Trommel, ein Becken und ein Hi-hat und Dürst übte im Keller eine Woche lang. «Nach einer Woche kamen sie und waren begeistert. So wurde ich zum Beatschlagzeuger, obwohl ich eigentlich Jazz spielen wollte», erzählt Dürst. Mit dem neuen Schlagzeuger wurden «The Starlights» schnell zu einer populären Beatband im Raum Zürich.

Gleichzeitig begann Dürst eine Grafikerlehre an der Kunstgewerbeschule. Und da war es wieder, sein Problem mit der Schule. «Mich interessierte Gestaltung, Zeichnen und Schriften, aber in der Berufskunde, im Rechnen und Schreiben habe ich geschwänzt», sagt Dürst. Die Musik wurde immer wichtiger. Mit Peter Földi, damals einer der besten Gitarristen in Zürich, wurde The Starlights zu The Counts umbenannt. Zusammen mit Les Sauterelles, The Dynamites sind The Counts auf der ersten Schweizer Beatplatte zu hören, die 1964 an einem Konzert in Schlieren aufgenommen wurde.

Dürst wurde ein beliebter Drummer des Beat. Auch Toni Vescoli, der mit seinen Sauterelles am selben Ort wie The Counts probte, wurde auf den talentierten Schlagzeuger aufmerksam und versuchte ihn abzuwerben. Dürst zögerte, es reizte ihn, er fühlte sich aber seiner Band verpflichtet: «Mit The Counts lief es gut. Wir waren mit den britischen The Kinks auf Schweizertour und waren am durchstarten», erzählt er. Dazu waren die Sauterelles schon Profimusiker und er noch in der Lehre. Beides war nicht zu vereinbaren. «Aber ich stand sowieso vor dem Rausschmiss, weil ich viel fehlte», erläutert Dürst. So entschied er sich 1965 für die Sauterelles und wurde im Alter von 19 Jahren Profimusiker. «The Counts» lösten sich dagegen auf. «Einige in der Band haben mir diesen Entscheid im ganzen Leben nicht verziehen», sagt Dürst.

Dürst hat die Zeit mit den Sauterelles sehr anstrengend und aufwendig in Erinnerung. «Wir haben jeden Tag gespielt, hatten keine Ferien oder freien Tage. Wir waren das ganze Jahr unterwegs», erinnert sich Dürst. «Wir haben immer gespielt, weil wir auch immer spielen wollten und konnten. Tatsächlich gab es damals genügend Auftrittsmöglichkeiten. Das war unser Leben.» Die populärste Schweizer Band war auch immer wieder im Ausland. Dürst erinnert sich an Konzerte in Deutschland, zwei Touren in der Tschechoslowakei, hinter dem eisernen Vorhang, an eine grosse Tournee durch Italien mit Adriano Celentano und Rita Pavone. «Ich habe als blutjunger Musikprofi unglaublich viel erleben und geniessen dürfen. Es war eine riesige Erfahrung, die Entwicklung der Pop- und Rockmusik in diesen Gründerjahren aktiv mitzuverfolgen», sagt Dürst. Bei den Sauterelles war er nicht nur Schlagzeuger, sondern hat immer auch die Plakate und Plattencovers gestaltet.

Das Ende von *Les Sauterelles* zeichnete sich mit der musikalischen Wende hin zur Rockmusik ab. Mit Jimi Hendrix, *Cream*, *Traffic*, *Spooky Tooth* aus England, *Grateful Dead* und *Vanilla Fudge* aus den USA. «Ich merkte, dass ich der Einzige der Band war, der auf die neue Musik stand», meint Dürst. Bei den Sauterelles hat auch nie jemand Jazz gehört. Der Schlagzeuger hing dagegen mit Hardy Hepp am Hechtplatz ab, wo sie sich «den neuen heissen Scheiss reingezogen». Dürst wollte diesen Weg zur Rockmusik einschlagen. «Wir müssen eine Band gründen», sagte ich zu Hardy und gab den Austritt bei *Les Sauterelles* bekannt.

Comeback von *Krokodil* 2020 mit Keyboarder Erich Strebel, Terry Stevens, Düde Dürst und Gitarrist Adi Weyermann (von links).
© Archiv Dürst

Düde Dürst im Duo
Feeling Good mit
«Chicken» Fischer.
© Archiv Dürst

Die folgenden Jahre mit *Krokodil* waren für Dürst die prägendsten und intensivsten. «Nach fünf Jahren und fünf Alben konnte und wollte ich nicht mehr», sagt er rückblickend, «ich musste alles allein machen, war Schlagzeuger, Bandleader, Manager und Psychiater in einem.» Dazu setzte Dürst und der Band der Drogenkonsum zu. Mit dem Aarauer Multiinstrumentalisten «Chicken» Fischer war er ab 1974 noch ein Jahr unterwegs und gründete 1978 mit Hardy Hepp und Max Lässer die Band *Hand in Hand*. Doch danach war endgültig Schluss. «So konnte es einfach nicht weitergehen», sagt Dürst, «ich war seit Jahren auf Alkohol und Drogen. Schon bei *Les Sauterelles* habe ich eine Flasche Whiskey am Tag getrunken. Am Morgen schon mit Ballentines den Mund gespült. Dazwischen gekifft. Es war einfach zu viel. Dass ich das überhaupt überlebt habe, war ein Wunder», resümiert er. Ein Jahr war er danach mit seiner späteren Frau in den USA unterwegs und hat sich «von den Drogen befreit». Auch weil das erste Kind unterwegs war.

Dürst hat während seiner ganzen Zeit als Profimusiker nebenbei Plattencovers für andere Bands und Plattenfirmen gestaltet. Bei seinem Ausstieg aus dem Profizirkus kam ihm dies zugute. Die Arbeit als Grafiker wurde zur Haupteinnahmequelle für die bald fünfköpfige Familie. Daneben spielte er ab 1980 ein Jahrzehnt lang bei der Soul-Funk-Combo *Jo Geilo & the Heartbreakers* und endlich auch Jazz in *Ruby's Place* (ab 1989 mit Christian Ostermeier und Christoph Stiefel) und in den 1990er-Jahren mit *Three Plus One*.

1996 kam es zum Comeback mit *Les Sauterelles*, 2020 mit *Krokodil*, dazu spielt er mit Smile und Peter Glanzmann 60ies-Rock. Die Töchter sind längst ausgeflogen, Dürst ist zweifacher Grossvater und lässt sich nicht mehr so schnell stressen. Seit einigen Jahren beeinträchtigt die Makula seine Sehfähigkeiten. «Ab zehn Meter erkenne ich niemanden mehr», sagt er. Doch er hat sich seine Neugierde bewahrt, ist wach, «gwundrig» und mit sich und dem Leben im Reinen. «I ha immer Glöggli gha», sagt er in breitem «Züritüütsch».

4.3 Der erste Rockhit: Tusk (1969–70)

Der Anspruch war gross: «Unsere Musik basiert hauptsächlich auf Kompositionen barocker und klassischer Musiker wie Bach, Händel und Beethoven. Da wir der Ansicht sind, dass diese Musik viel gehaltvoller ist und mehr Aussage besitzt als die meisten Komponisten, die man heute zu hören bekommt. Wir bearbeiten Themen renommierter Komponisten. Aber es wäre falsch anzunehmen, dass wir klassische Werke ‹verbeaten›. Das ist nicht unser Ziel, vielmehr versuchen wir, mit den zurzeit populären Instrumenten, klassischen Themen nachzufühlen und sie nach unserer Auffassung zu interpretieren.» So beschreibt sich die Zürcher Band *Tusk* vor ihrem ersten grossen Auftritt im Oktober 1969 als Vorband von *Deep Purple* in Montreux.

Formiert hat sich *Tusk* (engl. Begriff für den Stosszahn des Ebers) aus der Zürcher Band *New Hue* mit dem talentierten Gitarristen Armand Volker, Sänger Roby Luchsinger, dann Ernesto Vögeli, Bassist Heinz Gräni und wechselnden Schlagzeugern, die ab 1967 mit respektablem Erfolg *Cream* und Hendrix coverte. Das Zeitalter des Progressive Rock hatte begonnen und man begnügte sich nicht mehr mit dem Nachspielen der Musik seiner Idole. Man wollte eine knarrende Orgel wie sie Jon Lord bei *Deep Purple* spielte und fand sie bei Philippe Kienholz, der damals in der Band *New Earls* engagiert war. Kienholz und Volker waren voller Tatkraft und komponierten Stücke wie «Gipsy Food», «Ophelia» oder «All My Life». Oft hat der Organist klassische Sachen gebracht und die Musiker haben das Material abgewandelt. «Die raffinierten Arrangements, lyrisch verspielten Passagen wechseln zu tosenden, soundstarken Stürmen entfesselter Leidenschaft, sind so meisterhaft aufgebaut, dass bei dieser Musik mit Recht behauptet werden kann, man muss sie fühlen, um sie zu verstehen. *Tusk* schreiben Feeling mit einem grossen ‹F›», heisst es auf dem Promo-Blatt der Band. Man wollte hoch hinaus.

Teddy Meier, Musikmanager bei EMI und *Les Sauterelles*, brachte die Band am Konzert in Montreux mit *Deep Purple* unter. Manager war Hansruedi Jaggi und sogar einen Bandbus sowie einen Roadie hatte die Band schon: Albi Matter, den heutigen Programmchef des «Country Music Festivals» im Albisgüetli in Zürich. Es sah alles sehr vielversprechend aus.

Eine Single musste her. Aber schnell. Meier organisierte das McGill Studio in Dietikon und konnte einen Plattendeal mit «Harvest» einfädeln, einem Sublabel von EMI, das 1969 für den Sound der Stunde, den Progressiven Rock, mit Bands wie *Pink Floyd*, Kevin

Ayers, Barclay James Harvest und *Deep Purple* gegründet wurde. Eine Sensation und grosse Ehre für eine Schweizer Rockband.

«Bei den Aufnahmen hatte ich schreckliches Kopfweh und sang wirklich nicht gut», erinnert sich Ernesto Vögeli. Für die B-Seite schlug Vögeli einen Instrumentalsong mit dem Namen «Baba» vor. Teddy Meier war überrascht. Er wusste, dass er das bei Hans Jecklin nie durchbringen würde. Deshalb hat Meier selbst auf die Schnelle ein paar Zeilen zusammengeschustert. «Ein furchtbarer Text», meint Vögeli. Bei den Aufnahmen hat es der Tontechniker mit dem Hall für den Gesang masslos übertrieben. «Meine Stimme tönt so, wie wenn ich grad von einem Hochhaus fallen würde», sagt Vögeli. Trotzdem schrieb EMI im Promotext von «outstanding vocals» und noch überraschender war für Vögeli, dass der Song die Top 10 der offiziellen Schweizer Hitparade knackte. Am 30. Juni 1970 stiess «Child Of My Kingdom» von *Tusk* bis auf Platz 7 vor und blieb fünf Wochen in den Top 10.

Tusk war die erste Schweizer Rockband, die es in die Schweizer Hitparade schaffte und «Child Of My Kingdom» gilt als der erste Rockhit aus der Schweiz. Ein Hard-Rockstück mit fetter Orgel, Gitarrensolo und progressiven Elementen. Musik wie sie damals auch *Deep Purple* spielte. *Tusk* wurde zur grossen Hoffnungsträgerin der jungen Schweizer Rockszene und konnte 1970 viele Konzerte spielen. Manchmal bis zu zehn Konzerte pro Woche. Die Band hatte bald ein Repertoire von anderthalb Stunden. Alles Eigenkompositionen.

Vor allem Sänger Ernesto «Fögi» Vögeli sorgte für Aufsehen. Wie sein grosses Vorbild Mick Jagger zog der extrovertierte Sänger eine richtige Bühnenshow ab. «Fögi war ein Bühnentier, eine Rampensau und der erste Schweizer Rockstar», meint Albi Matter rückblickend. Das war neu in der Schweiz und hat den Leuten gefallen. «Fögi war ein Wahnsinniger», sagt Volker, «seine Leistung war weniger auf der musikalischen Seite, aber er hat wie kein anderer damals in der Schweiz die Mechanismen des Showbusiness verstanden. Die Leute kamen, weil sie sehen wollten, was er auf der Bühne treibt.» Es gab sogar einen Fanclub, der der Band von Konzert zu Konzert nachreiste. Vor allem die jungen Girls standen auf «Fögi» oder «Föxli», wie man ihn nannte, und kreischten, wenn er die Bühne betrat. Das Scheinwerferlicht war auf «Fögi» gerichtet. Volker und Kienholz waren auf der Bühne dagegen eher introvertiert und haben sich auf die Musik konzentriert. «Ich musste, weil wir extrem schwierige Sachen spielten», erklärt Volker.

Missglückt ist dagegen der Auftritt bei der Schweizer TV-Sendung «Hits à Gogo». Es war Playback vorgesehen. Hardy Hepp hat moderiert und stellte «Fögi» vor dem Auftritt ein paar Fragen. Doch die Technik hat dann vergessen, das Mikrofon abzuschalten. «Während des Auftritts habe ich ins Mikro gegrölt wie ein Irrer. Ich habe mir keine Mühe gegeben, weil ich annehmen musste, dass das Mikro stumm geschaltet ist. Doch man hat alles gehört. Es war fürchterlich. Ich bin froh, existiert die Aufnahme nicht mehr», sagt Vögeli.

Sonst lief es aber sehr gut. Teddy Meier hatte schon das Okay für ein Album eingeholt, die Band verfügte aber noch über zu wenig brauchbares Material. Zunächst ging es darum, eine zweite Single nachzuschieben. Teddy Meier hat deshalb für vier Wochen ein Ferienhaus im Bündner Dorf Präz gemietet, wo die Band Songs komponieren sollte. Alles war sehr komfortabel und die beiden Komponisten haben sofort voller Tatendrang an neuen Songs gearbeitet. Nach zwei Wochen war das Grundgerüst eines Songs parat. Doch dann kam es zu Meinungsverschiedenheiten, zum Disput in der ganzen Band.

Es lief nichts mehr. Volker und Kienholz bestellten stattdessen ihre Freundinnen in die Berge und verbrachten die Zeit mit ihnen. Gräni und Vögeli spielten unterdessen etwas Gitarre und rauchten Joints. Als Meier nach den vier Wochen kam und die Songs hören wollte, hatte *Tusk* nichts zu bieten. «Wenn das so ist, dann ist es gelaufen», verkündete Meier. Aber selbst die Band wollte nicht mehr. «Die Chemie hat einfach nicht mehr gestimmt», sagt Vögeli. Das war das unschöne Ende der «zukunftsreichsten Schweizer Band» («POP»).

In der Szene wurde über die Gründe des Bruchs spekuliert. Von «finanziellen Schwierigkeiten» war die Rede, von «Keilereien». In einem Interview im «POP» gab Roadie Albi Matter Auskunft: «Sowohl Organist Philippe als auch Gitarrist Armand fühlten sich zu wenig ausgelastet. Jeder wollte den Grossteil der Soloparts übernehmen. Die übrigen *Tusk*-Mitglieder stellten sich auf die eine oder andere Seite. Ständig herrschte dicke Luft. Der grosse Krach war nicht mehr zu vermeiden. Und weil sich beide Seiten unnachgiebig zeigten, blieb nur noch die Auflösung der Band». Matter bedauerte die Auflösung ausserordentlich. «Wenn sich Armand und Philippe hätten arrangieren können, wäre aus der Band bestimmt etwas geworden», sagte er.

Vögeli kann es auch fünfzig Jahre danach noch nicht verstehen, was da passiert ist. «Ich habe das Gefühl, dass der Erfolg uns allen etwas in den Kopf gestiegen ist. Wenn man als Schweizer Bub eine solche Chance bei einer internationalen Firma wie ‹Harvest› kriegt und diese Chance so vergeigt. Dann ist das mehr als jugendlicher Übermut. Wir waren wohl einfach zu blöd», resümiert er.

Für Volker zeigt die Episode wunderbar die damalige Einstellung der beteiligten Musiker. «Mich hat das damals gar nicht gross berührt. Irgendwelche kommerziellen Überlegungen waren mir völlig fremd. Der Bruch war für mich keine Tragödie», sagt der Gitarrist rückblickend.

Nach dem Ende in den Bündner Bergen sind alle frustriert zurückgefahren und ihrer Wege gegangen. Fast gleichzeitig haben Armand Volker, Roli Eggli und Turo Paschayan *TEA* gegründet, Vögeli und Kienholz die Band *Roxys*. Von *Tusk*, dieser hoffnungsvollen Band, ist nichts ausser vagen Erinnerungen geblieben. Die Konzerte sind zwar alle mitgeschnitten worden, aber die Aufnahmen sind verschwunden und verschollen.

Ernesto «Fögi» Vögeli

«Zu Pop gehört die Pose», schreibt Diedrich Diederichsen in seinem Buch «Über Pop». Der renommierte deutsche Pop-Soziologe meint die Inszenierung und darum «eine Haltung als Einheit von Auftritt, Stimme und Stil einzunehmen». Was für den weiteren Popbegriff gilt, trifft natürlich erst recht für Rock zu. Es geht nicht nur um die in letzter Zeit in Verruf geratene Macho-Pose, vielmehr geht es um die Selbstermächtigung und Selbstdefinition von sich als Individuum und Musiker. Wer bin ich und was ist mein Lebensentwurf? Extrovertierte Musiker tragen dies auf der Bühne selbstbewusst nach aussen und oft ist diese Haltung mindestens so wichtig wie der musikalische Beitrag.

Extrovertierten Menschen fällt es naturgemäss leichter ihr Inneres auf die Bühne zu tragen. Im Zusammenhang mit der Entwicklung der Schweizer Rockmusik ist es interessant, dass die besten Schweizer Gitarristen aus der Pionierphase, Chris Lange, Walty Anselmo, Dany Rühle und auch Armand Volker, eher introvertierte, schüchterne Menschen sind, denen es nicht ganz leicht fällt, Wesen und Haltung zur Schau zu tragen.

Ernesto Vögeli 2020 zu Hause in Uster.
© Alex Spichale/CH Media

Umgekehrt sind Zurückhaltung und Bescheidenheit auch ein Habitus, der vielleicht sogar ganz gut zur Eigenart von Schweizern passt.

Bei den besten Schweizer Sängern war es schon damals anders: Oliver Tobias, Hardy Hepp und Benj Jäger entsprachen dem Bild des extrovertierten Rockmusikers. Der Extrovertierteste der Extrovertierten war aber Ernesto «Fögi» Vögeli.

Ernesto «Fögi» Vögeli war einer der Ersten in der Schweiz, der sich auf der Bühne exponierte, Hemmungen und Zurückhaltung ablegte. «Föxli war ein schräger Vogel und sehr von sich selbst überzeugt», meint Teddy Meier, «so einen wie ihn gab es damals nur einmal. An einem Konzert in Luzern hat er Ketten in der Luft geschwungen. Ein andermal kam er mit einem Gewehr auf die Bühne, als Protest gegen den Vietnamkrieg. Das liebten die Leute, und vor allem die Girls. Eigentlich ein guter Typ, aber vielleicht doch zu schräg für jene Zeit.»

Vögeli selbst hat sich mehr als Performer denn als Sänger gesehen. «Ich hatte eigentlich immer das Gefühl, dass ich gar nicht so gut singen kann. Ich habe alles mit meiner Show und mit meinem Charisma gemacht. Ich versuchte, die Musik mit allem, was ich habe, auf die Bühne zu bringen. Mich besser darzustellen als ich eigentlich bin. Ich war der Mittelpunkt der Band, obwohl ich musikalisch am wenigsten konnte.» Er hat sich inszeniert, die Kleidung war ihm wichtig, er trug Satinhose, eine Lederjacke auf nacktem Oberkörper und hat aus dem Bauch heraus agiert. Eine richtige Fangemeinde hatte er. Vor allem junge Frauen, die ein Stirnband mit der Aufschrift «Fögi» trugen. Nach den Konzerten wurde er umringt und musste Autogramme geben. Ernesto «Fögi» Vögeli war der erste Schweizer Rockstar.

Ernst Vögeli ist am 22. Februar 1946 in Stein am Rhein geboren. Zwei Jahre später ist die vierköpfige Familie, Ernst und seine um vier Jahre ältere Schwester Ursula, nach Uster gezogen. In eine Vierzimmer-Traumwohnung, wie Vögeli sagt, mit allem neuzeitlichen Luxus wie einem Badezimmer.

Der Vater war Automechaniker und später Fahrlehrer. «Ich erlebte in Uster eine behütete und glückliche Kindheit», erzählt er. Die Familie lebte eine traditionelle Familienstruktur. «Der Vater hatte das Sagen, die Mutter und die Kinder mussten gehorchen und sich danach richten», meint Vögeli.

Der Generationenkonflikt machte sich erstmals Ende der 1950er-Jahre mit dem Aufkommen von Elvis und Little Richard bemerkbar. Denn die Eltern waren eher auf der Schlagerseite. 1964 kamen die Beatles und Ernst war stolzer Besitzer einer Original Mono-LP von «Please Please Me». «Ich konnte sie aber nur am Sonntagmorgen hören, wenn mein Vater ausser Haus war. Das war meine Beatles-Zeit», sagt Vögeli, «die Mutter hat mir etwas leidgetan, weil sie immer zwischen uns stand und es allen recht machen wollte.» Aber dann hat sich der konservative Vater an die neumödige Musik gewöhnt und sie akzeptiert. Den Ausschlag gab «The Last Time» von den Stones. «Diesen Song mochte er sehr und hat jeweils sogar mitgesungen», sagt Vögeli.

«Wir verstanden uns eigentlich gut, obwohl ich etwas rebellisch war», äussert sich Vögeli. Die Diskussionen hatten sich oft in jener Zeit an den Haaren entzündet. «Als ich die Haare wachsen liess, hat das meinem Vater gar nicht gepasst», erzählt Vögeli. Als er sich weigerte, die Haare zu schneiden, bestellte der Vater den Coiffeur nach Hause. «Unter der väterlichen Regie musste der Coiffeur mir dann einen Bürstenschnitt schneiden. Für mich war das ganz schrecklich und ich musste sogar weinen», offenbart er, «aber auch hier habe ich mich mit der Zeit durchgesetzt». Der Vater wurde Mitte der 1960er-Jahre schwer krank und ist 1969 im Alter von 53 Jahren an Leukämie gestorben. «Ich habe noch daheim gewohnt und habe mich dann um meine Mutter gekümmert», sagt Vögeli.

Nach der Schule begann Vögeli eine Lehre als Fotograf. In dieser Zeit startete auch seine Musikkarriere. Er spielte 1967 Beat-Covers bei *The Monks*, mit Hemd und Krawatte. Ein Jahr danach der Wechsel zum Rock in der Band *New Hue*. «Die Band wurde von Armand Volker, Heinz Gräni und Ginger Jehle gegründet und als der erste Sänger ausstieg, folgte ich nach», erzählt Vögeli. Eine hochkarätige Band mit Cream- und Hendrix-Covers im Repertoire, die recht erfolgreich unterwegs war. Auch in Neuenburg, wo die Band mehrmals in der «Stop-Bar» auftrat. «Mit der Zeit bin ich auch als Sänger besser geworden. Ich habe an mir gearbeitet und an mich geglaubt», sagt er.

Tusk war unbestritten der Höhepunkt als Musiker. «Fögi» hat damals auch für Aufsehen gesorgt, weil er offen zu seiner Homosexualität stand. Das war nicht selbstverständlich in jener Zeit, aber «Fögi» hatte nie Probleme oder schlechte Erfahrungen gemacht. «Das wusste man einfach. Für mich und mein Umfeld war das normal», meint er. Nur einmal, in Neuenburg, rief einer im Publikum: «Regarde la banane!» «Schon als Bub wusste ich, wie ich ticke», sagt Vögeli, «aber mein Vater hat mein Outing nicht mehr erlebt. Das wäre schon schwieriger gewesen. Er wäre wahrscheinlich ausgerastet. Meine Mutter hat es dagegen stillschweigend akzeptiert.»

Vögeli hat immer gearbeitet, war bis 1980 bei «Becker Audio Visuals» angestellt. Auch während der intensiven Zeit mit *Tusk*. Nach dem Ende hat er mit Philippe Kienholz und Geiger Helmut Lipsky die Band *Roxys* gegründet, danach *Mad Man*. Beide Bands waren aber nicht erfolgreich. «Niemand wollte das hören, wir hatten kaum Auftritte», erklärt Vögeli. Kienholz wechselte zu *TEA* und Vögeli war mit der Band *Fairytale* mit den Gitarristen Remo Kessler und Peter Glanzmann unterwegs.

Während der *Roxys*-Zeit hat «Fögi» in Zürich gelebt, wo er bei Philippe wohnte. Es war eine intensive Zeit «Wir waren oft auf der Gasse und haben es etwas übertrieben», sagt Vögeli, «keine harten Drogen, wir haben gekifft und gesoffen.» Nach sechs Jahren ging «Fögi» nach Uster zurück. Um den ersten Schweizer Rockstar wurde es etwas ruhiger. Ab 1983 führte er ein Fotostudio in Zürich, wo er mit einigen bekannten Galerien und bildenden Künstlern zusammenarbeitete.

Zu einer Art Comeback kam Ernesto «Fögi» Vögeli ungewollt, als 1979 das Buch «Ter Fögi ische Souhung» von Martin Frank veröffentlicht wurde. Es ist die Geschichte des 16-jährigen Beni, der sich in «Fögi», den Leadsänger einer Zürcher Rockband, verliebt, der ihn aber ausnützt und demütigt. Die Anspielung auf «Fögi» war eindeutig und gewollt. Umso mehr als im Buch zwei Bilder des echten Sängers abgedruckt waren. Die Handlung war aber frei erfunden.

«Ich habe davon zuerst gar nichts gewusst, aber meine Schwester riet mir, den Buchautor zu verklagen», erläutert Vögeli. Es kam zu einem Treffen mit Frank, wo die realen Hintergründe zum Buch deutlich wurden: Martin Frank selbst ist Beni. Er war ein riesiger *Tusk*-Fan und hatte sich unsterblich in «Fögi» verliebt. Der spätere Autor stand immer zuvorderst vor der Bühne, doch der Sänger hat ihn nie beachtet. Aus diesem Frust heraus hat er das Buch geschrieben. «In der Geschichte hat er aus mir und einem drogensüchtigen DJ eine Person gemacht», erklärt Vögeli, «das Buch ist eine Retourkutsche.»

Martin Frank hat im Treffen gesagt, dass es doch «keinen Sinn» mache, «wenn Minderheiten sich gegenseitig bekämpfen». «Wir müssen doch zusammenhalten und dir bringt es doch auch etwas. Du hast wieder Publicity», sagte er. Vögeli hat sich darauf mit Frank geeinigt, dass die Bilder im Buch unkenntlich gemacht werden müssen. «Ich wollte nicht klagen und habe ihm verziehen. Irgendwie hat es mich ja auch gefreut, dass ich wieder mal im Mittelpunkt stand», gibt er zu. Und Frank meinte später: «Fögi war ein Held, ein Pionier, ein Revolutionär».

1998 ist Ernesto Vögeli noch einmal auferstanden, als Regisseur Marcel Gisler Franks Geschichte verfilmte. Unter dem Originaltitel «F. est un salaud» (Deutsch: «Ter Fögi ische Souhung») feierte er am Filmfestival in Locarno Premiere (unter anderen mit Martin Schenkel, Jean-Pierre von Dach und Gilles Tschudi) und gewann den silbernen Leoparden. Regisseur Gisler kannte die Hintergründe und schrieb Vögeli: «Auch wenn Buch und Film nicht wirklich dein Leben erzählen, bist doch du der Urheber von Inspiration und kreativem Impuls. Es muss deine Leidenschaft sein, die die Phantasie anderer Menschen zum Schwingen bringt. Danke für deinen Mut.»

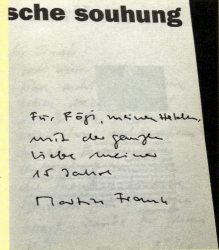

Vögeli lebt heute als Rentner in Uster. Und ja, «Fögi» tritt immer noch auf, aber nur noch im kleinen Rahmen. 2011 gründete er mit dem Multiinstrumentalisten Beat Binder das Duo «Beat & Ernesto» und singt deutsche Chansons, Blues und Covers von *Lou Reed*, Bowie sowie eigene Songs. «Ich hatte ein interessantes Leben. Eigentlich immer noch.» Seine musikalische Liebe gehört heute der klassischen Musik, vor allem der Countertenor Philippe Jaroussky und Lisa Gerard haben es ihm angetan.

«After listening to this record, your friends may not know you anymore» («Nachdem du diese Platte gehört hast, werden dich deine Freunde nicht mehr kennen»), heisst es im Innern der Plattenhülle von «Cottonwoodhill». Gleichzeitig wird gewarnt: «Only listen to this once a day. Your brain might be destroyed!» («Nur einmal pro Tag anhören. Dein Hirn kann zerstört werden»!). Das Winterthurer Label Phonag pries das Debüt von *Brainticket* als erste LSD-Platte an. Ein geschickter Marketingtrick mit zweischneidigem Erfolg. Denn nicht alle konnten die Worte richtig deuten. Die Schweizer Behörden stiessen eine Drogen- und Suchtwarnung aus und in den USA wurde die Musik in Zusammenhang mit Drogenkonsumation gesehen und gebannt. Viele Radiostationen haben die Musik zensuriert. Umgekehrt wirkten gerade die Warnungen als Kaufanreiz. In Hippiekreisen rund um den Globus wurde «Cottonwoodhill» gefeiert und ist bis heute in Sammlerkreisen Kult.

Die abenteuerliche Mischung aus überbordenden Keyboardwellen, wabernden elektronischen Effekten, Soul-Jazz-Grooves und aggressiven, repetitiven Rhythmusmustern musste in jenen Jahren wirklich wie ein musikalischer Trip eingefahren sein. Gemäss Joël Vandroogenbroeck, dem Kopf von «Brainticket», gab es unterschiedliche Reaktionen: «Die einen waren einverstanden, mit dem was wir taten und sprachen von einem Spiegel der Zeit. Andere, wie das deutsche Radio, sagten, dass die Musik wie ein schlechter Trip sei», bemerkte er 2012 in einem Interview mit der «Red Bull Music Academy».

Der 1938 geborene und 2019 verstorbene Joël Vandroogenbroeck war ein genialer Musiker. Er studierte in seiner Heimatstadt Brüssel Klavier und gewann schon im Alter von 15 Jahren den «Art Tatum Prize». Als Jazzpianist spielte er unter anderen mit Quincy Jones, Bobby Jaspar, Barney Wilen, Zoot Sims und dem Schweizer Schlagzeuger und Perkussionisten Pierre Favre. 1962 gab er mit Favre eine Konzertreihe im «Atlantis» Basel und ist dort hängen geblieben. Er gründete auch eine Familie und hat eine Tochter, die immer noch in der Region Basel lebt. «Basel war ein grossartiger Ort, mit einer idealen geografischen Position in der Mitte von Europa. Von hier aus waren alle Orte leicht erreichbar», meinte Vandroogenbroeck kurz vor seinem Tod 2019 in einem Interview mit dem Magazin «It's Psychedelic Baby!».

4.4 Trip nach Atlantis: Brainticket (1970–74)

Der englische Gitarrist
Ron Bryer bei *Brainticket*.

Dann hörte er «Hey Joe» und «Purple Haze» von Jimi Hendrix. «Diese Songs änderten mein Leben», sagte er. Es folgten *King Crimson*, die späten *Beatles* und die Krautrockbands *Amon Düül*, *Can* und *Tangerine Dream* gepaart mit Hippie-Groove und LSD. Vandroogenbroeck wechselte ins experimentelle Rockfach und gründete das Trio *Third Eclipse* mit dem in der Schweiz lebenden englischen Gitarristen Ron Bryer und dem deutschen Schlagzeuger Wolfgang Paap. «Wir gaben Konzerte in der Schweiz, doch niemand verstand, was zur Hölle wir machten.»

Erst die Gründung der psychedelischen Elektro-Prog-Rockband *Brainticket* Ende der 1960er-Jahre mit dem Schlagzeuger Cosimo Lampis und Bassist Werner Fröhlich brachte Erfolg – zumindest mit Verzögerung. Gemäss Vandroogenbroeck verkaufte sich das Debütalbum «Cottonwoodhill», das Anfang 1970 aufgenommen und 1971 veröffentlicht wurde, eine Million Mal. «Reich wurde ich aber nicht», sagte er. Jedes Mal sei er von der Plattenfirma abgewimmelt worden. «Mir wird übel, wenn ich nur daran denke. Man hat uns regelrecht über den Tisch gezogen», meinte er.

Peter Frei, der 1987 das Label Phonag übernahm, gibt Vandroogenbroeck teilweise recht. Die Million sei wohl etwas übertrieben, aber die Verträge, die abgeschlossen wurden, seien für Vandroogenbroeck tatsächlich «unvorteilhaft» gewesen. Phonag habe *Brainticket* das Phonag-Studio im Kirchgemeindehaus zur Verfügung gestellt, die Aufnahmen und die Produktion finanziert, Vandroogenbroeck aber mit einem relativ kleinen Pauschalbetrag abgespeist. Das Label habe die Produktion ermöglicht und Vandroogenbroeck sei leichtgläubig und zunächst einverstanden gewesen. «Niemand konnte diesen phänomenalen Erfolg vorausahnen», sagt Frei. Es sei aber alles rechtens abgelaufen, solche Verträge seien damals üblich gewesen. Gleichzeitig zeigt er Verständnis für den Unmut des Musikers, weshalb er später zugunsten von Vandroogenbroeck auf die Sub-Verlagsrechte verzichtete.

Die 1960 von Helmut Bischof und Hellmuth Kolbe gegründeten Phonag Records haben das Album ermöglicht. Bischof war für das Finanzielle, der ausgebildete Musiker und Tontechniker Kolbe für das Kreative zuständig. Im Phonag-Studio nahm Kolbe bis zu *Brainticket* vor allem Volksmusik und klassische Musik auf, 1966 zum Beispiel das *Isaac Stern Trio*. Im Projekt von Vandroogenbroeck war Kolbe aber nicht nur der Tontechniker, er spielte eine aktive Rolle als Komponist und steuerte vor allem die psychedelischen Sounds und Effekte bei.

Geprobt hatte *Brainticket* zu Hause bei Vandroogenbroeck. Das heisst: «Wir haben gemacht, was Joël uns gesagt hat. Er ist klar über uns gestanden. Im Vergleich zu ihm war ich ein Nichts», sagt Bassist Werner Fröhlich, «er liess mich das aber nicht spüren. Er war ein angenehmer Typ.» Einmal ist Vandroogenbroeck mit einem Foto, auf dem ein Mond vor schwarzem Hintergrund zu sehen war, zur Probe gekommen. Er hat das Bild an die Wand geheftet und sagte zur Band: «Das spielen wir heute.» «Wir haben dann einfach zu jammen begonnen. Etwa so sind die Sachen entstanden», sagt Fröhlich. Ein andermal musste sich die Musik drehen wie ein Rad.

«Joël war ein Freak, ein schon sehr abgehobener, ganz aussergewöhnlicher und begnadeter Musiker», sagt Fröhlich. Er erinnert sich auch an ein Nachtessen, als Vandroogenbroeck plötzlich seine Flöte auspackte, ein paar abgefahrene Melodielinien spielte und sie sofort notierte. Ein andermal hat Fröhlich ihn unter dem Flügel liegend angetroffen: «Ein Tuch über dem Flügel. Ich sah nur seine Füsse. Als ich ihn verwundert ansprach, bat er um Stille.» Vandroogenbroeck war gerade daran, die Sounds aufzunehmen, die entstehen, wenn eine Flöte die Klaviersaiten in Schwingung versetzt. Zu diesem Zweck spielte er seine Flöte unter dem Flügel. «Das war Joël Vandroogenbroeck, ein Tüftler und Bastler, ein hochintelligenter Mensch, der irgendwo auf einem anderen Planeten lebte», erzählt Fröhlich.

Für Vandroogenbroeck ist «Black Sand» seine beste Komposition. Der tranceartige Rhythmus geht auf seine Zeit zurück, wo er in Belgisch-Kongo lebte und Erfahrungen mit afrikanischer Musik machte. «Placed Of Light» ist jazziger und funkiger. Dann übernahm Kolbe das Zepter für das dreiteilige Titelstück *Brainticket*. Er wollte, dass die Band zu vorher aufgenommenen elektronischen Sounds spielt. Strassenlärm, Presslufthammer,

Affengebrüll, Schreie, Krankenwagensirene, Zug, Bahnübergang, Wasser wird gegurgelt, splitterndes Glas, Stimmengewirr, Teile aus Beethovens fünfter Sinfonie und viele andere, abgefahrene Sounds und Geräusche. *Brainticket* hatte keine Songstruktur, kein eigentliches Thema, nur ein knarrendes Rhythmuskürzel auf der Orgel sowie ein funkiges Gitarrenmuster, das in seiner Wiederholung eine unglaubliche Sogwirkung entfaltete. Heute würde das einfach geloopt. Damals gab es das aber noch nicht, weshalb Vandroogenbroeck und Bryer die Phrase rund eine Stunde lang wiederholen mussten. Dazu kam die Sprechstimme von Dawn Muir. Wahrlich ein einmaliger musikalischer Trip und längst ein Klassiker des psychedelischen Rock.

Welche Rolle spielten die Drogen? «In jener Zeit wurden in Zürich in Musikerkreisen überall Drogen konsumiert. Vor allem Gras, Amphetamine (Speed), etwas später dann Meskalin und LSD. Alkohol mochte ich damals gar nicht. Ich bin dann auch in diese Szene im Restaurant ‹Hirschen› in Zürich gerutscht», sagt Fröhlich, «es war krass. Drogen frei verfügbar. Ich habe in meinem ganzen Leben nie auch nur einen Franken dafür ausgegeben.» Auch beim Musikspielen haben Drogen eine Rolle gespielt, bei den Aufnahmen zu «Cottonwoodhill» aber nicht.

Gemäss Vandroogenbroeck hatte *Brainticket* nichts mit LSD zu tun. Die Warnung auf dem Plattencover sei die Idee der Plattenfirma gewesen. Vandroogenbroeck distanzierte sich davon und hat den Kontakt zur Plattenfirma abgebrochen. «Wir hätten die Band in London starten sollen, dort wären die Chancen grösser gewesen», sagt er im Buch «Pop Basel».

Viele Leute im Umfeld von Vandroogenbroeck konnten mit dem Drogenkult um *Brainticket* nicht umgehen und sind abgestürzt. Nicht nur Fans, sondern auch Musiker wie der Gitarrist Ron Bryer, aber auch der Basler Bassist Martin Sacher («Trommelbau Sacher»), der im zweiten Projekt «Psychonaut» beteiligt war. Insofern hatten die Drogenwarnungen der Behörden durchaus ihre Berechtigung.

Brainticket war keine eigentliche Band. Vandroogenbroeck war projektbezogen und hat zu diesem Zweck immer wieder andere Musiker beigezogen. Das nächste Projekt startete im Tessin, wo er unter anderen den Schweizer Musiker Rolf Hug (Gitarre) und Martin Sacher (Electric Bass, Flöte) um sich scharte. Das Album «Psychonaut» von 1972 wurde dann aber in Mailand beim Label Durium aufgenommen und ist weniger nervös und experimentell, dafür songorientierter mit richtigem Gesang. Vandroogenbroeck liebt den Kontrast von Rock und elektronischer Musik mit akustischen, archaischen Instrumenten aus Afrika, Indien und Bali. Den Kontrast zwischen avantgardistischen, futuristischen Klängen und Urmusik. Auf «Black Sand» und «Places Of Light» wird das nur angedeutet, kommt dann auf «Psychonaut» mit traditionellen Instrumenten wie Bongos, Mbira und Sitar stärker zum Ausdruck. *Brainticket* entwickelt sich bei letzterem Album zu einer Art hypnotischem Folk-Psycho oder Tribal Rock noch bevor es den Begriff gab. «Celestial Ocean» von 1973 setzt dort ein, wo «Psychonaut» aufhört. Das in Rom ohne Schweizer Bezüge aufgenommene Werk ist aber wieder etwas nervöser, progressiver und psychedelischer.

Joël Vandroogenbroeck war seiner Zeit voraus.
© Sam Mumenthaler Collection

Die Schweiz wurde für Vandroogenbroeck zum Ausgangspunkt für seine Studienreisen. Er spielte Flöte bei den *Pyramiden*, studierte Gamelan-Musik auf Bali, beschäftigte sich mit indischer Musik. «Ich wollte wissen, wie die Musik in Atlantis klingt», sagte er 2012 in einem Interview. 1980 gründete er die zweite Ausgabe von *Brainticket* mit dem süddeutschen Keyboarder und Computermusiker Hans Deyssenroth und dem Schweizer Gitarristen und Keyboarder Willy Seefeldt. In diesen Jahren bildete Vandroogenbroeck auch ein Duo mit dem Schweizer Pionier der Computermusik Bruno Spoerri. «Vandroogenbroeck war ein netter Mensch, ein guter Freund, aber vor allem auch ein blendender Pianist. Ein visionärer Musiker mit dem Hang zum Abdriften», meint Spoerri und erinnert sich an eine lustige, für ihn typische Geschichte: «Wir hatten ein Engagement bei der ‹BBC› in Baden. Es sassen dort diese Ingenieure und ich hielt eine Einleitung. Plötzlich merkte ich, dass Joël wie wild an seinem Apple-Computer herumtippte. Ich vermutete eine Katastrophe, dass sein Programm abgestürzt ist. Ich habe meine Einleitung in die Länge gezogen, erzählt und erzählt. Als er immer noch wie ein Wahnsinnger tippte und ich nichts mehr zu erklären wusste, bin ich zu ihm hin und sah, dass er ganz selbstvergessen Pac-Man spielte.» Spoerri vermutet, dass er zu jener Zeit «immer einen leichten Drogenpegel hatte».

4.5 Bruno Spoerri und
Jazz Rock Experience (1969–71)

Der Glaubenskrieg entzündete sich bei elektrisch verstärkten Instrumenten. Die konservative Jazzgemeinde hielt sich demonstrativ die Ohren zu, sobald eine elektrische Gitarre ertönte. Sogar Blues sollte möglichst akustisch klingen. Der elektrisch verstärkte Rhythm and Blues wurde in diesen puristischen Jazzkreisen leidenschaftlich abgelehnt. André Berner vom Zürcher «Amateur Jazz Festival» gehörte immerhin zu den offeneren Geistern. Sein Festival war in der Defensive und litt in den 1960er-Jahren unter Publikumsrückgang. Weshalb er das Festival stilistisch zum Blues öffnen wollte. Er lud die Band *Anselmo Trend* ein, die auf einer miserablen Verstärkeranlage spielen musste und von der konservativen Jazzfraktion gnadenlos ausgepfiffen wurde. Das Experiment wurde abgebrochen.

Auch Bruno Spoerri war zunächst skeptisch. «Für Rock- und Popmusik hatte ich als eingefleischter Jazzmusiker lange nur Verachtung übrig: Was wollten diese Bluesnachahmer mit ihren drei Akkorden, ihrem schwerfälligen Schlagzeug und ihrem Singsang?», schreibt er in seiner unveröffentlichten Autobiografie. Trotzdem erhielt er 1965 den Auftrag, Musik für einen Werbespot von Opel Kadett im Stil der Beatmusik, samt Schallplatte, zu komponieren. Ihm wurde die Beatband *The Savages* empfohlen. So versuchte er, sich in diese Musik einzuhören und etwas in diese Richtung zu schreiben. «Das Resultat war etwas steif», gibt Spoerri rückblickend zu, «aber es gefiel offenbar doch so gut, dass später mit derselben Gruppe ein TV-Spot für ‹Kodak› möglich wurde.»

Nach der Veröffentlichung von «Revolver» der *Beatles* im Sommer 1966 begann Spoerri bei den britischen Bluesjüngern näher hinzuhören und fand zunehmend Gefallen daran. Er wurde denn auch Juror beim ersten Schweizer Rhythm-and-Blues-Festival 1967. Er erweiterte seine Hörerfahrungen und stiess in den USA auf spannende Werke der beginnenden Jazz-Rockära, die in der Schweiz nicht erhältlich waren. Der Gitarrist Larry Coryell verarbeitete ab 1965 mit seiner Band *Free Spirits* Pop-, Rock- und psychedelische Elemente. Nachzuhören ist dies auf dem Album «Out of Sight and Sound» (1967). Der Saxofonist Charles Lloyd erweiterte ab 1966 mit dem jungen Pianisten Keith Jarrett und seinem Hippiejazz das Vokabular und hatte damit weit über Jazzkreise hinaus Erfolg. Im September 1966 nahm auch Gary Burton mit «Tennessee Firebird» ein Album auf, in welchem er mit Rockrhythmen, Country und Blue Grass experimentierte. 1967 folgten im Quartett des Gitarristen Larry Coryell, mit Steve Swallow (Elektrobass) und Roy Haynes, die Alben «Duster» und «Lofty Fake Anagram». In diese Richtung bewegte sich 1968 auch *Don Sebesky & The Jazz Rock Syndrome* mit «The Distant Galaxy» sowie *Blood, Sweat & Tears*, die sogar die US-Charts stürmten und in «Woodstock» auftraten.

Gleichzeitig waren Spoerri und Trompeter Hans Kennel immer öfter gelangweilt von den ewig dauernden und einförmigen Jamsessions im Zürcher «Africana», weshalb sie begannen, die neuen Hörerfahrungen umzusetzen und den Anschluss an den beginnenden Jazz-Rock suchten. Der neue Gitarrist Raphael Waeber spielte 1969 rock- und bluesinspiriert. Gleichzeitig setzte Spoerri erstmals Elektronik in seiner Musik ein und experimentierte mit Zusatz- und Effektgeräten am Saxofon. Das Sextett wurde in *Jazz Rock Experience* umbenannt und es folgte 1969 eine Einladung ans Montreux Jazz Festival, wo auch Eddie Harris, der Pionier des elektrifizierten Saxofons auftrat. 1970, im selben Jahr wie das epochale «Bitches Brew» von Miles Davis, folgte das Debüt «J. R. E.» beim Decca-Sublabel «Deram». Das ist deshalb bemerkenswert, weil «Bitches Brew» als die Initialzündung für den Jazz-Rock gilt. Spoerri und seine Musiker waren also nicht nur die Ersten in der Schweiz, auch international konnten sie sich zur Speerspitze dieser Bewegung zählen. In der Schweiz folgten Musiker wie Remo Rau, Jürg Grau und Marcel Bernasconi nach.

Wie schon zuvor bei Joël Vandroogenbroeck kam der Wechsel zu rockigen Rhythmen und elektrisch verstärkten Instrumenten im konservativen Jazzlager nicht gut an. Gemäss dem Schlagzeuger Beat Kennel, der in diesen Jahren das Konzertlokal «Bazillus» gründete, herrschte «strikte Rassentrennung» zwischen den «jungen Wilden und der konservativen ‹Krawattenfraktion›». «Wir kamen in Verruf und wurden als Verräter beschimpft. Sie deuteten den Wechsel als kommerziellen Ausverkauf», erzählt Spoerri, «wenn schon etwas Neues, dann durfte es nur Free Jazz sein, je ungebärdiger und unmelodischer, desto lieber.»

Doch die *Jazz Rock Experience* hatte «ungeahnten Erfolg», 1970 stiess die begabte junge Sängerin Gaby Gyr (später *Jo Geilo & the Heartbreakers*) dazu. Die Band wurde von Freddy Burger gemanagt, hatte rekordhohe Gagen und trat bei «Hits à Gogo» auf. «Aber eigentlich wollten wir nicht zu einer Showband werden und im Popbusiness mitmischen. Wir probierten deshalb, einen Weg zwischen Free Jazz und Rockrhythmik zu finden», sagt Spoerri. Irène Schweizer am Fender Rhodes und die beiden Luzerner Musiker Fredy Studer (Schlagzeug) und Christy Doran (Gitarre) waren dabei als die *Jazz Rock Experience* als Vorgruppe von *Tony Williams' Lifetime* auftrat. «Bei diesen Konzerten spürten wir, dass wir an eine Grenze gekommen waren: Wir hätten jetzt eine Verstärkeranlage mit Tonprofis gebraucht», erläutert Spoerri, «wir hörten uns gegenseitig kaum und spielten zeitweise hundslausig.» Die *Experience* fiel auseinander.

Spoerri gründete mit dem Gitarristen Thomas Moeckel die Band *Jazz Container*, die sich am Fusion Jazz von Chick Corea und Herbie Hancock orientierte. Studer und Doran initiierten 1972 mit Urs Leimgruber und Bobby Burri die Rock-Jazz-Band *OM*, die europaweit zu den besten Bands des Genres werden sollte. Das Magazin «Rolling Stone» wählte ihr Album «OM with Dom Um Romao» von 1978 auf Platz 90 der «100 besten Jazzalben».

Entscheidenden Auftrieb erhielt Rock im Jazz durch das Jazzfestival in Montreux, das sich schon früh gegenüber Rock, Blues, Funk und Soul öffnete. Wichtig war auch das Nationale Amateur Jazz, Blues- und Popfestival, das ab 1972 zum ersten Mal als regionaler Anlass, von 1973 bis 1984 als nationaler Anlass stattfand. Es gab regionale Vorausscheidungen, die Besten durften im Amphitheater in Augst im Finale gegeneinander antreten. Augst wurde zu einem Sammelbecken für junge Talente. Der Lausanner François Lindemann trat hier ebenso auf wie die Basler Prog-Rockband *Circus*, Jazzmusiker wie

Urs Blöchlinger, Harald Haerter, Daniel Schnyder, die Jazz-Rockband *Shivananda* mit den *Keiser Twins* Walter und Peter Keiser.

Jazz-Rock oder Jazz-Fusion wurde salonfähig und stilübergreifend populär. Die 1974 gegründete Formation *Tetragon* des Pianisten Willy Bischof, die 1977 auch nach Montreux eingeladen wurde, pflegte einen Jazz über einem Rockfundament. Umgekehrt bewegten sich Rockbands wie *Infra Steff* des St. Galler Stefan Signer Richtung Jazz. Die Jazz-Rockbewegung beinflusste aber auch die *Swiss Horns* von Markus Kühne und vor allem die Mundart Pioniere von *Rumpelstilz*.

Bruno Spoerri war aber nicht nur für die Jazz-Rockbewegung wichtig. Im Laufe seiner langen Karriere tanzte er stilistisch auf mehreren Bühnen. Er beschäftigte sich intensiv mit elektronischen Sounds und wurde ein bedeutender Pionier der Synthesizer- und Computer-Musik. Daneben versuchte er sich auch als Komponist von kommerziellen Schlagern. 1968 schrieb er zum Beispiel für Hardy Hepp (siehe Porträt Hardy Hepp) und das «Liberty»-Label den Song «Ivana». Das Arrangement stammte vom deutschen Jazzmusiker, Saxofonisten und Filmkomponisten («Tatort») Klaus Doldinger, der Text von Hepp selbst. «Hardy sang mit der nötigen Inbrunst, dennoch fiel das Meisterwerk durch die Maschen der Popgeschichte», schreibt Spoerri ironisch, «zudem verkrachte er sich mit den Leuten im Fernsehen. Ich nehme an, die Single ist ihm heute noch peinlich».

Im selben Jahr wagte sich Spoerri sogar an den Eurovisions-Wettbewerb mit einer jungen Sängerin aus St. Gallen: Paola del Medico. «Mañana – Warte bis morgen» hiess der

Bruno Spoerri mit Synthesizer 1974.
© Archiv Spoerri

Song, der es nicht an die Endausscheidung schaffte. Er tauchte dafür auf einer Rückseite einer Single auf und brachte Spoerri 149 Franken und 90 Rappen ein. «Paola hatte mit anderen Liedern mehr Erfolg», schrieb dazu Spoerri und resümiert sein Schlagerschaffen folgendermassen: «Ich glaube, ich habe keinen Sinn dafür, wirklich populäre Musik zu schreiben. Wenn ich versuchte, den Geschmack eines grösseren Publikums zu treffen, ging das unweigerlich daneben.»

Erfolgreicher und für den Schweizer Rock wichtiger war Spoerri als Produzent. 1970 gründete er mit Hans Kennel und später Freddy Burger die Produktionsfirma «KS Productions» und mietete 1970 in Dietikon ein Tonstudio. Hier konnte er ungestört an seiner Filmmusik arbeiten, hier wurde aber auch die erste Platte der *Jazz Rock Experience* aufgenommen, das lange Titelstück «Alpha» für die Rockgruppe *Deaf*, *Krokodil Solo* von Düde Dürst (1970), die Single «Collage» der Prog-Rockband *Joint* mit Sänger Giovi Russo (1971) sowie «Gipsy Woman» der Prog Band *Hoax*.

Aber erst 1974 konnte er sich den Traum eines eigenen Tonstudios in einer Villa in Zürich verwirklichen. Spoerri nahm hier seine Synthesizer-Ländlerplatte «Iischalte» (1974) auf, die erste Schweizer Synthesizer-Platte. Gleichzeitig begann eine fruchtbare Zusammenarbeit mit August P. Villiger, der bei der neuen Schweizer Niederlassung von «CBS» als Produzent angestellt war. Dieser hatte grosse Pläne: 1975 machte er sich selbstständig und gründete die Firma «Image Records», auf der er Schweizer Musiker produzieren wollte. Vor allem im Mundartpop sah er ein grosses Potenzial. Er wollte auch beweisen, dass es neben dem Berner Rock ebenso in anderen Regionen Mundartmusiker gab. Er hatte dabei vor allem Toni Vescoli auf dem Radar, der damals begonnen hatte, Mundartlieder zu schreiben. Es entstand das Album «Lueg für di» mit den Songs «Es Pfäffli» und «Susann», die noch vor den Songs von *Rumpelstilz* und Polo Hofer zu Hits wurden.

1975 wollte Pepsi, respektive die Firma «Pecosa» in Sissach, eine Werbekampagne starten. Spoerri schlug vor, dazu LPs mit jungen Schweizer Musikern zu produzieren. In Zusammenarbeit mit Gusti Villiger entstanden die Platten «Folk» mit der aufstrebenden Schweizer Folkszene mit Max Lässer, *Skibbereen*, Urs Hostettler, Martin Diem (später *Schmetterding*) und dem linken Protestbarden Ernst Born. Auch die zweite Platte «POP» enthält einige seltene Raritäten und Perlen des jungen Schweizer Rock. Hier sind drei der wenigen Aufnahmen des einstigen Blues Pioniers «Chicken» Fischer (siehe Kapitel 2.3.) zu hören. Der Aargauer Multiinstrumentalist spielte im Playback ein Instrument nach dem anderen ein: Tuba, Gitarre und Piano, dann die Gesangsstimme. Spoerri steuerte am Schluss die fünf Saxstimmen bei.

Ein historisch wertvolles Tondokument auf «POP» sind auch die zwei Stücke der Lausanner Band *Shifter*. Die welsche Supergroup, die aus Musikern der bekannten Bands *Cardeilhac* und *Toad* entstand, hatte bei ihrer Gründung grosse Erwartungen geweckt. Ein Ereignis ist schliesslich auch das elfköpfige *Infra Steff's Grosser Samstag Orchester* von Stefan Signer. Ein originelles Elektrisches-Kammer-Ensemble zwischen Klamauk und organisiertem Chaos, das mit Collage-Techniken arbeitete und sich an Frank Zappa orientierte. Es löste sich nach den Aufnahmen auf und feierte 1976 als *Infra Steff's Red*

Bruno Spoerri 2016.
© Peter Hummel

Devil-Band Auferstehung. Signers Absicht, mit kammermusikalischer zeitgenössischer Klassik den Rahmen von Rock/Pop zu sprengen, ist auf dem Album «Gas Station» (1979, Produzent: Spoerri) festgehalten.

Zwischen 1975 und 1981 wurde in Spoerris Studio intensiv produziert. Über 80 Produktionen entstanden in dieser Zeitspanne. Sein Studio wurde zu einem Zentrum der Schweizer Protestsänger, der Folk und Folk-Rockszene. Das ausserordentliche Album «Unter der Brugg» der *Bode Band*, einer veritablen Allstar-Gruppe mit Walter Lietha, Corinne Curschellas und Max Lässer, wurde hier aufgenommen. Spoerri schuf aber auch Meilensteine der elektronischen Musik und des Krautrock wie «Hepp Demo Spoerri» (1976), «The Sound Of The UFOs» (1978) mit Reto Weber, das innovative Krautrock-Electronic-Album «Voice Of Taurus» (1978) mit den Schlagzeugern Curt Treier und Walter Keiser sowie das Album «Toy Planet» (1980) mit dem deutschen Musiker Irmin Schmidt, dem Gründer der wegweisenden Krautrockband *Can*.

Ausgerechnet eine aufwendige Produktion mit Irmin Schmidt und Hardy Hepp für die Gruppe *Hand in Hand* (1981) sollte schliesslich das Aus des Studios bedeuten. Über 270 Studiostunden kamen zusammen, die Kosten liefen aus dem Ruder. Spoerri schreibt: «Hardy beschimpfte mich als Ausbeuter der Musiker und brachte mich an den Rand eines Nervenzusammenbruchs. Zum ersten Mal in meinem Leben hatte ich das Bedürfnis, jemanden zu ermorden. Mich kostete der Spass mehr als 50 000 Franken.» Spoerri schloss das Studio.

Spoerri, Jahrgang 1935, blickt auf ein unvergleichlich reiches musikalisches Schaffen zurück, war führend in den verschiedensten Musiksparten unterwegs und hat in Rock und Pop als Mann im Hintergrund ebenfalls eine prägende Rolle gespielt. «Ich habe nirgends wirklich dazugehört, war immer dazwischen», resümiert Spoerri.

4.5 Bruno Spoerri und Jazz Rock Experience (1969–71)   **169**

4.6 Das erste Hard-Rockalbum:
Toad (1970–75)

«Es war der helle Wahnsinn. Noch nie habe ich zuvor einen solchen Gitarristen wie Vic Vergeat erlebt. Dabei war er erst 17», sagt Bassist Werner Fröhlich (Ex-*Sauterelles*, Ex-*Brainticket*) als der italienische Gitarrist zum Vorspiel aufkreuzte. Die Jam war die Geburtsstunde von *Toad*. Initiant war der sardische Schlagzeuger Cosimo Lampis. Er kannte Vergeat seit 1967 und Werni Fröhlich begegnete er zwei Jahre später bei Joël Vandroogenbroeks *Brainticket* in Basel. Die beiden harmonierten als Rhythmusgruppe prächtig und als *Brainticket* auseinanderfiel, beschlossen sie eine Rockband nach dem Vorbild von Jimi Hendrix zu bilden. Lampis verkuppelte Fröhlich und den Sänger Benj Jäger mit dem italienischen Ausnahmegitarristen. «Ich rief Vic an und er war einverstanden nach Basel zu kommen», sagt Lampis. Der Bandname geht ebenfalls auf eine Idee von Lampis zurück: *Toad* (engl. Kröte) würdigt nämlich das berühmte Instrumentalstück gleichen Namens von *Cream* (1966), in dessen Mittelpunkt ein langes und berühmtes Schlagzeug-Solo von Ginger Baker steht.

Der spätere Radiomann Christoph Schwegler und «Good News» übernahmen das Management. «Wegen Schwegler sind wir nach Basel gezogen. Er hat die Fäden gezogen und wollte, dass wir eine Platte aufnehmen», erzählt Fröhlich. Dank Vergeats Beziehungen erhielt die Band einen Vertrag mit «Hallelujah», dem Avantgarde-Label von RCA.

Vorgesehen war zunächst das neue Phonag-Studio von Hellmuth Kolbe in Lindau, doch Vergeat legte sein Veto ein. «In diesem Studio mache ich keine Aufnahmen», erklärte er dezidiert und sprach auch Toningenieur Kolbe die Kompetenzen ab. Doch Schwegler hatte eine Lösung. Er kannte den renommierten englischen Toningenieur Martin Birch (*Fleetwood Mac*, Jeff Beck, *Donovan*, *Deep Purple*), unter dessen Leitung die Aufnahmen im Londoner «De Lane Studios» stattfinden sollten. Es wurde eine relativ spontane Sache. «Wir waren rund eine Woche im Studio und haben viel gleich vor Ort komponiert. Die meisten Texte hat Vic noch im Zug nach London geschrieben», erinnert sich Fröhlich.

Das Debütalbum *Toad* ist das erste Schweizer Hard-Rockalbum und gehört bis heute zum Besten, was Rock in der Schweiz zu bieten hat. Dazu war es für damalige Schweizer Verhältnisse sehr erfolgreich. Im Juni 1971 schaffte es das Album bis auf Platz 3 in der «Blick»-Hitparade (eine offizielle Schweizer Album-Hitparade gab es noch nicht) und die Single «Stay» in der «offiziellen Schweizer Hitparade» auf Platz 9. *Toad* trat neben der englischen Top-Band *Uriah Heep* in der Musiksendung «Hits à Gogo» auf und zusammen bestritten sie auch einige Konzerte. Nach der Schweizer Tour folgte eine Tour durch Italien. Die Band war in aller Munde und auf dem Sprung zu einer internationalen Karriere.

Das Management drängte auf ein zweites Album. Es kam aber zu Meinungsverschiedenheiten um die Ausrichtung der Musik. Leadsänger Benj Jäger beklagte sich, dass er sich während der Endlos-Soli von Vergeat reichlich überflüssig vorkomme. Vergeat gewann den Machtkampf der Alphatiere. Der Leadsänger musste die Band verlassen. «Vittorio ist

4.6 Das erste Hard-Rockalbum: Toad (1970–75)

ein Frontmann. Er erträgt es nicht, wenn er mal nicht im Scheinwerferlicht steht», meint Fröhlich. Der charismatische Leadsänger hatte ihm «die Show gestohlen». Er musste gehen und Vic Vergeat übernahm wie Vorbild Hendrix auch das Gesangsmikrofon.

Laut dem Buch «Als die Haare länger wurden» musste der «begabte Egozentriker Vic Vergeat, seinem Charakter entsprechend, in jedem Augenblick im Mittelpunkt des Interesses stehen, sonst war er unzufrieden und mürrisch. Wie eine launische Diva benahm er sich manchmal reichlich exaltiert und arrogant. Er wirkte auf der Bühne manchmal kalt, distanziert und abweisend. Dann wieder war er in der Lage, die Leute abzuholen und zu Begeisterungsstürmen zu animieren. Mehr als einmal liessen aufgeheizte Zuschauer ihren Drive danach am Mobiliar aus.»

Rückblickend bedauert Fröhlich das Ausscheiden von Benj Jäger. «Er war damals der beste Schweizer Rocksänger. Er konnte zwar kaum Englisch und sang die Texte phonetisch, dafür hatte er Ausstrahlung. Im Quartett wären wir weitergekommen», ist Fröhlich überzeugt.

Im Trio nahm *Toad* erneut in den Londoner «De Lane Studios» bei Martin Birch ihr zweites Album «Tomorrow Blue» (1972) auf. Vergeat sang die Leadstimme und spielte erstmals auch Klavier («Three O'Clock In The Morning»). Das Album war bluesiger als der Vorgänger und etwas weniger hart. In den Stücken «Blind Chapman's tale» und «Green Ham» wurde der virtuose Geiger Helmut Lipsky hinzugezogen und die Band zeigte sich erstmals von ihrer bisher ungewohnt akustischen und sensiblen Seite. Auch «Tomorrow Blue» war erfolgreich und verkaufte sich allein in der Schweiz über 10 000 Mal.

Toad in der Ur-Formation im Quartett mit Cosimo Lampis, Vic Vergeat, Benj Jäger und Werner Fröhlich.
© Archiv Fröhlich

Benj Jäger war einer der besten Rocksänger der Schweiz.
© Archiv Conrad

Nach einer intensiven Konzertreihe kam es erneut zu Spannungen, worauf Werner Fröhlich die Band verliess und mit Dany Rühle und Jack Conrad die Prog-Band *Island* gründete (siehe Kapitel 4.7.). Der Basler Caesar Perrig übernahm Fröhlichs Platz bei *Toad*, doch wenige Monate danach brach die Band abermals auseinander. 1975 konnte Vergeat Fröhlich und Lampis noch einmal zu einem Comeback bewegen und in Mailand die LP «Dreams» für das italienische Label Frog aufnehmen. Doch die Luft war raus. «*Toad* hatte sich toad-gelaufen», resümiert Fröhlich.

Das ausserordentliche Talent von Vic Vergeat war für *Toad* Fluch und Segen zugleich. «Vic kann alles schneller machen als alle anderen. Nicht nur physisch, auch geistig. Sein Hirn ist wie ein Schwamm, der Informationen aufsaugt. Er kann zum Beispiel alle Beatles-Texte auswendig und die elektrische Gitarre hat er sich in einem Monat selbst beigebracht. Zu diesem Zweck hat er sich von seiner Mutter in sein Zimmer einschliessen lassen. Allein mit seiner Gitarre und Platten von John Mayall, Peter Green, Hendrix und Co. hat er innert kürzester Zeit alles gelernt und gespielt wie kein Zweiter.» Fröhlich ist heute immer noch verblüfft, was Vergeat technisch und melodisch draufhat: «Einfach unglaublich und unheimlich», sagt er, «sein Egotrip hat aber auch vieles verhindert. Er hat Offerten der besten Bands abgelehnt. Sogar eine Anfrage der Stones würde er ablehnen. Vittorio kann nicht die zweite Geige spielen.»

Für Fröhlich haben alle genialen Musiker «irgendwie einen Knacks». «Du musst wissen: Ich werde in meinem Leben nie arbeiten. Mein Vater hat sein ganzes Leben gearbeitet, doch es hat ihm nichts gebracht», erzählte Vergeat einmal. Der Musiker ist «ein ewiger Parasit». Er profitiert stets von anderen. «Andere müssen für ihn arbeiten, zahlen und rennen. Er hat die teuersten Kleider, das teuerste Motorrad. Alle wissen es und trotzdem gehen alle vor ihm auf die Knie. Am Schluss gewinnt er», erklärt Fröhlich.

Toad hat zumindest in der Schweiz einen grossen und bleibenden Fussabdruck hinterlassen. In Mailand stehen noch heute LPs der Kröte in Schaufenstern. «Es vergeht kein Tag, in dem ich nicht irgendwie an *Toad* erinnert werde», meint Fröhlich. Und manchmal kommt ihn Vergeat zu Hause in Lausanne besuchen. «Ich freue mich jedes Mal, wenn er kommt und wir haben es gut. Bei jedem Besuch reden wir auch über ein Comeback von *Toad*.»

SPPR

präsentiert am Pop-Festival

WEAP

mit

4.7 Ostschweizer Pioniere

‹Mr. Howard Greer›

Pop-opera

Sonntag 15.3.70 19⁰⁰ Uhr

Strandcafé Rapperswil

4.7.1 *Deaf* (1969–1972)

Der grosse englische Bluesvater John Mayall war so etwas wie der Geburtshelfer. Die beiden Ostschweizer Bands *The Shiver* und *Axis* bestritten das Vorprogramm des englischen Rhythm-and-Blues-Pioniers. Beide Bands hatten ihre Wurzeln im Blues, wollten sich dem Zeitgeist entsprechend aber psychedelischer und progressiver ausrichten. Da *The Shiver* nach der «Mayall Tour» auseinanderzubrechen begann, beschlossen Dany Rühle und Jelly Pastorini mit Jack R. Conrad (Flöte/Gesang), Bert Buchmann (Bass), beide von *Axis* und Schlagzeuger Güge Meier (Q66) zusammenzuspannen. «Wir wollten unser eigenes Ding machen, nicht nur nachspielen. Und wenn wir doch Covers hatten, wollten wir sie erweitern und mit Improvisationen anreichern», sagt Rühle und Conrad ergänzt: «Unter dem Einfluss der verschiedensten Drogen haben wir auf der Bühne das Zeitgefühl verloren, weshalb die Gigs oft stundenlang dauerten.»

Stefan Sulke hat die Band schon bald in sein Studio in Biel eingeladen und als die Band sich dort einfand, hatte er schon vieles vorgegeben. Zum Beispiel den Namen *Deaf*, aber auch klassisch angehauchte Themen. «Wir konnten uns nur widerwillig damit anfreunden. Es war nicht das, was wir uns vorgestellt hatten», meint Conrad. Das Album ist nie erschienen und die Aufnahmen sind verschollen.

Deaf Ausgabe 1972 mit Güge Meier, Jack R. Conrad, Peter Scherer, Dany Rühle, Albert Buttigieg und Marc Storace (von links). © Archiv Conrad

Deaf spielte im Juni 1970 am «Sitter-In», dem Vorläufer-Festival des Open Air St. Gallen und machte im Juli Aufnahmen, die von Hans Kennel und Bruno Spoerri produziert wurden, zusammen mit Live-Mitschnitten, die aber erst später unter dem Titel «Alpha» erschienen. Im selben Jahr wurde auch «Howard Greer», die erste psychedelische Rockopera live in Rapperswil uraufgeführt. Die Band war ambitioniert und galt als beste Band in der Ostschweiz. Sie spielte viel in Süddeutschland, wo der psychedelische Sound besonders beliebt war, aber auch in den Niederlanden. Unter dem Strich waren es aber doch zu wenig Konzerte, weshalb Pastorini den Austritt gab. «Er hatte als Einziger Familie und wir verdienten einfach zu wenig», sagt Conrad, der fortan auch den Key-

Die Gründerformation *Deaf* mit Güge Meier, Bert Buchmann, Jack R. Conrad, Marco «Jelly» Pastorini und Dany Rühle (von links). © Archiv Conrad

board-Part übernahm. Er war einer der Ersten in der Schweiz, der ab 1969 einen Moog Minimoog Synthesizer und ein elektromechanisches Mellotron verwendete.

In dieser Situation traf Conrad im Herbst 1971 im «Africana» in St. Gallen einen maltesischen Sänger: Marc Storace (siehe Porträt Marc Storace) und Albert Buttigieg, einen Bassisten, der auch aus Malta kam. Sie hatten keine Übernachtungsmöglichkeit, weshalb sie bei Conrad in der Hippie-WG unterkamen. «Am anderen Tag gingen wir ins Probelokal und jammten etwas. Es hat sofort gepasst und die Stimme von Marc hat mich umgehauen. Er sang damals noch nicht so hoch gepresst wie später bei *Krokus*. Sehr melodiös und gefühlvoll. Da *Deaf*-Bassist Buchmann nach London zog, kam der Band dies gerade recht. Ich fragte, ob sie beide bei uns einsteigen würden. Marc und Bertu sagten bloss: Wieso nicht?», erzählt Conrad. So sind Storace und Buttigieg in der Schweiz hängen geblieben. «*Deaf* war für mich so etwas wie das Sprungbrett in der Schweiz», sagt Storace heute dazu.

In jener Zeit kamen Synthesizer-Sounds auf, neue Keyboard-Instrumente. Conrads Traum war eine Band mit zwei Keyboardern. So ist Peter Scherer zu *Deaf* gestossen. Peter Scherer hatte das Konservatorium in Basel besucht und studierte bei György Ligeti und Terry Riley. 1980 zog er nach New York und machte dort als Studiomusiker, Produzent und Filmkomponist Karriere. Er arbeitete mit Cracks aus Pop, Rock und Jazz wie Caetano Veloso, Bill Frisell, John Zorn, David Byrne, Marc Ribot, Nile Rodgers, *Cameo* und Naná Vasconcelos und gründete mit Arto Lindsay das Noise-Funk-Duo *Ambitious Lovers*.

Rückblickend war *Deaf* eine Art Supergroup, die nie den Durchbruch schaffte. «*Deaf* hatte Gigs, aber zu wenige, um professionell als Musiker davon leben zu können», sagt Rühle. Es gibt auch unveröffentlichte Aufnahmen. Rund neun Monate blieb Storace in der Ostschweiz bis er aus wirtschaftlichen Gründen den Austritt gab. Es war das Ende von *Deaf*.

Marc Storace

Marc Storace ist nicht nur ein Weltklassesänger, ein Rocksänger von Gottes Gnaden, er verfügt auch über ein unglaublich gutes Gehör. Egal ob er rau oder klar singt, die verschiedensten Facetten abruft, schiefe Töne hört man von ihm nie. Er selbst führt diese Gabe auf eine Art pränatale Gehörbildung zurück. «Meine Mutter hat während der Schwangerschaft immer Klavier gespielt. Schon im Mutterleib war ich von Musik umgeben. Das war prägend», meint er.

Marc Storace in Basel vor dem Atlantis, 2019.
© Kenneth Nars/CH Media

Geboren ist Marc Storace am 7. Oktober 1951 als fünftes von sechs Kindern einer musikverrückten Familie in der Stadt Sliema auf der Mittelmeerinsel Malta, damals noch eine britische Kolonie. Vater Anthony Storace war Tenor im katholischen Kirchenchor, Mutter Edna Crockford studierte Klavier an der «Royal School of Music». Sie war vor allem Mutter und Hausfrau, hat aber auch Klavierstunden gegeben. Die Eltern waren keine professionellen Musiker, aber Musik war omnipräsent. Sie liebten die Oper und Gershwin, tanzten gern und «Radio BBC» lief fast den ganzen Tag. «Der Familienzusammenhalt war sehr stark und ist es immer noch», erklärt Storace.

Eine eigentliche musikalische Bildung oder Ausbildung hatte Marc Storace nie gesucht. «Aber ich habe immer gesungen. Learning by doing», sagt er. Zuerst allein zu Hause mit dem Radio, dann im Kirchenchor wie sein Vater. Früh wurde sein Talent erkannt und er wurde Vorsänger. Dann kamen Fats Domino, Chuck Berry, Elvis und natürlich die Beatles.

Marc Storace mit Armand Volker bei *TEA* 1977.
© Ueli Frey

Mit 14 Jahren trat er der ersten Band bei. «Eigentlich wollte ich ja Bass spielen», erzählt er, «doch als der reguläre Sänger verhindert war, bin ich eingesprungen», und blieb es.

Seine weiteren Bands hiessen *Stonehenge Union* und *The Boys*. Im Repertoire standen Songs der *Animals*, *Kinks*, *Beatles* und *Stones*. Während der 1960er-Jahre gab es auf Malta viel Live-Musik in den verschiedensten Clubs, vor allem in der langen warmen Sommersaison. Von Wasser-Polo-Clubs über Entertainment Clubs für die Jugend bis zu Konzerten in Open Air-Discos an den Wochenenden sowie vielen Privatpartys für Einheimische und Touristen. Es war eine tolle Live-Szene, aber ein Musiker verdiente damals nicht genug, um davon zu leben. Wer als Musiker gutes Geld verdienen wollte, musste Tanzmusik in den Cabaret-Clubs und Hotels spielen, hauptsächlich für Touristen. «Doch das wollte ich nicht. Ich war rebellisch wie ein Musiker aus dem Musical ‹Hair›. Meine Lebensphilosophie passte nicht dazu. Ich wollte in eine Band einsteigen, die eigene Songs schreibt, Alben aufnimmt und auf Tour geht», resümiert Storace.

Eine Berufslehre hat er nicht abgeschlossen. Seinen Lebensunterhalt verdiente er an den Wochenenden mit Konzerten, unter der Woche arbeitete er als Logistiker. «Ich wollte Profi-Rockmusiker werden», sagt er. Die Chance kam Ende der 1960er-Jahre in der Rockband *Cinnamon Hades*, von der es auf Youtube ein Video aus dem Jahr 1970 gibt. Bei einem einmonatigen Engagement der Band auf einem Kreuzfahrtschiff verdiente er genug Geld, um die Insel zu verlassen und sein Glück als Sänger in London zu versuchen.

An der Themse fand er zwar einen Job als Verkäufer in einem coolen Musikladen am «Piccadilly Circus», musikalisch lief aber nicht viel. Nach einigen Monaten lernte er eine Schweizerin aus Basel kennen. Sie sagte, es gäbe in der Schweiz viele Musiker, die auf einen Sänger wie ihn gewartet hätten. «Bald packte ich meinen Koffer und folgte ihr nach Basel», erzählt er. Über einen Bandmanager und den späteren *Island*-Sänger Benj Jäger landete Storace in St. Gallen, wo er die Musiker der Band *Deaf*, Dany Rühle, Peter Scherer und Jack Conrad, kennenlernte und dort hängen blieb. Die Beziehung zu seiner Freundin ging schon nach einem Monat in die Brüche, doch die Beziehung zur Schweiz sollte ein Leben lang halten. Die Baslerin war Storaces Tor in die Schweiz. «Ich bin ihr sehr dankbar, dass sie mich in die Schweiz gelotst hat, aber ich habe sie nie mehr gesehen», offenbart Storace.

Das Probelokal von *Deaf* war vollgestopft mit den besten Anlagen und Verstärkern, den neusten Keyboards und teuersten Becken und Gongs. «Ein Schlaraffenland für Musiker», meint Storace. Er fand bei Keyboarder Jack Conrad Unterschlupf. «Wir hatten kein Geld und zu viel Zeit», sagt Storace, «auf Dauer war es einfach unbefriedigend.»

Neun Monate war Storace bei *Deaf* in St. Gallen. Die Ambitionen waren gross, das Ziel war eine Rockoper zu schaffen. «Wir haben geübt und geübt, sehr intensiv und lang. Doch mit den Kompositionen kamen wir nur sehr schleppend vorwärts», äussert sich Storace, «die Anlage hätte abbezahlt werden sollen, aber wir hatten keine Einnahmen, kein einziges Konzert. Wir waren ökonomisch zerstört. Die Flamme ist erlöscht und ich hatte die Nase voll.»

Storace war drauf und dran, seine Zelte in der Schweiz wieder abzubrechen, heim nach Malta zu reisen, um dort einen neuen Plan zu schmieden. Die Rettung hatte drei Buchstaben: *TEA*. Der bisherige Sänger Turo Paschayan wollte sich auf den Bass konzentrieren. «Die Audition verlief prächtig, alle waren happy und ich bin ins Haus von *TEA* in Boniswil eingezogen», sagt Storace, «als dauernder Feriengast!»

Das Leben in Boniswil war idyllisch. Im Keller war das Probelokal, im Garten wurde Fussball oder Tischtennis gespielt und der nahe Hallwilersee lud zum Schwimmen und Baden ein. (Turo) Paschayan, Eggli und (Armand) Volker waren Herz, Hirn und Motor der Band. Als gelernter Mechaniker hat Paschayan Autos repariert, Eggli verkaufte Instrumente, Volker gab Gitarrenstunden und Philippe Kienholz, der neue Keyboarder, hat gekocht. Zweieinhalb Jahre lebte die Band im aargauischen Seetal, das Albumdebüt wurde hier komponiert. Die

Marc Storace 1974.
© Peter Wälti

Marc Storace 1980
live mit *Krokus*.
© Ueli Frey

Band wollte aber, wie die amerikanischen Vorbilder, abseits der Zivilisation leben und zusammen Musik machen. Deshalb zog die Band in einen Bauernhof in Heimisbach im Emmental. Die Band half beim Umbau des Bauernhauses und konnte deshalb gratis dort leben: neun Zimmer, zuerst noch ohne Warmwasser und mit Plumpsklo. Der Nachbarsbauer bewirtschaftete das Land, die Band baute den Kuhstall in ein Probelokal um.

Zwei Jahre dauerte die Emmentaler Herrlichkeit. Doch dann wollte der Eigentümer nach Fertigstellung des Umbaus eine höhere Miete berechnen, was sich die Band nicht leisten konnte. Als «Tax Exile» (1976) aufgenommen wurde, wohnten die Bandmitglieder schon an verschiedenen Orten: bei Freundinnen oder in WGs.

TEA hatte alles: Eine superteure Anlage, einen bandeigenen Sattelschlepper für die Tourneen. In jener Zeit existierten noch keine Firmen, von denen qualitativ hochstehende Anlagen hätten gemietet werden können. Am Schluss war die Band hochverschuldet. *TEA* galt als die beste Schweizer Rockband der 1970er-Jahre. Die Bandmitglieder waren gefeierte Stars. Doch der Schein stimmte mit der Realität nicht überein. «Wir haben über unseren Verhältnissen gelebt. Wie wenn man eine Luxusvilla kaufen würde, die Hypothek aber nicht bezahlen kann. Wir sind wie Rockstars aufgetreten, lebten aber von Wurst und Brot, um diesen Schein zu finanzieren», erklärt Storace, «wir haben die ganze Zeit geschuftet, aber nicht genügend verdient, um weiterhin als professionelle Rockmusiker zu existieren. Trotzdem hat die Band dank ihren drei Alben und den Tourneen durch die Schweiz und Europa diesen Schein sechs Jahre lang wahren können. «Wir erlebten Sachen, die wir zuvor nur von englischen und amerikanischen Bands gelesen hatten», meint Storace. «Die Liebe zu unserer Musik war es, die uns so lange überleben liess. Aber irgendwann war der finanzielle Druck zu hoch», sagt Storace. Roli Eggli begann als Programmierer zu arbeiten, um die Schulden zurückzahlen zu können. Turo Paschayan hat andere Bands gemanagt und produziert und Armand Volker machte als Produzent in der Schweiz und in München mit eigenem Studio Karriere.

Für Storace wurde die Situation in der Schweiz immer unerträglicher. Es war wirklich absurd: Jahrelang wurde er vom Magazin «POP» zum besten Schweizer Sänger gewählt, wurde als Rockstar gefeiert, hatte aber kein Einkommen und war auf die Hilfe von anderen angewiesen. «Ich konnte mir nichts leisten. Nur dank Freundinnen konnte ich hin und wieder raus aus dem Schneckenloch», sagt Storace.

Der Rockstar hatte Sehnsucht nach einem normalen, bürgerlichen Leben, nach einem Job von nine to five, nach Freizeit, nach eigenen vier Wänden. Erst recht als er die Tänzerin Alice kennenlernte, mit ihr nach London zog und dort einen Job annahm. Und natürlich sang er in einer Band. Sie hiess *Easy Money* und war mit dem Song «Telephone Man» vielversprechend gestartet (siehe Youtube). Als Chris von Rohr sich 1979 bei Storace meldete, war *Easy Money* daran, mit dem Label Chrysalis einen Plattendeal abzuschliessen und mit *Genesis* eine US-Tour aufzugleisen. «Ich war verheiratet, hatte einen Job und eine vielversprechende Band. Ein geregeltes Leben. Was wollte ich mehr? Die erste Reaktion war denn auch ablehnend. Ich wollte nicht zurück ins Bettlerleben in der Schweiz», bekräftig Storace. Trotzdem liess er sich das neue Song-Material mit den Demos mit Sänger Henry Fries zukommen, denn bei *Easy Money* gab es atmosphärische Probleme.

Und sowieso: Storace hatte noch andere Eisen im Feuer: *Ritchie Blackmore's Rainbow*. Ein Talentscout hatte den Malteser in London aufgestöbert und schlug ihm eine Audition vor. Wer könnte da Nein sagen? Es gab da nur ein Problem: Storace kannte zwar jede Menge «Deep Purple»-Nummern, aber keinen einzigen ganzen Song von «Rainbow» auswendig. Trotzdem wollte er sich diese Chance nicht entgehen lassen. Schon am folgenden Wochenende flog er nach Genf, wo er von Schlagzeuger Cozy Powell mit einem grossen Mercedes abgeholt wurde. In einer abenteuerlichen Fahrt gings in ein Schloss in Frankreich, wo sich die Band mit dem Mobile Studio von *Jethro Tull* einmietete. «Roger Glover hiess mich willkommen. Er war das Sprachrohr der Band. Ich war sehr nervös und fühlte mich unter diesen Mega-Rockstars wie ein Greenhorn. Doch alle waren sehr nett und zuvorkommend. In der Stube sass Ritchie himself. Er war nicht sehr gesprächig, bot mir aber einen Whiskey an. Er spürte wohl, dass ich sehr nervös war. Doch ich lehnte dankend ab: Ich trinke nie «Whiskey» vor dem Singen», erzählt er.

Storace hatte für die Audition «Man On A Silver Mountain» ausgesucht, den epischen *Rainbow*-Klassiker. «Ritchie wants to hear a bluesy voice», empfahl ihm Powell zuvor auf der Fahrt. «Ich versuchte den Song deshalb with a bluesy touch zu singen – leider hat es nicht funktioniert», sagt Storace. Die Band entschied sich für Graham Bonnet.

Einen Monat später meldete sich von Rohr wieder. «Das neue Material gefiel mir. Nicht mehr Minestrone wie vorher, die Songs hatten eine klare Linie», bekennt er, «dazu war ich ein Fan von Tommy Kiefer. Er spielte mit viel Bluesgefühl à la Jimi Hendrix.» Schliesslich sagte Storace zu.

Es war ein Glücksfall für *Krokus* und der Beginn einer internationalen Erfolgsgeschichte, wie sie keine andere Schweizer Band erlebte. Aber auch eine Geschichte mit Höhen und Tiefen, mit endlosen Querelen und personellen Wechseln, verwirrten Geistern, Egotrips und Intrigen, Drogeneskapaden und Frauengeschichten. Rock 'n' Roll-Lifestyle. «Ich habe Scheisszeiten erlebt», gesteht Storace, «aber ich hatte immer wieder Glück und konnte mich aus der Scheisse befreien und in die Zukunft schauen» (lacht). Das Leben ist eine Berg-und-Tal-Fahrt und jeder weiss: «Life in the fast lane can be ruthless and deadly!»

Bereut Storace es rückblickend, dass er damals das Angebot von AC/DC ablehnte? Dass er nicht einmal die Chance einer Audition wahrgenommen hat? «Ich bereue gar

Marc Storace im Gespräch 2020.
© Archiv sk

nichts», meint Storace bestimmt. Der Kontakt kam nach dem Tod von Bon Scott 1980 über den Chef der englischen Firma «Lights & Sound» aus Birmingham zustande, der beide Bands, *Krokus* und *AC/DC*, belieferte. Dieser war überzeugt, dass Storace der geeignete Sänger wäre und wollte ihn für eine Audition bei *AC/DC* empfehlen. Das Angebot war aber unsicher und vage. Storace wusste nicht einmal, ob der Mann im Auftrag von *AC/DC* handelte. Auf jeden Fall ging Storace auf das Angebot gar nicht ein und lehnte ab.

Was waren seine Beweggründe? «Mit *Krokus* lief es sehr gut. ‹Metal Rendez-Vous› war erschienen und fand ein gutes, vielversprechendes Echo. Die Band war im Aufwind und bereit, durchzustarten. Ich habe an *Krokus* geglaubt und fühlte mich wohl. Ich hatte in kürzester Zeit viel Positives erlebt mit meinen neuen Bandkumpels. Endlich funktionierte etwas, ich wollte das nicht aufs Spiel setzen … die Loyalität! Mein Bedarf an Abenteuer war aus der Zeit von *TEA* gedeckt». Storace macht aber auch musikalische Gründe geltend: «Ich kam von *TEA* und von *Prog* mit seinen raffinierten Strukturen. In einem Song von *TEA* waren Ideen für drei *AC/DC*-Songs. Die Musik der australischen Band war mir deshalb zu einfach gestrickt, zu simpel. Im Vergleich dazu war selbst ‹Metal Rendez-Vous› melodiöser, abwechslungsreicher und anspruchsvoller … ein ‹touch of Prog› war eben auch drin! … und ich singe gerne auch Balladen. Es war voll von verschiedenen Farben.»

Der Entscheid für *Krokus* war aber gleichfalls ein Entscheid für die Schweiz. «Der Lebensstandard in der Schweiz ist meiner Meinung nach einfach höher. Ich bin jederzeit sehr gerne in London als Tourist, aber zum Leben ist die Schweiz viel besser. London geht mir mit der Zeit auf den Keks. Ich bin ein überzeugter Schweizer», sagt Storace. Seit 30 Jahren ist er mit Cornelia, einer diplomierten Kosmetikerin, verheiratet, lebt im Kanton Basel-Landschaft und hat mit ihr die beiden erwachsenen Kinder Luca und Giuliana. Mit der Heirat ist er auch Schweizer geworden.

Mehr als 30 Jahre lang war Storace bei *Krokus*. Mit Unterbrüchen, aber so lange wie sonst keiner. Mit den «Vons», Chris von Rohr und Fernando von Arb, hat die Chemie nicht immer gestimmt. Immer wieder gab es Zusammenstösse und Ungereimtheiten. «Ich musste mich immer gegen die Vons wehren. Oft fühlte ich mich übergangen», erwähnt Storace. Gleichzeitig anerkennt er die unbestreitbaren Leistungen der beiden für *Krokus*: «Chris ist der Motor der Band. Er hat viel gebracht und erreicht. Er hat eine unglaubliche Energie, die aber auch ins Destruktive wechseln konnte.» Und über von Arb sagt er: «Er ist kein Eddie van Halen, kein Akrobat. Das ist die Rolle von Mandy (Meyer). Fernando liefert die mächtigen Riffs. Wie kein Zweiter weiss er den Raumschiff-Sound der Band zu steuern.»

Marc Storace hätte mit *Krokus* gern noch weitergemacht. Doch das Ende gibt Storace nun auch die Chance, endlich seinen Traum von der eigenen Band zu verwirklichen. Er arbeitet bereits intensiv an neuer Musik. «Ich bin Rockmusiker», sagt Storace, «ich will auf die Bühne und mein Musikerdasein bis ins Grab leben.»

4.7.2 *Island* (1972–77)

Herbst 1972, nach dem Aus von *Deaf* meldete sich Bassist Werner Fröhlich bei Jack Conrad. *Toad* sei auseinandergefallen, ob er Interesse hätte, bei einer neuen Band mitzumachen. Ex-*Toad*-Sänger Benj Jäger war dabei, Bryn Collinson, ein englischer Saxofonist, der Lausanner Gitarrist Rinaldo Häusler, der beim Prog-Trio *Cardeilhac* spielte, einer der besten Rockbands am Genfersee sowie Guido Studer, ein Nachwuchstalent am Schlagzeug. So entstand die erste Ausgabe von *Island*. Doch Häusler ging nach ein paar Gigs zurück ins Welschland und Fröhlich folgte ihm kurz darauf, um die Band *Shifter* zu gründen (siehe Kapitel 6.). Dany Rühle ersetzte den Part von Häusler, Güge Meier den von Guido Studer. *Island* hatte sich einem melodiösen Prog Rock verschrieben. Ein Stück auf dem Sampler «Heavenly and Heavy» dokumentiert die Frühphase dieser Band. Nach dem Abgang von Fröhlich wurde ein junger talentierter Bassist, Egon Eggler, aus St. Gallen rekrutiert. Die Band bezog mit ihren Roadies eine Art WG-Haus in Raat im Zürcher Unterland, war in der Schweiz sehr gefragt und spielte viele Konzerte. Aus dieser Besetzung entwickelte sich die klassische *Island*-Formation, die vor vollen Häusern spielte und von der Presse positiv aufgenommen wurde. «Was Komposition, Arrangements betraf, waren wir unerreicht. Es konnte uns in der Schweiz niemand das Wasser reichen», meint Rühle über diese Zeit.

Island mit Güge Meier, Jack Conrad, Peter Scherer, Dany Rühle, Benj Jäger und Egon Eggler (v. li.).
© Archiv Conrad

Island funktionierte basisdemokratisch. «Es gab keinen Bandleader und jeder konnte sich einbringen», erzählt Rühle. Das änderte sich als Conrad nochmals seinen Traum von zwei Keyboardern in einer Band verwirklichen wollte und Peter Scherer in die Band holte. Die Musik wurde unter Scherers Zepter immer komplizierter. Er war sehr dominant und hat die Leitung an sich gerissen. Die musikalische Entwicklung ging Conrad immer mehr gegen den Strich. «Scherer liess sich nichts sagen. Ich stieg aus, weil ein zweiter Keyboarder überflüssig wurde», sagt Conrad.

Aber auch Rühle fühlte sich zunehmend unwohl. Bisher hatte er die meisten musikalischen Ideen gebracht. Doch Scherer ist ihm «über den Kopf gewachsen». «Scherer war viel schneller. Ich war der Tüftler, aber er hat es einfach gemacht. Das war nicht ganz einfach für mich», offenbart Rühle. Unter Scherers Leitung wurde die Musik immer komplexer, schwieriger und intellektueller

Keyboarder Peter Scherer, später Produzent und Filmkomponist.
© Ueli Frey

und wurde oft mit der englischen Formation *Van Der Graaf Generator* oder *Gentle Giant* verglichen. «Die Musik war sehr konstruiert und gespickt mit tausend Rhythmuswechseln, die Melodien waren kaum singbar. Es wurde nicht mehr aus dem Bauch heraus musiziert», resümiert Conrad diese Entwicklung. Kurz darauf stieg auch Bassist Egon Eggler aus den gleichen Gründen aus. Das Album «Pictures» von 1976 gibt einen Eindruck davon.

Doch bei den Aufnahmen waren Rühle und Eggler schon nicht mehr dabei. Einer der besten Gitarristen in der Frühphase des Schweizer Rock gab seine Musikerkarriere auf. «Dany Rühle war ein brillianter Gitarrist. Eine Mischung aus David Gilmour und Steve Hackett», würdigt ihn Conrad.

Wenige Monate nach der Veröffentlichung von «Pictures» mit einem Cover von H. R. Giger löste sich *Island* auf. *Deaf* und *Island* waren vielversprechende Bands, die die innovative Zeit und die Aufbruchstimmung symbolisierten, aber schliesslich an den eigenen hohen Ansprüchen scheiterten. Ihre Musik überforderte zuletzt nicht nur das Publikum, sondern auch die Musiker oder zumindest einen Teil davon. 2005 erschien noch das Doppelalbum «Pyrrho» mit Studio- und Live-Aufnahmen von 1975 und 76.

Jack Conrad zog weiter und bildete mit dem Gitarristen und Sänger Peter Kuhn und *Island*-Bassist Egon Eggler 1977 die Band *MillerKane*. 1981 folgte die Elektro-Rockband *The Steps*, die 1981 mit «Heroes» in der Schweiz einen Top-10-Hit landen konnte. 1985 wanderte Conrad nach Kalifornien aus, wo er bis zu seiner Rückkehr in die Schweiz 1994 als Band- und Studiomusiker arbeitete. Heute lebt er im Zürcher Unterland.

Armand Volker

Jahrelang drehte sich alles um die Gitarre. Schon mit acht kauften die Eltern Volker ihrem Armand bei Jecklin eine teure akustische Gitarre. Das war 1958. Sechs Jahre lang nahm er klassischen Gitarrenunterricht und konnte sich dabei einen guten Grundstock an musikalischer Bildung erarbeiten. Im Haus von «Malermeister Volker» in Uster war klassische Musik angesagt, die Grossmutter war Klavierlehrerin, der Onkel Cembalist und der talentierte Armand arbeitete sich durch die klassische Gitarrenliteratur. Schon bald konnte er die Cello-Suite Nr. 3 von Bach auf seiner Gitarre spielen.

Armand Volker heute vor seiner Wand mit Goldenen Schallplatten.
© Ueli Frey

Doch als Armand 1964 den *Beatles*-Film «A Hard Day's Night» sah, war es um ihn geschehen. Auf dem Radiosender «SWF 3» hörte er die neusten Sounds und Trends, kaufte seine erste Popplatte, «Ich will keine Schokolade» von Trude Herr, und wollte jetzt natürlich elektrische Gitarre spielen. Er modifizierte seine Akustikgitarre und spielte zu den Songs am Radio. Schliesslich baute er sich selbst eine elektrische Gitarre. «Meine Eltern waren sehr cool, ja die ganze Familie war gegenüber der neuen Musik sehr aufgeschlossen und hat mich in allem unterstützt», erzählt Armand Volker. Mit der 80-jährigen Grossmutter hat er sogar *Shadows*-Songs geübt.

Zur Rockmusik kam er am Gymnasium in Wetzikon. Dort spielte die Band *Upshot* Coverversionen der *Rolling Stones*. «Es klang vermutlich ganz schrecklich, aber ich war fasziniert», sagt Volker. Und schon bald war er Lead-Gitarrist der Band und spielte erste Konzerte. Grösser waren die Ambitionen mit *New Hue*, einer relativ erfolgreichen Band,

Armand Volker 1977 mit *TEA*.
© Ueli Frey

die immer wieder im «Blow Up», dem Lokal von Hansruedi Jaggi, engagiert war. Volker orientierte sich an den Gitarrenhelden Hendrix, Clapton und vor allem an Jeff Beck und konnte sich hier einen Ruf als vorzüglicher Gitarrist erarbeiten.

Nur schwach sind seine Erinnerungen an die Zeit mit *Tusk*. «Ich habe mich nur auf mich und meinen Gitarrensound konzentriert. Etwas anderes als meine Gitarre hat mich gar nicht interessiert. Eigentlich wusste ich gar nicht, was die anderen spielten. Ich wusste auch nichts über die Inhalte der Texte», erklärt Volker über das Ego-Projekt der verpassten Chancen. Dabei war Volkers Anspruch nicht die Show, die gehörte Sänger «Fögi». Volker war kein Gitarren-Poser, aber er wollte der Beste sein.

Heilsam und hilfreich für den weiteren Werdegang von Armand Volker war das Abenteuer *TEA*. Der Aufstieg und Fall einer der besten Schweizer Bands in der Geschichte des Schweizer Rock hat ihm die Augen und vor allem die Ohren geöffnet. Heute spricht er in diesem Zusammenhang von einer «déformation professionelle», die bei Musikern weitverbreitet ist. Sogar bei der *Münchener Freiheit*, der Band, die Armand Volker jahrelang erfolgreich produzierte, war sie vorhanden. Als die Band den Song «Ohne dich (schlaf ich heut Nacht nicht ein)» aufnahm, hiess es: «Hoffentlich wird das kein Hit, sonst müssen wir ihn immer spielen.» Die Band schaffte danach mit dem Song nicht nur den Durchbruch, er wurde zum grössten Hit der Band und zum Charts-Dauerbrenner.

Nach dem Ende von *TEA* stand Volker zunächst als Gitarrist der *Scorpions* zur Diskussion. Doch dann erkannte er, dass er nicht mehr Teil einer Band sein möchte. Ihm wurden aber auch die eigenen Grenzen als Gitarrist und Komponist bewusst. «Ich war virtuos und konnte technisch alles. Zu den Grossen des Fachs fehlte mir aber doch einiges», offenbart Volker selbstkritisch. Er wollte aber vor allem den Tunnelblick des Gitarristen überwinden. «Ich wollte das Ganze, das gesamte Paket gestalten. Ich musste aber auch erkennen, dass meine Fähigkeiten als Komponist nicht für den Erfolg genügen würden», ergänzt er. In dieser Situation kam das Angebot aus München gerade recht. Volker wurde Toningenieur in den «Rainbow Studios» und stellte seine Gitarre in die Ecke.

Nach den elitären *TEA* hiessen die ersten Kunden Katja Epstein, Roy Black oder Howard Carpendale. Die ganze deutsche Schlagergilde. «Bei *TEA* hätten wir verächtlich von Schlagerscheiss gesprochen», sagt Volker. Doch was sich wie ein Kulturschock anhört, hatte für ihn eine befreiende Wirkung. Der Erfolg stellte sich schnell ein. Schon im

Armand Volker mit Schlagzeuger Roli Eggli
© Ueli Frey

ersten Jahr waren zehn Titel in den Top 100, die im Rainbow Studio aufgenommen und produziert worden waren.

Der Wechsel in die Produzentenrolle erfolgte mit der *Spider Murphy Gang*. Für die Alben «Dolce Vita» und «Skandal im Sperrbezirk» 1981 war er noch als Toningenieur tätig. «Offenbar habe ich den Spirit der Band getroffen und gute Inputs gegeben. Denn für die folgenden Alben wollten sie mich als Co-Produzenten», erzählt Volker, «jetzt ist mir bewusst geworden, dass der Blick von aussen aufs Ganze mir und meinen Fähigkeiten entspricht. Ich hatte meine Bestimmung gefunden.»

Volker arbeitete und produzierte wie ein Wahnsinniger. Bis zu zwanzig Stunden am Tag und bis tief in die Nacht. Mit dem Erfolg kamen die Anfragen. «Ich war so fasziniert von meiner Arbeit, dass ich den Stress gar nicht spürte», meint Volker, «für mich ist ein Traum wahr geworden». Er war so beschäftigt und gefragt, dass er seine Kunden aussuchen konnte und vieles ablehnen musst, das er gern gemacht hätte. Wie zum Beispiel die Zusammenarbeit mit *Flying Pickets*. Der Schlaf kam zu kurz, aber auch die Gesundheit und die Familie litt. Um zur Ruhe zu kommen und wenigstens ein paar wenige Stunden zu schlafen, schluckte er Schlaftabletten. 1982 folgte der Kollaps. «‹Herr Volker, Sie haben keinen Blutdruck›, sagte der Arzt zu mir beim Gesundheitscheck, im nächsten Moment lag ich auf dem Boden.»

Doch der Drang, ins Studio zu gehen, blieb unverändert. Volker wurde zum Getriebenen seines Erfolgs. «Ich wollte diesen Traum mit aller Macht festhalten. Es war mein Anspruch, auf diesem Level weiterzumachen und den erreichten Standard zu halten», führt er aus. Erst recht als die Anfrage von CBS kam, die noch unbekannte Band *Münchener Freiheit* zu produzieren. Volker verpasste der Band den typischen Bandsound und schon der erste Song, «Oh Baby», erreichte 1984 die deutschen Charts. Label und Band erkannten, dass Volker der Band zu Hits verhelfen kann. Der ganz grosse Durchbruch erfolgte zwei Jahre später mit der Single «Ohne dich (schlaf ich heut Nacht nicht ein)», der wochenlang in den deutschen Top 10 stand und in Österreich und der Schweiz ein Nummer-1-Hit wurde. Beim Song «Tausendmal du», dem Nachfolgehit von «Ohne dich», steht Volker sogar auf der Liste der Komponisten. Mit seinem Input für den Refrain gab Volker dem Song den entscheidenden Dreh. Zehn Jahre lang hat Armand Volker die

Armand Volker als Produzent der Solothurner Band *Irrwisch* in den «Rainbow Studios» in München.
© Archiv Bürgi

Band mit vielen Hits und goldenen Alben produziert. Volker war ganz oben angekommen und verdiente in jener Zeit locker eine Million im Jahr.

«Wer macht in Europa die besten Gesangsaufnahmen?», fragte Michael Jackson 1996 im Rahmen seiner Tour «Blood On The Dancefloor». Jochen Leuschner, der Chef von Sony Europe empfahl Armand Volker, der sich zum Spezialisten auf diesem Gebiet entwickelt hatte. Volker war gerade mit Nena und Annette Humpe im Studio und hatte eigentlich keine Zeit. Doch diese Anfrage konnte und wollte sich der ehrgeizige Produzent nicht entgehen lassen und nahm sich übers Wochenende Zeit für den amerikanischen Superstar.

Volker reiste nach Köln, wo sich der Jackson-Clan in den obersten beiden Etagen des Hyatt eingenistet hatte. Die Aufnahmen für das Stück «Ghosts» waren in den Studios von Dieter Dierks in Stommeln, eine halbe Stunde ausserhalb von Köln, vorgesehen. Drei Studios mussten vorbereitet werden mit all den Smarties und anderen Sonderwünschen für den exzentrischen Superstar. Brad Buxer, der langjährige Musical Director von Jacko, hat Volker gebrieft, wie er sich bei der Begrüssung zu verhalten habe: «Say hello and step back one meter. Let him breath.» Die Begrüssung verlief problemlos, doch es kam zu einem technischen Malheur. Die Maschine war nicht richtig gewartet und Buxer löschte versehentlich eine Spur. Es war nicht so schlimm, denn es war eine Spur mit Backing Vocals. Doch für Buxer war das eine Katastrophe. Ihn plagten Verlustängste und er bat mich, Jackson das Missgeschick mitzuteilen. «Ich hatte nichts zu verlieren und machte es», erzählt Volker. «Oh, it's okay. Shit happens», sagte Michael nur und die Sache war erledigt.

Überhaupt war Jackson im Umgang nicht so kompliziert wie angenommen. «In der Pause hat sich Michael direkt neben mich gesetzt. Von Abstand halten keine Spur», meint Volker und er konnte sich mit ihm ganz normal unterhalten. «Ihm hat es offenbar gefallen, dass ich ihm gegenüber nicht vor Ehrfurcht erstarre», äussert sich Volker. Jackson fragte den Gesangsspezialisten schliesslich, ob er ihn für weitere Aufnahmen nach Barcelona begleiten würde. «Doch ich musste absagen. Ich konnte Nena nicht warten lassen», erklärt Volker. Trotzdem wurde Armand Volker auf dem Album «Blood On The Dance Floor – HIStory in the Mix» von 1997 mit dem Vermerk «Additional Engineering» verewigt.

Kurz vor dem Millennium kam der Bruch. Die Musikbranche war im Wandel: Die Fernseh-Castings, die Dieter Bohlens dieser Welt, übernahmen das Zepter. Es ging nicht mehr um die Musik, sondern um Einschaltquoten. «Damit wollte ich nichts zu tun haben», sagt Volker. Die Schallplattenfirmen wollten plötzlich nur noch 20-jährige Sängerinnen und Sänger und die Artists and Repertoire-Abteilung (A&R) hat nichts mehr entschieden, sondern zuerst die Airplays der Radios abgewartet. Volker selbst merkte, dass er nicht mehr dieselbe Motivation aufbringen konnte, um den Standard zu halten.

Dazu gesellten sich familiäre Probleme. «Wir konnten das Haus verkaufen, zogen 2000 in die Schweiz und ich wollte kürzertreten», schildert Volker. Doch dann kam die Anfrage von Gianna Nannini. Mit der italienischen Sängerin hatte er 1987 «I maschi» aufgenommen, der zum erfolgreichsten Song von Nannini und Volker wurde. Diesmal sollte in den «Powerplay Studios» in Maur aufgenommen werden. Volker konnte nicht widerstehen. «Das war dann zu viel für meine Frau», sagt er.

Auch die Session mit Nannini stand unter keinem guten Stern. «Gianna war in ihrer ureigenen Welt und mit meiner Vision für ihre Produktion oft nicht einverstanden», erläutert Volker. Das Album ist dank der Unterstützung von Manager und Executive Producer Peter Zumsteg 2002 unter dem Titel «Aria» dann doch noch erschienen. Für Volker war das Resultat aber ein «typisches Kompromiss-Opfer», das nur mässigen Erfolg hatte. Trotz der schwierigen und manchmal belastenden Beziehung: «Für mich ist und bleibt Gianna die beste Sängerin, mit der ich je gearbeitet habe. Ich war damals aber überzeugt, dass viele der von ihr eingebrachten Vorschläge ihrem Erfolg im Wege stehen würden.» In der Folge entwickelte Armand Volker eine Studioaversion. «Wenn ich ein Studio betrat, hatte ich Schweissausbrüche und musste immer längere Pausen machen», offenbart Volker. Es ging nicht mehr.

Und was ist aus seiner einst geliebten Gitarre geworden? In der Show «This Is Rock» in «Das Zelt» hat Armand Volker sie wieder umgeschnallt und eingestöpselt. Mit anderen Pionieren aus der Gründerzeit des Schweizer Rock wie Marc Storace und Roli Eggli hat er ihn noch einmal zelebriert: «Good old Rock 'n' Roll».

Armand Volker hat die Gitarre wieder umgeschnallt.
© Ueli Frey

4.8.1 *Circus* (1972–79)

Manchmal kann Schulversagen auch ein Schlüssel zum Glück sein. Roli Frei war jung und naiv, sang mit berührender Stimme Folksongs und musste ein halbes Jahr vor der Matura die Klasse wiederholen. Ohne diese schulische Ehrenrunde wäre der schüchterne Roli Frei vielleicht ein lokaler Musiker geblieben. «Die Matura schaffte ich trotz der Ehrenrunde nicht», sagt er rückblickend, «aber ich fand in der neuen Klasse neue Freunde, darunter den Organisten Stephan Ammann». Dieser spielte mit dem Bassisten Marco Cerletti in der Band *The Breach*. Zusammen mit Fritz Hauser, damals Drummer im harten Rocktrio *Lesson*, planten die drei 1972 unter dem Namen *Circus* ein einmaliges Projekt, eine All-Star-Band mit den zehn besten Basler Musikern aus verschiedenen Bands. Das

Circus All Star Band. Musiker aus der ganzen Schweiz verstärkten 1978 die Basler Band: Corina Curschellas, Stephan Ammann, Polo Hofer, Eric Flückiger, Ditschgi Gutzwiller, Roli Frei, Fritz Hauser, Schifer Schafer, Kathryn Gurewitsch, Marco Cerletti, Theodor Jost und Alan Solomon (von links).
© Archiv sk

Konzert mit der neunköpfigen Grossformation (Jürg Jenni, Andreas Grieder, Roli Frei, Fritz Hauser, Däni Brunner, Marco Cerletti, Stephan Ammann, George Hennig und Dino Kämpf) fand in Birsfelden statt und war ein grosser Erfolg.

Dies war aber nur das Vorspiel. Das Trio Ammann/Cerletti/Hauser verkleinerte die Band, die beiden Musikerfreunde der Band *Back to Nature*, Andreas Grieder (Querflöte) und Roli Frei, komplettierten *Circus* mit der Idee, ein musikalisches Umfeld zu schaffen, in dem sich die Musiker verschiedenster Prägung in den musikalischen Prozess einbringen konnten, ohne sich zu verbiegen.

Ein neues Programm, erste Konzerte fanden statt, weil aber Roli Frei das Lehrerseminar in Biel begann, Andreas Grieder noch in der Ausbildung war, gab es ein frühes Aus für die Band. Spontan bewarb sich das Quintett noch fürs «Jazz- und Rockfestival Augst» 1973 und wurde dort von der Jury (unter anderen Bruno Spoerri und Mario Schneeberger) mit Auszeichnungen überhäuft und noch im selben Jahr direkt auf die grosse Bühne des Internationalen Jazzfestivals Zürich geholt. Es musste weitergehen.

Während Frei und Grieder ihre Ausbildung beendeten, zog das Kern-Trio auf einen Bauernhof hoch über Balsthal und arbeitete am Repertoire. Übers Wochenende kamen alle

Bassist Marco Cerletti
© Ueli Frey

zusammen, liessen Sounds und Ideen fliegen und konzertierten schweizweit. Auf der Suche nach einer festen Basis landeten sie in einem alten Haus im solothurnischen Bättwil – es wurde zum warmen Musikernest. Frei pendelte zuerst und 1975 zog auch er in die Musik-WG. «Wir lebten und musizierten in der Wohnstube auf kleinem Raum, bescheiden, aber selbstbestimmt. Marco Cerletti wurde Manager und Buchhalter und zog alle Fäden, Stephan Ammann war der Handwerker – wir machten alles selbst, sogar unsere HiFi-Gesangsanlage. Geheizt wurde mit Holz, für Verpflegung war gesorgt. Alles, was an Geld reingekommen ist, wurde zentral verwaltet und investiert für das, was gerade anfiel. Ich war ein Träumer und lebte meinen Traum, einen drogenfreien musikalischen Trip», erzählt Frei.

Circus war, gemäss der Kommunen-Ideologie, eine Working-Band. Die oft sehr langen Stücke wurden im Kollektiv aus Ideen und

Flötist Andreas Grieder
© Ueli Frey

Sänger, Gitarrist und Saxofonist Roli Frey.
© Ueli Frey

Improvisationen erarbeitet. «Jeder brachte sich ein, Impros wurden aufgenommen und oft über Nacht von den einzelnen weiterverarbeitet», sagt Frei über die Arbeitsweise. Er selbst hat viele Gesangslinien und grosse Teile der Lyrics beigesteuert, symbol- und traumhafte Texte, wie sie typisch waren für den damaligen Progressiven Rock.

Musik, Freundschaft und Konzerte gediehen, und es war ein Paukenschlag, als Stephan Ammann für eigene Projekte die Band verliess.

Ab diesem Moment wurde *Circus* zu einer Band, die in der Schweizer Rockgeschichte eine Sonderstellung einnimmt, denn sie arbeitete mit einer einzigartigen Instrumentierung. Der virtuose Bassist Marco Cerletti übernahm, unterstützt von diversen Effektgeräten, oft auch die Rolle eines Leadgitarristen und bot ein Soundspektrum sondergleichen, der kongeniale Drummer Fritz Hauser war zugleich Rhythmus- wie auch Klangkünstler. Darüber und mittendrin flogen die wunderbaren Klänge von Andreas Grieders klassischer Querflöte und Roli Frei sang sich frei, fand für seine Gitarre ganz neue Welten. Zusätzlich wurde das Instrumentarium mit Vibrafon, Saxofon, Konzertpiccolo, Basspedal und einer weiteren Gitarre ausgebaut.

Circus galt als die «leiseste Rockband der Schweiz». «Wir spielten aber auch mit der Dynamik wie keine andere Band», erklärt Frei, «die Stille, das Explosive, die Spiel- und Experimentierfreude, Kompositionen von Rock bis E-Musik, alles hatte seinen Raum und die Zuhörer wie auch wir selbst wurden immer wieder von spontanen Farben überrascht. ‹Outside Red, Inside Blue› zum Beispiel war ein Stück von 45 Minuten Länge. Die verschiedenen Teile der Komposition waren zwar gegeben, aber auf der Bühne entwickelten sich laufend neue Intensitäten.»

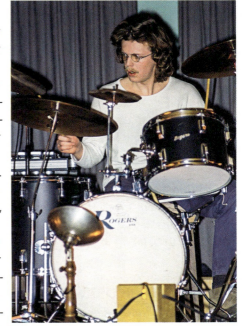

Schlagzeuger Fritz Hauser.
© Ueli Frey

Die Band war sehr gefragt und bespielte fast alle bekannten Konzertorte in der Schweiz. Ein süddeutsches Management vermittelte ab Ende 1976 zunehmend auch Konzerte in der Bundesrepublik Deutschland. «Die grossen Plattenlabels waren nicht an uns interessiert, die wollten rockigen Mainstream», sagt Frei. Dafür meldete sich Zytglogge und nahm die Band unter Vertrag. Eine spannende Sache, denn kurz zuvor hatte Zytglogge Polo Hofers *Rumpelstilz* abblitzen lassen (siehe Kapitel 7.4.1.). Ein riesiger Fehler, wie sich herausstellen sollte, denn 1975 schafften die *Stilze* bei «Schnoutz Records» den kommerziellen Durchbruch. Stattdessen setzte Zytglogge auf *Circus* und veröffentlichte ab 1976 im Jahrestakt die drei Alben «Circus», «Movin On» und das Live-Album «Circus Allstar Band».

Die 13-köpfige *Circus All Star Band* unter anderen mit Polo Hofer, Schifer Schafer und Corin Curschellas war ein kommerzieller Höhepunkt. Zu einem Zeitpunkt, da Punk den Progressiven um die Ohren fegte, viele Prog-Bands aufhörten oder sich dem Diktat der Labels und der Radiostationen anpassten, startete *Circus* nochmals richtig durch.

Als Andreas Grieder die Gruppe verliess, um sich ganz der klassischen Musik zu widmen, kam Stephan Ammann zurück und noch einmal erblühte ganz neue Musik. Mehr und mehr aber hatten die Musiker das Bedürfnis, ihre Ideen nach eigenen Vorstellungen umzusetzen. 1980 verabschiedete sich Fritz Hauser, um seinen eigenen Weg konsequent zu gehen. In London entstand noch das letzte *Circus*-Album «Fearless Tearless And Even Less». Ein ehrliches Dokument, denn es bestand aus zwei unterschiedlichen Seiten, die eine rockig verdichtet, die andere mit grenzenloser Weite. Nach einer langen intensiven Schlusstour – live fühlte sich die Band immer noch unschlagbar – pausierte *Circus*. Mit dem Schlagzeuger Roland Fischer fand die Band einen guten Freund voller Ideen. «Eine längere Tour mit den neuen Songs zeigte uns aber, dass die Ursprungsidee nicht mehr funktionierte», sagt Frei. Nach über 400 Konzerten, davon über 100 in Deutschland und über 10 000 verkauften Tonträgern in der Schweiz, in Europa, Asien und den USA löste sich *Circus* auf.

Stephan Ammann arbeitete danach unter anderem an Projekten mit Fritz Hauser, dieser hat seine internationale Karriere als Solo-Künstler bis heute erfolgreich vorangetrieben. Roli Frei feierte ab 1980 während fünf Jahren grosse Erfolge mit der *Lazy Poker Blues Band*. Seit 1994 ist er als Singer/Songwriter mit *Soulful Desert* unterwegs. Marco Cerletti hat zwei exzellente Alben mit dem Chapman Stick (Saiteninstrument, das nur aus einem grossen Griffbrett besteht) eingespielt, lebt zurückgezogen im ehemaligen *Circus*-Haus und verwaltet das Erbe der Band. «Im Herzen sind wir Freunde geblieben», erzählt Frei.

4.8.2 *Ertlif* (1970–78)

Neben *Brainticket* war es am Rheinknie vor allem die psychedelische Prog-Rockband *Ertlif* mit Teddy Riedo (Bass), James Mosberger (Keyboard) und Danny Andrey (Gitarre), die in den frühen 1970er-Jahren den Ton angab. 1970 gegründet, setzte sie als eine der

Die Basler Band bestand bis 2018.
© Archiv sk

ersten Schweizer Bands live Mellotron, Synthesizer und Pyrotechnik ein. Der englische Sänger Richard Rusinski kam im Herbst 1971 direkt aus London nach Basel und verstärkte im Alter von 25 Jahren die Band als Leadsänger. Rusinski brachte aus England viel Erfahrung mit und hatte zuvor schon achtzehn Singles veröffentlicht. 1972 wurde das Debütalbum «Ertlif» im «Sinus Studio» in Bern aufgenommen und beim Basler Label «Tell Records» veröffentlicht. Die darauffolgende Plattentaufe im Atlantis war an drei Abenden restlos ausverkauft. Nach einigen Erfolgen im In- und Ausland löste sich *Ertlif* 1978 auf. Riedo und Mosberger waren auch noch im kosmischen Synthesizer-Duo *Irrlicht* unterwegs. Nach einer Pause formierte sich die Band neu und blieb aktiv bis zum Tod von Richard Rusinski im März 2018.

**4.9   Demon Thor (1972–74)
und das Rockmusical «Tell!»**

Der 1943 geborene deutsche Musiker, Tonmeister, Produzent und Studiobetreiber Dieter Dierks ist heute vor allem als Produzent der deutschen Hard-Rockband *Scorpions*
bekannt, die bei ihm zwischen 1975 und 1988 unter Vertrag stand. Seine Studios in
Stommeln bei Köln waren von 1969 bis 1975 aber auch Heimat vieler Krautrockbands
wie *Ash Ra Tempel*, *Tangerine Dream*, *Wallenstein*, *Birth Control*, *Guru Guru*, *Embryo*,
Popol Vuh, *Amon Düül* und ab 1971 auch der Schweizer Band *Krokodil*. Düde Dürst und
Co. wechselten damals vom Label «Liberty» zu «United Artists» und nahmen mit Dierks
das Album «An Invisible World Revealed» auf (siehe Kapitel 4.2.).

Dierks ist aber auch in der Frühphase der Schweizer Rockmusik eine wichtige Figur.
Neben *Krokodil* produzierte er ebenfalls *TEA* sowie *Demon Thor*, die Band des Berner
Komponisten Tommy Fortmann. Der Musikproduzent Gerd Augustin vom Label United
Artists erkannte das kompositorische Potenzial des damals 21-jährigen Berners und nahm
ihn unter Vertrag. Fortmann stellte mit dem Organisten Stephan Nüesch, mit Claude
Thoman (Schlagzeug), Ricardo Aebi (Bass) und Liselotte Frey (Geige, Vocals) eine Band
zusammen und nahm 1972 in den Studios von Dieter Dierks das Album «Anno 1972»
auf. Fortmann selbst spielte Klavier und übernahm den Leadgesang. «Weil niemand
anders singen wollte», wie er heute sagt. Als weitere Sängerin war Fortmanns Schwester
Corinne Fortmann dabei, die an Dierks Gefallen fand. Sie waren dann 20 Jahre lang verheiratet und haben eine gemeinsame Tochter. Corinne zog auch die Kinder aus Dieters
erster Ehe auf.

«Anno 1972» wurde in Deutschland, Österreich und der Schweiz mit mässigem Erfolg
verkauft. Der Song «Israel» entwickelte sich in der Interpretation des deutschen Ge-
sangsensembles *Love Generation* 1972 und 1973 aber zu einem veritablen Hit. Sogar in
den USA. Zum ersten Mal nach vielen Jahren war wieder einmal eine deutsche Produktion in den US-Charts. «Meine Eltern haben mir in meiner Musikerkarriere nie Steine in
den Weg gelegt», erzählt Fortmann, «aber mein Vater glaubte nicht daran, dass man mit
dieser Art Musik sein Leben bestreiten kann.» Die erste Suisa-Abrechnung nach «Anno
1972» belief sich auf 2,50 Franken und hat ihn in seiner Meinung zunächst bestätigt.
Die Abrechnung für «Israel» hat Papa Fortmann dann vom Gegenteil überzeugt. «Die
Einnahmen für diesen Hit haben mich finanziell unabhängig gemacht», erklärt Fortmann,
«als Erstes habe ich davon einen weissen Jaguar gekauft.»

Die Vermittler- und Leaderrolle von Dieter Dierks wurde auch beim zweiten Album
von *Demon Thor* deutlich. Sie hätten da eine Band, hiess es vonseiten von «United Records», die zwar sehr gut sei, bestückt mit grossartigen Musikern, aber das Songmaterial
sei zu wenig überzeugend. Gemeint war *Krokodil*, die beim selben Label wie Fortmann
unter Vertrag war. Bei *Demon Thor* sei es genau umgekehrt: Die Songs seien gut, aber
die Band nicht gut genug. «So wurden die beiden Bands quasi fusioniert», erzählt Fortmann.

Auftritt von *Demon Thor* mit den *Krokodil*-Musikern Walty Anselmo, Terry Stevens, Düde Dürst und Tommy Fortmann in «Hits à Gogo» 1973.
© Archiv sk

Bei den Proben von *Krokodil* in Zürich erlebte Fortmann eine andere Welt. Nicht nur, weil die Zürcher schon etwas älter und erfahrener waren: Der abstinente Berner wurde mit Alkohol und Drogen konfrontiert. «Musikalisch hat das aber sehr gut funktioniert», sagt Fortmann. Im Studio wurden die Musiker noch verstärkt durch Organist Stephan Nüesch sowie durch die Stimmen von Geff Harrison, Oliver Freytag, Peter Bischof und *Love Generation*. Es entstand «Written In The Sky», Fortmanns ambitioniertestes Werk als Rockmusiker. Das Album wurde weltweit veröffentlicht und machte Furore. Es erhielt exzellente Kritiken, Awards in England und Frankreich und verkaufte sich prächtig. Den Erfolg von «Written In The Sky» führt Fortmann auch auf die Fähigkeiten von Dierks zurück. «Als Produzent hat er massiv und kreativ ins Künstlerische eingegriffen. Er war halt auch ein vorzüglicher Musiker. Ohne Dieter wäre das Album künstlerisch nicht so gut geworden.»

Herzstück des Albums ist «Written In The Sky», eine knapp 19-minütige Rockoper über den Weltuntergang nach einem Atomkrieg: «The Story you gonna hear about, is written in the sky. It's written there because no one on earth is still alive. There was an atomic war, I know it's no one's fault. But it happened and no one survived.» Ein opulentes, bombastisches Opus in typischer Prog-Manier. Klassisch inspirierte Pianolinien, üppige Mellotronparts, Streicher, Wechselgesang und Chor verraten den klassisch geschulten Komponisten. Ein Höhepunkt ist Walty Anselmos Gitarrensolo. Klassische Bezüge gibt es auch auf der Ballade «For One Little Moment», wo eine Oboe eingesetzt wird. Mit den Songs «Pink Mary» und «Good Morning» beweist Fortmann, dass er aber auch ein Herz für erdigen Rock und Bluesrock hat.

Der heute klassische Komponist bereut seine Rockphase nicht. Fast 50 Jahre danach findet er die meisten Stücke «immer noch gut». Nur mit «Sweet Caroline», dem letzten Song auf «Written In The Sky», kann er nichts mehr anfangen. «Es war ein Fehler, dass wir den Song aufs Album nahmen», meint er.

Der Erfolg von «Written In The Sky» bedeutete für den jungen Komponisten aber auch einen Sprung ins kalte Wasser. Fortmann war nicht bühnenerprobt wie seine Mitmusiker von *Krokodil*. Umso heftiger war es für ihn, dass seine Bühnenpremiere gleich im «Cirkus Krone», im Mekka der deutschen Rockszene, stattfand. «Es ging eigentlich recht gut, das Publikum reagierte positiv», resümiert Fortmann. Diesen Eindruck hatte auch das «Münchner Abendblatt», das die Band als «eine der Aufsehen erregendsten kontinentalen Rockgruppen» bezeichnete. Nur Frontmann Fortmann wurde kritisiert. Die Arroganz des Sängers und Keyboarders sei «unerträglich».

Die Wahrheit war: «Ich hatte dermassen Panik, dass ich nie ins Publikum blickte. Ich habe die Zuschauer nicht begrüsst, mich nie für den Applaus bedankt. Einfach nichts. Ich habe mich einfach auf mein Ding konzentriert. Das ist offenbar als Arroganz ausgelegt worden», erzählt Fortmann. Es folgte das erste Konzert einer deutschsprachigen Band im «Musikladen», einer wichtigen Musiksendung im Deutschen Fernsehen sowie eine Schweizer Tournee. Fortmanns Verdikt: «Ich musste erkennen, dass die Bühne nicht unbedingt meine Welt ist. Ich bin da viel zu wenig exhibitionistisch veranlagt.» Es war das Ende von Frontmann Fortmann und seiner Band *Demon Thor*.

Mitwirkende beim Musical «Tell»: Tommy Fortmann, Romy Haag, Udo Lindenberg, Alexis Korner, Su Kramer, Dieter Dierks und Jackie Carter (oben von links), Beat Hirt und Toni Vescoli (unten).
© Archiv sk

Der Berner konzentrierte sich in der Folge auf das Komponieren. Zum Beispiel für «Tell», das erste Schweizer Rockmusical. Die Idee ging auf den Journalisten Beat Hirt zurück, der auch die Texte schrieb. Ein grossangelegtes, ambitioniertes Projekt, bei dem die Crème de la Crème des damaligen Schweizer Rock, Philippe Kienholz, Curt Cress, Armand Volker, Walter und Peter Keiser, beteiligt war und von Dieter Dierks produziert wurde.

«Tell» wurde zu einem monumentalen Flop! Zu einem Desaster! Schon einen Monat nach dem Start des Musicals im Jahr 1977 war Lichterlöschen und die Produktionsfirma – mit den Top-Shot-Investoren Freddy Burger, Udo Jürgens und Jürg Marquard sowie dem Produktionsleiter André Béchir von «Good News» – war pleite.

«Es lief im Vorfeld zu gut, viel zu gut», meint Hirt rückblickend. Alle waren begeistert: Von der Idee, der Musik, den Interpreten. Alle waren sofort dabei: Udo Lindenberg bei den Studioaufnahmen, Toni Vescoli als Tell auf der Bühne, Su Kramer von den *Les Humphries Singers*, Alexis Korner als Gessler und sogar der angefragte Udo Jürgens war Feuer und Flamme: «Ich habe mir die Musik angehört und finde sie fabelhaft. Allein für den Tell sind drei erstklassige Nummern drin», sagte er damals. Allzu gern hätte er den Tell eingesungen, zumal er damals frisch in die Schweiz gezogen war.

«Udo und Udo! Das war die Idee», erklärt Hirt. Doch der mächtige deutsche Musikmanager Hans R. Beierlein legte sein Veto ein. So wurde der Weg frei für Jürgen Drews, heute «König von Mallorca». Auch keine schlechte Wahl, denn der Frauenschwarm der *Les Humphries Singers* hatte mit «Ein Bett im Kornfeld» gerade einen Riesenhit gelandet.

Alles war angerichtet, die Stimmung euphorisch. Auch die Premiere verlief gut, wie Hirt beteuert. Über 90 Prozent des Publikums hätten die Inszenierung positiv beurteilt. Doch die Pressestimmen waren vernichtend. Hirts Hauptidee, die Heldenverehrung infrage zu stellen, die Geschichte ins Heute zu übertragen und den Nationalhelden als normalen Menschen mit Fehlern darzustellen, kam bei konservativ gesinnten Kritikern nicht gut an. Die Verrockung des patriotischen Stoffes am Vorabend des Nationalfeiertags wurde als Lästerung an einem Nationalheiligtum empfunden und skandalisiert.

Trotzdem kam die LP gut an und erreichte die Hitparaden der deutschsprachigen Länder. Die negative Presse verfehlte die Wirkung aber nicht. «Tell!» wurde abgeschossen. Die Zuschauer blieben aus. Hirt glaubt, dass auch die Form des Stücks abschreckte. «Wir Schweizer tun uns eher schwer mit Neuem. Das Musical in seiner poppigen Art war zu unkonventionell und für damalige Ohren zu laut. Herr und Frau Schweizer waren nicht bereit für diese Art von Musical», sagt Hirt. Gleichzeitig gibt er zu, dass «nicht alles perfekt» war. «Wir gingen zu früh auf die Bühne, hätten einiges verbessern müssen. Aber der Enthusiasmus hat uns getrieben.» Hört man das Musical heute, kann man über den damaligen Skandal nur staunen – und schmunzeln.

Die Musik von Fortmann klang mehr nach Disco, Pop, Schlager als nach Rock. Die Arrangements aus heutiger Sicht altbacken und – typisch Musical – oft überproduziert und zu üppig angerichtet. Doch «Tell!» ist rückblickend ein nostalgischer Spass. Der Wert liegt im Historischen und den unnachahmlichen Interpretationen von Udo Lindenberg («Gitarrenlied»), Romy Haag («Weiberrock») und Alexis Korner («Gesslerlied»).

«In das Rockschema habe ich eigentlich nie wirklich reingepasst», meint Thomas Fortmann heute, «ich ging während den 68er-Unruhen nicht auf die Strasse. Ich hatte auch nie irgendwelche Konflikte, keine Klassen- oder Generationenkonflikte erlebt, erst recht nicht mit meinen Eltern. Und mit Drogen hatte ich auch nichts am Hut und Alkohol mochte ich gar nicht.»

Thomas Fortmann 2020 am Thunersee.
© Archiv sk

Thomas Fortmann ist 1951 geboren und in einer schönen, grossen Landvilla in einem kleinen Dorf im Berner Oberland aufgewachsen. Der Urgrossvater hatte die chemische Reinigung erfunden und Vater Rudolf Fortmann führte das Unternehmen in dritter Generation weiter. Die Mutter, Greta Saar, war eine bekannte deutsche Sopranistin. Sie sang an der Landesausstellung 1939 in Zürich als der Krieg ausbrach. Weil sie jüdischer Abstammung war, blieb sie in der Schweiz und lernte den Hobby-Rennfahrer Rudolf Fortmann an einem Autorennen kennen. Der Vater war aber auch sehr künstlerisch veranlagt und schrieb Theaterstücke. «Mein Vater war der Intellektuelle in der Familie, Kunst war für ihn fast wichtiger als für meine Mutter», sagt Fortmann.

Die Fortmanns waren im 120-Seelen-Dorf die einzigen Nichtbauern. Tommy und seine Schwester Corinne wuchsen sehr schön und behütet auf. «Mein Vater hat uns anti-autoritär erzogen und war sehr progressiv eingestellt», sagt Fortmann, «es hat für mich absolut keinen Grund gegeben, aus gesellschaftlichen Gründen Rockmusik zu machen. Mein Interesse galt wirklich der Musik, die hat mich fasziniert. Meine Favoriten waren die progressiven Procol Harum, Moody Blues, Kinks und Colosseum, aber auch die Rolling Stones oder Beach Boys konnten mich begeistern».

Die schlimmste Zeit war für Tommy Fortmann die Schule. Er war starker Legastheni-ker und damals wusste man noch nicht damit umzugehen. «An einer Prüfung wusste ich zum Beispiel plötzlich nicht mehr, wie man den Namen Fortmann schreibt. Mit th oder t», erinnert er sich. Seine Aufsätze waren inhaltlich gut bis sehr gut, aber gespickt mit Fehlern. «Das hat mir ein schlechtes Gefühl gegenüber allem Schulischen gegeben», offenbart er.

Tommy Fortmann 1980 in Stommeln/D an der Kommunion der Tochter von Dieter Dierks und Corina Fortmann.
© Dieter Dierks

Frontmann Tommy
Fortmann 1973 live in
der deutschen Musik-
sendung «Musikladen».
© Archiv sk

Dafür war sein musisches Talent unüberhörbar. Mit klassischer Musik aufgewachsen und sozialisiert, nahm er schon mit sieben Jahren Klavierstunden und bis 16-jährig Privatunterricht am Konsi. «Ich hatte eine Klavierlehrerin, die man keinem Kind wünscht», erklärt er. Als er seine stockkonservative Lehrerin bat, Glenn Miller zu spielen, warf sie das Notenheft verächtlich in die Ecke und sagte: «Das ist Dreck, das ist Müll! Das ist keine Musik.» Die Lektionen waren ein ewiger Kampf. Als der Zwölfjährige eine Stelle bei Tschaikowski anders rhythmisieren wollte und sie deshalb umgeschrieben hatte, erlitt sie einen Tobsuchtsanfall.

Das Selbstvertrauen, das ihm in der Schule fehlte, konnte Fortmann im Golfspiel aufbauen. Er war sehr erfolgreich, war mehrmals Schweizer Meister, Junioren-Europameister, zehn Jahre in der Nationalmannschaft und vier Jahre in der Kontinentalmannschaft von Europa.

Das Gymnasium schloss Fortmann nicht ab. Zur Sicherheit machte er aber noch das eidgenössische Buchhalter-Diplom. Insgeheim hoffte sein Vater schon, dass er das Geschäft übernehmen würde. Oder er hätte Golfprofi werden können. «Ich hatte sehr lukrative Angebote. Finanziell wäre das der leichteste Weg gewesen», meint er. Doch es zog ihn zur Musik. Zur Rockmusik, zur Musik seiner Generation. «Für mich stand stets fest, dass ich in meinem Leben Musik machen wollte. Ich hatte gar nie etwas anderes vor», sagt er. Übers Golfen lernte er den bekannten deutschen Schlager-Komponisten Peter Moesser kennen. Ihm gab er ein Demoband mit Rocksongs. Moesser vermittelte ihn mit Erfolg an den deutschen Musikproduzenten Gerd Augustin vom Label «United Artists Records».

Fortmann war ein Rockstar wider Willen und *Demon Thor* nur eine wichtige, aber kurze Episode in seiner Musikerkarriere. Er hatte sich immer als Komponist gefühlt und Dieter Dierks versuchte nach *Demon Thor* dieses Potenzial zu nutzen. Nach dem enormen Erfolg der *Love Generation* mit «Israel», schrieb er den Disco-Song «Love Me Or Leave Me» von Jay C. Corry mit Linda Fields («Shame shame shame») in den Backing Vocals, der 1976 in die Charts kam. Aber auch die Arbeit im Studio gefiel ihm. Er lernte den Ex-*TEA*-Gitarristen Armand Volker kennen. «Wir haben uns sofort verstanden und einige Sachen für *Cockpit*, Jay C. Corry und den leider zu früh an Aids verstorbenen Bruno Ferrari miteinander gemacht», erzählt Fortmann.

Fortmanns Bruch mit der Rockmusik, aber vor allem mit dem kommerziellen Popgeschäft, hatte sich schon länger abgezeichnet. Langsam, langsam braute sich eine Unzufriedenheit zusammen und nach dem Musical «Tell!» hatte er definitiv die Nase voll. «Mein Problem war, dass ich gefällige Songs schreiben kann, die kommerziell erfolgreich sein können. Ich kann Hits schreiben», erläutert Fortmann. Das hat Dieter Dierks erkannt und drängte den Komponisten in eine kommerzielle Richtung. Doch Fortmann wollte anspruchsvolle Werke schreiben wie «Written In The Sky». Das war seine Leidenschaft und seine Ambition, nicht billige Chart-Hits.

Fortmann entwickelte eine grosse Aversion, vor allem gegen «den oberflächlich luxuriösen Lebensstil» und hat eine ganze Weile gar keine Popmusik mehr gehört, auch kein Rock. «Wenn ich in eine Bar mit solcher Musik kam, bin ich grad wieder geflüchtet. Es musste etwas geschehen», meint er. Wagner, Stravinsky, Hindemith und Schönberg zogen ihn jetzt an und später auch andere Neue Musik, fasziniert war er aber gleichfalls vom Gedankengut des Franz von Assisi.

Fortmann zog sich zurück, lebte anderthalb Jahre ohne Geld und Auto zuhinterst im Maggiatal. «Diese Einsiedelei hat es mir ermöglicht, konzentriert zu studieren und mich intensiv mit Musik zu beschäftigen. Ich verschlang ein Theoriebuch nach dem anderen und habe mir alles selbst erarbeitet: Musiktheorie, Instrumentieren und Musikphilosophie. Ich lebte ganz radikal und habe nur gegessen, was mir Freunde vor das Rustico stellten», erzählt er. Es war keine Flucht, es war ein Einstieg. «Ich konnte mich dort in der Isolation ganz bewusst auf ein neues Leben einstellen», sagt er. In dieser glücklichen Zeit des Lernens auf allen Ebenen, komponierte er auch sein erstes «klassisches» Werk, das «Oratorio Francescano».

Zurück in der Zivilisation hat sich Fortmann 1984 mit seinem letzten Geld ein Anwesen in der Toskana gekauft. Ein Castello aus dem siebten Jahrhundert, ein ehemaliges Frauenkloster in Stribugliano mit Sicht aufs Meer, von Elba bis Montechristo. Hier lebt er seither, mit Unterbrüchen von drei Jahren in Costa Rica und zwei Wintern in Thailand, mit seiner Frau Pia und komponiert vor allem Kammerwerke, aber auch Liederzyklen, zwei Symphonien, Konzerte, ein Oratorium und mehrere Bühnenwerke, unter anderen für das Opernhaus Zürich, die «Carnegie Hall» und «Murten Classics». Sein Musikthea-

Thomas Fortmann, der klassische Komponist.
© Archiv Fortmann

ter «Pinocchio» war im Zürcher Opernhaus 28 Mal ausverkauft. «Durch meine Erfahrung mit Rock, Jazz und Klassik können sich auch ganz unterschiedliche Konzepte der Moderne zu einer Einheit verbinden, und zwar nicht als ‹Crossover›, sondern stets als originaler Ausdruck von zeitgenössischem Musikempfinden», erklärt er.

«Weil ich eine schöne Jugend hatte, war mir wahrscheinlich ein harmonisches Familienleben stets das Wichtigste. Ich bin sehr stolz auf meine Töchter, die heute alle ihr eigenes Leben realisieren und dann freuen wir uns auf das achte Grosskind», teil Fortmann mit. An seinem Wohnort in Arcidosso hat er in den letzten 25 Jahren das kulturelle Leben wesentlich mitgestaltet. Mit dem in den 1990-Jahren legendären Festival «Toscana delle Culture» und dem 2016 gegründeten «ClaZZ Music Festival».

Mit Rock hat er sich längst wieder versöhnt. Mit Frank Zappa, den er auch persönlich kennengelernt hatte, weil dieser *Demon Thor* gerne in seinem eigenen Label gehabt hätte, verband ihn eine geistige und musikalische Verwandtschaft. Aber er mag alle Stilarten und Bands, von Zappa bis *Status Quo*. Nur Alkohol trinkt er immer noch nicht. «Ich habe irgendwie eine Abneigung gegen alles, was die Sinne vernebelt», sagt er. Tommy Fortmann ist vermutlich der einzige Mensch in der Toskana, der keinen Wein trinkt.

4.10 Die Schweizer Supergroup: *TEA* (1971–78)

TEA 1974 mit Marc Storace, Turo Pashayan (oben), Philippe Kienholz, Armand Volker und Roli Eggli (von links).
© Peter Wälti

Gitarrist Armand Volker musste sich nach dem traurigen Ende von *Tusk* erst wieder sammeln. Er überlegte sich sogar, allenfalls sein abgebrochenes Psychologiestudium wieder aufzunehmen. Eine Jamsession mit dem Bassisten Turo Pashayan (Ex-*Sauterelles*) und dem Schlagzeuger Roli Eggli sollte die Karriere aber in eine andere Richtung lenken. Sie beschlossen 1971 ein Trio mit dem Namen *TEA* zu gründen, zusammengesetzt aus den ersten Buchstaben von Turo, Eggli und Armand. Die Musiker lebten zusammen in einem Haus auf dem Land und verbrachten den Tag mit Jammen und Üben. Pashayan übernahm auch den Leadgesang und sie tourten durch die Schweiz, durch Italien und Deutschland. «Wir haben eigene Songs geschrieben, aber die waren nicht gut», sagt Volker. Und auch der Leadgesang von Pashayan hat den Ansprüchen nicht genügt. «Er sang ganz eigenartig. Melodielinien waren kaum herauszuhören», meint Volker.

In dieser Situation meldete sich ein maltesischer Sänger: Marc Storace. «An der Probesession konnten wir kaum glauben, was wir da zu hören bekamen. Marc hat uns geflasht», erzählt Volker. Das Quartett ging im Sommer 1973 auf Tournee nach Italien und erlebte einen ersten Höhepunkt an einem Festival in Neapel vor 8000 Zuschauern.

Die Band wollte aber melodiöser werden, weshalb Volker sich mit Philippe Kienholz versöhnte: Der Keyboarder komplettierte *TEA* zum Quintett. Das Zusammenspiel von Kienholz und Volker prägte denn auch den Sound der Band. Neben Storaces Hammerstimme sollte er zu einem Markenzeichen von *TEA* werden. «Nach Patrick Moraz, (1974–77 bei *Yes*) war Kienholz damals der beste Keyboarder der Schweiz», sagt Volker, «aber als Mensch konnte ich nicht viel mit ihm anfangen». Der gelernte Banker war sehr introvertiert. «Er war oft in sich selbst versunken und meist ziemlich heavy stoned», meint Volker. Der Gitarrist erinnert sich an ein Konzert am Uniball in Zürich, wo Kienholz so zugedröhnt war, dass er nur noch zwei Tasten vor sich gesehen hat: Eine schwarze und eine weisse. «Er hatte keine Ahnung, welche Tasten er drückte und so hat es auch geklungen», offenbart Volker.

Ende 1973 unterschrieb die Band einen Plattenvertrag mit dem progressiven Label «Vertigo» von Phonogram und nahm ihr erstes Album im Studio von Dieter Dierks im deutschen Ort Stommeln auf. 1974 erschienen die Songs «Judy» und «Good Times» als Single, die wohlmeinende Kritiken erhielt, aber kein Hit wurde. Im selben Jahr folgte das gefeierte Debütalbum unter dem Namen *TEA* sowie eine Europa-Tour mit *Queen*. *TEA* wurde vom Magazin «POP» zur besten Band und alle Mitglieder zu den besten Musikern in ihren Kategorien gewählt. Die Band war auf Erfolgskurs.

Die Kritiken waren gut, doch gerade im Vergleich mit *Queen* und Freddie Mercury wurde deutlich, dass der Funken zum Publikum nicht springt. «Die Tour mit Queen war ein einmaliges Erlebnis und Marc Storace sang gewohnt hammermässig. Doch er konnte das Publikum nicht packen. Seine Ansagen und seine Kommunikation mit dem Publikum erreichten nicht das Level seines Gesangs», resümiert Volker.

Die Single «Summer In The City», ein Cover der amerikanischen Band *The Lovin' Spoonful* kündigte 1975 das zweite Album «The Ship» an. *TEA* spielte in der Europa-Tour im Vorprogramm von *Status Quo* und *Nazareth*, danach zum zweiten Mal in einer grossen Tour in Grossbritannien mit der *Baker Gurvitz Army* mit Schlagzeuger Ginger Baker. *TEA* spielte in Grossbritannien vor insgesamt 45 000 Leuten. Das führende englische Musikmagazin «Melody Maker» schrieb im November 1975 eine enthusiastische Kritik: Die Fans seien überrascht gewesen von der Kraft und der Energie der Band. Zuvor habe das Publikum noch gebuht und geschrien: «Geht heim in die Schweiz.» Doch nach dem zweiten Stück sei die Menge begeistert gewesen und konnte es kaum glauben, wie gut die Band war. «Ich habe von dieser Band dieselbe Energie gespürt, wie damals, als ich das erste Mal *Led Zeppelin* sah», schrieb Bob Ellis vom Konzert in London.

Das Album «The Ship» wurde vom Magazin «POP» zum besten Album des Jahres gewählt, *TEA* erneut zur besten Band und die Musiker zu den besten Instrumentalisten. Nur Philippe Kienholz war hinter Patrick Moraz auf Platz zwei rangiert. *TEA* spielte 1976

Auftritt im legendären Londoner Club «Marquee»: Philippe Kienholz, Armand Volker, Marc Storace, Roli Eggli und Turo Pashayan.
© Peter Wälti

TV-Auftritt im «Kaleidospop» 1974: Philippe Kienholz, Roli Eggli, Turo Pashayan, Armand Volker und Marc Storace (von links).
© Peter Wälti

noch einmal 24 Konzerte in Grossbritannien, diesmal als Headliner, darunter ein Konzert im legendären «Marquee Club» in London. Doch dort kam es zur Katastrophe. «Es waren alle da», erinnert sich Volker, «es war unser wichtigstes Konzert und wir spielten vor den bedeutendsten Leuten des Plattenbusiness. Doch im zweiten Stück riss Roli Eggli das Snarefell. Er hatte keinen Ersatz zur Hand und musste etwas organisieren. Unterdessen versuchten wir die Zeit zu überbrücken und haben eine halbe Stunde lang improvisiert … die Leute liefen davon. Wir haben während des Konzerts gesehen, wie unsere Zukunft davonläuft. Uns fehlte die Professionalität, um einfach weiterzuspielen und unsere Songs vorzustellen.»

Das war der Anfang vom Ende. *TEA* spielte in England so viele Konzerte wie wohl keine andere Schweizer Band, aber es passierte nichts, es ging nicht vorwärts. «Wir hatten die besten Chancen, die besten Voraussetzungen, aber wir konnten sie nicht nutzen», sagt Volker rückblickend. Die Frustration nahm zu. 1976 folgte noch das Album «Tax Exile», die Single «Alexandra» und eine weitere Tour, doch die Luft war raus. 1977 spielte *TEA* das letzte Konzert in der Schweiz.

In der Kommune Heimisbach im Emmental: Roli Eggli, Marc Storace, Philippe Kienholz (unten), Armand Volker und Turo Pashayan.
© Peter Wälti

Die drei Buchstaben *TEA* klingen in Musikerkreisen noch heute magisch. Die Band hat immer noch einen hervorragenden Ruf als eine der besten Bands der Schweizer Rockgeschichte. Doch die Realität war nicht so glorios wie sie scheint. Ruf und Wirklichkeit stimmen nicht ganz überein. «Wir hatten einen riesigen Nimbus, wir waren präsent, wurden bewundert und genossen ein grosses Ansehen als grandiose Band und erstklassige Musiker», resümiert Volker, «aber es ist uns nicht gelungen, ein grosses Publikum zu erreichen.» Tatsächlich spielte die Band oft vor leeren oder halbleeren Sälen, auch in der Schweiz. *TEA* war an grossen Festivals engagiert, tourte mit *Queen* und *Status Quo*, aber die selbstorganisierten Konzerte verliefen zum Teil tragisch. «Unser grösster Erfolg war ein Konzert in Horgen, wo wir vor 600 zahlenden Gästen spielten», sagt Volker. Dazu waren auch die Albumverkäufe alles andere als berauschend. Insgesamt hat *TEA* in der Schweiz nur rund 3600 Platten verkauft.

Geld verdienten die Musiker kaum. Und wenn doch einmal Bares geflossen ist, wurde es in technisches Equipment investiert. Es waren die Freundinnen, die den Musikern einen minimalen Lebensstandard ermöglichten. Selbst die grossen Tourneen in Grossbritannien waren gemäss Volker eine Zumutung. Die erfolgreichsten Musiker der Schweiz froren in ungeheizten Absteigen und hatten kaum zu essen.

Was war das Problem? Weshalb hat es trotz der besten Voraussetzungen doch nicht ganz gereicht? Für Armand Volker lag es am Songmaterial. «Wir hatten keine Songs, die

emotional fass- und erfassbar waren und einen Gänsehaut-Effekt erzeugen konnten»,
meint Volker, «wir hatten ein, zwei Balladen, die in diese Richtung gingen, aber sonst
waren die Songs schon sehr kühl und intellektuell konstruiert. Aber wir fanden das damals cool.» Der Song «Alexandra» hätte vielleicht auch das Potenzial gehabt, aber er
hat nicht zu Storaces Stimme gepasst. Auch «Summer In The City» war eine gelungene
Coverversion. Storace sang den Song grandios, aber der Song hatte eigentlich nichts mit
der Band zu tun.

Auf einem Demosong hatte Volker ein dreistimmiges, dreiminütiges Solo komponiert.
Als Dierks das kürzen wollte, hat sich der Gitarrist quergestellt. «Das sind wir», sagte er
zum Produzenten. Ein solches Ansinnen empfand Volker als Verstümmelung und Ampu-
tation seiner Musik. «Auf die Idee, dass ich damit das Publikum überfordern würde, kam
ich damals nicht», erklärt er.

Die Band lebte zuerst in einer Kommune in Boniswil am Hallwilersee, dann in Heimisbach im Emmental, wo sie sich zum Teil bis zu zehn Stunden am Tag mit ihrer Musik
befassten. «Wir wollten uns selbst verwirklichen und nur unserem Geschmack folgen.
Dabei hatten wir sehr hohe Ansprüche an die Musik und bewegten uns in Sphären, die
musikerorientiert waren. Von anderen Musikern erhielten wir denn auch Komplimente
ohne Ende. Wir erreichten ein Level, das uns interessierte, auf dem das Publikum aber
den Zugang nicht fand. Dem Konzertpublikum gefiel es zwar auch, aber sie gingen nicht
heim, um sich die Platte zu kaufen.»

Marc Storace 1973.
© Peter Wälti

«Wir haben uns als Instrumentalisten definiert. Die Songwriter-Fähig-
keiten waren aber limitiert. Die Songs
waren zu abgehoben. Wir wollten
kommerziell erfolgreich sein, aber
keiner von uns hatte die Fähigkeiten,
kommerziell erfolgreiche Nummern
zu schreiben. Wir hatten keinen Hit.
Die beste Stimme nützt dir nichts,
wenn du nicht die richtigen Songs
im richtigen Moment hast. Von der
Substanz her war *TEA* halt doch eine
zusammengewürfelte Geschichte von
virtuosen Instrumentalisten und einem Weltklasse-Sänger. Uns hat der
Blick aufs Ganze gefehlt», resümiert
Volker.

4.11 Rock in der Schweizer Hitparade und in der «POP-Hammerwahl»

Die Schweiz blieb ab Ende der 1960er-Jahre in einer Orientierungskrise gefangen. Die Gegensätze zwischen alten Werten und Orientierungen einerseits und gesellschaftlichem Aufbruch andererseits, standen in beständigem Konflikt und schienen unüberwindbar. Der Widerstand konservativer Kräfte gegen die unbotmässigen Vorstellungen vieler Jugendlicher und übertriebenes Reformtempo hielten an. Der Historiker Ulrich Herbert spricht von einer «widersprüchlichen Übergangsphase»: auf der einen Seite die Orientierung an traditionellen Normen und Lebenswerten, auf der anderen Seite technische und wirtschaftliche Modernisierungsprozesse sowie Liberalisierung der Lebensweisen.

Organist:
Moraz (Yes)

Die nationalen und
internationalen Sieger
der «Hammerwahl»
im Schweizer «POP»-
Magazin 1974.
© Archiv Aeby

Diese gesellschaftlichen Gegensätze und diese Zerrissenheit spiegelten sich auch in der Schweizer Hitparade, die ab 1968 die grössten Hits auf dem Plattenteller präsentierte. Im Revolutionsjahr 1968 zum Beispiel war der harmlose Schlager «Monja» von Roland W. der beliebteste Song. Umgekehrt finden wir die Woodstock-Hymne «With A Little Help From My Friends» in der Version von Joe Cocker sowie das Hippie-Lied «Heavenly Club». Neben *Les Sauterelles* schafften es nur noch Pepe Lienhard mit seinem Popschlager «Sheila Baby» (1971) und die Schlagersängerin Monica Morell mit «Ich fange nie mehr was an einem Sonntag an» (1973) in die Jahreshitparade. Schweizer Musik hatte einen schweren Stand und Schweizer Rocksongs versucht man vergeblich.

Immerhin zeigen die Jahres-Charts in den Gründerjahren des Rock die wachsende Bedeutung des Genres. Rockige Sounds und Beats von Bands wie *Deep Purple*, *Creedence Clearwater Revival*, *Hawkwind*, *The Sweet*, *T. Rex* und anderen sowie von Rock-Lady Suzy Quatro schafften den Sprung in die Jahres-Hitparade der erfolgreichsten Songs. Trotzdem blieb Rock in der Schweizer Hitparade ein Minderheitenprogramm.

Das hat aber auch damit zu tun, dass Rock, und vor allem der Progressive Rock, damals eine ausgesprochene LP-Musik war. Die Popularität des Rock wurde in der Singles-Hitparade deshalb nur unzureichend abgebildet. Das Magazin «POP» reagierte auf die wachsende Schweizer Rock-Szene und führte ab 1974 die «Hammerwahl» ein, in der die Leserschaft ihre beliebtesten Bands, Musiker und Alben des Jahres wählen durfte. Aufgeteilt in nationale und internationale Künstler. «Inzwischen hat es sich herumgesprochen: Auch bei uns macht man Musik, und zwar gute dazu», schreibt Herausgeber Jürg Marquart im Editorial vom «POP» Nr. 1 1975 über die erste «Hammerwahl». «Die Zeiten, wo manche nur an Konzerte einheimischer Gruppen gingen, um mal wieder richtig zu lachen, sind vorbei. Heute spielen unsere Bands in England und Amerika, tauchen in den Hitparaden auf, machen ansehnliche Plattenumsätze und sind gefragter Teil der weltweiten Rock-Szene», schreibt er weiter.

Die Auswertung der «POP-Hammerwahl» zeichnet denn auch ein anderes Bild als in der Hitparade. Rock dominiert hier die Ranglisten ganz deutlich, sowohl international wie auch national. Stilistische Vielfalt finden wir nur in der Kategorie der «besten Sänger». Herausgeber Jürg Marquard beklagt sich so-

Schweizer Jahres-Hitparade 1968–74

1968:
1. Roland W.: Monja
2. John Fred & His Playboy Band: Judy In Disguise (With Glasses)
3. Bee Gees: Words
4. The Beatles: Lady Madonna
5. Tom Jones: Delilah
6. Engelbert: A Man Without Love
7. Les Sauterelles: Heavenly Club
8. The Beatles: Hey Jude
9. Mary Hopkin: Those Where The Days
10. Joe Cocker: With A Little Help From My Friends

1969:
1. Barry Ryan: Eloise
2. The Beatles: Ob-La-Di, Ob-La-Da
3. Tommy James And The Shondells: Crimson & Clover
4. Donovan: Atlantis
5. The Hollies: Sorry Suzanne
6. The Beatles with Billy Preston: Get Back
7. The Beatles: The Ballad Of John and Yoko
8. The Edwin Hawkins Singers: Oh Happy Day
9. Sir Douglas Quintet: Mendocino
10. Elvis Presley: In The Ghetto

1970:
1. Miguel Rios: A Song Of Joy
2. Mungo Jerry: In The Summertime
3. Simon & Garfunkel: El condor paso
4. The Beatles: Let It Be
5. Tee Set: Ma belle amie
6. The Soulful Dynamics: Mademoiselle Ninette
7. Ennio Morricone: Spiel mir das Lied vom Tod
8. Creedence Clearwater Revival: Travelin' Band
9. Steam: Na Na Hey Hey Kiss Him Goodbye
10. Deep Purple: Black Night

1971:
1. Middle Of The Road: Chirpy Chirpy Cheep Cheep
2. George Harrison: My Sweet Lord
3. Lynn Anderson: Rose Garden
4. Top Pops: Mamy Blue
5. Danyel Gérard: Butterfly
6. The Sweet: Co-Co
7. T. Rex: Hot Love
8. Creedence Clearwater Revival: Sweet Hitch-Hiker
9. Peret: Borriquito
10. Pepe Lienhard: Sheila Baby

1972:
1. Hot Butter: Popcorn
2. Middle Of The Road: Sacramento
3. The Cats: One Way Wind
4. Vicky Leandros: Après toi
5. Mouth & MacNeal: How Do You Do
6. Mouth & MacNeal: Hello-A
7. Neil Diamond: Song Sung Blue
8. Hawkwind: Silver Machine
9. Springwater: I Will Return
10. Juliane Werding: Am Tag als Conny Kramer starb

1973:
1. Demis Roussos: Goodbye, My Love, Goodbye
2. The Rolling Stones: Angie
3. Bernd Clüver: Der Junge mit der Mundharmonika
4. Suzy Quatro: Can The Can
5. Gilbert O'Sullivan: Get Down
6. The Les Humphries Singers: Mama Loo
7. Elton John: Crocodile Rock
8. Monica Morell: Ich fange nie mehr was an einem Sonntag an
9. Vicky Leandros: Die Bouzouki klang durch die Sommernacht
10. Suzy Quatro: 48 Crash

1974:
1. Terry Jacks: Seasons In The Sun
2. ABBA: Waterloo
3. The Rubettes: Sugar Baby Love
4. Cash And Carry: Tchip Tchip
5. Dalida: Gigi l'amoroso (Gigi l'amour)
6. Les Humphries Singers: Kansas City
7. George McCrae: Rock Your Baby
8. Marvin Hamlisch: The Entertainer
9. Lobo: I'd Love You To Want Me
10. Ike & Tina Turner: Nutbush City Limits

4 Die Schweizer Rockexplosion (1969–1978)

gar darüber, dass sich in dieser Kategorie zwischen den Rocksängern auch Schlagersänger tummeln. In der Kategorie der «besten Sängerinnen», wo Monica Morell, vor Jasmin und Paola siegte, wird dagegen fast nicht gerockt. Beba Kürsteiner der Band *Lear* war die einzige rockende Sängerin. Marquard war nicht überrascht. «Es gibt kaum Rock-Mädchen», schrieb er.

Bemerkenswert ist, dass der Glam Rock von *The Sweet*, *T. Rex*, *Sparks*, Elton John, Suzy Quatro und anderen sowohl in der Schweizer Hitparade, als auch in der «POP-Hammerwahl beim Publikum besonders gut ankam. Die englische Band *The Sweet* wurde 1974 im «POP» sogar zur beliebtesten Band gewählt. Glam Rock definierte sich noch vor Punk als Gegenbewegung zum Progressiven und zur Hippie-Generation, was in der progressiven Schweizer Musikszene, die sonst brav den internationalen Musiktrends folgte, nicht gut ankam. Glam fand hierzulande keine Nachahmer.

Einzige Ausnahme war der 1950 in Montreux geborene Sänger Patrick Juvet. Stilistisch hatte der Schmuse- und Discosänger mit Rock nichts am Hut, liess sich aber vom Glam ästhetisch inspirieren. Noch 1973 erlitt er als unglücklicher Vertreter der Schweiz beim Eurovision Song Contest eine monumentale Schlappe. Ende desselben Jahres trat er in Paris mit Pailletten und Make-up auf, bezeichnete sich als bisexuell und machte mit seiner Masche in Frankreich und den USA prompt Karriere.

Deutschschweizer Musiker distanzierten sich dagegen dezidiert vom infantilen Bubble-Gum-Pop des Glamrock. Die Berner Band *Rumpelstilz* um Polo Hofer (siehe Kapitel 7.4.1.), die gerade den Siegeszug des Mundart-Rock lancierte, machte sich 1975 im Song «Plumm Pudding & sy Hammer Bänd» sogar über die Glam-Rocker lustig: «Sie chöi zwar ersscht uf drei Akkorde schrumme, aber sie hei derfür e superdicki Shou. Meitschi rennene nache, schpeziell die dumme, derby hei sie lieber höchi Schue als e Frou».

Schweizer POP-Hammerwahl 1975.
© Archiv Aeby

Und hier nun die Gesamt-Rangliste der Nationalen Hammerwahl, die ebenfalls ein paar massive Überraschungen brachte. Doch seht selbst:

pop HAMMER-WAHL 74

…rogramme

…gboggs
…Scene
…ensturz
…Doof
…TV

…o-Programme

…Up
…o-Hitparade
…74
…4
…Corner

Gruppen

1. TEA

2. Island

3. Freeway 75
4. Helvetia
   Toad
6. Pepe Lienhard Sextett
7. Grünspan
8. Lear
9. Feelin' Good
   Kaktus

Nachwuchsgruppen

1. Feelin' Good

2. Helvetia

3. Shifter
4. Island
   Freeway 75
6. Grünspan
7. Lear
8. Lise Schlatt
9. Spring Of Life
10. Lost Peace

…rristen

…and Volker (TEA)

… Vescoli

… Vergeat (Ex-Toad)
…ogoz (Freeway)
…Rühle (Island)

Bassisten

1. Werner Fröhlich (Shifter)

2. Turo Paschayan (TEA)

3. Egon Eggler (Island)
4. Werner Amann (Alfi)
5. Terry Stevens (Ex-Krokodil)

Schlagzeuger

1. Roli Eggli (TEA)

2. Düde Dürst (Feelin' Good)

3. Pierre Favre
4. Cosimo Lampis (Ex-Toad)
5. Güge Meier (Island)

Organisten

1. Patrick Moraz (Yes)

2. Philipe Kienholz (TEA)

3. Jack Conrad (Ex-Island)
4. André Locher (Shifter)
5. Chicken Fisher (Feelin' Good)

Sänger

1. Toni Vescoli

2. Marc Storace (TEA)

3. Beni Jäger (Island)
4. Goofy Egloff (Freeway 75)
5. Patrick Juvet
6. Henri
7. Pierre Bardin
8. Chicken Fisher (Feelin' Good)
9. Mani Matter
10. Forty Morell (Loony Tunes)

Sängerinnen

1. Monica Morell

2. Jasmin

3. Paola
4. Beba Kürsteiner (Lear)
5. Sue
6. Piera Martell
7. Chris
8. Miriam Klein
9. Daniela Mela
10. Doris Hug

Sonstige Instrumente

1. Chicken Fisher (Feelin' Good/Piano)

2. Patrick Moraz (Yes/Synthesizer)

3. Pepe Lienhard (Querflöte)
4. Bernie Wenger (Freeway75/Flöte)
5. Philippe Kienholz (TEA/Piano)

Komponisten

1. Toni Vescoli
2. Patrick Moraz
3. Pepe Lienhard
4. Pepe Ederer
5. Werner Fröhlich

LPs des Jahres

1. TEA

2. Heavenly & Heavy – Mixed Swiss Rock Candies/Div. Interpreten
3. Krokodil
4. Perspective One/Div. Interpreten
5. Tomorrow Blue/Toad

SO WÄHLTE DEUTSCHLAND

Udo Lindenberg schlug sie alle: Er und sein Panikorchester belegten insgesamt 8 von 10 möglichen ersten Plätzen. Atlantis-Stimme Inga Rumpf machte das Rennen um die beste Sängerin. Und auch Otto sahnte kräftig ab. Hier die wichtigsten Ergebnisse:

Sänger:

1. Udo Lindenberg
2. Otto
3. Reinhard Mey

Sängerin:

1. Inga Rumpf
2. Joy Fleming
3. Juliane Werding

Gruppe:

1. Lindenbergs Panikorchester
2. Birth Control
3. Nektar
4. Atlantis
5. Karthago

Nachwuchsgruppe:

1. Lindenbergs Panikorchester
2. Randy Pie
3. Eloy

Gitarrist:

Karl Allaut (Ex-Panikorchester)

Bassist

Steffi Stephan (Panikorchester)

Organist:

Jean-Jacques Kravetz (Randy Pie)

Schlagzeuger:

Udo Lindenberg

Komponist:

Udo Lindenberg

Sonstiger Instrumentalist:

Klaus Doldinger (Saxophon)

LP des Jahres:

1. Udo Lindenberg: Ball Pompös
2. Otto II
3. Otto I

Rundfunksendung:

Popshop des Südwestfunks

TV-Sendung:

Musikladen

Gut plazierten sich ausserdem in den Instrumenten-Sektionen die Musiker von Can, Jane, Birth Control und Nektar. Unter den LPs des Jahres schaffte Udo Lindenberg mit «Alles klar auf der Andrea Doria» ausserdem Platz 5, während Birth Control ihre letzten Alben, «Hoodoo Man» und «Rebirth», auf die Positionen 4 und 6 brachten. Triumvirat und Tangerine Dream kamen trotz ihrer Auslandserfolge in keiner Rubrik unter die ersten 10.

pop HAMMER-WAHL 74

…nd so habt …r gewählt:

…t sind die grossen Abräumer der POP-HAM-…WAHL 74. Sie schafften viermal Platz 1 und be-…nen für den Sieg in den Rubriken «Sänger» und …pe» zwei GOLDENE HÄMMER. Auch in den In-…entalsektionen sind die Sweet gut vertreten: …atz 2 (Bass), 3 (Schlagzeug) und 4 (Gitarre).

… Purple können ebenfalls eine hervorragende …ke vorweisen: zwei erste Plätze, fünfmal Platz 2 …e Gruppen-Plazierung ist ein SILBERHAMMER … dazu ein siebter und ein achter Platz. Ian Gillan …rt einen SILBERHAMMER, obwohl er schon …inem Jahr sein Privatleben pflegt, während De-…verdale es nicht geschafft hat, alle Purple-Fans …ch zu gewinnen. Die «In-Rock»-Besetzung der …e ist für viele anscheinend immer noch die be-…

…ELP schnitten sauber ab. Einen BRONZEHAM-…gibt's für die Gruppe Nr. 3, zwei erste Plätze und …al Rang 3 runden ihren Erfolg ab.

…oltranes Sieg über Suzi Quatro bei den Sänge-… ist eine kleine Sensation. Und auch Melanies …r Platz überrascht: Schliesslich ist ihr letzter Hit …ns schon ziemlich lange her. Dafür ergatterte … Joplin eine gute vierte Position: Man hat sie … vergessen. Wie auch Jimi Hendrix, der immer-…ng 5 unter den Gitarristen erreichte.

…gut abgeschnitten hat auch Rory Gallagher als … Gitarrist. Billy Preston schaffte einen respek-… Platz 5 an der Orgel: So hoch kam er bisher …nie.

… HOLZHAMMER bekommen Bad Company als …wuchsgruppe Nr. 1.

…eife Leistung für eine Band, die es erst seit kur-…it gibt. Der vierte Nachwuchsgruppen-Platz von …liegt an den Sweet-Fans. Sie schickten fast …hmslos die Standardliste Connolly / Quatro / …t / Angel. Auch das progressive Lager hatte eine …ardplazierung: Ian Gillan / Deep Purple / Chi …ne / Bad Company. Immer wieder tauchten die-…rtungen bei der Auszählung auf.

…hn Jahre alter Song steht auf Platz 10 der Sing-…t's All Over Now Baby Blue» von Them, ein Bei-…dafür, wie zeitlos gute Musik ist.

…ache für Frankfurt: Das ist Platz 1 von Uriah … bei den Kneifern des Jahres. Ihr erinnert Euch: …nkfurt liessen Heep aus Ego-Gründen ein gan-…estival platzen. Dafür gibt es jetzt unseren Son-…eis, die ROSTIGE KNEIFZANGE. Möge sie die …e daran erinnern, nie wieder derart unver-…nt mit ihren Fans umzuspringen. Denn alles … die sich nicht gefallen!

Sänger

1. Brian Connolly

2. Robert Plant

3. Ian Gillan
4. Jon Anderson
5. Peter Gabriel
6. David Bowie
7. David Coverdale
8. Dave Byron
9. Mick Jagger
10. Roger Daltrey

Sängerin

1. Chi Coltrane

2. Suzi Quatro

3. Melanie
4. Janis Joplin
5. Maggie Bell
6. Tina Turner
7. Joan Baez
8. Olivia Newton-John
9. Carole King
   Joni Mitchell

Gruppe

1. Sweet

2. Deep Purple

3. ELP
4. Yes
5. Pink Floyd
6. Led Zeppelin
7. Rolling Stones
8. Status Quo
9. Uriah Heep
10. Nazareth

Nachwuchsgruppe

1. Bad Company

2. Sparks

3. Mud
4. Angel
5. Nazareth
6. Queen
7. Cockney Rebel
8. Paper Lace
9. Montrose
10. Alex Harvey Band

Gitarrist

1. Ritchie Blackmore

2. Eric Clapton

3. Rory Gallagher
4. Andy Scott
5. Jimi Hendrix
6. Jimmy Page
7. Alvin Lee
8. Carlos Santana
9. Johnny Winter
   Jeff Beck

Bassist

1. Glenn Hughes

2. Steve Priest

3. Greg Lake
4. Jack Bruce
5. Chris Squire
6. Suzi Quatro
7. Roger Waters
8. Roger Glover
9. Bill Wyman
10. John Paul Jones

Organist

1. Keith Emerson

2. Jon Lord

3. Rick Wakeman
4. Ken Hensley
5. Billy Preston
6. Patrick Moraz
7. Elton John
8. Rick Wright
9. Stevie Wonder
   Tony Ashton
   Brian Auger

Schlagzeuger

1. Carl Palmer

2. Ian Paice

3. Mick Tucker
4. Keith Moon
5. Nick Mason
6. Billy Cobham
7. Ginger Baker
8. Phil Collins
9. Alan White
10. Rick Lee

Sonstiger Instrumentalist

1. Ian Anderson (Flöte)
2. Keith Emerson (Synthesizer)
3. Roy Wood (Alles)
4. Eno (Elektronik)
5. Mike Oldfield (Alles)
6. Rick Wakeman (Synthesizer)
7. Jean-Luc Ponti (Geige)
8. David Bowie (Saxophon)
9. Rory Gallagher (Mandoline)
10. John Mayall (Mundharmonika)
    Bryan Ferry (Mundharmonika)

Komponist

1. Mike Chapman/Nick Chinn
2. Jon Lord
3. Keith Emerson
4. David Bowie
5. Jon Anderson
6. Ian Jan Anderson
7. Paul McCartney
8. Pete Townshend
9. John Lennon
10. Elton John
    Ken Hensley

Single des Jahres

1. Sweet: The Six Teens
2. Eric Clapton: I Shot the Sheriff
3. George McCrae: Rock Your Baby
4. Sparks: This Town Ain't Big Enough
   Sweet: Turn it Down
6. Golden Earring: Radar Love
7. Nazareth: This Flight Tonight
8. Cockney Rebel: Sebastian
9. Wings: Band on the Run
10. Them: It's All Over Now Baby Blue

LP des Jahres

1. Sweet: Sweet Fanny Adams
2. Deep Purple: Burn
3. ELP: Welcome Back my Friends
4. Rory Gallagher: Irish Tour 74
5. Mike Oldfield: Tubular Bells
6. Status Quo: Quo
8. Eric Clapton: 416 Ocean Boulevard
   Who: Quadrophenia
9. Bad Company: Bad Co
   Wings: Band on the Run
   Yes: Tales from Topographic Ocean

Kneifer des Jahres
1. Uriah Heep
2. Elton John
3. Led Zeppelin
4. Pink Floyd
5. Bob Dylan
6. David Bowie
7. Grand Funk Railroad

5 ROCK TICINESE

Nightbirds mit Roby Wezel, Charlie Demarco (oben), Mario Del Don (unten), Eliano Galbiati und William Mazzoni (von links).
© Archiv Fieschi

Man kennt die 68er-Proteste von Paris und Berlin, man kennt die Globus-Krawalle vom Juni in Zürich und weiss, wie sie Jugend und Gesellschaft bewegt haben. Doch was nur wenige wissen: Die 68er-Proteste in der Schweiz haben am 8. März 1968 in der Sonnenstube der Schweiz, im Tessin, begonnen. Notabene sogar zwei Monate bevor die Studenten an der Sorbonne auf die Strasse gingen und vier Monate bevor sich die Zürcher Studenten mit der Polizei eine Strassenschlacht lieferten.

Die italienische Schweiz war damals sehr konservativ geprägt. Am Lehrerseminar in Locarno, der «Scuola Magistrale» im ehemaligen Frauenkloster, herrschte ein strenges, autoritäres Regime. Frauen durften nur Röcke tragen, Jeans waren für alle verboten. Der Freiraum war gering, Unterordnung gefragt und unabhängiges, kritisches Denken unerwünscht.

Am Morgen des 8. März 1968 hatten rund 350 Schülerinnen und Schüler die Nase voll und schritten zur Tat. Sie wollten sich nicht länger unterordnen und besetzten die Aula, um gegen die militärische Schulführung, langweiligen Unterricht und veraltete Lehrmethoden zu protestieren. Dazu stellten sie Forderungen zur Reform der Schule.

Unter den Besetzern der Aula war auch Marco Zappa, der schon bald in der Tessiner Musikszene eine wichtige Rolle übernehmen sollte. Die Situation war für ihn besonders brisant, denn seine Eltern waren Professoren am Seminar. «Ich habe mich nicht nur gegen die Schule aufgelehnt, sondern auch gegen meine Eltern», sagt er, «ich ging auf Konfrontation, war aber eigentlich nie ein extremer Revolutionär.»

Doch die Nachricht von der Besetzung erschütterte den Kanton und auf der Piazza San Francesco demonstrierten Sympathisanten der Besetzer, darunter auch der spätere CVP-Bundesrat Flavio Cotti. Als die Schulbehörden den Schülern mit späterem Berufsverbot drohten, gaben sie auf. Das System gewann noch einmal, doch der Direktor des Seminars trat im Mai 1968 zurück und das Regime wurde etwas gelockert. Aber viel wichtiger war, dass bei jener Generation ein kritischer Geist geweckt worden war: Die Überzeugung, dass nicht einfach alles hingenommen werden muss.

Der revolutionäre Wind wehte von Süden her. Inspiriert wurden die aufmüpfigen Schülerinnen und Schüler in Locarno von Studentenunruhen in Rom am 1. März. Aber auch hier, wie in anderen Brennpunkten des Protests, lieferte die Musik den Soundtrack. Am Schlager-Festival in San Remo war der 68er-Geist noch nicht angekommen, aber Cantautori wie Fabrizio De André wandten sich zunehmend vom Italo-Schlager ab. Sie sangen engagierte, sozialkritische Canzoni gegen Krieg, Faschismus und Rassismus sowie für die Liebe. Ihre Lieder wurden bis an den Fuss des Gotthards gehört.

Giorgio Fieschi aus Arbedo war jahrzehntelang Redaktor bei «Radiotelevisione della Svizzera Italiana» (RSI), hat die aufkeimende Rock- und Popszene erlebt, verfolgt und journalistisch begleitet. Dazu war er auch als Veranstalter, Konzertorganisator und Plattenproduzent tätig und gilt heute als der Tessiner Rock- und Pop-Papst. «Die Stimmung Ende der 1960er-Jahre war vergleichbar mit jener in der deutschen Schweiz», meint er rückblickend, «die Jugend war unzufrieden und rebellisch. Sie begehrte gegen Autoritäten auf und war vom Willen getrieben, etwas zu verändern und zu bewegen.»

Die Jugend wurde vom rebellischen Virus erfasst und von dieser Atmosphäre profitierte auch die Rockmusik. «Die Pop- und Rockszene im Tessin war lebendig. Es wurden relativ viele Konzerte in den kleinen Lokalen der Tessiner Städte organisiert. Ein Zentrum des Rock war das nördliche Tessin um Bellinzona und Locarno. Aber auch in Lugano und Chiasso griff das Rockfieber um sich. Doch die Bands waren auf sich allein gestellt, die nötigen Strukturen fehlten komplett. «Wer eine Platte machen wollte, musste nach Mailand oder in die deutsche Schweiz gehen», sagt Fieschi. Aber das war teuer und nur die wenigsten Bands verfügten über die nötigen finanziellen Mittel.

Der Tessiner Rockpapst Giorgio Fieschi.
© Archiv Fieschi

Die grosse Ausnahme war *The Nightbirds*, die mit Abstand wichtigste Tessiner Band in der Frühphase des Beat und Rock. 1965 wurde die Band von Columbia/EMI unter Vertrag genommen und nahm «Io non guardo con gli occhi della gente» auf – es war die erste Platte einer Tessiner Band.

Ein kurzer Lichtblick war das vom Deutschschweizer Laico Burkhalter in Ascona gegründete Plattenlabel «Centro Discografico Ascona» (CDA). Die erste Single war ein Re-Release der Single «La Felicità / Non scorderò», die Burkhalter ein Jahr zuvor mit seiner

Die Tessiner Konzertagentur «SU» brachte in Kooperation mit «Good News» internationale Bands in den Kanton.
© Archiv sk

Beatband *The Old Friends* schon beim Pfäffiker Label «Eurex Records» aufgenommen hatte. Hier entstand 1967 auch die erste Platte von Marco Zappa mit seiner Beatband *The Teenagers*. Ebenso wie mit *Les Hirondelles* die erste Platte einer Beatband aus dem Kanton Graubünden. Und zudem 1968 die fünfte Platte der *The Nightbirds* und die erste im Tessin produzierte Rockscheibe: «Someone's Call». Doch nach dieser kurzen Pionierphase ist das erste Tessiner Pop- und Rocklabel CDA wieder eingeschlafen. Burkhalter zog nach München, um mit dem Geiger Helmut Zacharias zu arbeiten.

Gemäss Fieschi waren die Möglichkeiten für Rockbands im Tessin sehr beschränkt. Auch Radio und Fernsehen zeigten sich gegenüber der neuen Musik sehr zurückhaltend bis abweisend. «Als ich einmal einen Artikel über *Nightbirds* schreiben wollte, habe ich ein Bild mitgeliefert. Doch der Chefredaktor lehnte es ab, weil die Haare der Musiker zu lang waren», erzählt Fieschi.

In der Deutschschweiz wurden Rockfans ab 1965 mit dem «POP»-Magazin gefüttert, im Tessin existierte zunächst nichts Vergleichbares. Deshalb hat Fieschi Ende der 1960er-Jahre selbst eine monatliche Pop- und Rockzeitschrift mit dem Namen «Infomusic», später «You» herausgegeben. In der ersten Ausgabe gab es Berichte über Brian Auger und *Led Zeppelin*. Die Nachfrage war recht gross, doch das Magazin erschien aus finanziellen

Gründen unregelmässig. «Wir waren sehr enthusiastisch und engagierten uns mit jugendlicher Naivität. Aber ich bin Journalist und kein Geschäftsmann oder Verleger», sagt Fieschi. Der Vertrieb war kostspielig, schlecht organisiert und wurde für Fieschi zu einem Verlustgeschäft. Immerhin gegen zehn Ausgaben sind erschienen, bis Fieschi das Projekt aufgeben musste.

Doch bald darauf bot sich eine Ersatzlösung an. Giuseppe Buffi, der damalige Chefredaktor der liberalen Tessiner Zeitung «Il Dovere» (später «La Regione») und spätere Tessiner FDP-Staatsrat spürte Anfang der 1970er-Jahre das Bedürfnis, in seiner Zeitung etwas für die Jugendlichen zu machen. Er beauftragte deshalb Giorgio Fieschi mit einer wöchentlichen Musikseite für Pop und Rock mit dem Namen «Dal vivo», die der Journalist 50 Jahre lang betreuen sollte. So wurde Fieschi zum Hauptzeugen der Rockmusik «Made in Ticino».

Gleichzeitig, also Anfang der 1970er-Jahre, wurde die Tessiner Konzertszene durch zwei Agenturen belebt. «SU», 1971 in Ascona von Susy Stauss gegründet, organisierte in Zusammenarbeit mit der Deutschschweizer Konzertagentur «Good News» Konzerte mit internationalen Bands wie *Gentle Giant*, *Amazing Blondel*, *Nazareth*, *Status Quo* und *PFM*. Die von Sandro Blanditi in Lugano gegründete Agentur «Sunrise Production» brachte Frank Zappa, *Uriah Heep*, Peter Tosh und andere in die Sonnenstube der Schweiz.

Wie der RSI-Journalist Gian Luca Verga in einem Aufsatz für «Action CH Rock» ausführt, hat das Tessin aufgrund seiner geografischen Lage zwischen Gotthard und italienischer Grenze ein Verhaltensmuster zwischen «Unterwürfigkeit, Anlehnung, Opfer-Syndrom und Überlegenheit» entwickelt, das die Herausbildung einer eigenen kulturellen Identität hemmte. Demnach liessen sich Pop- und Rockbands «von den erfolgreichen Strömungen der Zeit mitreiben», sie beliessen es aber meist bei «einer sterilen Kopie bewährter Schemen». Er nennt aber auch Ausnahmen wie die Rock Pioniere *Nightbirds* und Marco Zappa, und ab den 1990er-Jahren natürlich die Hard-Rockband *Gotthard*. Sie alle hätten sich dieser Gesetzmässigkeit dank «Beharrlichkeit und gewieftem Management» widersetzt.

5.1 *The Nightbirds (1964–2014)*
und was darauf folgte

Fast unglaublich, aber wahr: Ein gewisser Giorgio Gomelsky, Sohn eines russischen Arztes, in Locarno geboren und aufgewachsen, war tatsächlich der erste Manager der *Rolling Stones*. Das war 1962. Schon bald wurden die Stones aber von Andrew Loog Oldham, aus dem Umfeld von Brian Epstein und den Beatles, abgeworben. Worauf Gomelsky die *Yardbirds* unter seine Fittiche nahm. Im heissen Sommer 1964 machte er ihnen ein kleines «Ferienreisli» in seine Tessiner Heimat schmackhaft. Die englische Band mit Chris Deja (Rhythmusgitarre), Jim McCarty (Drums) and Paul Samuel Smith (Bass) spielte damals einen ähnlichen Rhythm and Blues wie die Stones und hatte einen Lead-Gitarristen in ihren Reihen, der in London als einer der besten seines Fachs gehandelt wurde: Eric Clapton. Abwesend war nur Sänger Keith Relf, der damals mit einem Lungenkollaps in einem Londoner Spital lag. Er wurde durch O'Neill ersetzt. So kam es, dass die im Tessin noch unbekannte Band vom 19. bis 23. Juli Konzerte gab: das erste in der Spielwaren- abteilung des Warenhauses «Innovazione» in Locarno, dann am Lido und zuletzt in der kleinen Taverne von Ascona.

Das verschlafene Tessin nahm kaum Notiz von den später berühmten Musikern, im- merhin fanden sich jeweils ein paar Dutzend jugendliche Freaks zu den Konzerten ein. Unter ihnen der junge Schlagzeuger Eliano Galbiati, der keines der fünf Konzerte ver- passte. Es war für ihn ein Schlüsselerlebnis. «Schlagzeuger Jim McCarty gab mir die wich- tigste Schlagzeugstunde meines Lebens und die Konzerte haben mein Leben verändert», erzählt Galbiati. Er war vom neuen, unerhörten Sound so begeistert, dass er eine eigene Band gründete: *The Nightbirds*.

Der am 2. Februar 1947 in Milano geborene Eliano Galbiati war die zentrale Figur in der Entwicklung des Beat und Rock im Tessin und die *The Nightbirds* die wichtigste Tes- siner Band. Im Alter von sieben Jahren begann Eliano mit dem Akkordeon und wechselte mit 14 zum Schlagzeug. «Ich bin Autodidakt und habe von den Grossen des Pop und Rock gelernt, indem ich versuchte, wie sie zu spielen», sagt Galbiati.

The Nightbirds mit Galbiati (Schlagzeug), Charlie de Marco (Bass), Mario del Don (Leadgitarre, später Bass) und William Mazzoni (Gesang) spielten von Anfang an einen relativ rohen und ungeschliffenen Rhythm and Blues und Beat mit einem Song-Reper- toire der damals angesagten britischen Bands wie *Beatles*, *Yardbirds*, *Kinks*, *Rolling Stones*, *Pretty Things*, *The Who* und der *Spencer Davies Group*.

Die Band war gefragt und spielte viele Konzerte. 1965 wurde *The Nightbirds* von Columbia/EMI in Mailand unter Vertrag genommen. «Wir sangen bisher Englisch, doch das Label wollte Songs in italienischer Sprache», erläutert Galbiati. Die Band begann eigene Songs zu komponieren und Mario del Don wurde zum Hauptsongschreiber der Band. Gleichzeitig stiess Leadgitarrist Chris Ackermann aus Wettingen zur Band und del Don wechselte zum Bass. «Chris war erst 17 Jahre alt, aber zu jener Zeit einer der besten Gitarristen der Schweiz», meint Galbiati.

Die Band schlug eine Profikarriere ein und nahm bei EMI bis 1967 insgesamt vier Singles für den italienischen und den Schweizer Markt auf. Die ersten beiden Singles, die 1966 veröffentlicht wurden, enthielten auf den A-Seiten mit «Io non guardo con gli occhi della gente» und «La strada bianca» relativ harmlose Italo-Folk-Schnulzen. Interessanter für die Entwicklung zum Rock waren die B-Seiten: «Quelli» beginnt mit einem Rockriff à la «You Really Got Me» und wechselt dann in den typischen mehrstimmigen Beatgesang. Doch dann folgte die Rockexplosion. Das Instrumental «The Nightbirds» auf der zweiten B-Seite ist ein Rockstück, wie man es in jenen Jahren im Tessin kaum vermutet hätte. Ein peitschender Rhythmus treibt die Band in einem atemberaubenden Tempo voran, Gitarrist Chris Ackermann spielt schneidend, wild, aggressiv und produziert einen infernalen Lärm. Das Instrumentalstück kann als die erste aufgenommene Rocknummer der Schweiz bezeichnet werden.

Die Band tourte in der Schweiz, wurde viele Male von den bekanntesten Clubs der Schweiz, «Pony», «Tropic», «Blow Up», «Hirschen» in Zürich, «Africana» St. Gallen und «Albani» Winterthur, engagiert. Sie war oft mit *Les Sauterelles* unterwegs, spielte mit der Deutschschweizer Band am ersten und grössten Festival in Bellinzona vor 15 000 Zuschauern. Das Konzert wurde von «RSI» aufgenommen und ausgestrahlt. Die Nachtvögel traten auch auf der Piazza Grande in Locarno vor 6000 Fans auf, an den «Beatles Days Bellinzona» vor 2000 und am «Vallemaggia Magic Blues Festival» in Cevio vor 4000 Leuten. Aber auch in Italien, Frankreich, Deutschland und England. Die Band war beliebt und einflussreich. «Die Kleidermode der Carnaby Street und des Piccadilly Circus haben wir über die *The Nightbirds* kennengelernt», sagt Fieschi.

The Nightbirds waren ein Abbild ihrer Zeit. Bemerkenswert schnell hat die Band die stilistischen Entwicklungen jener Zeit absorbiert und in ihre Songs integriert. Rhythm and Blues, Beat und dann Rock. Auf «Alla resa dei conti», aufgenommen 1967 mit einer Bläsersektion, hört man auch Elemente des bluesigen Soul, wie er ab Mitte der 1960er-Jahre aufkam. Im selben Jahr wurde auch eine italienische Version von «Red Rubber Ball» der amerikanischen Band *The Cyrcle* veröffentlicht: «Ha vinto l'amore».

Mit dem Eintritt des blutjungen Gitarristen Corry Knobel wurde die Band noch einmal merklich rockiger. Die Songs «Someone's Call» und «Sad Reviewing» von und mit Knobel wurden 1968 schliesslich vom Tessiner Label CDA produziert und waren wieder Englisch. Alle Singles sind auch auf dem Album «Les Sauterelles & The Nightbirds» erhältlich, das 2002 von Giorgio Fieschi für das Label «Come Back» produziert wurde.

1969 war die Entwicklung von *The Nightbirds* zur Rockband abgeschlossen. Das Schweizer Fernsehen der italienischen Schweiz widmete der Band einen 40-minütigen Dokumentarfilm. Der ganz grosse Durchbruch blieb aber aus. «Das Problem waren die Manager. Wir waren erfolgreich, trotzdem haben sie es nicht geschafft, die Nachtvögel über das Tessin hinaus zum Fliegen zu bringen», bedauert Galbiati. Deshalb beendeten sie 1970 ihre professionelle Karriere. Chris Ackermann zog zurück nach Zürich, Eliano Galbiati eröffnete den Plattenladen «Music Store», arbeitete etwas später als Vertreter von Tessiner Musikern bei Warner und Musikvertrieb in Zürich. Die anderen Musiker engagierten sich in diversen Nachfolgebands.

The Nightbirds lösten sich aber nicht auf. Immer wieder trafen sie sich zu Konzerten, ab 1995 im ausverkauften «Record Rock Cafe» von Galbiati in Locarno. Ab 1980 war auch Chris Ackermann bis zu seinem Tod 2008 wieder an Bord. Das letzte Konzert fand am 26. September 2014 im «Locarno Theatre» statt, wo die Band ihren 50. Jahrestag feierte. Das Konzert wurde in Zusammenarbeit mit Giorgio Fieschi produziert und war restlos ausverkauft. Bei Fieschis Label «Feedback» hat die Band zwei Alben aufgenommen: «Nightbirds live» mit Songs, die 1968 bei «RSI» aufgenommen wurden sowie «Io corro», ein Song für eine LP, die nie erschien. Dazu «Nightbirds e Les Sauterelles» in Zusammenarbeit mit dem Label «On Sale Milano».

5.1.1 Corry Knobel und «Waterfall» (1972)

1969 trat der junge Schweizer Gitarrist Corry Knobel The Nightbirds bei. Er ersetzte den gebürtigen Wettinger Chris Ackermann, den es zurück in die Deutschschweiz zog. «Ich war so jung, dass Bandleader Eliano Galbiati meinen Vater zuerst um Erlaubnis fragen musste», erzählt Knobel. Kurz darauf spielte er auch in der Band Cottonwood Hill des späteren Toad-Bassisten Werner Fröhlich. Dieser hatte soeben die berühmten Aufnahmen zum Album «Cottonwoodhill» mit Brainticket abgeschlossen und nannte seine

Die Band Cottonwood Hill mit Corry Knobel, Mike Stoffner, Werner Fröhlich und Benj Jäger.
© Archiv Fröhlich.

neue Band in Referenz zu *Brainticket Cottonwood Hill*. Neben Knobel und Fröhlich waren Sänger Benj Jäger und Schlagzeuger Mike Stoffner dabei. Geprobt wurde im Jugendhaus Baden, wo im Juli 1970 auch die Konzertpremiere stattfand. Die Band war ambitioniert und setzte auf Eigenkompositionen. Das traf zum Beispiel auf den Song «Life Goes On» zu, der 1972 beim Debütalbum von *Toad* in Rille gepresst wurde sowie auf Knobels «Waterfall». «Damals kam bei mir die Idee eines Soloprojekts auf», sagt Knobel. Als sich *Cottonwood Hill* kurz darauf auflöste (Fröhlich und Jäger wechselten zu *Toad*), intensivierte Knobel seine Solo-Ambitionen. Ziel war die Aufnahme eines Konzeptalbums unter dem Namen «Waterfall».

Weil Knobel weder Studioerfahrung noch Geld hatte, fragte er seinen Mentor, Schlagzeuger Eliano Galbiati der *Nightbirds*, um Hilfe. Zusammen mit den Pianisten Cesco Anselmo und Oscar Bozzetti ging es 1971 über den Gotthard ins «Braun Studio» nach Küsnacht, wo die Band einen Teil der Songs aufnahm. Unzufrieden mit dem Resultat, nahm Knobel mit Labels Kontakt auf, um professionelle Aufnahmen zu verwirklichen. Ein Label in Mailand zeigte Interesse, zog sich aber kurz vor den bereits gebuchten Studiosessions wieder zurück. Knobel nahm in der Not einen Bankkredit von 7000 Franken auf, um den Sessiontermin doch noch wahrzunehmen.

Die Probleme verschärften sich, weil sie von Zollbeamten gefasst wurden, als sie versuchten, die ersten 500 Exemplare der LP zurück in die Schweiz zu schmuggeln. Die Alben wurden beschlagnahmt, bevor sie veröffentlicht wurden.

In der Folge wurde «Waterfall» nach der Veröffentlichung im Jahr 1972 zu einem seltenen und gefragten europäischen Progressive-Rock-Sammlerstück dieser Zeit. 2003 nahm sich das Schweizer Speziallabel «Black Rills Records» der Aufnahmen an und veröffentlichte in einer CD-Neuauflage die komplette Geschichte des Albums. Nach seiner Zeit als Profigitarrist wurde Knobel zu einem der besten Toningenieure der Schweiz und ein Kadermitglied der Schweizer Verwertungsorganisation Suisa.

5.1.2 Mario del Don: *Riddle Boys*, *The Riddle* und *Gong*

Mario del Don, Gitarrist, Bassist und Komponist der Nachtvögel, und Sänger William Mazzoni gründeten nach dem Ende der *Nightbirds* mit dem Gitarristen Fabrizio «Ghiri» Ghiringhelli und Schlagzeuger Tiziano Caprara die *Riddle Boys*, die sich dem Rock im Stil von *Cream* und Hendrix verschrieben. In den frühen 1970er-Jahren stiess der klassisch geschulte Pianist Renato Reichlin zur Band. Sie nannte sich nun *The Riddle* und wechselte vom klassischen Rock zum damals angesagten Prog Rock. Bei «Polydor» wurde eine Platte aufgenommen, die aber heute nicht mehr erhältlich ist. Nach einem erneuten Namenwechsel nannte sich die Band *Gong* (nicht zu verwechseln mit der französischen Prog-Band *Gong*) und nahm 1972 bei «Polydor» die äusserst gelungene Single mit den Songs «I Don't Care» und «Lost Thing» auf. Eine Perle des Schweizer Prog. Gemäss Fieschi hatte die Band einen gewissen Erfolg, spielte einige Konzerte und drehte für «RSI» einen Film.

Marco Zappa im Jahr 2018.
© Archiv Zappa

5.2 Marco Zappa

Schuld war der Pastore. Für eine Theateraufführung hat der Pfarrer den Song «Apache» der Gitarrenband *The Shadows* abgespielt. «Für uns war das damals etwas ganz Neues, etwas komplett anderes, eine neue Welt», sagt Marco Zappa.

Marco Zappa ist am 14. März 1949 in Locarno in einem musikalischen Umfeld geboren. Seine Mutter spielte Kirchenorgel, prägender war aber sein Onkel, ein Pianist aus Zürich, der neben klassischer Musik auch Blues spielte und improvisierte. Begonnen hat der junge Zappa aber in der Pfadi mit typischer Tessiner Volksmusik, interpretiert mit dreistimmigem Gesang. Er spielte Mundharmonika und eine selbst gebaute akustische Gitarre. Die ersten Griffe hatte ihm seine Tante beigebracht.

Zappa sang zunächst Lieder von Adriano Celentano. Unter dem Einfluss der *Beatles* gründete er 1964, also noch mitten in der Schulzeit, die Beatband *The Teenagers*. Grosses Vorbild waren *The Nightbirds*, die damals schon einen Profivertrag in der Tasche hatten, sowie *Les Sauterelles*. Gemäss Giorgio Fieschi pflegten *The Teenagers* keine eigenständige Linie. Sie hatten mit Oscar Bozetti einen Organisten in der Band, weshalb sie sich an Bands wie *Animals* orientierten. Ziel war es, die berühmten Songs möglichst

1970 gründete
Marco Zappa die
Rockband *Stanhope*.
© Archiv Zappa

originalgetreu zu kopieren. Die Jünglinge sammelten erste musikalische Erfahrungen und nahmen 1967 in Zürich sogar die Single «Complication» auf.

Zappa ging 1967 und 1968 in Konfrontation zu seinen Eltern, als er aber eine Musiker-laufbahn einschlagen wollte, willigten sie ein. Die einzige Voraussetzung war: Er musste zuerst sein Studium abschliessen. In Mailand studierte Zappa schliesslich Pädagogik und doktorierte in Psychoanalyse. Danach setzte er auf die Karte Musik, war aber immer in einem halben Pensum als Musik- und Italienischlehrer an der Sekundarschule in Minusio angestellt. «Das Standbein als Lehrer war wichtig und hat mir die Freiheit eröffnet, das zu tun, was mir wirklich wichtig war. Ich musste nie Kompromisse eingehen», erläutert Zappa.

Interessant war die Tessiner Rockband *Stanhope*, die Zappa 1970 während seiner Studienjahre in Mailand gründete. In der Band war der Flötist und Saxofonist Giancarlo Piemontesi, weshalb sich *Stanhope* an englischen Bands wie *Jethro Tull* oder *Audience* orientierte. «Wir waren ehrgeizig und haben während dreier Jahre viele Konzerte im Tessin gegeben. Es bestehen aber leider keine Aufnahmen», sagt Zappa.

Zappa hat selten harte, verzerrte E-Gitarren gespielt. Seine Spezialität ist vielmehr das Fingerpicking auf der akustischen Gitarre, das es ihm erlaubt, auch Bassfiguren zu übernehmen. Für das erste Soloalbum «Change» von 1976, das beim Label EMI erschien, hat Zappa ausser Schlagzeug alle Instrumente selbst eingespielt: verschiedene Gitarren, Mandoline, Keyboards, Flöte und Percussion. Um auf Konzerttournee zu gehen, hat er eine Band in klassischer Rockformation zusammengestellt und ein Jahr darauf das Album «Sweet Apple» veröffentlicht. Zappa hat sich immer auch als Rockmusiker verstanden, der Einfluss des Folk und der Volksmusik war aber stets präsent und prägend. In diesen Pionierjahren hat Zappa ausschliesslich englische Songs komponiert. «Englisch war in jener Zeit selbstverständlich», meint Zappa. Erst ab 1979 hat er ins Italienische gewechselt.

Die Band *The Teenagers* 1966 im Probekeller: Luciano Mordasini, Claudio Bassi, Oscar Bozzetti, Marco Zappa (von links). Es fehlt Sänger Renato Perucchi, der ein Jahr später zur Band stiess.
© Archiv Zappa

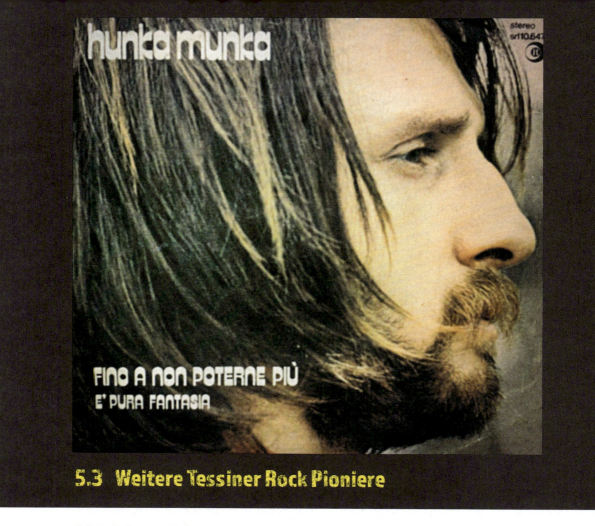

5.3 Weitere Tessiner Rock Pioniere

5.3.1 Roberto Carlotto alias «Hunka Munka»

«Hunka Munka» war der Spitzname des exzentrischen Keyboarders Roberto Carlotto, der ab Ende der 1960er-Jahre, in den 70er- und von Zeit zu Zeit auch in den 80er-Jahren in Lugano lebte. Eigentlich ein Italiener, hat er in der jungen Tessiner Rockszene doch einige Spuren hinterlassen. In Varese, unweit der Schweizer Grenze, geboren und aufgewachsen, begann er früh mit dem Keyboardspiel. Carlotto war Mitglied in italienischen Bands wie *Big 66*, *I Cuccioli* sowie der Beatband *Anonima Sound*, des später bekannten Cantautore Ivan Graziani, und trat im Vorprogramm von Rod Stewart und *Colosseum* auf. 1969, nach dem Abgang von Düde Dürst und Rolf Antener, nahm Toni Vescoli den virtuosen Tastenmann in die Band auf. «Er war einfach plötzlich da und wollte unbedingt mitspielen», erzählt Vescoli. Diese Endphase der Band war von diversen Wechseln geprägt und von erfolglosen Versuchen, sich stilistisch dem Zeitgeist anzupassen. Als sich *Les Sauterelles* 1970 auflösten, startete Carlotto eine Solokarriere unter seinem Spitznamen «Hunka Munka».

«Roby war chaotisch, unzuverlässig und etwas abgehoben, aber ein brillanter Musiker», sagt der Tessiner Rock-Papst Giorgio Fieschi über ihn. Auf der Bühne türmte er jeweils ein ganzes Arsenal von Keyboards auf und bestach mit einer herausragenden Technik und einem unverwechselbaren Klang. Sein erstes Soloalbum «Dedicato a Giovanna G.» nahm er 1972 mit dem italienischen Sänger und Musiker Ivan Graziani sowie dem Schlagzeuger Nunzio «Cucciolo» Favia auf. Es ist eine melodische Prog-Platte in italienischer Sprache, die von seinem Keyboard-Sound geprägt ist, insbesondere von der von ihm selbst modifizierten Hammondorgel sowie von Carlottos hoher Stimme, die mit seinem extremen Vibrato an jene des griechischen Sängers Demis Roussos erinnert. Die Prog-Plattform «Babyblaue Seiten» spricht von einem «eigenartigen Mix aus tastendominiertem Prog, Pop-Schmalz mit Orchesterbegleitung, etwas Psychedelic und Rock 'n' Roll». Der Erfolg war bescheiden, die Platte entwickelte sich aber im Laufe

Innenseite des Albums «Dedicato a Giovanna G.».
© Archiv sk

der Jahre vor allem in Japan zu einem begehrten Kultobjekt für Sammler. Das ist sicher auch auf das provokative Cover zurückzuführen. Es zeigt eine gelbe Toilette und wenn man den Deckel hebt, sieht man die Bandmitglieder beim Pinkeln.

5.3.2 *Markheim* (1972)

Auch die Geschichte der Rockband *Markheim* liest sich abenteuerlich. Gegründet wurde die Band 1972 in Paradiso von Andreas Wyden (Gesang und Bass) und Enzo Geninazza (Schlagzeug). Im Sommer desselben Jahres reisten die beiden Tessiner mit den Engländern Phillip Reeves (Piano) und Trevor Thoms (Gitarre) nach Venedig, um dort die frisch komponierten Songs von Bandleader Wyden aufzunehmen. Die Aufnahmen wurden erfolgreich abgeschlossen, doch weil die Band das ganze Geld aufgebraucht hatte, wurde sie noch im selben Jahr aufgelöst. Zurück blieben die obskuren Bänder mit einer wunderbar verspielten Musik. Eine verrückte Mischung aus Folk, Psychedelic und Progressive Rock. Andreas Wyden gab seine Musikerkarriere auf, wurde ein bekannter Sportreporter und gründete 1977 mit Jacky Marti das «Estival Jazz» in Lugano. Die Bänder von *Markheim* blieben dagegen liegen und wurden erst 1991 vom in Lugano lebenden Lyriker und Übersetzer Dubravko Pušek remastered. Er finanzierte auch das ganze Projekt und veröffentlichte das Schmuckstück mit einer kleinen Auflage von 200 Exemplaren beim kleinen deutschen Label «Shadoks Music», das sich auf rare psychedelische Undergroundmusik spezialisiert hat.

6 LE ROCK EN ROMANDIE

Spots war eine der ersten Westschweizer Rockbands: André Jungo (links),
Gitarrist John Woolloff (unten), Sänger Pavlo Pendacki (Mitte oben) und
Philippe Dubugnon (rechts).
© Archiv sk

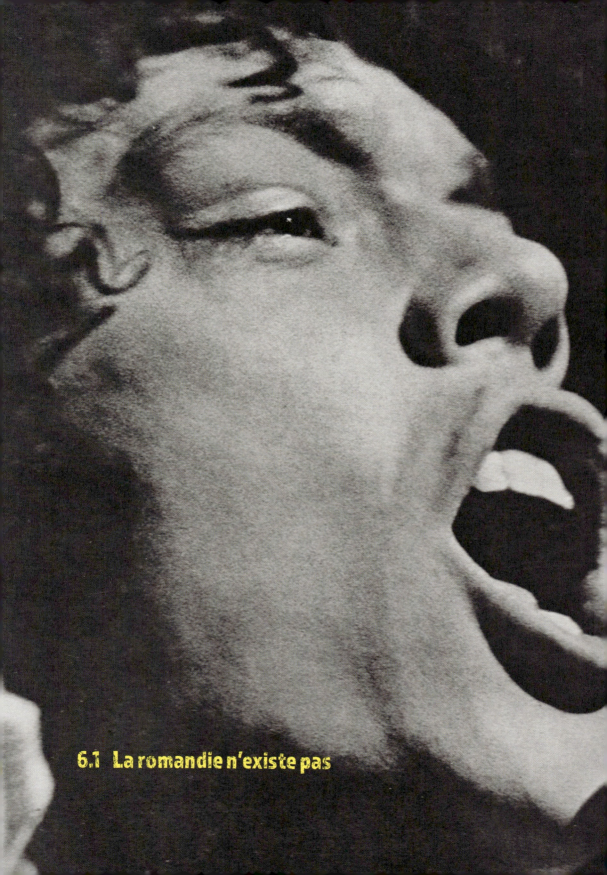

6.1 La romandie n'existe pas

Der Sänger und Chansonnier Michel Buhler (hier 1973) war von Blues und Folk geprägt.
© Archiv sk

«La Romandie n'existe pas – die Romandie gibt es nicht», sagt Alain Croubalian, Journalist von «RTS» und Frontmann der *Dead Brothers* (zuvor *The Maniacs*), «das ist eine Erfindung der Deutschschweizer». Es gibt die Musikszenen in Genf, Lausanne, La Chaux-de-Fonds, Biel, Freiburg und Neuenburg, die untereinander kaum Kontakt haben. Von einer Einheit kann deshalb nicht gesprochen werden. Diesen ausgeprägten Regionalismus, diesen Fokus auf die kleinen, lokalen Einheiten hat auch Dieter Kohler in seinem Buch «La Welsch Music» festgestellt und herausgestrichen: «Es ist erschreckend festzustellen, wie schlecht man sich gegenseitig kennt. Die Szenen von Lausanne, Genf, Biel und Neuenburg führen ein Eigenleben. Jeder kocht seine eigene Suppe», schreibt Dieter Kohler. Der Autor Olivier Horner spricht in seinem Buch «Romands Rock» sogar von einer Feindseligkeit zwischen den Regionen und vor allem zwischen Genf und Lausanne. In den Augen der Genfer seien Waadtländer Musiker Bauern.

Ende der 1960er-Jahre, Anfang der 1970er-Jahre gibt es diese einzelnen Szenen natürlich auch in der Deutschschweiz – in Zürich, Basel, Bern und in St. Gallen. Aber wir stellen doch zumindest eine sanfte Durchmischung fest. Die Ostschweizer Musiker bewegten sich Richtung Westen, der Zürcher Werner Fröhlich spielte in der Basler Band

Der Chansonnier Jean-Pierre Huser übte in seinen Texten Gesellschaftskritik.
© Archiv sk

Toad, der Basler Bruno Spoerri zog nach Zürich und die Bands traten nicht nur in ihrer kleinen Welt auf, sondern tourten in der ganzen Deutschschweiz. Man kannte sich und interessierte sich für die jeweiligen Szenen. Es herrschte sogar ein gewisser, befruchtender Konkurrenzkampf.

Umso grösser und tiefer war der berühmte Röstigraben. «Er war zu jener Zeit wohl noch grösser als heute», sagt der Journalist Martin Schäfer. Man bewegte sich in verschiedenen Welten, kannte sich nicht. Bedeutende welsche Stimmen wie Michel Buhler, Jean-Pierre Huser oder Pascal Auberson wurden in der Deutschschweiz ignoriert, umgekehrt hatte das Westschweizer Publikum aus sprachlichen Gründen kein Interesse an Mundartbands wie *Rumpelstilz* und *Span*. Die Sprachbarriere war zu gross. Schon bei den beiden eigentlich gesamtschweizerisch ausgerichteten Rhythm-and-Blues-Festivals 1967/68 bedauert die «NZZ» die Abwesenheit von Bands aus der italienischen und französischen Schweiz. Ein Austausch über die Sprachgrenze hinweg fand tatsächlich praktisch nicht statt.

«Das Problem ist nicht der Röstigraben, das Problem ist die Rockmusik», schreibt der Journalist Benedetto Vigne in seinem Artikel im «Action Rock Guide». Der anglo-amerikanische Rock bestimme den internationalen Standard der Rockmusik. Der Diskurs darüber, was Rock sein soll, werde eindimensional und ohne Einspruch geführt. Die Vormacht des Angloamerikanischen werde nicht infrage gestellt. Regionale Ausformungen der Rockmusik wie der Mundartrock würden deshalb im besten Fall als provinziell betrachtet, im schlechtesten Fall unter dem Etikett «World» schubladisiert. Dabei werde die Definitionsmacht der angloamerikanischen Musikkritik auch in den anderen Ländern nicht infrage gestellt, sondern sogar bestätigt.

In Sachen Rock 'n' Roll à la Johnny Hallyday (siehe Kapitel 2.2.3.) und Beat, der im frankophonen Kulturraum «Yéyé» heisst, hatten die Westschweizer Bands gegenüber der Deutschschweiz eher die Nase vorn. In Sachen Rock à la *Rolling Stones*, Jimi Hendrix und *Cream* war es umgekehrt. «Es gab keine Band wie *Krokodil*, und auch keinen Polo Hofer», sagt Croubalian. Die Rockexplosion war hier allenfalls ein laues Lüftchen und fand noch etwas später als in der deutschen Schweiz statt.

Croubalian führt die schwache Ausprägung der Rockmusik zunächst auf die Bedeutung und den Einfluss des frankophonen Kulturraums zurück. Die Westschweiz war und ist kulturell stark auf das westliche Nachbarland und die Eigenart der französischen Kulturnation ausgerichtet. Frankreich liess sich vom angloamerikanisch dominierten Rock wie auch vom Blues, im Gegensatz zum Jazz, weniger stark vereinnahmen als andere europäische Länder und suchte seinen eigenen Weg.

Die Sprache der Rockmusik ist Englisch. Das oberste Gebot der französischen Kulturnation war aber das Primat der französischen Sprache. Überhaupt hat die Sprache im frankophonen Raum eine viel grössere Bedeutung als in der Deutschschweiz, wie Croubalian betont. «Die Texte von George Brassens oder Jacques Brel sind Literatur», meint Croubalian und haben eine ähnliche Bedeutung wie die Lyrics von Literaturnobelpreisträger Bob Dylan. Umgekehrt fiel es der Romandie schwer, im Einflussgebiet der französischen Kultur eine Eigenart zu entwickeln, wie es in der Deutschschweiz der Mundartrock tat.

Der Vorrang der Sprache führt aber auch zu einer weiteren Eigenart der frankophonen Musikkultur: Eine Unterscheidung in E- und U-Musik gibt es nicht. Dazu sind stilistische Diversität und Durchlässigkeit viel grösser. «Wenn ein Charles Aznavour seine Chansons interpretierte, war die stilistische Ausrichtung der Musik zweitrangig. Ob Jazz, Rock oder Latin, alles ist möglich», erläutert Croubalian. Eine Aufteilung der Musik nach stilistischen Kriterien war weniger ausgeprägt als in der Deutschschweiz. Croubalian weist auch auf die im Frankophonen beliebte Tradition des Variétés hin, die die stilistische Abwechslung und Vielfalt sogar in ihrem Namen trägt.

Der rebellische Geist der Aufbruchsjahre manifestierte sich denn auch hier weniger in der Musik, der Rockmusik, als in den Texten. Bernard Laviliers, Jacques Higelin, Renaud und Alain Souchon waren nach den 1968er-Unruhen in Frankreich die Wortführer einer neuen Musikergeneration. In der Westschweiz waren es Chansonniers wie Michel Buhler oder Jean-Pierre Huser, die mit ihren Texten Gesellschaftskritik übten. Rock ist auch bei ihnen nur eine der möglichen Ausdrucksformen unter vielen. In den 1960er-Jahren war Huser von Gainsbourg und Brel geprägt, Anfang der 70er-Jahre liess er sich von Blues, Rock und Dylan inspirieren und nahm 1972 das folk-rockige Album «Ping-Pong» auf.

Eine herausragende Rolle spielte auch der Lausanner Sänger Pascal Auberson, der mit experimentellen Klängen und gewagten Performances den Kulturbetrieb provozierte und aufmischte. Die musikstilistische Ausrichtung von Auberson war insofern typisch für die Westschweizer Szene. Der Freigeist, Rebell und begnadete Entertainer liess sich nie einordnen. Er trat oft mit Jazz-Avantgardisten auf, die Musik konnte aber auch mal Rock oder Reggae sein. Und immer wieder kehrte der klassisch ausgebildete Perkussionist an den Flügel zurück und zum klassischen Chanson.

In diesem kulturellen Umfeld hatte die englisch geprägte Rockmusik einen schweren Stand. Dazu war der rebellische Geist in der Westschweiz nicht stark ausgeprägt. «Die Mentalität der Romands ist nicht sehr Rock 'n' Roll», schreibt Philippe Neyroud. «Im Bogen des Lac Léman, in einem Klima und einer geografischen Gegend, die von Gott gesegnet ist, in einer privilegierten Gesellschaft» habe «die revolutionäre und kämpferische Haltung des Rock wenig Halt. Die sicheren Werte des sozialen Lehrplans von Schule, Rekrutenschule und Beruf sowie ein sehr bürgerliches Fundament» seien «den Bedingungen zur Entwicklung des Rock nicht förderlich».

Die Westschweiz habe Mühe, ihren Platz «auf dem Schachbrett der Popmusik» zu finden, schrieb noch 1991 ein Genfer Journalist. Was damals galt, galt erst recht Ende der 1960er- und Anfang der 70er-Jahre. Die Romandie fühlte sich der frankophonen Kultur zugehörig, richtete ihre Augen und Ohren Richtung Paris und wurde medial von Frankreich überflutet. Doch für die Kulturnation Frankreich war und ist die Romandie nur ein ungeliebtes Anhängsel. Tiefe französische Provinz. Die Romandie müsse «mit einem mächtigen Nachbarn leben, der sich nur wenig für ihre Musikszene interessiert», heisst es weiter. Angesichts der fehlenden Aufmerksamkeit von aussen müsse die welsche Szene lernen, «ihre eigenen wirtschaftlichen, medialen und logistischen Strukturen zu entwickeln». Genau das ist in der Frühphase des Rock in der Romandie überhaupt nicht passiert. Es fehlte an allem: an Musikclubs, Managern, Studios oder Plattenfirmen, die den heimischen Rocknachwuchs fördern sollten.

Und überhaupt: In der Romandie applaudierte man nur jenen, die einen Erfolgsausweis aus Paris oder einer anderen Hauptstadt vorweisen konnten. Trotz allem gab es auch in der Romandie talentierte Rockbands. Sie sangen in der Sprache des Rock, englisch, waren meist kurzlebig und hatten kaum Ausstrahlung über die Region hinaus.

«Wer gehen konnte, der ging», sagt Croubalian. Die Flucht aus der Enge der Romandie war für talentierte Rockmusiker die einzige Möglichkeit, um Erfolg zu erlangen. Wie etwa Keyboarder Patrick Moraz aus Morges. Er ist der einzige Westschweizer Musiker aus jener Frühphase des Rock, der sich durchsetzen konnte und eine langjährige internationale Karriere schaffte.

Patrick Moraz

Überall war Musik. Sein Vater tanzte einst mit Fred Astaire und Maurice Chevalier, seine Mutter spielte Geige. Noch im Vorschulalter wurde Patrick musikalisch ausgebildet: an der Geige! Er warf sie aus dem Fenster als er das Klavier für sich entdeckte.

Überall war Musik. Im Haus der Familie Moraz in Vevey, im fünften Stock, wohnte eine Madame Haskil, die klassische Wunderpianistin Clara Haskil. Patrick übte täglich mehrere Stunden und wurde von ihr unterrichtet. Schon im Alter von fünf, geboren ist er am 24. Juni 1948, komponierte er kleine Klavierstücke. Sein Weg war vorbestimmt.

Überall war Musik. Sein Vater leitete das Casino in Morges, keine Stätte des Glücksspiels, ein Lokal mit gediegenem Speisesaal, Salon und Theater- und Konzertbühne. Dort hörte der Schuljunge am Wochenende Big Bands. Ein Schlüsselerlebnis. Ein neuer Horizont, ein neuer Sound und ein Groove, der der klassischen Musik fremd war.

Patrick Moraz im Oktober 2017 am Strand von Florida.
© Ueli Frey

Der talentierte Knabe betätigte sich aber auch sportlich: Schwimmen, Fechten, Eiskunstlauf und Skifahren. Mit 13 brach er sich beim Rollschuhlaufen vier Finger seiner rechten Hand. Die Ärzte prophezeiten das Ende seiner musikalischen Karriere, bevor sie begonnen hatte. Doch der ehrgeizige Patrick übte verbissen weiter. Mit der linken Hand versuchte er, die Defizite der rechten zu kompensieren, was ihm zu einer noch besseren, beidhändig gleichberechtigten Technik verhalf.

Er besuchte einige Kurse am Konservatorium in Lausanne, doch der Teenager Patrick Moraz war längst auf Jazz eingeschwenkt. Als Dreizehnjähriger gewann er 1961 mit seinem Trio erstmals das Zürcher Amateur Jazzfestival (zwei weitere Siege folgten 1963

Patrick Moraz am Flügel.
© Ueli Frey

und 65) und trat unter anderem im Vorprogramm von John Coltrane auf. Er war ein Glückskind. 1962 gewann er den Hauptpreis der «Lotterie Romande». Dem Vater schenkte er einen MAG-Sportwagen, der Mutter Diamantenschmuck und er selbst kaufte sich Instrumente und eine Studioeinrichtung.

Seine Lehr- und Wanderjahre führten den vielfach Begabten zuerst an die Universitäten von Genf und Columbia, wo er Wirtschaft und Politik studierte, dann nach Afrika, wo er bei einer Handelsfirma angestellt war. 1968, 20-jährig, entschloss er sich endgültig, auf die Karte Musik zu setzen und gründete mit dem Romand Jean Ristori (E-Bass) und den Engländern Bryson Graham (Schlagzeug) und Peter Cockett (Gitarre) die Band *Mainhorse*. Moraz versuchte die Band in England zu etablieren und nahm 1971 in den Studios von *Deep Purple* in Kingsway ein Album auf, das sich hörbar an Keith Emerson und *The Nice* orientierte und die erstaunliche Virtuosität und das enorme Potenzial von Moraz aufblitzen liess. «*Mainhorse* war mit den grossen Bands ihrer Zeit absolut konkurrenzfähig. Das Album klingt souverän, gekonnt, unterhaltsam», heisst es in einer Review der Prog-Enzyklopädie «Babyblaue Seiten». Verwundert wird festgestellt, dass die Scheibe damals völlig unterging. Die Band zerfiel, doch sein Freund Jean Ristori begleitete ihn seine ganze Karriere hindurch. «Jean wohnt heute in einem kleinen Dorf bei Aigle und noch jetzt telefonieren wir regelmässig», sagt Moraz.

Doch immer wieder half das Glück. 1973 erhielt Moraz einen Anruf von Lee Jackson, dem ehemaligen Sänger und Bassisten von Keith Emersons *The Nice*. Dieser hatte inzwischen *Emerson, Lake & Palmer* gegründet und die zwei verbliebenen *The Nice*-Musiker erinnerten sich an den welschen Wuschelkopf, der 1969 an einer spontanen Jamsession an einer Party der Band in einem Hotel in Basel einen bleibenden Eindruck hinterliess. Das neue Trio nannte sich *Refugee* und nahm ein Album beim Prog-Label «Charisma» auf, das von der Kritik gefeiert wurde. «Wer *The Nice* mochte und dem Bombast von *ELP* ausweichen will, findet hier eine klasse Alternative», heisst es in «Babyblaue Pausen». Das Szene-Magazin «Melody Maker» nahm das Album in seine Charts auf und die Band kam auch beim Publikum hervorragend an.

Refugee war eine typische Progressive Rockband der frühen 1970er-Jahre. Moraz steuerte die meisten Kompositionen bei, stand im Mittelpunkt und bewies, dass er technisch dem Schnellfinger Keith Emerson ebenbürtig war. Bei Moraz war aber der Einfluss des Jazz stärker hörbar als bei Emerson. *Refugee* bedeutete den internationalen Durchbruch für den jungen Schweizer aus Morges. Ein weiteres Album war in Planung, eine Tour mit Eric Clapton. Die Band war drauf und dran, gross durchzustarten, als das Angebot von *Yes* kam.

Yes führte in jener Zeit die Topliga des Progressiven an und gehörte zu den angesagtesten Bands des internationalen Rock. Der exzentrische Keyboarder Rick Wakeman hatte die Band im Streit verlassen und Moraz sollte ihn beerben. Das Angebot brachte Moraz in grösste Verlegenheit, denn mit *Refugee* lief es prächtig. «Ich konnte nicht widerstehen», gesteht er. Erst recht als er sich gegen namhafte Konkurrenten wie Vangelis durchsetzen konnte. Zögerlich nahm er das Angebot an und liess die beiden *Refugee*-Musiker entschädigen.

Die Arbeiten zum *Yes*-Album «Relayer» waren schon weit fortgeschritten, als Moraz zur Superband stiess. Sein Einfluss auf die Kompositionen war deshalb gering, doch fügte er sich gut ins Bandkollektiv ein, steuerte das lange Intro zu «Sound Chaser» bei und vor allem eignete er sich in Rekordzeit das komplexe *Yes*-Material an. «Relayer» ist kompromissloser, aggressiver und komplexer als die meisten anderen *Yes*-Alben. Trotzdem erreichte es Platz 4 in den englischen und Platz 5 in den amerikanischen Charts und gilt heute als ein Meilenstein des progressiven Rock. «Babyblaue Seiten» gibt dem Werk Höchstnoten und nennt Moraz einen «mehr als adäquaten Ersatz», der der Band mit seinen Synthie-Sounds eine neue Note verleiht.

Die «Relayer»-Tour wurde zu einem Triumphzug, die meisten Konzerte waren ausverkauft. «Yes» wurde vom «Melody Maker» zur besten Band und Moraz hinter Rick Wakeman und Keith Emerson zum drittbesten Keyboarder gewählt.

Nach dem Grosserfolg entschied die Band, eine Auszeit zu nehmen, in welcher jedes Bandmitglied ein Soloalbum aufnehmen sollte. Moraz veröffentlichte sein erstes Soloalbum «The Story Of I» (1976), das stark von brasilianischen Rhythmen beeinflusst ist und die 17-köpfige Truppe der *Percus-*

Patrick Moraz war Keyboarder beim Album «Relayer» (1974) der englischen Band *Yes*.
© Archiv sk

sionists of Rio de Janeiro integrierte. Die Kombination von progressiven Sounds und brasilianischen Rhythmen war neu und einzigartig und wurde mit einigen internationalen Preisen ausgezeichnet. Das Magazin «Keyboard» wählte «The Story Of I» zum Album des Jahres 1976, in traditionellen Prog-Kreisen stiess es dagegen zum Teil auf Ablehnung.

Die ersten Ideen für das Nachfolgealbum von «Relayer» entstanden auf der Tour vom Mai bis August 1976. Auf Anregung von Moraz quartierte sich *Yes* danach in Montreux ein, wo das nächste Album vorbereitet und in den Mountain Studios aufgenommen

Patrick Moraz live in concert, Januar 2011.
© Archiv Moraz

werden sollte. *Yes* wurde zu einer Schweizer Band. Doch dann kam es zu Differenzen in der Band. Eine Mehrheit wollte nach dem aggressiven und experimentellen «Relayer» ein zugänglicheres Album produzieren. Moraz bevorzugte dagegen den Kurs von «Relayer». Dazu verstand sich Gitarrist Steve Howe immer weniger mit Moraz. Mitten in den Arbeiten in Montreux folgte der Hammer: Sänger Jon Anderson eröffnete dem Schweizer, dass Rick Wakeman wieder in die Band zurückkehren würde. Ein Schock.

Moraz' musikalischen Beiträge wurden auf dem Album «Going for the One» nicht einmal erwähnt. Er erhielt auch keine Entschädigung, weshalb es zu rechtlichen Auseinandersetzungen kam. Ein unschöner Abgang, doch Patrick Moraz gibt sich heute versöhnlich und mag über diese Affäre nicht mehr sprechen. Rückblickend schaut er sehr zufrieden auf diese drei Jahre in der Topliga des Rockgeschäfts. «Es war eine grossartige Zeit», sagt er. Auch heute habe er noch Kontakte zu den *Yes*-Musikern und war Gast am 50. Geburtstag der Band in Philadelphia.

Die Enttäuschung über seine Entlassung war schnell verflogen. Er stürzte sich in die Arbeit, veröffentlichte sein zweites Album «Out In The Sun», das an «The Story Of I» anknüpfte und schon bald folgte das Angebot einer weiteren grossen Band der Rockgeschichte: *The Moody Blues*.

Die englische Band gab 1978 ein Comeback nach einer längeren Auszeit. Das Gründungsmitglied, der Keyboarder Mike Pinder, wollte aber nicht mehr mit der Band touren, weshalb Patrick Moraz seinen Platz einnahm. Auf dem Album «Long Distance Voyager» wurde der Schweizer gleich mit einem längeren Intro eingeführt, das Moraz in seinem Studio in Genf aufgenommen hatte. Als Moraz als fünftes Bandmitglied vorgestellt wurde, fühlte sich Pinder aus der Band gedrängt und verklagte die alten Kollegen.

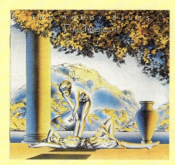

Bei den drei Alben «Long Distance Voyager» (1981), «The Present» (1983) und «The Other Side Of Life» (1986) von *Moody Blues* wirkte Patrick Moraz mit.
© Archiv sk

Autogrammkarte von Patrick Moraz (oben links) mit *Moody Blues*: Justin Hayward, John Lodge (oben von links), Ray Thomas und Graeme Edge (von links unten).
© Archiv Moraz

«Long Distance Voyager» wurde trotzdem zu einem der erfolgreichsten Alben der Band, erreichte Platz eins in den USA und auch die Songs «Gemini Dream» und «The Voice» knackten die Top 20 der Charts. Moraz fügte sich schnell in die Band und steuerte einige Melodien und sowie das Riff auf «22 000 Days» bei. Auch die folgenden Alben «The Present» (1983) und «The Other Side Of Life» (1986) konnten sich vor allem in den USA noch sehr gut in der Hitparade platzieren. Der Versuch, den Bandsound in der zweiten Hälfte der 80er-Jahre zu modernisieren, kam bei Kritik und Publikum aber nicht gut an.

Parallel zu *Moody Blues* widmete sich Moraz eigenen Projekten wie mit dem in der Schweiz lebenden Panflötisten Syrinx und dem Gitarristen John Woolloff. Bemerkenswert sind die jazzigen Alben mit dem ehemaligen *Yes*-Schlagzeuger Bill Bruford.

Als Moraz sich 1991 in einem Interview abschätzig über seine Bandkollegen äusserte, wurde er ohne Abfindung aus der Band geworfen. Moraz klagte und bekam vor Gericht sogar recht, ihm wurde aber nur ein lächerlich kleiner Betrag zugesprochen. Dreizehn lange Jahre war Patrick Moraz

Patrick Moraz auf dem Titelblatt des Magazins «Keyboard» im November 1981.
© Archiv Moraz

bei *Moody Blues*. «Am Schluss hatten wir Differenzen», meint Moraz heute, «aber ich will keine negativen Sachen sagen, denn ich hatte wirklich eine gute Zeit.»

Moraz schrieb in der Folge Musik für Werbespots und Filme und veröffentlichte weiter regelmässig Alben. Dazu orientierte er seine Musik wieder stärker am Klavier, spielte Solokonzerte und improvisierte. Seit 20 Jahren lebt er mit seiner Frau im Städtchen Venice in Florida, wo er ein riesiges Studio mit einem Flügel und einem Arsenal von Keyboards unterhält.

Patrick Moraz ist Schweizer geblieben, obwohl er nur noch wenige Kontakte in die Schweiz hat. Zum letzten Mal war er 2012 in der Schweiz, als er am Jazzfestival Montreux als Gast beim Konzert von Bootsie Collins auftrat. «Claude Nobs war einer meiner besten Freunde», erzählt er. Aber auch seine Eltern und seine Schwester sind inzwischen gestorben. Nur ein Halbbruder lebt noch in Morges.

Patrick Moraz ist immer noch aktiv. Die Musik lässt ihn nicht los. Gerade arbeitet er wieder an einem Werk. «Ich würde sehr gern wieder in der Schweiz spielen», sagt er. Zum Beispiel am Jazzfestival in Montreux. Moraz blickt zufrieden auf eine Karriere zurück, wie sie nur wenige Schweizer Musiker erleben durften. «Ich bin sehr glücklich, dass ich immer wieder zur richtigen Zeit am richtigen Ort war», meint er.

Patrick Moraz in seinem Studio in Florida (Oktober 2019).
© Ueli Frey

Musikerportrait

Les Aiglons veröffentlichten 1963 mit «Stalactite» den erfolgreichsten Schweizer Song der 1960er-Jahre.
© Archiv sk

6.2.1 *Les Aiglons* (1961–65)

Der erfolgreichste Schweizer Song der 1960er-Jahre war nicht «Heavenly Club» der *Sauterelles*. Die meistverkaufte Single hiess «Stalactite» und stammte von der Band *Les Aiglons*. 1961 von den Gitarristen Léon Francioli und Laurent Florian in Lausanne ins Leben gerufen, bestand die Formation zu Erfolgszeiten aus Antoine Ottino (Bass), Christian Schlatter (Schlagzeug) und Jean-Marc Blanc (Organist*). Les Aiglons* waren eine Teenager-Band, die beeinflusst von den *Shadows* ausschliesslich Instrumentalstücke spielte. Sie waren die stolzen Besitzer der ersten Fender Gitarre und von Echo-Effektgeräten in der Romandie. Unterstützt wurden die Jünglinge dabei von der wohlhabenden Mama Florian.

Les Aiglons mit Léon Francioli, Laurent Florian, Antoine Ottino (oben von links), Christian Schlatter und Jean-Marc Blanc (unten von links).
© Sam Mumenthaler Collection

Der Erfolg war phänomenal. «Stalactite» wurde von Jean-Marc Blanc geschrieben und im Mai 1963 in Paris aufgenommen. Ken Lean, der musikalische Direktor bei Eddie Barclay nahm die Lausanner unter Vertrag, – die Eltern mussten für die minderjährigen Musiker unterschreiben, – und brachte die Single beim Label Golf-Drouot heraus. «Stalactite» verkaufte sich über eine Million Mal, war in mehreren Ländern in den Charts, in der französischen Hitparade sogar vor den *Beatles* und Johnny Hallyday. Selbst die Top 30 der US-Charts schaffte die Band unter dem Namen *The Eagles*. Es war der erste grosse Auslanderfolg einer Schweizer Band und dies mit einem für 1963 bahnbrechenden, modernen Sound.

Les Aiglons tourten in Frankreich, Deutschland, Belgien, Italien und der Schweiz und waren neben *Les Faux Frères* die einzige Band aus der französischsprachigen Schweiz, die in den 1960er-Jahren von ihrer Musik leben konnte. Noch im selben Jahr folgte die zweite EP «Panorama», anschliessend 1964 «Tennessee». Die nächste Tournee wurde schlecht organisiert, worauf die Eltern die Unterschrift unter dem neuen Vertrag verweigerten. Ende 1964 kam es zur Trennung, Ken Lean, Ottino und Blanc verliessen die Band und Florian musste wegen eines Autounfalls ersetzt werden. Nach der mangelhaft produzierten vierten Single «Rosko» 1965 zog auch Léon Francioli die Konsequenzen, worauf sich die erfolgreichste Schweizer Band der 1960er-Jahre auflöste.

Der 1946 in Lausanne geborene Léon Francioli wurde zu einem der einflussreichsten und inspirierendsten Musiker der Romandie. Am Konservatorium von Lausanne studierte er zunächst Klavier und dann Kontrabass. Dann war er in den Geburtsstunden des Rock in der Romandie an verschiedenen Projekten beteiligt und begleitete die Sängerin Dalida sowie auch Michel Buhler. 1970 zeichnete sich sein Wechsel zum Jazz ab, als er mit *Nolilanga* (mit Alan Skidmore und Pierre Favre) sein erstes Jazzalbum veröffentlichte. Legendär war von 1981 bis 1991 das Quartett *BBFC* mit Francioli, Jean-François Bovard, Daniel Bourquin und Olivier Clerc. Francioli verstarb 2016.

6.2.2 Yéyé

Abgeleitet vom englischen Beatschrei «Yeah», entstand Yéyé in den frühen 1960er-Jahren (bis 1966) als Antwort der französischen Kulturnation auf die englische Beatmusik. Wie der Beat war Yéyé mehr als eine Musikrichtung. Es war vielmehr ein Lebensgefühl der französischen Jugend, das den ersten Generationenkonflikt der Nachkriegszeit in Frankreich einläutete, der schliesslich in die 68er-Konflikte mündete. Unter dem Einfluss der französischen Yéyé wurde auch in der Westschweiz eine Flut von Bands gegründet wie *Lucifer & les Anges Blancs* (Lausanne), *Les Sorciers*, *Les Tricheurs*, *Les Questions*, Les Sagones, *Les Cercops* und *Les Dauphins* (Lausanne*)*, *Les Misfits* (Renens), *Les Volcans* (Montreux) aus der Waadt, *Les Mousquetaires* von Larry Greco, *Four Shakers* (Instrumental im Stil der Shadows), T*he Wild Gentlemen* und die Girlband *Les Midinettes* aus Genf, im französischsprachigen Unterwallis *Les Aigles Noirs* und viele andere.

Dazu kamen Solokünstler wie der Sänger Johnny Roulet, der unter dem Namen Tony Rank bei Eddie Barclay einige Singles aufnahm. Am erfolgreichsten war aber der 1952 in Lausanne geborene Pascal Krug, der unter dem Namen «Le Petit Prince» in den 1960er-Jahren im frankophonen Raum eine Reihe von Hits landete.

6.2.3 *Les Faux Frères* (1958–1968)

Am bedeutendsten nach *Les Aiglons* waren *Les Faux-Frères*, das 1958 gegründete Duo mit Gaston Schaefer und Jean-Pierre «Ska» Skawronski. Die beiden Schulfreunde aus Lausanne standen hörbar unter dem Einfluss des amerikanischen Gesangsduos *Everly Brothers*. In der Romandie wurden sie 1963 mit der bei «Vogue» veröffentlichten EP «Oh oui» bekannt. Sie brachen ihre Studien ab und konzentrieren sich auf die Musik. Aber es brauchte einen Auftritt im Pariser Olympia und eine Platte bei Barclay bis sie den Durchbruch 1965 auch in Frankreich schafften. Nach einer desaströsen Tournee, bei der sich die Veranstalter auf Kosten der falschen Brüder bereicherten, änderte sich auch der internationale Musikgeschmack. Die Plattenfirma kündigte den Vertrag. Nach einem letzten Versuch im eigenen Produktionshaus «Evasion» endete das Abenteuer der *Faux Frères* 1968.

Les Faux-Frères mit Gaston Schaefer und Jean-Pierre «Ska» Skawronski (1963).
© Archiv sk

6.3 Rock in den Westschweizer Regionen

Musikalisch war die Romandie eigentlich nicht schlecht aufgestellt, als in der zweiten Hälfte der 1960er-Jahre die Rockmusik international das Zepter übernahm. Es gab viele engagierte Bands, viele ambitionierte Musiker. Aber anders als in der Deutschschweiz konnten die Vorleistungen der Wegbereiter nur bedingt ins Rockzeitalter überführt werden. Olivier Horner spricht denn auch von einem Strohfeuer, das danach wieder erloschen ist. Die Romandie hat es verpasst, in den 1960er-Jahren die nötigen Strukturen aufzubauen. «Die Westschweizer Szene ist trotz dem kurzen Elan wieder zum Amateurstatus zurückgekehrt», schreibt Horner, kaum jemand habe mit seiner Kunst «dauerhaft überlebt». Philippe Neyroud bezeichnet die Periode bis in die zweite Hälfte der 1970er-Jahre denn auch als eine «magere Periode» in Sachen Rock.

Doch es gab sie, einzelne Musiker und Bands, Einzelkämpfer, die vom Rockvirus infiziert wurden, ihre Leidenschaft pflegten und meist in Eigenregie Alben aufnahmen. Die Bands hatten einen schweren Stand, deshalb meist eine kurze Lebensdauer. Die Soundqualität der Produktionen war oft mangelhaft, die musikalische Qualität aber teilweise erstaunlich gut.

6.3.1 Lausanne

Was ein kantonsübergreifendes Zusammenspiel in der Romandie hätte bewirken können, zeigte exemplarisch die Lausanner Produktionsfirma «Evasion Disques» von Gaston Schaefer und François Vautier. 1967 eigentlich als Eigenlabel für die *Faux Frères* gegründet, feierte das Label 1971 mit dem «Concerto pour un été» des Genfer Komponisten

Alain Morisod einen riesigen kommerziellen Erfolg. Mehr als zwei Millionen Mal verkaufte sich das Werk. Das ermöglichte dem Label bis 1982 die Produktion von über 100 LPs und vielen Singles mit einer Vorliebe für regionale Künstler aus der Romandie. Das Label befeuerte damit vor allem den Boom des Chanson Romandie, im Werkkatalog sind aber auch zeitgenössischer Jazz und eine Handvoll origineller Rockproduktionen zu entdecken.

Die meisten Bands und Projekte waren nur kurzlebig und deshalb kaum von nachhaltiger Wirkung, sie beweisen aber eindrücklich, dass auch der Rock aus der Romandie in den 1970ern die Phase der Nachahmung überwunden hat. Hörbar ist der Wille zu Originalität und das Bestreben, sich und seine Musik selbst zu definieren.

Gaston Schaefer, Chef des Labels «Evasion disques».
© Archiv sk

Wir hören Léon Francioli in Bandprojekten wie *Kaleidoscope* (1969 mit Anne-Marie Miéville und Gaston Schaefer), *Togo* (1971), *Libre Esprit Moteur* (1970 mit Gaston

Shifter mit André Locher (Keyboard), Rinaldo Häusler (Gitarre), Richard Roberts (Gesang) und Werner Fröhlich (Bass).
© Archiv Fröhlich

6.3 Rock in den Westschweizer Regionen **253**

Die Single «Bord à Bord» der Band *Kaleidoscope* (1969) von Léon Francioli.
© Archiv sk

Schaefer) und *Hand* (1972, *Musikalische Direktion*), wo er erste äusserst gelungene Gehversuche im Spannungsfeld von Rock, Prog und Jazz unternahm. Wir finden grandiose instrumentale Flirts von 1970/71 des international bekannten Jazzgitarristen Pierre Cavalli (Stephane Grapelli, Michel Legrand, Quincy Jones und Hazy Osterwald) mit Rock.

Wir stossen aber auch auf den in der Romandie lebenden, blendenden englischen Gitarristen John Woolloff, der heute Mitglied in der Band von *Gölä* ist. Damals zeigte er sein exzellentes Handwerk auf der Gitarre in der Rockband mit dem Namen *Spot* und dem Sänger Pavlo Pendaki, der

ganz offensichtlich von *Led Zeppelin*-Sänger Robert Plant inspiriert war. Woolloff zog 1969 von England in die Schweiz, um bei *Spot* mitzumachen. «In Sachen Rock gab es damals praktisch nichts», sagt Woolloff. Doch *Spot* entwickelte sich vielversprechend. Die Band spielte Konzerte in der Schweiz und nahm ein Album auf, das heute ein begehrtes Sammlerobjekt ist. In Prog-Kreisen wird neben Woolloff vor allem das überraschende Songwriting von Andre Jungo und Philippe Dubugnon hervorgehoben.

Woolloff liess sich im Dorf Aubonne, 30 Kilometer westlich von Lausanne, nieder und gründete eine Familie. Doch 1971 erlitt die Band einen schlimmen Autounfall, in welchem einer der Roadies schwer verletzt wurde. «Ich verliess danach die Band, um Session-Musiker zu werden», sagt Woolloff. Er blieb aber in der Schweiz und wurde zu einem

Die Band *Spot* mit Philippe Dubugnon, Pavlo Pendaki (oben), John Woolloff (unten) und André Jungo (rechts).
© Archiv sk

begehrten Gitarristen im französischen Sprachraum. 30 Jahre lang war er unterwegs mit Grössen des französischen Chansons und Pop wie Johnny Hallyday, Patrick Bruel und Daniel Balavoine. Er spielte aber auch viel mit Patrick Moraz sowie dem 2021 verstorbenen welschen Sänger Patrick Juvet, der in den 1970er-Jahren der erfolgreichste Schweizer Musikexport war.

Zu entdecken gibt es aber auch Aufnahmen von *Mainhorse*, der ersten Band von Patrick Moraz mit Jean Ristori am Bass sowie von der Band *John Phil Patrick* mit Jean Ristori und dem Schlagzeuger Philippe Staehli, die der Weltklasse-Keyboarder zwischen seinen Engagements bei *Yes* und *Moody Blues* zu einem kurzen Leben erweckte.

Eine eigentliche Rockszene gab es in Lausanne noch nicht. Die Stadt entwickelte sich erst mit dem Aufkommen des Punk und den 80er-Unruhen zur Rock-Stadt. Die Bands waren auf sich allein gestellt. Trotzdem gab es bemerkenswerte Bands wie das Quintett *Cardeilhac* mit Rinaldo Häusler (Gitarre), Denis Angelini (Gesang), J-C. Balsinger (Bass), André

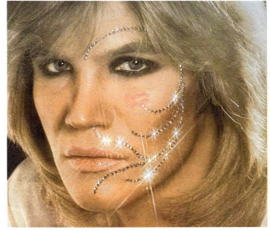

Der 2021 verstorbene Sänger Patrick Juvet war in den 1970er-Jahren der erfolgreichste Schweizer Musikexport.
© Archiv sk

Locher (Organ/Keyboards) und Gaston Balmer (Schlagzeug). Es gehörte zweifellos zum Besten, was der Progressive Rock aus der Schweiz in dieser Pionierphase zu bieten hatte. An der Wende zu den 1970er-Jahren gegründet, bestand die Band nur kurz und veröffentlichte nur ein Album (1971) unter dem Namen der Band. Das Album ist leider etwas dürftig produziert, die Fähigkeiten der Instrumentalisten kommen aber gut zur Geltung. Bestechend ist vor allem Gitarrist Rinaldo Häusler.

Als einer der wenigen Westschweizer Musiker versuchte Rinaldo Häusler ein Jahr später sein Glück in der Deutschschweiz in der ersten Ausgabe der Progressiven Rockband *Island* (siehe Kapitel 4.7.2.). Doch sein Gastspiel brach er schon bald wieder ab und ging zurück nach Lausanne. Der Zürcher Bassist Werner Fröhlich (*Brainticket*, *Toad*, *Island*) folgte ihm bald darauf nach Lausanne, wo sie zusammen mit dem Sänger Richard Roberts die vielversprechende Band *Shifter* gründeten. Doch auch diese Band bestand nicht lang. Rinaldo Häusler erlitt einen Motorradunfall und verstarb nach zwei Jahren im Koma. Roberts wanderte nach Australien aus und ist dort heute noch als Berufsmusiker tätig.

Nennenswert ist weiter die Lausanner Band *Docmec* mit Louis Crelier (Gesang), Olivier Vuille (Bass), Jean-Philippe Amaudruz (Schlagzeug), Dominique Bettens (Gitarre) und Elisabeth Grimm (Geige). Unter dem Titel «Objet Non Identifié» legte die Band 1976 ein exzellentes Album vor, das punkto Aufbau, Melodik und Theatralik an die frühen *Genesis* erinnert. Die ersten vier Titel wurden live im «Temple du Bas» in Neuenburg aufgenommen.

6.3.2 Genf

In einem Essay über Rock in Genf führen Didier Tischler und Alexandre Friedrich aus, dass die Ausstrahlung des «Woodstock»-Films Anfang der 1970er-Jahre den Hippiegeist an die Gestade des Genfersees gespült und die Jugend aus ihrem Dämmerschlaf geweckt

habe. Aus diesem Geist heraus ist auch die 1973 gegründete Genfer Musikerkooperative «L'Association pour la Musique de Recherche» (AMR) erwachsen. Heute wird die AMR vor allem als Jazz- und Avantgarde-Gruppe wahrgenommen, damals hat sie aber auch dem Rockphänomen in der Stadt Johannes Calvins einen mächtigen Schub verliehen. «Bis Mitte der 1970er-Jahre war der Rock in Genf wie die Wüste Gobi», schrieben die Genfer Autoren.

Starker Treibstoff wurde der Genfer Rockszene schliesslich über das «La Bâtie-Festival» zugeführt, das 1973 als regional ausgerichtetes Festival für die alternative Rockmusik gegründet wurde. Die heute noch bestehende Rocktruppe *Le Beau Lac de Bâle*, die mit ihren theatralisch-humoristischen Auftritten weit über die Region Bekanntheit erlangte, wurde im Rahmen des Festivals gegründet. Interessant ist, dass

John Woolloff 2021.
© Archiv Woolloff

die umwerfende Formation, trotz verschiedener Angebote auch aus dem Ausland, sich nie für eine professionelle Karriere entschieden hat und stattdessen der Romandie treu blieb.

Zu einem neuen Zentrum des Rock und Pop entwickelte sich das 1975 gegründete Genfer Studio Aquarius. Chefengineer war Jean Ristori, den wir von Patrick Moraz und *Mainhorse* kennen. Moraz selbst hat hier auch viel aufgenommen. Wir treffen aber auch auf altbekannte Leute wie Stefan Sulke, der hier 1975 und 1976 beschäftigt war, und auf John

Patrick Moraz im Genfer Studio Aquarius.
© Archiv Moraz

Woolloff, der sich inzwischen in Genf niedergelassen hat und in den 1980er- und 90er-Jahren im Aquarius viel als Sessionmusiker tätig war. Hier wurde 1982 zum Beispiel auch Bernard Constantins Hit «Switzerland Reggae» aufgenommen, mit den Produzenten Jean Ristori und John Woolloff.

Befruchtend wirkte in Genf auch die Öffnung des Clubs «Le New Morning», der sich zu einem Treffpunkt des regionalen Rock entwickelte. Das Album «New Morning Live, Volume One» von 1978 gibt mit Bands wie *Handle With Care* des Gitarristen Gérard Suter Einblick in das Schaffen jener Zeit.

6.3.3 Biel

In der ersten Hälfte der 1970er-Jahre existierten in der Romandie noch keine eigentlichen Rockszenen. Die grosse Ausnahme war Biel. Aus einer Solidaritätsdemo mit der Zürcher 68er-Bewegung erwuchs im Juli eine Bewegung für ein «Autonomes Jugendzentrum» für alternative Kultur und Konzerte. 1971, nach unzähligen Aktionen, Konzerten und zähen Verhandlungen, wurde der Gaskessel (genannt «Chessu») eingeweiht. Das zweisprachige Biel nahm deshalb schon vergleichsweise früh eine Vorreiterrolle in Sachen Rock und dessen Entwicklung und Verbreitung ein.

Die Bieler Band *After Shave* mit Pierre-Alain Kessi, Ruedi Baumgartner, Barrie J. Brown und Jean-Claude Fontana (von links).
© Sam Mumenthaler Collection

Ein Kind dieser Bieler Bewegung war die Rockband *After Shave*. Im Mai 1968 von Pierre-Alain Kessi (Gesang, Gitarre) gegründet, war *After Shave* eine der ersten Rockbands der Schweiz. An einem ihrer ersten Konzerte, einem Pop-Wettbewerb in Zürich, wurde die Band unehrenhaft disqualifiziert. «Die Band mag vielleicht gut sein, wenn der Gitarrist seine Gitarre nicht so stark verzerren würde», lautete die Begründung der Jury. Doch die Band liess sich nicht beirren und hielt an ihrem ungehobelten und harten Bretter-Sound in Anlehnung an *Cream*, Hendrix und *Led Zeppelin* fest. Eine Single wurde aufgenommen, blieb aus Geldmangel aber unveröffentlicht.

Nach verschiedenen Wechseln innerhalb der Band gewann *After Shave* im November 1970 den ersten Preis an einem Wettbewerb im ehemaligen Nachtclub «Golf Drouet» in Paris und tourte danach in Frankreich, Deutschland und der Schweiz. Im Trio mit Kessi, Jean-Claude Fontana (Bass) und Rodolphe Baumgartner (Schlagzeug) nahm die Band 1972 ihr erstes Album «Skin Deep» auf, das in den renommiertesten Hard-Rock-Anthologien Aufnahme gefunden hat. Mit dem neuen Leadsänger, dem Briten Barry James Brown, und dem zweiten Gitarristen, Peter «Misteli» Mischler, nahm *After Shave* 1974 das zweite Album «Strange Feelings» in Antibes auf. Doch die Produzenten sind ihren finanziellen Verpflichtungen nie nachgekommen, weshalb die Aufnahmen in den Archiven verschwanden und erst in den 1990er-Jahren von einem italienischen Piratenlabel veröffentlicht wurden. Anfang 1975 weckten Demo-Aufnahmen das Interesse von EMI. Nur der Bandname kam nicht gut an, weshalb *After Shave* in *Slick* umbenannt wurde. Der Vertrag wurde aber doch nicht unterzeichnet. Im letzten Moment hatten sich die englischen Plattenbosse für «10 CC» und «I'm Not In Love» entschieden.

6.3.4 Unterwallis

Anfang der 1970er-Jahre waren im Wallis Bands wie *Deep Purple*, *Rolling Stones*, *Led Zeppelin* und *Pink Floyd* Trumpf. Einheimische Bands wie *Les GI's* aus Sion und *Les Dalton* aus Sierre orientierten sich gemäss einem Essay von Valérie Fournier im «Action Rock Guide» an diesen grossen Rockbands. Die Band *Océan* aus Sierre spielte in Neuenburg sogar im Vorprogramm von *Pink Floyd*. Die Nachfolgeband der Beatband *Les Dalton* hiess *The Shpoones*, die 1971 die Single «I Don't Want To Stop To Live» mit dem Sänger Bernard Constantin aufnahm. Constantin, eine Mischung aus Mick

Unterwalliser Rock- und Pop-Urgestein
Bernard Constantin.
© Archiv sk

Jagger, Iggy Pop und Polo Hofer, ist wohl der erste Rockmusiker des Wallis. 1947 in Ayent im Unterwallis geboren, gab er sein Debüt 1964 in der Yéyé-Band *Les Anges* Blanc. Constantin ist Sänger, Original und Moderator bei «Couleur 3». Mit dem Song «Switzerland Reggae», produziert von John Woolloff und Jean Ristori, landete Constantin 1982 seinen grössten Hit und schaffte damit sogar den Sprung über den Röstigraben.

6.3.5 Neuenburg: *Pacific Sound* (1972) und *Country Lane* (1973)

Der Rockvirus verbreitete sich Ende der 1960er-Jahre auch im abgelegenen Val de Travers im Neuenburger Jura. Die vier Freunde Chris Meyer (Gesang), Mark Treuthart (Gitarre), Diego Lecci (Schlagzeug) und Roger Page (Orgel) spielten anfänglich die interna-

Pacific Sound mit Chris Meyer (Gesang), Diego Lecci (Schlagzeug), Mark Treuthardt (Gitarre, Bass) und Roger Page (Keyboards).
© Archiv sk

tionalen Hits nach und traten damit in der Region um ihren Geburtsort Môtiers auf. Doch befriedigte sie das immer weniger. Sie begannen Eigenkompositionen zu entwickeln und nannten sich fortan *Pacific Sound*.

Das neue Programm im Stil des psychedelischen Rock fand bei Konzerten in der Region und im grenznahen Frankreich Anklang und der Produzent J. P. Louvin aus La Chaux-de-Fonds konnte die Band für erste Schallplattenaufnahmen gewinnen. Ende 1970 nahm

Pacific Sound die Single mit den Titeln «The Drug Just Told Me» und «The Green Eyed Girl» im Studio von Stefan Sulke in Biel auf. Wenige Wochen später folgten «Thick Fog» und der Song «Ballad To Jimi», der von Publikum und Kritik begeistert aufgenommen wird. Gerühmt wurde die Originalität und Kreativität und die Single erhielt 1971 den ersten. Preis der «European Pop Jury» in Cannes. Die Band schaffte den Durchbruch und die Single wurde in 18 Ländern auf acht verschiedenen Labeln wie Decca, CBS, Philips und RCA veröffentlicht.

Die Band tourte erfolgreich durch die ganze Schweiz und nahm im Frühling 1972 das Album «Forget Your Dreams» (Splendid Records) auf. Der Bandsound ist stark vom Orgelsound von Roger Page geprägt, der Gesang von Chris Meyer ist gewöhnungs-bedürftig, aber die LP kam an. Eine Europatournee sollte den nächsten Schritt auf der Erfolgsleiter ermöglichen. Konzerte in Belgien und England wurden vereinbart, weitere in Frankreich, den Niederlanden und Deutschland sollten folgen. Page nahm einen Bank-kredit auf, um die Anlage der Band grösseren Hallen anzupassen. Doch am Tag des Tourstarts kriegten sowohl der Manager wie Drei Viertel des Quartetts kalte Füsse und liessen Roger Page mit seinen Schulden im Stich. Page trommelte kurzfristig eine neue Band zusammen, aber die Chemie stimmte nicht. Musikalisch fand die neue Truppe nicht zusammen. Es war das Ende von *Pacific Sound*.

Die Geschichte von *Pacific Sound* ist eine Geschichte, wie sie in dieser Pionierzeit immer wieder geschrieben wurden. Eine Geschichte, die schön, vielversprechend und euphorisch beginnt, und schliesslich ernüchternd endet.

Country Lane hatte sich immer strikt gegen eine stilistische Einordnung gewehrt. Wie die meisten Bands jener Zeit war auch die Band aus La Chaux-de-Fonds dem Progressiven zugeneigt, doch fällt es schwer, die Musik mit anderen Bands zu vergleichen. Tatsächlich gehört die Musik auf ihrem Album «Substratum» (1973) zum Originellsten, Abenteuer-lichsten und Abgefahrendsten, was die Romandie in jenen Jahren zu bieten hatte.

Gegründet wurde die Band im Oktober 1970 vom Gitarristen Raymond Amey, dem Keyboarder Olivier Maire und dem Rhythmus-Gitarristen Freddy Von Kaenel. Bassist Giancarlo Duella und Schlagzeuger Jean-François Donzé komplettierten die Band zu einem Quintett. Herz und Motor der Band war Gitarrist und Sänger Raymond Amey. Nationale Beachtung erlangte die Band mit der anderthalbstündigen Rockoper «The Story Of Alan And Pearl».

«Substratum», aufgenommen im November 1972 in den Soundcraft Studios in La Chaux-de-Fonds, war nicht nur eines der abenteuerlichsten Schweizer Alben jener Zeit, sondern auch das teuerste. Es waren Perfektionisten am Werk, für die nur das Beste gut genug war. Das Album, veröffentlicht im Mai 1973 bei Splendid Records, erhielt gute Kri-tiken in der Westschweizer Presse, wegen Geldproblemen des Labels wurde das Album aber nur unzureichend promotet. Die Band litt zusehends unter der Diskrepanz zwischen den höchsten Ansprüchen der Bandmitglieder und den Möglichkeiten von Amateurmu-sikern. Diese Situation führte schliesslich zur Auflösung der Band.

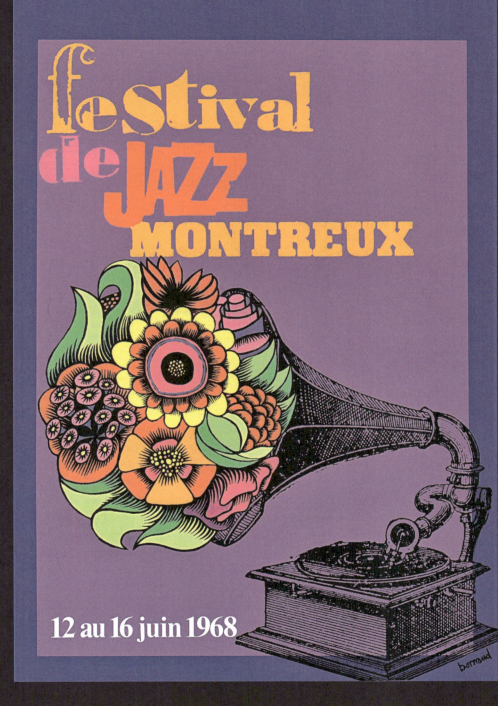

6.4 Internationale Events: Montreux Jazz Festival, Electric Circus und Paléo-Festival in Nyon

Claude Nobs, der Festivalgründer des Montreux Jazz Festival hat Rock in
das Programm integriert.
© CH Media

Die ausgesprochene Regionalität der Westschweizer Szenen stand in scharfem Kontrast
zu einer international ausgerichteten Eventbranche. Den Startschuss gab 1964 das erste
Schweizer Konzert der *Rolling Stones* in Montreux. Es war das erste Konzert der Band
ausserhalb von Grossbritannien. Gelungen ist der Coup einem jungen Mitarbeiter des
Fremdenverkehrsbüros von Montreux: Claude Nobs. Drei Jahre später gründete derselbe
Nobs das «Montreux Jazz Festival», das in den folgenden Jahren zu jener Schweizer Kul-
turinstitution mit der grössten internationalen Ausstrahlung aufsteigen sollte.

Jazz in der Schweiz war in jenen Jahren noch grösstenteils eine Sache für Krawatten-
träger und Cocktailkleidträgerinnen. Doch der neue Geist war schon an diesem 18. Juni
1967 im und um das Casino spür-, hör- und erlebbar. Auf der Bühne stand das Quartett
von Charles Lloyd und präsentierte seinen luftigen Flower-Power-Jazz, in der Badi trafen
sich langhaarige Jugendliche zu einem Happening. Schon ein Jahr später, unter dem
Protest der konservativen Jazzpuristen, öffnete sich das Festival mit dem Konzert der
englischen Sängerin Julie Driscoll und mit dem Organisten Brian Auger der Pop- und
Rockmusik, sodann mit dem Auftritt von Nina Simone dem Soul. «Nobs hat den neuen
Wind gespürt», heisst es im Buch zum 30. Geburtstag des Festivals. Das Festival wurde
immer mehr zur Veranstaltungsreihe einer neuen Generation.

1969 brachten die vier langhaarigen Waliser von *Ten Years After* das Casino zum
Kochen, und brachen definitiv die Vorherrschaft des Jazz. Rock eroberte das Festival
und liess sich nicht mehr vertreiben. Auch nicht von einer eingereichten Petition gegen
die Pop- und Hippiekonzerte, die abgelehnt wurde. Dem Ruf von Nobs folgten in den

frühen 1970er-Jahren Rock- und Popstars wie Carlos Santana, Roberta Flack, Aretha Franklin, Melanie, Frank Zappa. Dazu feierten Combos wie jene von Tony Williams und Larry Coryell die Vermählung von Jazz und Rock. «Jazz» wurde in Montreux als Oberbegriff für alle aktuellen und populären Musikformen definiert und wurde damit auch zu einem treibenden Faktor für die Entwicklung des Rock in der Schweiz.

Aber Montreux war in diesen Anfangsjahren des Rock nicht allein. Der spätere «Good News»-Gründer Peter Zumsteg präsentierte 1969 und 1970 im Lausanner Club «Electric Circus» die neusten Hypes der Londoner Musikszene wie *Black Sabbath*, *Free* mit Sänger Paul Rogers oder *Taste* mit Gitarrist Rory Gallagher. Die Versorgung der Romandie mit den aktuellsten Trends der Rockmusik war «superbe».

Das «Paléo-Festival» startete 1976 ganz bescheiden im alten Gemeindesaal von Nyon als Folkfestival und entwickelte sich über die Jahre zu einem gigantischen Pop- und Rockevent mit frankophonem Einschlag. Mit rund 230 000 Zuschauern ist das «Paléo-Festival» in Nyon heute das mit Abstand grösste Open Air der Schweiz.

Plakat vom «Electric Circus» in Lausanne und vom ersten Montreux Jazz Festival.
© Archiv sk

7 MUNDARTROCK

Polo Hofer zu Hause
in Oberhofen am
Thunersee, Dezember
2015.
© Sandra Ardizzone/
CH Media

Mundart gehörte zum Jodellied, zu den Schweizer Volksliedern, wir kennen die Volks-liedersammlung «Im Röseligarte», die der Mundartschriftsteller Otto von Greyerz 1907 herausgab und wir wissen, dass der Berner Niklaus Manuel Deutsch (1448–1530) mit bissigen Liedtexten die Reformation begünstigte. Aber so etwas wie den Schweizer Mundartschlager gibt es erst seit 1938. Den Anfang machte der Schlager «Guete Sunn-tig mitenand», komponiert von Walter Wild. Ein Mundartlied im musikalischen Gewand der damals populären Schlagermusik. Bis Mitte der 1950er-Jahre folgten eine ganze Reihe von Mundartschlagern, mit oder ohne Bezug zu Volksmusik und Jodel: «Landi-dörfli»(1939) mit Marthely Mumenthaler von Robert Barmettler, «Guggerzytli» (1940) von Paul Weber, «S'Margritlilied» (1942) von Teddy Stauffer mit den Geschwistern Schmid sowie «Stägeli uf, Stägeli ab» (1944), «Übere Gotthard flüged Bräme» (1945) und «Nach em Räge schint Sunne» (1945) von Artur Beul. Zu dieser ersten Phase des volkstümlichen Mundartschlagers kann auch noch «Die kleine Niederdorf-Oper» von Paul Burkhard mit Ruedi Walter gezählt werden.

Alle diese Lieder waren thematisch stark von der Geistigen Landesverteidigung der Kriegsjahre geprägt. So konservativ die Inhalte auch waren, musikalisch darf die Kombi-nation von Mundart mit Elementen der Volksmusik und der damals modernen Popular-musik durchaus als neu und gewagt bezeichnet werden. Die Schlager waren erfolgreich, aber auch höchst umstritten. Die Vertreter des echten Jodels sprachen von einer Ver-hunzung des Jodelliedes und die Freunde des Jazz betonten, dass das mit echtem Jazz nichts zu tun habe.

Als Reaktion auf den Landigeist folgte eine Zeit, in der der Schweizer Schlager – mit wenigen Ausnahmen wie «S' Träumli» der *Bossbuebe* (1958) – von der Bildfläche ver-schwand. Das Schweizerische war wie die Mundart in der Schweizer Popularmusik bis in die zweite Hälfte der 1960er-Jahre verpönt. Gefragt waren englische und möglichst originalgetreue Kopien der internationalen Hits und Trends.

Das änderte sich erst wieder mit den *Berner Troubadours*. Die Gruppe von Lieder-machern mit Ruedi Krebs, Bernhard Stirnemann, Jacob Stickelberger, Markus Traber, Fritz Widmer und dem legendären Mani Matter wurde 1965 gegründet und leitete einen Mundartliederboom ein. Sie lösten das Mundartlied aus der Tradition des Jodelliedes und orientierten sich mit ihren selbst komponierten und selbst getexteten Liedern am französischen Chanson und dabei vor allem an Georges Brassens. Die *Berner Trouba-dours* waren keine professionellen Musiker. Drei waren Lehrer, zwei Juristen und einer war Buchhalter.

Der beste und populärste der Musiker, Mani Matter (1936–1972), war Rechtskon-sulent der Berner Stadtregierung. Doch wie kaum ein Zweiter wusste er virtuos mit der Sprache zu spielen. Das heisst: So nebenbei hat er «die Schweizer Mundartlyrik revo-

Der Berner Troubadour Mani Matter war für die ersten Mundartrocker kein Vorbild.
© CH Media/Pius Amrein

lutioniert, indem er sie zum Volkslied machte», heisst es im Buch «Grosse Schweizer Kleinkunst». Tatsächlich wirkt sein Schaffen bis heute. Die Liedersammlung «I han es Zündhölzli azündt», die 1993 als CD erschien, ist ein Evergreen. Kein anderes Schweizer Album war so lange in den Schweizer Albumcharts.

Mani Matter wurde zwar zum Vorbild von Heerscharen von Liedermachern, doch die Vertreter des Mundartrock haben sich nicht auf Matter und die *Berner Troubadours* bezogen. Für Polo Hofer und Co. wurden sie als ein Teil des Establishments wahrgenommen. Den Liedermachern fehlte der Groove der Gegenkultur, das Rebellische. Für die Distanzierung gab es aber auch musikalische Gründe. Im Gegensatz zu den *Berner Troubadours* orientierten sich die Berner Rocker an den amerikanischen Musiktraditionen. Diesen Unterschied betont auch Toni Vescoli: «Ich stand eher auf amerikanische Musik. Brassens klang für mich altmodisch und somit auch Mani Matter.» Die Beziehung der Schweizer Pop- und Rockfraktion zu Mani Matter änderte sich bezeichnenderweise erst mit dem frankophilen Stephan Eicher, der mit seiner Version von Matters «Hemmige» 1991 einen Hit landete. Und mit dem Sampler «Matter Rock» (1992), einer Hommage der Berner Rockszene an den grossen Liedermacher.

Aber auch die bewährte Mischung aus Mundartschlager und Volksmusik hatte an der Schwelle zu den 1970er-Jahren wieder Erfolg. Das *Trio Eugster* aus Dübendorf hat mit ihren Scherz- und Spottliedern das Schweizer «Lumpeliedli» modernisiert und hatte

Die *Minstrels* hatten mit «Grüezi Wohl, Frau Stirnimaa» 1969 eine Riesenhit.
© ETH-Bibliothek Zürich, Comet Photo AG

Das *Trio Eugster* mit den Brüdern Guido, Vic und Alex Eugster (hier 1975) hatten Erfolg mit einer Mischung aus Mundartschlager, Volksmusik und Lumpeliedli.
© ETH-Bibliothek Zürich, Comet Photo AG

bis Ende der 1970er-Jahre durchschlagenden Erfolg. Mit Liedern wie «Oh läck du mir», «Ganz de Bappe», «Dörfs es bitzli meh si» schafften sie es in die Schweizer Hitparade.

Auf keinen Fall unterschätzt werden darf die damalige Wirkung des Liedes «Grüezi Wohl, Frau Stirnimaa» der *Minstrels*. Das Zürcher Trio mit Mario Feurer (Geige), Pepe Solbach (Gitarre) und Daniel Fehr (Klavier, Banjo) begann 1967 mit einem Repertoire aus Folk, Blues und Schweizer Volksmusik als Wandermusikanten in Minnesängerkostümen in Zürichs Gaststätten. Feurer war der erste Musiker Zürichs, der mit einem Hausierer-patent in den Beizen spielen durfte. In einer Fussgängerzone hörte er einen Akkordeon-spieler, der das Schweizer Volkslied «Grüezi wohl, Frau Stirnimaa!» sang. Das Trio nahm den Titel auf und schon bei ihrem ersten Fernsehauftritt im Oktober 1969 an der Olma in St. Gallen schlug das Lied wie eine Bombe ein. «Grüezi wohl, Frau Stirnimaa» schoss in der Schweizer Hitparade auf Platz eins, in Deutschland auf Platz drei und in Österreich auf Platz fünf. In 27 Ländern verkaufte es sich 1,5 Millionen Mal.

Viel wichtiger war aber, dass den *Minstrels* ein Jahr nach den Globus-Krawallen ein Brückenschlag zwischen den Generationen gelang. Landauf, landab wurde der Gassen-hauer gespielt und gesungen, Jung und Alt konnten sich auf die bärtigen langhaarigen Spassmacher in Hippieklamotten einigen. «Grüezi wohl, Frau Stirnimaa» wurde zu einer Art heimlicher, generationsübergreifender und versöhnlicher Nationalhymne jener be-wegten Zeit. 1970 erreichte die Single «Hopp de Bäse!» (später Titelmelodie der gleichnamigen «SRF» Volksmusik-Sendung) den zweiten Platz in den Schweizer Charts. An den kommerziellen Erfolg von «Grüezi wohl, Frau Stirnimaa» konnte das Trio aber nicht mehr anknüpfen und löste sich 1974 auf.

Die 1960er waren das Jahrzehnt des Kopierens. Die möglichst originalgetreue Wiedergabe der internationalen Vorbilder war das Mass aller Dinge. Logischerweise musste alles englisch gesungen werden. Aber es gab Ausnahmen. Die Berner Beatband *The Morlocks* zum Beispiel verwandelte das französische Volkslied «Frères Jacques» in «D' Vrene schnaget». Und in Zug versuchte es die psychedelische Rockband *Lochness* schon Ende der 1960er-Jahre mit Mundarttexten. Ambition und Wirkung blieben aber gering.

Die Phase des Kopierens verlor erst am Ende des Jahrzehnts an Bedeutung. Die Musiker wollten jetzt ihre eigenen Sachen spielen, selbst komponieren und selbst texten. Die 1970er-Jahre standen im Zeichen von Emanzipation und Eigenständigkeit. Im progressiven Rock war der Fokus auf der Musik, die Texte waren bei vielen Schweizer Prog-Rockbands zweitrangig. Mundart galt in progressiven Kreisen aber auch als rückständig. Dialekt wurde in Zusammenhang mit Volksmusik gesehen. Englisch war die Sprache von Rock und Pop. Wie die Beispiele der Mundart Pioniere Toni Vescoli, *Rumpelstilz* und *Span* zeigen, glaubten die Entscheidungsträger in den Plattenfirmen nicht an den Erfolg von Mundartrock und wollten deshalb lange nichts davon wissen. Wer modern sein wollte, sang in Englisch.

Doch der gesellschaftliche Wind begann sich zu drehen. Die gute konjunkturelle Situation begünstigte die Modernisierungskräfte in den frühen 1970er-Jahren. Die Ölkrise 1973 und der unerwartete, heftige Konjunktureinbruch 1974 bis 76 beendete dann aber die fast dreissigjährige Phase des Wirtschaftsbooms. Die zweijährige Rezession mit einem Rückgang des Bruttosozialprodukts von bis zu sieben Prozent gab den bewahrenden Kräften wieder Auftrieb. Der Zukunftsglaube schwand und damit auch die Attraktivität und Überzeugungskraft der 68er-Bewegung. Einkommenseinbussen und die Sorge um die materielle Existenz verdrängten hochtrabende Zukunftspläne. Mit diesem Wandel nahm das Bedürfnis nach Nostalgie und die Sehnsucht nach einer heilen Welt und nach traditionellen Schweizer Werten wieder zu. Und damit auch die Akzeptanz von Mundart.

Der Rückgriff auf die eigene Sprache und die eigene Musiktradition muss aber als Teil eines emanzipatorischen Prozesses in der Schweizer Pop- und Rockszene gesehen werden. Als Identitätsfindung und Entwicklung einer Musik nach Schweizer Art.

7.2 Folk, Folk Rock und Mundart (ab 1969)

7.2.1 Der erste Mundart Folkmusiker: Anton Bruhin

«Es lag damals etwas in der Luft», sagt der Folkmusiker und Maultrommler Anton Bruhin
und verweist auf den Underground-Künstler Urban Gwerder. Im «Hotcha!», seiner «Sip-
penzeitschrift der Gegenkultur», hat er ab 1968 immer wieder mundartliche Ausdrücke
und Sprüche verwendet. Wichtig war auch der Schriftsteller Kurt Marti, der mit dem
1967 veröffentlichten Gedicht «rosa loui» gegen die idyllisch verklärte Volkstümlichkeit
antrat und die Berner Mundart in der Literatur salonfähig machte. In diesem Umfeld des
Aufbruchs wurde 1969 «Vom Goldabfischer» aufgenommen, das erste Mundartalbum
im Hippiegeist der damaligen Zeit.

Der 1949 im schwyzerischen Lachen geborene Anton Bruhin war damals der einzige
Folkmusiker in der Schweiz, der in seiner Mundart sang. Rückblickend ordnet er das
Album «Vom Goldabfischer» als Jugendsünde ein. Umgekehrt atmet die Aufnahme mit
Stephan Wittwer (Gitarre, Bongos) und Christian Koradi (E-Bass, Cello) den Charakter
einer spontanen Jamsession, in der damals diese Unprofessionalität gerade zelebriert
wurde. Auch unter diesem Aspekt ist «Vom Goldabfischer» ein wichtiges Zeitdokument.

Anton Bruhin war Ende der 1960er-Jahre der einzige Folkmusiker in der Schweiz, der Mundart
sang. Hier 1969 am Trümpi.
© Archiv Bruhin, Hans R. Bossert

Es wurden nur zwei kleine Auflagen gepresst, das Album hat damals aber über Urban Gwerder und sein «Hotcha!» trotzdem hohe Wellen geschlagen. Für die kleine Auflage hatte es eine sehr grosse Streuung. Es gab Exemplare in Los Angeles, New York, Berkley und in England. «Das Album hatte eine weite, gezielte Verbreitung mit einem bemerkenswert geringen Streuverlust», erzählt Bruhin. «Hotcha!» hatte exquisite direkte Kontakte in den amerikanischen Underground zu Frank Zappa, zum satirisch-literarischen Rockkabarett der US-Band *The Fugs* und zum ganzen Netzwerk der damaligen Untergrund-Zeitschriften. Auf diese Weise hatten die wenigen Exemplare einen Multiplikatoreffekt. «Polo Hofer hat es sicher gekannt», meint Bruhin.

Folgen hatte es auch für den Produzenten des Labels. Denn im biederen, familientauglichen Programm des Labels «Pick» wirkte Anton Bruhins schräges Werk wie ein Kuckucksei, weshalb «Vom Goldabfischer» nicht ins offizielle Programm des Labels aufgenommen und der Produzent entlassen wurde.

Anton Bruhin machte seit den späten 1960er-Jahren einen Namen als Musiker, Lyriker und Maler. Vor allem als «Trümpispieler» (Maultrommel) erlangte er weit über die Landesgrenzen hinaus Bekanntheit und spielte später unter anderem bei Max Lässers Überlandorchester.

7.2.2 Folkclubs und das Folkfestival auf der Lenzburg

Ende der 1960er-Jahre, vergleichsweise spät, entstand die Schweizer Folk-Bewegung. In den 60er-Jahren existierte bereits ein Folkclub in Freiburg, aber zu einer breiteren Bewegung wurde die Folkszene erst durch die Gründung der Clubs von Bern, Lausanne

und Zürich. Aus ihnen gingen die Initianten des Folkfestivals auf Schloss Lenzburg hervor, das 1972 erstmals stattfand. Inspiriert von «Woodstock» und der Hippiebewegung, war die Schweizer Folkszene städtisch, akademisch geschult, von Friedensaktivisten und einer antibürgerlichen Haltung geprägt. Texte und Botschaft waren bedeutender als im Rock und das Festival auf der Lenzburg hatte für die Schweiz etwas Pionierhaftes. Für die Entwicklung des Rock war das Folkfestival vor allem deshalb wichtig, weil es das erste Schweizer Open Air war. Nach dem Vorbild von Woodstock definierte es jene Lebensfreude, jenen Geist und Gemeinsinn, der für den Aufstieg der Schweizer Open Airs essenziell werden sollte.

Cover Folkfestival auf der Lenzburg und dem Folkfestival auf dem Gurten.
© Archiv sk

Wie Christine Burckhardt-Seebass in ihrem Artikel über das Festival auf der Lenzburg nachgewiesen hat, war die Schweizer Folkszene aber auch hier mit einiger Verspätung aufgetreten. Man muss sich bewusst sein, dass die amerikanischen Folk-Rock Pioniere der Band *The Byrds* das Folkrepertoire schon 1964

Open-Air-Atmosphäre im Innenhof von Schloss Lenzburg, 1975. Das Folkfestival Lenzburg war ein Vorläufer der heutigen Open Airs.
© ETH-Bibliothek Zürich, Fotograf: Christof Sonderegger

elektrifizierten. Auch Bob Dylan griff bereits im Juli 1965 zur elektrischen Gitarre und wechselte das Lager vom Folk zum Folk Rock. In Grossbritannien hatte sich ebenfalls schon in den 1960er-Jahren eine spannende Folk-Rockszene um die Band *Fairport Convention* vom puristisch-akustischen Folk gelöst.

Dagegen sangen die jungen Schweizer auf Schloss Lenzburg zunächst fast nur akustische Songs der amerikanischen Folkikonen Woody Guthrie, Pete Seeger und von deren Schüler, dem akustischen Dylan. 1972 war der Berner Liedermacher Urs Hostettler (mit Gitarrist Martin Diem, später *Schmetterband*) noch der Einzige, der in Mundart sang. Doch die Bestrebung hin zur helvetischen Eigenart, die Emanzipation vom amerikanischen Vorbild, nahm ebenso zu wie die Politisierung. Es entwickelte sich eine Szene linker Protestsänger um den Basler Liedermacher Ernst Born, mehrheitlich blieb die Musik der Lenzburg aber den amerikanischen Musiktraditionen ebenso treu wie der akustischen Interpretation. Gegenüber Impulsen aus dem Lager des Folk Rock blieb das Folkfestival weitgehend resistent.

Das Festival wurde immer grösser, zu gross für die Kapazitäten von Schloss Lenzburg, weshalb es 1977 auf den Berner Gurten verlegt wurde. Es war die Geburt des heutigen Gurtenfestivals.

7.2.3 Toni Vescoli Solo

Nach dem Ende von *Les Sauterelles* fühlte sich Toni Vescoli frei wie nie. Losgelöst von der Verantwortung gegenüber der Band und ihren Mitgliedern, befreit von stilistischen Erwartungen. Mit englischen Texten seines Bruders Michael baute er ein Soloprogramm auf, welches das Interesse der Plattenfirma CBS und von Produzent August P. Villiger weckte.

Ungefähr zur selben Zeit wurde die «HiTfair» geplant, eine Unterhaltungsmesse für junge Leute in Bern. Das Magazin «POP» hatte dazu ein Denkmal mit dem Schweizer Nationalhelden Wilhelm Tell entworfen, welches bei der Eröffnung enthüllt werden sollte. Zu diesem Anlass im Mai sollte Vescoli einen Song schreiben. Aber nicht auf Englisch – auf Schweizerdeutsch. So entstand der erste Schweizer Pop-Folksong in Mundart: «De Wilhelm Täll». Als Vescoli 1971 an der Enthüllung den Mundartsong ankündigte, erntete er schallendes Gelächter. «Einige jodelten sogar», schreibt Vescoli in seiner Autobiografie «MacheWasiWill». Damals wurde Mundart stark mit Volksmusik in Verbindung gebracht.

Toni Vescoli am Folkfestival auf der Lenzburg.
© ETH-Bibliothek Zürich, Comet Photo AG

Der Applaus war dann «überraschend gross, ja beinahe enthusiastisch». Das machte Vescoli Mut, weitere Lieder in Mundart zu schreiben.

Vescoli fiel die Umstellung auf «Züritüütsch» leicht. Schon bald hatte er eine Liedersammlung zusammen und spielte mit dem Gedanken, das englische Projekt abzublasen und stattdessen ein Mundartalbum zu machen. CBS war von der Idee aber gar nicht begeistert und Produzent Villiger schrieb: «Ich finde zwar deine neuen Lieder zum Teil ganz gut, bin aber überzeugt, dass mit Mundart keine Furore zu machen ist. Das will jetzt gar niemand hören, glaub mir das … Schlag dir das mit den Mundartsachen einfach mal aus dem Kopf.»

Villigers Aversion gegenüber Mundart war offenbar gross. Aber mehr noch wollte er am englischen Soloprojekt festhalten, für welches die Termine im Studio Bauer in Ludwigsburg schon reserviert waren. Vescoli liess sich überreden, hätte aber doch lieber die Mundartplatte machen wollen. «Vielleicht wäre sie dann rockiger geworden», meint er.

Tatsächlich war Vescoli zu jener Zeit so elektrisch und rockig unterwegs wie nie. Er hörte psychedelische Bands, *Pink Floyd*, *King Crimson* und experimentierte mit Sounds und Effekten auf der Gitarre. Er schloss seine Gitarren an eine Leslie an, die normalerweise mit der Hammondorgel in Verbindung gebracht wird, und entwickelte damit faszinierende Sounds und Feedbacks.

«Information», so der Titel des ersten Soloalbums von Toni Vescoli, enthält zwei akustische Folksongs, aber sonst ist es geprägt von psychedelischen und progressiven Rockelementen. Grossartige, spannende Musik und das erste Folk-Rockalbum der Schweiz.

«Information» wurde von der internationalen und nationalen Musikkritik gut besprochen, kommerziell fiel es aber komplett durch und ging völlig vergessen. Erst 40 Jahre später wurde es wiederentdeckt, neu aufgelegt und zum Teil enthusiastisch rezensiert. Das Musikmagazin «Ugly Things» erhob das Album gar zu einem «Meisterwerk des europäischen Folk-Psych». Und John Dug schrieb: «This is a ‹killer›. I think the best Swiss LP from the entire early 70's.»

Vescoli war nicht traurig über den kommerziellen Misserfolg von «Information». Er hatte sich unterdessen längst Richtung Folk und Mundart bewegt. Die Entwicklung der Rockmusik erleichterte Vescoli die Entscheidung. Sie war härter und aggressiver geworden, was ihm missfiel. Er schrieb weitere Mundartsongs und die positiven Publikumsreaktionen bestärkten ihn. Die schlechten Plattenverkäufe von «Information» liessen schliesslich auch die Plattenbosse umschwenken. Vielleicht hatte ja auch Reinhard Mey zum Meinungswandel beigetragen. Der deutsche Barde verwandelte 1974 nämlich Vescolis Folksong «Susann», der 1974 als Single erschien, in eine hochdeutsche Countrynummer und hatte damit Erfolg.

Vescolis erstes Mundartalbum «Lueg für dich» (1974) wurde bei Bruno Spoerri aufgenommen und war auf Wunsch von Villiger akustisch, minimalistisch arrangiert, ohne Schlagzeug und weitgehend frei von

Toni Vescoli schaffte 1974 den Durchbruch mit Mundart, der LP «Lueg für dich» und den Singles «Es Pfäffli» und «Scho Root» (1975).
© Archiv sk

rockigen Elementen. Es war ein reines Folkalbum mit der Gitarrenbegleitung im Finger-pickingstyle, das mit 22 000 verkauften Einheiten ein kommerzieller Volltreffer wurde. Die Single «Es Pfäffli» von Ende 1974 wurde ein Hit, der erste Mundarthit der Schweiz ausserhalb der Genres Schlager und Volksmusik.

Ein Jahr später doppelte Vescoli mit dem Album «Guete Morge» und dem Hit «Scho Root» nach. Sechs Wochen hielt sich der Song in den Top 10. Das Album wurde wieder bei Spoerri aufgenommen, diesmal aber mit einer Band. Neben Max Lässer, der schon auf «Lueg für di» die Saiten zupfte, waren noch Kontrabassist Peter Frey sowie die bei-den Rockmusiker Düde Dürst am Schlagzeug und Walty Anselmo am Elektrobass dabei. Die Musik wurde zwar etwas üppiger arrangiert, zu Folk mischten sich Countrysongs, jedoch die Begleitung blieb dezent. Aber immerhin wurde hier das akustische Dogma des Folk mit elektrischen Instrumenten und Schlagzeug aufgeweicht. Wirkliche Rock-rhythmen sind allerdings nur im Refrain von «Myni find ich ideal» zu hören.

Vescoli hat auch am Folkfest auf der Lenzburg gespielt und war Teil dieser Folkszene. Er fühlte sich aber immer etwas als Aussenseiter. «Damals waren alle Liedermacher In-tellektuelle, Advokaten, Lehrer oder sonstige Gstudierte», sagt er. Immerhin: Vescoli war der erfolgreichste von ihnen.

7.2.4 Max Lässer und Walter Lietha

Der Gitarrist Max Lässer ist mit Rock und Blues aufgewachsen und wohnte Anfang der 1970er-Jahre mit Walty Anselmo bei Hardy Hepp im Haus zum Raben. Er spielte in der Schlussphase noch bei *Krokodil*, mit Hardy Hepp in der kurzlebigen Rockband *Tabula Rasa* sowie der Band *Nirvana* Unit mit Martin Schröder (Bass), Jürg Hepp (Gesang), dem Bruder von Hardy Hepp, Martin Bühlmann (Schlagzeug), dem Sohn von Volksschau-spieler Paul Bühlmann, dazu die spätere Filmeditorin Fee Liechti. «Wir waren recht gut, spielten quer durch die Stile, konnten aber viel zu wenig auftreten», sagt Lässer. Um irgendwie als Musiker durchzukommen, war er oft auch als Studiomusiker tätig.

Dann lernte Lässer in der Zürcher Künstlerbeiz «Eckstein» Toni Vescoli kennen, gleich um die Ecke vom «Schwarzen Ring». «Ich merkte, dass wir musikalisch vieles gemeinsam hatten», sagt Vescoli. Die beiden begannen als Folkduo und spielten Covers und eigenes Material. Schon bald stiess die Sängerin Dodo Hug dazu, die gerade von Burgdorf nach Zürich gezogen war. «So bin ich, der Blues- und Rockmusiker, in die Schweizer Folkszene reingerutscht», erzählt Lässer, «es gab in der Schweiz viele Folkclubs und dort konnte man Konzerte geben. Es war damals die einzige, wirklich funktionierende Musikszene in der Schweiz.»

Zu jener Zeit war die Folkszene noch rein akustisch, elektrische Instrumente und Schlagzeug waren verpönt. Der Quereinsteiger Lässer verwendete aber auch elektri-sche Gitarren. Auf Vescolis erstem Mundartfolkalbum «Lueg für di» (1974) spielt Lässer neben akustischer Gitarre und Bass auch elektrische Gitarren und hat damit ganz sachte für rockige und bluesige Elemente gesorgt. Vor allem natürlich im Blues «Die ganzi Wält

Mundartfolk mit Walter Lietha, Walty Anselmo, Bruno Spoerri, Max Lässer und Walter Keiser.
© Archiv Lässer

würd zämestah». Weiter aufgeweicht wurde das akustische Dogma des Folk im Song «Guete Morge» (1975).

Max Lässer war das elektrische, rockige und bluesige Element im Schweizer Folk. Auf dem Pepsi-Sampler «Folk» hören wir Lässer erstmals als Bandleader in drei Folk-Rockstücken, einem Instrumental und zwei Songs, in denen Lässer selbst in Englisch sang. Auch in der Folkband *Skibbereen* mit Sängerin Kathryn Gurewitsch, wirkte Lässer mit. Die Band begann mit irischem Folk, streute dann aber immer wieder und vermehrt auch Folk-Rocksongs ein. Schon in der ersten Aufnahmesession 1975 war auch Lässer (Düde Dürst als Gast-Drummer) dabei und wurde später festes Bandmitglied.

Englisch war damals bei Lässer noch die bevorzugte Sprache. Auch auf seinem Debüt «Songs», das 1976 von Hardy Hepp produziert wurde und mit Walter Keiser, Walty Anselmo, Philippe Kienholz, Peter Frey, Andreas Vollenweider (Flöte), Anton Bruhin, Christoph Marthaler (Recorder), Bruno Spoerri und Walter Lietha aufgenommen wurde. Lässer und Lietha hatten sich den Gesang aufgeteilt und die englischen Lyrics geschrieben. Rund die Hälfte besteht hier aus Folk-Rocksongs. Das Rockige setzte sich auf dem Album «Songs» immer mehr durch.

Der Wechsel zu Mundart zeichnete sich gemäss Lässer Mitte der 1970er-Jahre ab. Toni Vescoli und *Rumpelstilz* schlugen mit Mundartsongs ein, Mundart war in Folk und

Der Bündner Walter
Lietha (1975),
Pionier des Mund-
artfolk.
© Bruno Torricelli

Max Lässer, die rockige und bluesige Seele des
Schweizer Folk (1985).
© Archiv Lässer

Rock angesagt und auch Peter Reber
veröffentlichte 1975, parallel zum Trio
Peter, Sue & Marc, sein erstes Soloalbum «D' Schnapsbrönnerei im Paradies»
in Berner Mundart.

Für Lässer gab aber vor allem die Begegnung mit Walter Lietha den Anstoss
in Dialekt zu singen. Der Bündner Liedermacher nahm 1975 beim Label des
Trio Eugsters sein Album «I bin a Vogel» auf. Sehr poetische und politisch
engagierte Lieder, die er ganz allein in
Spoerris Studio produziert hatte. Bruno
Spoerri war auch hier der Vermittler. Er
spielte Lässer die Aufnahmen von Lietha
vor. «Ich wollte ihn daraufhin kennen-
lernen und mit ihm spielen», sagt Lässer.
Es war der Beginn einer fruchtbaren Zusammenarbeit und einer bis heute an-
haltenden Freundschaft.

«Ich habe gemerkt, dass dir mit Englisch gar niemand wirklich zuhört. Die
Wenigsten haben die Texte verstanden», erklärt Lässer, «ich habe deshalb

zu Mundart gewechselt, bis mir bewusst wurde, dass Text und Gesang nicht wirklich meine Stärke waren.» Im Gegensatz zum Rock waren die Inhalte im Folk sehr wichtig, man hat verstärkt darauf gehört. Folk hatte eine Message und war auch sehr politisch.

Ein erster musikalischer Höhepunkt in Sachen Schweizer Folk Rock wurde mit der *Bode Band* erreicht. Zunächst als Begleitband auf Liethas Album «Dia Fahrenda» (1977), dann im selben Jahr unter eigenem Namen auf dem Album «Unter der Brugg». Die *Bode Band* war eine veritable All-Star-Band mit Lässer, Lietha und der Sängerin Corin Curschellas, den Keiser Brothers Walter und Peter an Bass und Schlagzeug, Walty Anselmo am Bass, Philippe Kienholz am Klavier und Bruno Spoerri am Saxofon. Die Band war beeinflusst vom amerikanischen Folk Rock à la Jackson Brown. Die Band hatte enormes Potenzial, litt aber darunter, dass alle Musiker noch in verschiedenen anderen Projekten mitwirkten. «Wir waren sehr unorganisiert und haben nicht einmal eine Tour zustande gebracht», sagt Lässer. Etwas besser ging es ein paar Jahre später mit der *Lietha-Lässer-Band*, für die neben Corin Curschellas amerikanische Musiker engagiert wurden.

Bode Band: Allstar-Folk-Rock-Band mit Bruno Spoerri, Max Lässer, Walter Keiser, Philippe Kienholz, Walter Lietha, Corin Curschellas und Peter Keiser.
© Archiv Lässer

7.3 *Lise Schlatt* oder:
Wer war zuerst da? (1971–77)

Toni Vescolis «De Wilhelm Täll» von 1971 ist der erste Schweizer Mundartpopsong, «Es Pfäffli» (1974) der erste Hit und «Lueg für dich» das erste Mundartpopalbum. Aber wer hat zuerst Mundartrock gemacht? Diese Frage aller Fragen stellte Moderator Willy Bischof 1975 in der Radiosendung «5 nach 4» den geladenen Gästen Polo Hofer von *Rumpelstilz* und Beat Hebeisen von *Lise Schlatt*. In der samstäglichen Sendung auf «Radio Beromünster» wurden jeweils Neuerscheinungen aus Pop und Rock vorgestellt und beide Rock-Bands hatten damals ihre Debütalben, beide in Mundart, veröffentlicht. «Wir natürlich», meinte Polo sofort. Hebeisen konterte und beteuerte das Gegenteil.

Wer war zuerst? Diese Frage bestimmte jahrelang das etwas gespannte Verhältnis zwischen der Zürcher und der Berner Band. «Es war ein ewiger Kampf mit gegenseitigen Sticheleien», meint Hebeisen. Die Wahrheit liegt, wie so oft, irgendwo dazwischen. Belegt ist Folgendes: Die erste Mundartrocksingle geht auf das Konto von *Rumpelstilz*: «Warehuus-Blues» wurde 1973 veröffentlicht. *Lise Schlatt* hatte dagegen beim ersten Album die Nase vorn: Das Debüt der Zürcher erschien schon 1974, «Vogelfuetter», das Debüt der Berner erst 1975.

Etwas schwieriger ist die Frage, welche Band zuerst gegründet wurde und wer zuerst mit Mundartsongs begonnen hat. «*Rumpelstilz* wurde 1971 gegründet», heisst es in Sam Mumenthalers «50 Jahre Berner Rock». Also im selben Jahr wie *Lise Schlatt*. Gemäss Hebeisen spielte die Band ihr erstes Konzert im August, *Rumpelstilz* ihr erstes im Oktober.

Unbestritten ist heute aber, dass die Bedeutung von *Rumpelstilz* und Polo Hofer für die Entwicklung des Mundartrock «viel, viel grösser» ist als jene von *Lise Schlatt*. «Wir mögen zuerst gewesen sein, aber ich war auch stets neidisch auf die Musikalität, das Engagement von Rumpelstilz sowie die Originalität von Polo Hofer. Sie waren uns schon damals weit voraus», gibt Hebeisen heute unumwunden zu und hat grossen Respekt vor der Leistung der Berner.

Der 1952 geborene Beat Hebeisen ist in Wallisellen in einer sechsköpfigen Künstlerfamilie aufgewachsen. Der Vater war Bildhauer, das Verhältnis zu ihm nicht gut. «Er fand meine Musik grässlich und ich akzeptierte im Gegenzug seine Kunst nicht», sagt Hebeisen. Von den *Beatles* geprägt, begann er Ende der 1960er-Jahre in lokalen Bands. 1969 trat er mit dem Sänger und Flötisten Hajo Tanner mit Folksongs auf und gewann am «Blow-Up»-Popfestival den ersten Preis. Zwei Jahre später wurde *Lise Schlatt* gegründet. Die Band nahm 1971 am dreitägigen Amateur-Popfestival in Luzern teil. Eine

Woche zuvor ist der Schweizer Formel-1-Fahrer Jo Siffert in Brands Hatch tödlich verunglückt, weshalb *Lise Schlatt* ihm den englischen Song «Brands Hatch» widmete. Dazu kam «s'Huus», Hebeisens erster Dialektsong. Die Band belegte den zwölften Platz von 30 Schweizer Bands. Ein Jahr später reichte es mit dem Song «Früelig» fürs Finale, wo die Band den fünften Platz erreichte. Jacques Isler spielte darin ein Blockflötensolo und gewann dafür einen Solistenpreis.

Wieso hat *Lise Schlatt* in einer Zeit, in der noch Englisch angesagt war, auf Mundart gesetzt? «Der Wechsel von Englisch zu Dialekt war aus der Not geboren», gibt Hebeisen zu, «unsere Englischkenntnisse waren zu beschränkt. Rückblickend sind mir meine eigenen Texte manchmal fast etwas peinlich. Aber wir waren ja so jung und unerfahren. Wir waren allein und hatten keine Vorbilder, keine Inspiration. Es gab zwar Mani Matter, aber zu ihm hatten wir keine Beziehung. Das war Bern.» Gemäss Hebeisen herrschte in der frühen 1970er-Jahren zwischen Zürich und Bern «ein tiefer Graben».

Lise Schlatt war ambitioniert, der Macher und Bandleader Hebeisen wies die Richtung. «Wenn ich mir mal etwas vorgenommen habe, dann ziehe ich es durch», sagt er. 1972 und 73 ging *Lise Schlatt* als Vorband von *TEA* auf Schweizertour. «Wir konnten viel Erfahrung auf der Bühne sammeln», erzählt Hebeisen. Im «Sinus Studio» in Bern nahm die Band mit Armand Volker und Philippe Kienholz ein Demotape auf. Das Ziel war ein Plattenvertrag. «Eugster Music», das Label des *Trio Eugster*, war interessiert und bot der Band einen dreijährigen Plattenvertrag an. «In welches Studio wollt ihr?», fragte Alex Eugster. Das Sinus Studio, die Nummer eins in der Schweiz, kam nicht mehr infrage, weil die Berner Studioleute der Band für die Demo-Aufnahmen eine überrissene Rechnung gestellt hatten. International waren zu jener Zeit die Münchener «Musicland Studios» von Giorgio Moroder angesagt. Neben Discoqueen Donna Summer nahmen hier die besten Rockbands wie *Led Zeppelin*, *Queen*, *Electric Light Orchestra* und *T. Rex* berühmte Alben auf. «Wie wär's mit dem Musicland in München?», fragte Hebeisen ebenso keck wie unverfroren zurück. Zu seiner Überraschung war Eugster mit dem Vorschlag einverstanden und liess im Juni 1974 drei Tage im Münchener Studio reservieren.

Unglaublich! Die *Rolling Stones* hatten zuvor im «Musicland» ihr Album «It's Only Rock n' 'Roll» aufgenommen, danach «Deep Purple» ihr Album «Stormbringer». Dazwischen die unbekannte Zürcher Newcomerband *Lise Schlatt*. Am selben Pult wie die ganz Grossen der Rockgeschichte, aufgenommen von Toningenieur Reinhold Mack, der bekannt wurde durch seine epochalen Aufnahmen mit *Queen* und dem *Electric Light Orchestra*. Für die kleine Schweizer Band aus Wallisellen wurde ein Traum Wirklichkeit.

«Wir kamen schlecht vorbereitet nach München», erzählt Hebeisen. Vorausgegangen waren interne Querelen und die Band, mit Bruno Graf (Bass), Bruno Paul (Schlagzeug), Jacques Isler (Gitarre), Bandleader Hebeisen (Sänger, akustische Gitarre) und Gast-Keyboarder Tony Parch, musste Lehrgeld bezahlen. Isler hatte noch kein Solo einstudiert. «Er ist ja ein begnadeter Gitarrist», sagt Hebeisen, «aber er war so nervös, dass er gefühlte anderthalb Stunden seine Gitarre stimmte.» Irgendwie kriegten sie die Aufnahmen dann doch hin.

Die Zürcher Mundartrock-Band *Lise Schlatt* mit Bruno Graf, Bruno Paul, Kudi Widmer und Beat Hebeisen (von links).
© Archiv Hebeisen

Inzwischen war aber auch die Berner Konkurrenz nicht untätig. *Rumpelstilz* hatten bei Eric Merz ihr Debütalbum «Vogelfuetter» aufgenommen und suchten eine Plattenfirma. Bei «Zytglogge» war die Band schon abgeblitzt, weshalb Merz bei den Eugsters in Dübendorf anklopfte. Alex Eugster lehnte ab mit der Begründung: «Sorry, wir haben schon *Lise Schlatt*.»

Die Reaktionen auf das Album von *Lise Schlatt* waren meist wohlwollend. Das «POP» schrieb von einer «ansprechenden und wichtigen Produktion», «auch wenn vom musikalischen Gesichtspunkt keine neuen Impulse vermittelt werden». «Frisch und originell wie die ‹züritüütschen› Texte ist auch die Musik. Mal hart, mal etwas softer und folkiger. Von *Lise Schlatt* wird man sicher noch hören», meinte das «Luzerner Tagblatt» und verglich die Band mit *Rumpelstilz*: «Im Unterschied zu *Lise Schlatt* bietet *Rumpelstilz* mehr Originalität, dafür sagen die Texte nicht so viel aus.» Interessant ist auch der Hinweis, dass die Berner, im Gegensatz zu den Zürchern «Schützenhilfe vom Schweizer Radio» erhielten.

Lohn für das Album waren rund 30 bis 35 Konzerte pro Jahr und Platz drei der Schweizer Bands hinter *TEA* und *Rumpelstilz* in der «Hammerwahl» des Jahres 1974 im «POP». Die Lehre als Hochbauzeichner schloss Hebeisen 1973 noch ab, doch die Matura schaffte er nicht mehr. Ein halbes Jahr vor dem Abschluss musste Hebeisen kapitulieren. Die Musik war viel wichtiger geworden und beides war kaum mehr zu vereinbaren. Die Konzerte verliefen gut. «Wir waren musikalisch vielleicht nicht die Besten, aber wir gingen mit einem gesunden Selbstvertrauen auf die Bühne und wussten uns gut zu verkaufen. Ich war sicher nicht der beste Sänger, aber ich konnte die Leute abholen. Die Bühnenpräsenz war meine Stärke und wir lösten beim Publikum etwas aus», erinnert sich Hebeisen.

Musikalisch pendelte *Lise Schlatt* zwischen Hard und Prog Rock. «Die einzigen Hard Rocker auf dem Mundarttrip», meint das «POP». Die Band hat dem Publikum aber immer mehr als ein Konzert geboten. Das Visuelle war wichtig. Fester Bestandteil der Show war eine 24 000 Watt-Lichtanlage. Mit Diaprojektionen wurden Geschichten erzählt, ergänzt mit Effekten wie Feuer, Rauch, Strobolight. «Wir haben eine Menge verrückter Sachen gemacht», sagt Hebeisen, «haben uns geschminkt und einmal ging ich als Pipi Langstrumpf mit Zöpfen und Sommersprossen auf die Bühne.» Die Band erarbeitete sich einen formidablen Ruf als Liveband. «Die Leute wussten, wenn *Lise Schlatt* angesagt war, dann ging etwas, war Spektakel programmiert», meint Hebeisen. Damit bildete *Lise*

Lise Schlatt 1975: Beat Hebeisen, Bruno Paul, Bruno Graf und Kudi Widmer (von links).
© Archiv Hebeisen

Schlatt einen Kontrast zu den meisten anderen damaligen Schweizer Bands, die einfach auf der Bühne standen und ihre Musik abspulten.

1975 ging *Lise Schlatt* mit dem Musical «Atom» auf Schweizer Tournee und trat auch auf dem Gelände von Kaiseraugst auf. «Wir haben uns für Politik nicht interessiert, bis das in Kaiseraugst losging», sagte Hebeisen in einem Interview im «Tages-Anzeiger». Die Band wollte auf die Gefahren der Atomkraft hinweisen und diese Gefahren auch visualisieren. Zu diesem Zweck wurde mit Schwarzpulver die Explosion einer Atombombe simuliert. Nicht allen gefiel das Rockmusical: «Wenn ein Politstück nicht bloss Vorwand für Spektakel sein will, so muss es geistreich und informativ sein. Bei *Atom* vermisst man beides. Die Texte bleiben in ihrer Aussage dürftig und meistens naiv», schrieb der Berner «Bund».

Unterdessen hatte in Bern *Rumpelstilz* den Grundstein für eine Berner Mundartrockszene gelegt. Doch in Zürich ist nichts Vergleichbares passiert. Über die Gründe kann Hebeisen nur mutmassen: «Man sagte uns immer, dass sich Züritüütsch nicht so gut für Songs eigne wie Berndeutsch.» *Lise Schlatt* blieb jedenfalls in Zürich und Umgebung weitgehend allein. Die Gitarristen Remo Kessler (später bei Polo Hofer) und Peter Glanzmann (heute bei *Sauterelles*) gründeten etwas später die Band *Fairy Tale*. «Die haben auch gute Mundartmusik gemacht, aber die mochten uns nicht», meint Hebeisen.

«Wir wollten Profis werden und haben eine Zeit lang nichts anderes als Musik gemacht», sagt Hebeisen. Doch von der Musik allein konnte die Band nie leben. Dazu verkauften sich die LPs zu mässig bis schlecht. Nur 1500 Einheiten wurden vom Debüt verkauft. Die zweite Platte «Kuddelmudel», die die Geschichte eines jungen Mannes auf der Suche nach dem eigenen Ich erzählt, lief noch schlechter. «Wir erlebten von 1973 bis 1976 eine tolle Zeit, den wirklichen Durchbruch haben wir aber nie geschafft. 1977 hatte sich *Lise Schlatt* totgelaufen.

Hebeisen baute mit dem Label Bellaphon in Oberehrendingen das Studio «Platinum One» auf. *Krokus* nahm hier mit Tontechniker Martin Pearson ihr «Metal Rendez-Vous» auf, *Yello* ihr Debüt «Solid Pleasure». Doch Bellaphon hatte plötzlich kein Interesse mehr am Studio und wollte es verkaufen. Hebeisen wurde Radiojournalist und Moderator, bis in die 1990er-Jahre beim «Radio Zürisee», dann bei «Radio Pilatus». Anschliessend wechselte er in die Redaktion von «Finanz & Wirtschaft» bis er sich nach 25 Jahren frühpensionieren liess. Mit der Musik und der Kultur ist Hebeisen bis heute stark verbunden. Ob als Musiker, Veranstalter oder Filmemacher.

7.4.1 *Rumpelstilz* (1971–78)

Interlaken war Ende der 1960er-Jahre heile Welt. Ein Schweizer Vorzeigestädtchen zwischen Seen und Bergen. Aber da gab es auch eine kleine Szene von Freaks, Lebenskünstlern, Ausgeflippten und Lebensgeniessern. «Diese Szene der Berner Oberländer Region, diese Polit-, Oppositions- und Untergrundszene hat hier irgendetwas Eigenartiges, Einmaliges, aber auch ungemein Friedliches, Offenes, Träumerisches und – für uns Zürcher Linke – irgendwie Naives auch. Freaks und Linke sind weniger Gegensätze als wohl in Zürich, Basel und Genf», schrieb das linke Zürcher Blatt «Focus».

Rumpelstilz-Plakat aus den Anfängen: «Music for stoned people.»
© Archiv Güdel

In diesem Klima ist eine kleine Gruppe von Jugendlichen der neuen Musik aus Amerika und England verfallen. Sam Jungen entdeckte 1967 die Gitarre und suchte Gleichgesinnte für eine Band. Mit dem Organisten Jürg Werren, dem zweiten Gitarristen Peter Brawand und Peter Schlunegger, später noch Bruder Hans Jungen am Schlagzeug wurde ein Repertoire mit Covers von *CCR*, *Traffic* und *Spencer Davis Group* erarbeitet. Es war so etwas wie die Vorläuferband von Rumpelstilz. Die Oberländer Freunde jammten ausgiebig über Vorlagen berühmter Bands, Sämi Jungen war der Frontmann, spielte Gitarre und sang.

Am Samstagnachmittag im Jugendlokal «Cabana» durften sie jeweils auftreten, bevor am Abend etablierte Bands wie *Polo's Pop Tales* oder *Jetmen* angesagt waren. Mit Hanery Amman hatte Jungen damals auch schon Kontakt. An einem dieser Cabana-Konzerte im Sommer 1970 spielte der Pianist ohne Probe mit. Zufälligerweise war auch Polo Hofer als Zuhörer am Konzert. Er war schon ein «Local Hero» und war angetan vom Spiel der Band, und vor allem von Hanery Amman. Nach dem Konzert mockierte er sich über den Gesang von Jungen. «Interessant dein Gesang! Tönt wie eine Mischung aus Altgriechisch und Neulatein», sagte er. «Dann mach's doch besser. Sing doch du», gab Jungen zurück. «Wieso eigentlich nicht?», meinte dieser und war bereit, als Sänger einzusteigen.

In seinen bisherigen Bands sass Polo auch als Sänger hinter dem Schlagzeug, aber ihn reizte die Front. Doch die Band sollte professioneller werden. Werren war eigentlich Pianist und Keyboarder wie Amman. Doch weil Amman viel besser war, wurde Werren zur Gitarre verknurrt. Sam Jungen war schon vorher zum Bass gewechselt und Polo forderte einen besseren Schlagzeuger als Hans Jungen.

In Bern wohnte Polo in einer Kommune an der Effingerstrasse mit dem Schlagzeuger Peter Giger, der an der Jazzschule in Bern unterrichtete. Dieser empfahl ihm den jungen Thuner Schlagzeuger Küre Güdel (Jahrgang 1951), der schon mit 17 die Jazzschule besuchte. «Ich galt in Thun als grosses Schlagzeugtalent», erzählt Güdel über diese Zeit, «Polo hat mich mit 14 Jahren gesehen und war schon da beeindruckt. Er sagte aber, dass ich noch zu viele rhythmische Akzente setze. Polo war mein Hero und für mich war klar, dass ich einsteigen würde.» *Rumpelstilz* war geboren.

Rumpelstilz im Schweizer Fernsehen: Kurt Güdel, Hanery Amman, Schifer Schafer (oben von links). Milan Popovich und Polo Hofer (unten von links).
© CH Media/SRF

Polo Hofer und Küre Güdel.
© Archiv Güdel.

Die Band spielte zunächst noch ausschliesslich englische Songs von *Traffic*, *Steamhammer* und drei Stücke von *Santana* und viel Rhythm and Blues. Der ersten Song, den die Band mit Polo einstudierte, war «Jailhouse Rock» von Elvis, dann «Working Class Hero» von John Lennon. Aber noch keine Mundartsongs.

Mundart war seit den *Berner Troubadours*, den *Minstrels* und dem *Trio Eugster* zwar wieder populärer, doch in den Kreisen der 68er, der Hippies und Freaks wurde Mundart mit Volksmusik in Verbindung gebracht und hatte für sie etwas Provinzielles, Biederes oder sogar Reaktionäres. Die *Berner Troubadours* wiederum, diese Lehrer und Staatsbeamten, standen in den Augen der Berner Oberländer Freaks für das Establishment, von dem sie sich abgrenzen wollten. Niemand verband damals den Schweizer Dialekt mit Rockmusik und dem Geist von Woodstock. Polo dagegen war infiziert von diesem Geist, er war fasziniert von Bob Dylan und seinem sozialkritischen Umgang mit Texten.

Polo war ein politischer Mensch, engagierte sich bei den «Härdlütli», die der neuen Generation eine Stimme geben wollten und kandidierte sogar für den Berner Stadtrat. Auch in der Musik verspürte er den Drang, sich mitzuteilen und erkannte, dass Mundart der angloamerikanischen Musik ein eigenständiges helvetisches Profil geben kann. Polo begann, nur für sich, Texte von Dylan zu übersetzen. Zur gleichen Zeit startete Udo Lindenberg mit seinem Deutsch-Rock. Sein Erfolg ermutigte die Band dazu, verstärkt auf die eigene Sprache zu setzen.

Es war Polos Idee, es mit eigenen Songs in Mundart zu versuchen, auch der Bandname *Rumpelstilz* war sein Vorschlag. Der Übergang zu Mundart im Jahr 1971 war zaghaft und nicht ganz einfach. Küre Güdel erinnert sich: «Das war auch für Polo Neuland. Es gab ja keine Vorbilder. Er musste das richtige Gespür, die passende Phrasierung für Mundart entwickeln und war zunächst häufig unzufrieden.» Der erste Song war «Warehuus Blues».

Damals erreichten auch bewusstseinserweiternde Substanzen Bern und das Oberland: Haschisch und LSD des Schweizer Erfinders Albert Hofmann. In ausgedehnten Jamsessions experimentierten die Stilze mit dem Stoff. Sergius Golowin, der eigenwillige Schweizer Autor und Mythenforscher, wurde zu einer Art Guru der Band und gab Tipps für den Trip. Im Sommer 1971 schaltete *Rumpelstilz* in einer einsamen Skihütte in Saxeten eine Intensivwoche ein, in der intensiv mit Drogen und Musik experimentiert wurde.

Das allererste *Rumpelstilz*-Konzert fand am 23. Oktober 1971 im «Kellertheater Thun» statt. Rumpelstilz begleiteten dort ihren Mentor Sergius Golowin, den die Band auch in seinem Wahlkampf für den Berner Grossen Rat unterstützte. Das Konzert wurde der «Psychedelischen Philosophie» gewidmet. Auf den Verstärkern standen Kerzen, Golowin las aus der buddhistischen Schrift, dem «Tibetanischen Totenbuch», aus Timothy Learys «Politik der Ekstase» und *Rumpelstilz* spielte vor allem Instrumentals mit endlosen Soli und wenigen Mundartsongs. Polo kreierte für *Rumpelstilz* Slogans wie «Music For Stoned People» oder «Rumpelstilz fährt ein» und das Kiffen wurde zu einer Art Band-Ideologie. Der Sänger definierte das Kiffen als eine Form der Rebellion und des Aufstands, als eine andere Art, das Staatssystem aufzuweichen. «Mir war klar, dass ich das Talent habe, dieses neue Lebensgefühl zu vermitteln und ihm ein Image zu geben», äussert sich Polo in «50 Jahre Berner Rock».

Als *Rumpelstilz* gegründet wurde, war Gitarrist René «Schifer» Schafer noch in Bern am Lehrerseminar. Aber der gebürtige Interlaker kannte die *Stilze*-Musiker schon aus der Schule. Schafers Ad-hoc-Band wurde für ein gemeinsames Konzert in der Aula Interlaken mit den neu formierten *Rumpelstilz* mit Polo Hofer engagiert. Der Sänger erhielt aber ein lukratives Angebot für Aufnahmen mit *Drum Circus* von Peter Giger (Album «Magic Theatre» mit Alex Bally, Carole Muriel, Gerd Dudek, Isla Eckinger, Joël Vandroogenbroeck, Marc Hellman) weshalb er für das Konzert in Interlaken passen musste. Die restlichen *Rumpelstilz*-Mitglieder beschlossen deshalb, eine Jamsession zu veranstalten. Schifer Schafer luden sie nach dem Konzert der Ad-hoc-Band zur Session ein und waren von seinen Fähigkeiten begeistert.

Zuvor hatte Polo die *Rumpelstilz*-Mitglieder gefragt, wie sie zu einer Profikarriere stehen würden. Werren lehnte ab und wollte hauptberuflich Laborant bleiben. In dieser Situation wurde Schafer ins Spiel gebracht und Werren aus der Band geworfen. «Das war hart für alle, waren wir doch seit der Schulzeit befreundet», erzählt Schafer.

Als Schifer Schafer 1972 bei *Rumpelstilz* einstieg, war der Grossteil des Repertoires noch in Englisch. In Mundart existierten erst der «Warehuus-Blues» sowie «Parabel». Die ersten Texte von Polo Hofer hatten einen politischen und gesellschaftskritischen

Anspruch. «Warehuus Blues», die erste Mundartrock-Single von 1973 thematisierte den Konsumwahn (B-Seite «Gammler» von Hanery Amman), «El Trabajador», die Geschichte des spanischen Gastarbeiters Diego, war eine Reaktion auf die Überfremdungsinitiative von James Schwarzenbach, die 1970 nur knapp gescheitert war. Die Reaktionen beim Publikum waren sehr gut.

Wenige Wochen vor den Aufnahmen zum ersten Album im September und Oktober 1974 kam es zum Eklat. Hanery Amman hatte mit Polo ein «Frauengschtürm» und verliess die Band. Sam Jungen folgte, weil ihm ein Trip schräg eingefahren ist und er völlig verunsichert war. «Polo hat mich immer wieder vor den Kopf gestossen und mich überfordert», meint Jungen, «er nannte mich ein Weichei und forderte mich auf, zu gehen, wenn es mir nicht passt. Ich war beleidigt und ging wirklich.» Jungen betont, dass er eigentlich ein gutes Verhältnis zu Polo hatte, er litt aber darunter, dass ihn der Sänger immer wieder abgewiesen hat. «Ich hatte das Gefühl, dass er mich nie ganz ernst genommen hat», gesteht Jungen.

Die drei verbliebenen «Stilze» trafen sich zur Krisensitzung und Polo sagte: «Hanery und Sam haben uns verlassen und wir haben jetzt noch 400 Franken in der Kasse. Lasst uns das Geld verprassen und wir lösen uns auf. Mundart interessiert eh keine Sau.» Küre Güdel wurde wütend und packte Polo am Kragen: «Spinnts eigentlich? Nur über meine Leiche!», rief er aus. Das Sinus-Studio war schon vorreserviert und *Rumpelstilz* hätte 6000 Franken vorzahlen sollen. «Wo willst du Geld und Musiker herzaubern? Wir sind ja nur noch zu dritt», entgegnete Polo.

Der am 30. Dezember 2017 verstorbene Pianist Hanery Amman war neben Polo Hofer der Hauptkomponist der Band.
© Ueli Frey

Der Gitarrist Schifer Schafer, ein wichtiger Impulsgeber.
© Ueli Frey

Doch Güdel schaffte es: In kurzer Zeit hatte er Urs Wirth (Piano/Keyboard) und Christian «Süggu» Ramseyer (Bass) organisiert und in einer hollywoodreifen Aktion sogar die 6000 Franken aufgetrieben. Ein Kollege aus Thun sagte ihm, er kenne einen Lottomillionär, für den sei das ein Klacks. «Wir hatten in Thun abgemacht», erzählt Güdel, «doch als ich für das Treffen in den Zug stieg, sah ich den Thuner Kollegen im Zug in die andere Richtung. Ab nach Amsterdam. Der Zug fährt ab und mit ihm die Hoffnung auf die 6000 Franken. Ich war am Boden zerstört. Doch im Abteil nebenan sass eine hübsche junge Frau, die das Ganze mitverfolgte. Ich erzählte ihr die traurige Geschichte und sie erklärte sich schliesslich bereit, die 6000 Franken vorzuschiessen.» So rettete die Lehrerin, Christina «Chrige» Messerli, die Band, das Album und wurde indirekt zur Geburtshelferin des Mundartrock.

In kürzester Zeit mussten die Stücke für das erste Album «Vogelfuetter» mit den Ersatzleuten einstudiert werden. Die Aufnahmen 1974 im Sinus Studio in Bern mit Tonmeister Peter McTaggart dauerten denn auch viel länger als vorgesehen. «Das Resultat war ein riesiger Schuldenberg von 25 000 Franken, den wir mühsam abstottern mussten», sagt Schifer Schafer. Doch wie sollten die Schulden beglichen werden, wenn sich niemand für die Dialektscheibe interessiert?

Wunschlabel für «Vogelfuetter» war der Verlag Zytglogge, der auch über ein Audioprogramm verfügte. Doch die Verantwortlichen zeigten sich reserviert. Ein Konzert in Bern sollte entscheiden, ob sie die Band unter Vertrag nehmen. Doch ausgerechnet dann befand sich Polos ehemaliger Rhythmusgitarrist im Publikum, war besoffen und hat das Konzert permanent gestört: «Polo, du Drecksau, hast wieder ein paar Dumme gefunden.» Der Abend war gelaufen und Zytglogge zog sich zurück. Sie sollten es bereuen, doch waren sie nicht die Einzigen, die der Band einen Korb gaben.

Verzweiflung und Ratlosigkeit waren gross. Schliesslich machte der damals 19-jährige Eric Merz, Assistent von Tonmeister Peter McTaggart im Sinus Studio, den Vorschlag, selbst ein Label zu gründen: Schnoutz Records. «Schweizerdeutsch läuft nie», hiess es zunächst auch beim Label Phonogram. Doch der junge Promoter Louis Spillmann war gegenteiliger Ansicht und konnte seine Bosse schliesslich von einem Vertriebsvertrag überzeugen. «Vogelfuetter» wurde 1975 endlich veröffentlicht, gleichzeitig mit der Single «Bärner Rock» von *Grünspan*.

Auch bei «Radio DRS» gab es inzwischen Leute wie Ruedi Kaspar und Willy Bischof, die von Band und Sound überzeugt waren. Kaspar hatte es vor allem der Song «Muschle» angetan, der in der Folge oft gespielt wurde und zu einem Radiohit avancierte. Es war der Befreiungsschlag und das Album wurde im ersten Jahr immerhin 4000 Mal verkauft.

Hanery Amman war am Schluss der «Vogelfuetter»-Session wieder dabei, versöhnte sich mit Polo und spielte einen Synthesizer-Part ein. Auch Sam Jungen stieg nach den «Vogelfuetter»-Aufnahmen wieder ein und wurde auf der nachfolgenden Single «Plum Pudding & Sy Hammer-Bänd» und «Dschungel-Bummel» (1975) verewigt. Seine Zweifel und sein mangelndes Selbstbewusstsein blieben aber, weshalb er wieder ausstieg. Milan Popovich brachte eine neue Energie rein und war sehr analytisch und musikalisch gebildet.

Rumpelstilz war gleichberechtigt und basisdemokratisch organisiert und viel mehr als die Begleitband von Sänger und Frontmann Polo Hofer. Die Megahits «Kiosk» und «Teddybär» ragen aus kommerzieller Sicht rückblickend heraus, vergessen wird aber oft, dass auch die Instrumentalparts, die Instrumentalstücke und der Sound die Band auszeichneten. Alle Musiker waren und sind herausragende Instrumentalisten, die als Solisten, Begleiter und Arrangeure einen wichtigen Teil zum Ganzen beitrugen. Auf allen vier Studioalben sind jeweils eine ganze Reihe von Instrumentalstücken vertreten. Claude Nobs lud *Rumpelstilz* 1975 an sein «Montreux Jazz Festival» ein, weil ihn die instrumentalen Fähigkeiten der Musiker überzeugten. Am 15. Juli traten die «Stilze» an einer «Jazz Night» mit *CM4* des Lausanner Jazzpianisten François Lindemann und der welschen Progressive-Rockformation *Anabasis* auf und spielten ein Set mit Instrumentalstücken wie «Füüf Narre im Charre» und Songs mit ausgedehnten Instrumentalparts wie «El Trabajador» und «POTburri». Die Aufnahmen sind bis heute leider unveröffentlicht.

Rumpelstilz definierte den Mundartrock, war aber mehr als eine Rockband. Die «Stilze» waren Kinder jener Zeit, in der Jazz, Jazzrock und progressive Rockelemente ebenso den Ton angaben wie Blues, Soul und Funk. «Ich kenne keine Band, die ein so breites stilistisches Spektrum abdeckte», sagt Güdel, «und Polo Hofer hat uns dabei unterstützt.» Wie kein Zweiter kannte er Bands und Geschichten, war ein wandelndes Pop- und Rocklexikon. Als ursprünglicher Schlagzeuger war ihm der Groove extrem wichtig. Auch bei seinen Texten war ihm der Rhythmus ein Anliegen.

Hauptmerkmal von *Rumpelstilz* war für Schafer, dass Elton John neben Frank Zappa und Fusion-Jazz Platz hatte. «Wir waren alle total offen und haben uns gegenseitig beeinflusst. Wir mochten kommerzielle Musik, aber auch Free Jazz. Der Sound von *Rumpelstilz* hat sich aus Krautrock und einer Art Freak-Jazz entwickelt. Wir haben nirgends wirklich reingepasst. Die Jazzer rümpften die Nase und die Rocker auch. Das war das Verhängnis dieser Band, aber vor allem die grosse Qualität. Das Interplay zwischen Klavier, Gitarre und Schlagzeug war herausragend», schwärmt Schafer. Es war diese einzigartige Kombination von exzellenten Instrumentalisten und dem Sänger und Conferencier

Polo, der mit Schalk und Witz den Bogen zum Publikum schlug. «Die Songs haben wir bis ins Letzte ausgelotet und all diese Einflüsse in einem langen Prozess zusammengebracht – manchmal bis am Morgen um vier Uhr», erzählt Schafer.

Die Musik von *Rumpelstilz* war über weite Strecken angloamerikanisch orientiert. Der Schweizbezug war über den Dialekt gegeben, aber von Anfang an hat *Rumpelstilz* auch immer wieder auf Elemente der Schweizer Volksmusik zurückgegriffen. Manchmal ironisiert, im Hit «Kiosk» aber als bewusstes Stilmittel. Das Akkordeon gibt dem Song ein folkloristisches Flair. Eindeutiger ist der Rückgriff bei «Jodel» oder den adaptierten Volksliedern «Hab oft im Kreise», «Stets in Truure» oder in Güdels «Alpsegen», der ganz offensichtlich vom Stück «African Piano» des südafrikanischen Pianisten Dollar Brand inspiriert ist. *Rumpelstilz* hat mit diesen Verweisen zur Volksmusik begonnen, was Florian Ast mit «Daneli» 1996 weitergeführt und heute vor allem *Trauffer* auf seine volkstümliche Art mit grossem Erfolg praktiziert. *Rumpelstilz* sind die Pioniere, was die Verknüpfung von Pop und Rock mit Elementen der Schweizer Volksmusik anbelangt.

Polo Hofer war mit Jahrgang 1945 etwas älter als die anderen Bandmitglieder und hatte am meisten Erfahrung. Er wusste, wie der Hase läuft, war Meinungsmacher, Frontmann, Entertainer und Rädelsführer. Hanery Amman war gleichzeitig Gegenpol und kongeniale Ergänzung zu Hofer. Unterstützt und ergänzt von der Band schufen sie Songperlen wie «D' Rosmarie und i», «Teddybär» oder «Die gfallene Ängel». Nicht wenige Kenner sind der Meinung, dass Polos beste Songs eigentlich von Hanery stammen.

Rumpelstilz mit Polo Hofer, Schifer Schafer, Hanery Amman und Kurt Güdel (oben von links), Milan Popovich (liegend).
© Sam Mumenthaler Collection

Doch die Beziehung der beiden Pioniere war angespannt. Beide sind zwar in Interlaken in derselben Strasse aufgewachsen, waren aber grundverschiedene Typen. Polo drängte es ins Rampenlicht, er wurde zum Chefideologen, Strategen, Texter und gefeierten Frontmann. Hanery war der Musiker, der im Hintergrund die musikalischen Fäden zog. Ein liebenswürdiger, gutmütiger Kerl, aber auch ein sturer Bock, der von ständigem Misstrauen geplagt war. Ein Misstrauen, das in seiner Kindheit genährt wurde. Seine Mutter lehnte ihn ab, er war der ewige Sündenbock. Einmal, im Alter von ungefähr elf Jahren, ist er abgehauen. Zu Hause ging es nicht mehr, Hanery musste ins Internat.

Für *Rumpelstilz* und Polo Hofer war Hanery Amman ein Segen. Wie gut sich die beiden ergänzten, zeigt die Geschichte von «Alperose». Hanery komponierte den Song 1984, also sechs Jahre nach der Auflösung von *Rumpelstilz* unter dem Namen *Kentucky Rose* – mit englischem Text. Polo hörte den Song, schrieb einen Mundarttext dazu und veröffentlichte den Song mit seiner *Schmetterband*. «Alperose» wurde zur inoffiziellen Schweizer Nationalhymne. Hanery war der musikalische Ideenlieferant, der Mann für den Geniestreich. Polo dagegen, ausgestattet mit einem ausgeprägten Gespür für den Publikumsgeschmack, trimmte den Song auf Erfolg. Hanery war der Künstler, Polo der Verkäufer.

Die Geschichte wiederholte sich. Bis heute werden Hanerys Songs als Polos Songs wahrgenommen. Polo erntete Ruhm und Applaus, Hanery stand in dessen Schatten. «Das Showbiz ist die Welt der Hochstapler und Blender. Ich habe nie so richtig in diese Welt gepasst. Ich habe immer anders gedacht als die anderen und habe anders ausgesehen, als ich bin», erläutert er. So sehe er in den Augen vieler wie ein «Drögeler» aus, dabei habe er nie etwas damit zu tun gehabt. Auch nicht mit Alkohol. «Wenn einige *Stilze* sturzbetrunken waren, habe ich sie im Auto nach Hause gefahren.»

Aber auch Schifer Schafer und Küre Güdel gaben der Band immer wieder wichtige Impulse. Der extrovertierte Güdel war mehr als nur der gute Schlagzeuger der Band. Er hatte eine ganzheitliche Auffassung von Musik und war die Seele der Band, der quirlige Luftikus, das Bandchalb, der Spassmacher und Sprücheklopfer, aber auch Komponist von acht Songs im Repertoire und mindestens die zweitbeste Stimme der Band. Beim Song «Sonntigschind» (1978) übernahm er sogar die Leadstimme.

Der andere Gegenpol zu Polo war Schifer Schafer. Hochintelligent, hochtalentiert, introvertiert und sensibel. Nach Amman trug er die meisten Songs bei. «Polo war schon sehr dominant», sagt er zum Bandgefüge. «Dazu herrschte ein ‹Dörfligeist›, jeder kannte jeden von Kindsbeinen an. Doch die unterschiedlichen Charaktere und Persönlichkeiten schufen im besten Fall ein äusserst kreatives Spannungsfeld.».

Die «Stilze» waren nicht die Ersten in Europa, die ihr musikalisches Spektrum mit Reggae-Rhythmen erweiterten. Schon 1974 machte Eric Clapton mit seiner Version von Bob Marleys «I Shot The Sheriff» den Groove aus Jamaica weltweit bekannt. Aber auch Schifer Schafer beschäftigte sich mit Reggae, hörte Marley, *Toots & the Maytals* und andere. Als Hanery mit der Idee für «Teddybär» in die Probe kam, klang der Song wie eine Elton-John-Nummer. Schafer schlug einen Reggae-Rhythmus vor, doch Güdel sträubte sich dagegen. «Ich mache doch nicht die Jazzschule, damit ich so gut wie nichts spiele», sagte er. «Ein halbes Jahr habe ich geprobt, bis ich es richtig geschnallt hatte.»

Ähnlich wars beim Stück «Kiosk». Polo kam mit einer Melodie, einem Basslauf und einem Groove im New-Orleans-Stil in die Probe und Schafer schlug vor es doch einmal mit einem Reggae-Rhythmus zu versuchen. «Diesmal war Polo skeptisch und verliess die Probe», erzählt der Gitarrist, «wenn es ihm zu lange ging, haben wir oft ohne ihn geprobt.» «Kiosk» wurde zum grössten Hit der Band und erreichte Platz zwei der Schweizer Hitparade und Platz 13 in der Jahreshitparade.

Bei *Rumpelstilz* waren die Musiker gleichberechtigt und die Stücke wurden zusammen erarbeitet. Deshalb wollte die Band ihre Songs bei der Verwertungsgesellschaft Suisa im Kollektiv angeben. Doch die Suisa akzeptierte das nicht. Die Verwertungsgesellschaft wurde deshalb angewiesen, die Gelder an Manager Peter Wälti zu überweisen, der die Guthaben dann zu gleichen Teilen an die fünf Musiker verteilen sollte. «Polo hat die Songs recht willkürlich angemeldet», sagt Schafer. Beim «Kiosk» wurde sogar nur Hofer allein aufgeführt, obwohl der Song eine Adaption des Songs «Dixie Chicken» von *Little Feat* ist. Auch beim «Rote Wy» wurde nur Hofer aufgeführt, obwohl der Song im Original «Sit Down Young Stranger» heisst und von Gordon Lightfood stammt. Beim «Warehuus Blues» fehlt der Hinweis auf das Dylan-Original «Just Like Tom Thumb's Blues». Bei der Suisa unberücksichtigt blieben aber vor allem die Ideen und Inputs, die Schafer und Güdel zu den Songs leisteten. Im Song «El Trabajador» zum Beispiel hat Schafer die Idee zur Geschichte mit dem spanischen Bauarbeiter geliefert, weil er sie selbst auf dem Bau erlebt hat.

«Wir haben viel abgeschaut», sagt dazu Schafer, «aber wir haben daraus immer unser eigenes Ding gemacht. Wie die *Rolling Stones*. Aber oft wussten wir selbst nicht, woher Polo eine Melodie hatte. *Little Feat* kannte ich damals nicht und dass ‹Rote Wy› von Gordon Lightfood inspiriert ist, wusste ich damals auch noch nicht.» Polo liess einfach seinen Namen eintragen.

Die hochdeutsche Version von «Kiosk» wurde auch in Deutschland ein Hit und erreichte Platz 14. Phonogram Deutschland, wo Louis Spillmann inzwischen tätig war, wollte die Band gross rausbringen. Für die Fernsehauftritte sollten die «Stilze» als Hinterwäldler und Blödlertruppe in lächerlichen Kostümen auftreten. Polo reizte der grosse Erfolg, aber die Bandmitglieder stellten sich quer. «Ich hätte ein selten blödes Sennenkäppli mit Schweizer Kreuz tragen sollen», sagt Schafer. Er wollte sich nicht als Geissenpeter oder Rumpelstilzli verkaufen. Die Spannungen in der Band nahmen zu und die Deutschlandpläne wurden sistiert.

Auch die inhaltlichen Differenzen wurden in der Folge grösser. «Füüf Narre im Charre» mit den Hits «Kiosk» und «Teddybär» verkaufte sich über 25 000 Mal. Doch der Grosserfolg wurde auch zur Belastung. Das Album «La Dolce Vita» von 1977, das nicht wenige Kenner als das beste betrachten, hatte nach dem Grosserfolge von «Füüf Narre im Charre» einen schweren Stand beim Publikum. Trotz Songs wie «Rote Wy» und «Die gfallene Ängel» waren Polo, Produzent Eric Merz und Manager Peter Wälti der Meinung, dass ein Hit wie «Kiosk» gefehlt habe.

Polo Hofer und Schifer Schafer, live in concert.
© Ueli Frey

Ein Diskurs um die musikalische Ausrichtung setzte ein. «Die Verkaufszahlen und Hit-paraden-Platzierungen wurden immer wichtiger und die musikalischen Ambitionen und die Band-Philosophie wurden in den Hintergrund gedrängt», fasst Schafer den Konflikt zusammen. Die Instrumentalstücke kamen unter Druck und für die hochdeutsche Al-bumversion «Fünf Narren im Karren» wurden die Instrumentals durch ältere, neu ein-gedeutschte Songs wie «Nadisna Sosolala» und «Plum Pudding» ersetzt. Ein Graben tat sich auf zwischen Wälti, Merz und Hofer, die einen kommerzielleren Kurs einschlagen wollten, und dem Rest der Band, der die bisherige multistilistische Mischung beibehalten wollte. «Unser Image bei den Fans haben wir gefestigt, weil wir musikalisch nach allen Seiten offen sind. Das geben wir preis, wenn wir nur noch Pop machen», erklärte Am-man im Buch «Rhythmus & Rausch».

In dieser verfahrenen Situation schlug die Musikerfraktion um Güdel, Amman und Schafer eine einjährige Denkpause vor. Doch für Polo und Wälti kam das nicht infrage. «Das könnt ihr nicht machen, nach einem Jahr sind wir weg vom Fenster», sagte der Manager. Gleichzeitig hatte Polo aber schon mit der Berner Konkurrenzband *Span* an-gebandelt.

Als *Rumpelstilz* nochmals ins Studio ging, um die Musik zum Film-Soundtrack «Kleine frieren auch im Sommer» von Peter von Gunten aufzunehmen, war die Band faktisch schon getrennt. Aufgenommen wurden mehrheitlich Instrumentals mit dem Gastsolis-ten Andy Scherrer, dem grossartigen Basler Tenorsaxofonisten. «Polo kam nur noch, um

Genussmensch Kurt Güdel in seiner Wohnung in Bern.
© Achiv sk

seine drei Gesangsparts einzusingen», erzählt Schafer, und in «Sunntigschind» übernahm Güdel den Leadgesang.

Im Juni 1978 wurde «Fätze u Bitze vo Geschter un Jitze» veröffentlicht. Ein Doppelalbum, das die Krise der in zwei Lager gespaltenen Band verdeutlicht. Hier der Film-
Soundtrack, dort Ausschnitte vom Live-Konzert im Atlantis Basel von 1977, in dem Sänger Polo Hofer die Hauptrolle spielte. Das Doppelalbum wurde im Vergleich zu den
Vorgänger-Alben ein kommerzieller Flop. «Eric Merz und Polo hatten kein Interesse mehr,
die Scheibe sorgfältig zu promoten», sagt Schafer. Denn mit Polo Hofers *Schmetterding*
mit den Musikern von *Span* hatte Schnoutz schon im selben Jahr einen neuen Trumpf
am Start.

Noch vor der Veröffentlichung von «Fätze u Bitze» wurde Manager Peter Wälti entlassen. Das hiess aber auch, dass niemand mehr die Suisa-Gelder nach dem bisherigen
Schlüssel an die Musiker verteilte. Happig wirkte sich das vor allem im Fall von «Kiosk»
aus. Weil Polo als Einziger aufgeführt war, sackte er künftig den ganzen Batzen ein. Von
den Musikern kam Hauptkomponist Hanery Amman noch am besten weg, doch die
Inhalte, die Güdel und Schafer im Laufe der Jahre lieferten, blieben danach unberücksichtigt. «Meine ‹Suisa›-Abrechnungen der letzten 50 Jahre sähen anders aus, wenn es
so angemeldet worden wäre, wie es wirklich war», meint Schafer, und Güdel ergänzt:
«Als wir auseinandergingen, brach für mich eine Welt zusammen.» Die *Stilze* gingen im
Streit auseinander, ein juristisches Vorgehen wurde erwogen, aber wieder fallen gelassen.
«Wir wollten vorausschauen», sagt Schafer.

Polo Hofer

«De Prototyp bin ig, wer de suscht?», sagte Polo Hofer im August 2009 im Interview mit der «Schweiz am Wochenende», «ich bin das erste betriebsfähige Modell des Schweizer Mundartrock.»

Die Pionierrolle im Mundartpop muss Polo mit anderen teilen. Vor allem mit Toni Vescoli. Aber Polo war mit *Rumpelstilz* der Erste, der einen Mundartrocksong veröffentlichte und die historische Bedeutung des «Warehuus-Blues» ist ungleich grösser als es der damalige bescheidene Erfolg vermuten lässt. Es war die Proto-Phase. Der Urknall des Mundartrock erfolgte erst 1975 mit dem ersten *Stilz*-Album «Vogelfuetter» und Liedern wie «Muschle» und «El Trabajador». Es bedeutete den Durchbruch für *Rumpelstilz* und den Mundartrock.

Mundartlieder hatte es schon vorher gegeben. Aber niemand verband den Schweizer Dialekt mit Rock 'n' Roll und dem Geist von Woodstock. Die Idee, Mundart zu singen, kam nachweislich von Polo Hofer. Er hatte den Geistesblitz im Gefängnis in Witzwil, wo er 1969 wegen Diebstahls (er hatte ein altes Schlagzeug entwendet) fünf Wochen eingesperrt war und Zeit hatte, über sich und das Leben nachzudenken.

Polo Hofer ist ein Open-Air-Kind, gezeugt im Juni 1944 auf einer Bergwanderung, geboren am 16. März 1945 in Interlaken, also noch während des Zweiten Weltkriegs. Mutter Hedwig war das elfte von dreizehn Kindern einer Bauernfamilie aus Beinwil am See im aargauischen Seetal. Vater Hofer war gelernter Textilfachmann und eröffnete nach dem Krieg in Interlaken ein Damen-Konfektionsgeschäft «Maison Hofer, Haute Couture». Die Mutter schmiss den Laden, der Vater machte das Büro.

Polo wurde auf den Namen Urs getauft und war das erste Kind von

Polo Hofer 2015 in Oberhofen mit Joint.
© Sandra Ardizzone/CH Media

den vier Brüdern Hans, Beat und Daniel. Als Kind war Urs sensibel, hat viel gelesen und gezeichnet. Dass er das Talent zum Unterhalten besitzt, ist ihm in der Pfadi bewusst geworden. Hier erhielt er auch den Übernamen «Polo», vom Zytglogge Verlagsgründer Hugo Ramseyer. Nach der Schule ging er als Freischüler ein halbes Jahr an die Kunstgewerbeschule nach Bern und fand danach eine Lehrstelle als Handlithograf.

Polo wurde durch amerikanische Musik sozialisiert: Louis Armstrong, Ray Charles und Elvis Presley waren seine musikalischen Jugendhelden. Dem Vater, einem Ländlerfreund und Marschmusik-Liebhaber, passte das gar nicht. Trotzdem lernte Polo Schlagzeug und trat 1964 den *Jetmen* bei, danach gründete er *Polo's Pop Tales*.

Polo Hofer war auch ein glänzender Entertainer.
© Ueli Frey

Dann kam Bob Dylan. Polo war fasziniert von seinem sozialkritischen Umgang mit Texten. Der rebellische Berner Oberländer wurde vom Geist von Woodstock infiziert und verspürte den Drang, sich mitzuteilen. Polo Hofer erkannte, dass die Sprache der amerikaorientierten Musik ein eigenständiges Profil geben kann. Eine schweizerische Identität. Und Polo hatte eine Botschaft: Im «Warehuus-Blues» kritisierte er die Konsumgesellschaft und im Politsong «El Trabajador» reagierte er auf die Überfremdungsinitiative von James Schwarzenbach. Mit seinen Texten vermittelte er ein Lebensgefühl der Zeit, gab er der Band ein Image. Polo war der Regisseur und übernahm alles, was strategisch wichtig war: die Musikauswahl, das Business.

Der Erfolg veränderte die einstige Hippieband. Der Hit «Kiosk» verdeutlicht den Wandel der Band am besten. Polo übernimmt darin erstmals einen bürgerlichen Blickwinkel und mokiert sich über den «wilde Hippie mit gflickte Hosebei». Ein Verrat an den eigenen Idealen? Doch der immense Erfolg gab Polo recht. «Wer Geld machen will, muss auch den Kommerz akzeptieren», sagte Polo, der die Mechanismen des Showgeschäfts besser verstand als alle anderen. Polo war nicht nur der Chefideologe der Band, sondern auch der PR-Manager und Geschäftsführer.

An diesem Gegensatz zerbrach die Band. Doch für die Entwicklung der Schweizer Pop- und Rockgeschichte war die Chronik von *Rumpelstilz* von weitreichender, ja entscheidender Bedeutung. Denn Rock wurde in der Schweiz bis zu diesem Zeitpunkt eher hobbymässig betrieben. Polo bewies, dass man in der Schweiz von Rockmusik, sogar von Mundartrock, leben kann, wenn man ihn professionell aufgleist. *Rumpelstilz* war «das erste betriebsfähige Modell des Schweizer Mundartrock». Polo hatte die Nase voll vom sozialistischen Kollektiv. Bei *Polo's Schmetterding* (1978–1983), der Band mit Musikern von *Span*, war er von Anfang an der Boss und sagte, wo es langging.

Polo wollte eine einfache, direkte Musik für ein breites Publikum machen. Eine Musik mit der man Geld verdienen konnte. «Lotti Lotti», «Oh Romana» und «Wenn mys letschte Stündli schlat» waren die wichtigsten Lieder dieser erfolgreichen Rockphase in seiner Karriere. Sein Geschäftssinn machte ihn aber auch zum Hassobjekt der 1980er-Bewegung, die ihn «Kapitalistenschwein» nannte. Das traf Polo, denn er sah sich immer als Linker.

Die *Schmetterband* (1984–2003) war nicht nur die langlebigste, sondern auch die erfolgreichste Band von Polo Hofer. Songs wie «Alperose» (von Hanery Amman), «Giggerig» oder «Stets i Truure» fallen in jene Zeit und haben heute fast schon Volksliedcharakter erlangt. Die Chemie und die Hierarchie stimmten. Keyboarder und Hauptkomponist Hape Brüggemann musste aber eingestehen, dass «die grossen musikalischen Schritte» nicht in diese Zeit fielen. Die wirklich spannende Phase in der Karriere von Polo Hofer war vorbei und er schon eine lebende Legende. «Wir konnten nur noch den Betonsockel darunter giessen und ihn popularitäts- und geschäftsmässig weiterschieben», erzählt er.

Bei Pop und Rock geht es nicht nur um Musik. Der Kontext ist mindestens so wichtig. Das hat Polo Hofer wie kein anderer in der Schweiz erkannt und sein Image geformt. Der Weg vom rebellischen Hippiefreak bis zu «Polo National» war lang. Dabei hat er die Zeit gespürt und in seinen Liedern verarbeitet. Er hatte aber auch ein Gefühl dafür, was bei den Leuten ankommt, war ein «Volkssänger» im besten Sinn des Wortes. Dieser Spürsinn ist wohl das Geheimnis seines Erfolges, dank ihm wurde Polo zum nationalen Symbol. Dabei war sein Verhältnis zur Schweiz stets ambivalent. «Politisch und gesellschaftlich läuft nicht alles so, wie ich mir das vorstelle», sagte er einst und scheute sich

Polo Hofer als Perkussionist mit Milan Popovich.
© Ueli Frey

nicht, immer wieder anzuecken. Hofer sah sich selbst als Chronist der Zeit, als Geschichtenerzähler und eine Art Hofnarr, der sich mehr erlauben konnte als andere.

Polo Hofer war kein überragender Musiker oder Sänger. An seiner Seite brauchte er Musiker wie Hanery Amman, Schifer Schafer, Marianna Polistena oder Hape Brüggemann als Komponisten. «Musikalisch bin ich eigentlich eine Pfeife», gab er auch unumwunden zu. «Aber ich weiss dafür, woher die Musik kommt», sagte er. Polo hat die Musik aufgesogen, vor allem die Musik aus dem Süden der USA hat es ihm angetan. Blues, Gospel, Soul, Cajun, Zydeco, Southern Rock und die texanischen Singer-Songwriter.

«Polo ist der grösste Musikfan, den ich je in meinem Leben kennengelernt habe», meint Musikerkollege Dänu Siegrist. Er kannte die Platten, die Geschichten. Und er war ein Meister der Adaption. Er nahm sich einen Song und machte mit seinen Mitmusikern aus dem Original sein Original, sein eigenes Ding, seine eigene Sprache. Es wurde zu Polo. «Besser genial stehlen als schlecht komponieren», wurde zu seinem Standardspruch. Und so parierte er jeden Vorwurf des Songklauens.

Polo Hofer ist der Übervater des Mundartrock. Eine ganze Reihe von Musikern und Bands folgten seinem Vorbild und gesellten sich zur Mundartfamilie: zuerst *Züri West* (1984 gegründet), *Stiller Has* (1989), *Patent Ochsner* (1990), dann *Sina»* (1994). Es war die erste grosse Mundartwelle. Ohne die Vorleistungen von Polo gäbe es aber auch keinen Florian Ast, nicht Gölä, *Plüsch*, Adrian Stern, Baschi und Bligg. Und erst recht keinen Trauffer.

Die Schweiz und die Schweizer Pop- und Rockszene verdankt ihm viel. Mit seinen Songs und Texten gehört er zum Schweizer Kulturgut und zum kollektiven Bewusstsein der Schweiz. Polo Hofer starb am 22. Juli 2017.

Polo Hofer war auch ein inspirierender Gesprächspartner. Im Interview 2011.
© Chris Iseli/CH Media

7.4.2 *Grünspan* (1971–75), *Span* (1975 bis heute) und *Schmetterding*

Es geschah in der Hämlismatt: Hier, in dieser Musikkommune in Arnisäge im Emmental, lebte und musizierte die Band *Grünspan*, die später zu *Span* wurde. Hier ist der «Bärner Rock» entstanden und hier hat *Rumpelstilz* ihr erstes Album «Vogelfuetter» als Gäste im *Grünspan*-Bauernhaus einstudiert. Mit diesem Album schafften Polo und Co. 1975 den Durchbruch und wurden als die Begründer des Berner Rock gefeiert.

Grünspan mit Gualtiero «Boni» Bonaconza, Matthias Kohli, Daniel Stöckli,
Georges «Schöre» Müller und Christoph Kohli (von links).
© Archiv Georges «Schöre» Müller

Schöre Müller von *Span* legt Einspruch ein: «Ich behaupte nicht, dass wir den Mund-artrock erfunden haben», sagt der Gitarrist und Sänger heute, «aber die Berner Rocker waren wir. Wir waren das Original und waren an der Entwicklung des Berner Mundart-

Span Original Christoph Kohli, Matthias Kohli, Daniel Siegrist und Georges «Schöre» Müller (v. l.).
© Archiv Georges «Schöre» Müller

rock massgeblich beteiligt. *Rumpelstilz* waren für uns eher eine jazzorientierte Rockband, die komplizierte Rhythmen und Harmonien spielte. Wir von *Grünspan* waren dagegen echte Rockmusiker und hatten mit unserer Single ‹Bärner Rock› (1975, gleichzeitig mit ‹Vogelfuetter› von *Rumpelstilz* veröffentlicht) den Begriff erstmals in die Welt gesetzt und damit der neuen Berner Mundartrock-Bewegung den Namen gegeben. Und überhaupt: Polo und Co. waren keine Berner, das waren Oberländer.»

Die Gründung von *Grünspan* 1971 geht auf eine Initiative von Schlagzeuger Matti Kohli zurück. Er spielte damals mit seinem zwei Jahre älteren Bruder Christoph Kohli in der Band *Delation*. Ende der 1960er-Jahre gegründet, waren die Musiker von *Delation* die Lokalmatadoren von Bern. Im Finale des ersten Schweizer Popfestivals des Magazins «POP» am 2. Mai 1970 im Wankdorf-Stadion in Bern wurde *Delation* als beste Band ausgezeichnet. Sie spielten zwei *Beatles*-Songs, «Ticket to Ride» und «Eleanor Rigby», in der Interpretation der US-Band *Vanilla Fudge*. Also eine psychedelische Prog-Rockversion mit fetten Keyboards und mehrstimmigem Gesang.

Die Idee von *Grünspan* war, eine Art Supergroup von Bern nach dem Vorbild von *Cream* zu schaffen. Mit den besten Bands, die die Stadt Bern in jener Zeit in Sachen Rock zu bieten hatte: *Delation*, *Lindbergh* und *The Dukes*. Die Kohlis bildeten die Rhythm Section, die Gitarrenläufe steuerten Schöre Müller (*The Dukes*) und Walter Bonaconza (*Greys* und *Lindbergh*) bei sowie Leadsänger Dänu Stöckli (*Lindbergh*). Die Berner Supergroup wurde also im selben Jahr wie *Rumpelstilz* gegründet. «Im Gegensatz zu den *Stilzen* haben wir aber englisch gesungen», erzählt Stöffu Kohli, «Polo war schon damals eine Attraktion. Vor allem auch, weil er schon damals ein begnadeter Entertainer und Witzeerzähler war.» Es gab zu dieser Zeit sogar ein gemeinsames Konzert in den «Drei Eidgenossen» in Interlaken, wo auch der Schriftsteller Sergius Golowin zum Publikum sprach.

Die Gebrüder Kohli, Christoph Jahrgang 1949, Matti Jahrgang 1951, sind mitten in der Stadt Bern in einer gutbürgerlichen Familie aufgewachsen. Der Vater war Beamter, die Mutter Hausfrau. Stöff machte eine Lehre als Fotolithograf, Matti ging ins Gymi. Alles verlief in geordneten Bahnen. Umso grösser war der Schock bei den Kohlis, als beide Söhne 1973 in die Kommune Hämlismatt zogen, um Musiker zu werden. «Wir zeigten dem bürgerlichen Leben die lange Nase, waren aber relativ unpolitisch. Es ging uns um eine Lebenshaltung und die Selbstverwirklichung über die Musik», sagt Kohli, «wir waren geschäftsmässig völlig naiv und dachten es wäre damit getan, Tag und Nacht zu musizieren.»

Christoph Kohli war zunächst noch der Einzige, der einer geregelten Arbeit nachging. «Wir glaubten fest daran, dass wir automatisch berühmt würden, wenn wir nur genug übten. Unsere Eltern glaubten dagegen überhaupt nicht an den Erfolg und mein Vater hat jahrelang nicht mehr mit mir gesprochen, als ich meinen sicheren, guten Job an den Nagel hängte. Insofern nahmen wir schon eine Protesthaltung ein. Wir wollten uns absondern, ein anderes Leben führen und trugen einen klassischen Generationskonflikt aus.» «Wir gegen den Rest der Welt», ergänzt Müller, «wir lebten unseren Hippietraum, unsere Überzeugung von Love, Peace and Happiness und praktizierten den Kommunismus, teilten uns alles und waren mit wenig zufrieden». 335 Franken kostete die Miete für das Bauernhaus. Geld war jedoch völlig unwichtig, der Lebensstandard tief. «Aber es hat funktioniert», meint Kohli.

Natürlich spielten auch Drogen eine Rolle in der Hämlismatt. «Drogen waren nicht das Wichtigste, das war ganz klar die Musik! Drogenexperimente und Timothy Leary oder das tibetanische Totenbuch, Ravi Shankar usw. waren eine Zeitgeisterscheinung und haben einfach dazu gehört», erzählt Müller, «wir haben diesen Zeitgeist in unserer Kommune in der Hämlismatt gelebt und haben dort wahrscheinlich mehr gekifft als gegessen. Unser Publikum hat dieselben Drogen genommen und dieselben Platten gehört wie wir, das war nichts Aussergewöhnliches. Ich selber war kein Kostverächter und habe nichts ausgelassen.» Im Alter von 50 Jahren erfolgte für Müller aber der Schnitt. «Seither konsumiere ich keinen Alkohol und keine Drogen mehr. Marihuana oder Wein gehören für mich nicht zu den Drogen, es sind Stimulanzen, die es seit Beginn der Schöpfung gibt. Wenn der liebe Gott gegen Stimulanzen dieser Art wäre, hätte er wohl bei der Hochzeit zu Kana nicht Wasser in Wein verwandelt.» Müller nimmt also keine Drogen mehr, lässt sich aber gern ab und zu stimulieren. «Es ist Teil des Daseins», sagt er. Vor Konzerten oder beim Arbeiten sind jedoch selbst Stimulanzen tabu. «Kiffen ist für mich eher eine Feierabendsache», meint er.

Mit Jahrgang 1954 war Georges «Schöre» Müller mit Abstand der Jüngste der Band. Wie die Kohlis ist er in der Stadt Bern in einem bürgerlichen Umfeld als sechstes von sieben Geschwistern aufgewachsen. «Alle meine älteren Geschwister gingen ins Internat und mussten ein Instrument lernen. Das gehörte bei uns zum guten Ton. Nur ich musste nicht. Ich war in der Familienplanung nicht mehr vorgesehen und ging irgendwie vergessen», erzählt er. Als fünf Jahre später noch Stefan (der spätere Keyboarder von *Span*) dazukam, wurde dieser zum wohlbehüteten Prinzen der Familie. «Das hat mir alle Freiheiten eröffnet», erklärt Schöre Müller und stürzte sich in die Rockmusik. In der Musik war für ihn immer auch ein Stück Auflehnung und Protest dabei. Vater Müller war Direktor der «Brauerei Warteck» in Bern und selbst musikalisch talentiert. «Er war nie einverstanden mit dem Weg, den ich einschlug», sagt Müller weiter, «trotzdem hat er ihn ermöglicht und unterstützt. Ich glaube heute, dass ich das ausleben durfte, was ihm damals versagt blieb und wovon er heimlich träumte.»

Zurück in die Hämlismatt: *Grünspan* pflegte Rock der härteren Art, ellenlange, jam-artige Eigenkompositionen mit verschiedenen Teilen, englischen Texten und ausgedehnten Soli. Gemäss Matti Kohli war *Grünspan* nicht allzu viel unterwegs. «Wir hatten quasi null Einkommen, der Betreibungsbeamte war bei uns Stammgast», erzählt er. Ein zweiwöchiges Engagement führte die Band aber bis nach Florenz. «Wir konnten erstmals von der Musik leben», meint Christoph Kohli. Von dieser englischen Phase von *Grünspan* sind aber einzig die beiden Songs «A ghost must be around» und «Pollution» auf dem Sampler «Heavenly and Heavy» verewigt.

Zu *Rumpelstilz* und Polo Hofer pflegte die Band einen lockeren Kontakt. «Wir waren kollegial befreundet», sagt Müller. Polo hat er kennengelernt, als dieser den damals 17-jährigen Jüngling in die berüchtigte Kommune an der Effingerstrasse mitschleppte. «Für mich war es ein Schlüsselerlebnis und Polo prophezeite mir schon damals, dass sich einmal unsere Wege kreuzen würden. Ich hatte einen guten Draht zu ihm. Vielleicht auch weil wir beide ehemalige Pfadfinder waren. Es war aber auch eine ambivalente Beziehung.»

Nach vier Jahren «on the road» wollte sich *Grünspan* neu orientieren. Unter dem Einfluss von *Rumpelstilz* nahm die Band Ende 1974 den Song «Bärner Rock» auf. Ein einfach gestrickter, geradliniger Song mit einem Text, den Matti Kohli und Dänu Stöckli auf die Schnelle erdichtet hatten. «Der Song war ganz anders als alles, was wir bisher machten», sagt Christoph Kohli. Weil er vom Schnoutz-Label gleichzeitig mit dem ersten *Stilz*-Album «Vogelfuetter» 1975 veröffentlicht wurde, ging der Song zunächst etwas unter. Mittel- und langfristig wurde «Bärner Rock» aber zu einem Erfolg und zu einem Label für alle Mundartbands aus Bern.

In der Folge verliessen Sänger Dänu Stöckli und Gitarrist Walter Bonaconza die Band, Dänu Siegrist und später auch Housi Wittlin stiessen dazu und *Span* wurde 1975 gegründet. Im Eigenvertrieb nahm die neu formierte Band die Single «Nimm das nid so tragisch» von Schöre Müller auf. Trotzdem war noch nicht wirklich klar, ob die Band ganz auf die Karte «Mundart» setzen sollte. Wittlin schlug deshalb vor, an den Konzerten beides zu machen: zuerst ein Mundartset, danach Partyset mit englischen Covers. Ein guter Schachzug, die Mischung kam immer besser an. «Man nahm uns zur Kenntnis, auch Polo», erzählt Matti Kohli.

«Alle rieten uns von Mundart ab und meinten, dass das nur eine kurzlebige Sache sei», sagt Christoph Kohli. Das Label EMI hatte Interesse an der Band, meinte aber, dass der Mundartmarkt von *Rumpelstilz* bereits abgedeckt sei. «Was wollt ihr jetzt noch? Es hat doch schon eine Berner Mundartband. Der Markt braucht das nicht», hiess es.

Stattdessen wurde der Band der englische Hitschreiber Mickey Denne vermittelt. Resultat waren die Singles «A Little Bit of Sun» (1977) und «You Need A Driver» (1978). Immerhin wurde der Band auf der B-Seite der Mundartsong «Evi» von Dänu Siegrist

Span auf dem Bauernhof im Weiler Hämlismatt der Gemeinde Arnisäge: Housi Wittlin, Matthias Kohli, Christoph Kohli, Georges «Schöre» Müller, Daniel Siegrist und Armand Cachelin (von links). © Archiv Georges «Schöre» Müller

Polo's Schmetterding mit Polo Hofer, Marianna Polistena, Georges «Schöre» Müller,
Fritz «Gide» Müller, Matthias Kohli und Christoph Kohli (von links).
© Archiv Georges «Schöre» Müller

zugestanden. Das änderte aber nichts daran, dass die Singles weder national, noch international den erhofften Erfolg brachten.

Polo Hofer bandelte 1978 mit *Span* an, weil er sich mit Mitmusikern von *Rumpelstilz*
zerstritten hatte. Als er für die Lancierung der UKW-Frequenz von «Radio DRS» den
Song «UKFee» aufnahm, war die Fusion mit den Musikern von *Span* schon fast be-
schlossene Sache. Doch nicht alle waren an Bord. Gemäss Matti Kohli war Housi Wittlin
von Polo und Manager Peter Wälti für das Projekt nicht vorgesehen. Stattdessen wurde
die Keyboarderin Mariana Polistena angeheuert, die zuvor bei der *Asphalt Blues Company* spielte. Noch im selben Jahr erschien das erste Album unter dem Namen *Polo's
Schmetterding*, unter anderen mit den Songs «Schlangelädergurt» und «Lotti Lotti». Ur-
sprünglich war der Refrain von «Lotti Lotti» eine Zeile aus einem Lied von Housi Wittlin.
Doch Polo hat ihm den Kalauer für ein Bier im Szenelokal «Piri» (Les Pyrénées) in Bern
abgekauft.

Wie Schöre Müller ausführt, war «Schmetterding» für Polo der perfekte Deal, die ideale Lösung: «Polo hatte zu jener Zeit keine Band, keine Anlage, keinen Übungsraum und keinen Bandbus. Wir konnten ihm alles bieten», sagt Müller.

Aber auch musikalisch markierte *Schmetterding* für Polo eine Zäsur. Genervt von den endlosen Diskussionen um die stilistische Ausrichtung bei *Rumpelstilz*, wandte er sich nun vom Jazzigen ab. Stattdessen wollte er rockigen Sound und knackige, eingängige Songs spielen. «Es war genau das, was wir mit *Span* schon immer gemacht hatten», erzählt Müller, «wir hatten in unserer Musik die zweistimmigen Gitarrenläufe und den gepflegten, mehrstimmigen Gesang etabliert. Es war ein cleverer Schachzug von ihm», ergänzt er, «denn Polo hat damit gleichzeitig seine grössten Konkurrenten ausgeschaltet.» «If you can't beat them, hire them», hat Polo später in einem Interview in Anspielung auf *Span* und *Schmetterding* eingeräumt. «Polo war ein Fuchs und war immer auf seinen Vorteil bedacht. Er hat ganz genau geschaut, was es ihm nützt», meint Müller. Das musste man aber zuerst herausfinden.

«Polo war sehr dominant, aber auch ein sehr guter Motivator», sagt Christoph Kohli Wir waren Halodris, konnten nicht mit Geld umgehen, hatten keine Ahnung vom Geschäft und wollten einfach eine gute Zeit haben. Polo hat gewusst, wie es läuft. Wir haben von ihm gelernt, von ihm stark profitiert. Wir hatten dank ihm und Manager Peter Wälti mit *Schmetterding* viele Konzerte in der ganzen Schweiz und konnten Platten aufnehmen. Es ist alles viel professioneller abgelaufen, als es bei *Span* je war. Insofern war Polo auch unser Mentor und hat uns gezeigt, wie es gehen könnte. Ich sehe alles sehr positiv und habe die vier Jahre mit *Schmetterding* genossen. Klar, Polo hat auch stark profitiert. Es war eine Win-win-Situation.»

Span hat immer weiterbestanden, auch in der Zeit mit *Polo's Schmetterding*. Wälti managte auch *Span*, doch *Polo's Schmetterding* hatte den klaren Vorrang. «Mit *Span* hatten wir deshalb nur noch sehr wenige Auftritte», resümiert Matti Kohli. Weil alle vom Berner Rock sprachen und *Span* den Song «Live» immer spielte, nahm die Band ihn 1980 noch einmal auf und ein Jahr später endlich auch das erste Album «Tschou zäme». Müller legt Wert auf die Feststellung, dass es *Span* waren, die sich nach vier Jahren *Schmetterding* von Polo trennte, und nicht umgekehrt. «Wir konnten selber singen und wollten uns wieder auf unsere Band konzentrieren», sagt er. Doch der Schatten von Polo Hofer ist geblieben. Ironischerweise wird auch der Song «Louenesee» (1982), der grösste Hit von *Span*, oftmals Polo Hofer zugeschrieben.

Doch *Span* ist unverwüstlich. «Im Laufe der Jahre sind wir links und rechts überholt worden», sagt Christoph Kohli, «aber im Gegensatz zu vielen anderen sind wir trotz aller internen Reibungen immer noch da und tragen unseren Berner Rock bis ins hinterste Schweizer Tal.» Und Müller ergänzt: «Wir sind aus der Hofer-Amman-Ära die einzige Band, die es immer noch gibt und immer noch die Fahne des Berner Rock hochhält. Für mich gelten immer noch die gleichen Werte, mit derselben Haltung und Weltanschauung wie damals in der Nach-Hippiezeit. Da bin ich stolz drauf.»

Krokus Ausgabe 1976 mit Remo Spadino, Hansi Droz,
Chris von Rohr und Tommy Kiefer (von links).
© Archiv von Rohr

8 VOM JURASÜDFUSS
IN DIE WELT:
KROKUS

Wie in anderen Schweizer Regionen gab es auch im braven, kleinbürgerlichen Solothurn schon anfangs der 1960er-Jahre eine ganze Reihe von Beatbands, welche die neu entstehenden Szenen aus England mit *The Beatles*, *Animals*, *Small Faces*, Manfred Mann, *Rolling Stones* oder den Rhythm and Blues und Soul aus den USA entdeckt hatten und deren Songs nachspielten. Da waren beispielsweise *The Rumblers* aus Oberdorf, deren Gründer Cési Zappa schon 1958 seine erste elektrische Gitarre erstanden hatte und damit eifrig den «Guitar Boogie» des Rockabilly-Vorläufers Arthur Smith einübte. 1962 wurde diese Band zusammen mit dem zweiten Gitarristen Rolf Thüner und dem Schlagzeuger Urs Fröhlicher aus der Taufe gehoben und ab 1965 von den zwei Letzteren mit weiteren Musikern als *The Cleans* weitergeführt. Sie spielten bevorzugt Songs der *Kinks*.

Es gab *From Shunt*, eine Tanzkapelle aus Bettlach, die sich nach dem Zuzug von Sänger Tony Gloor um 1963 und dank eines Saxofonisten in der Formation auf Soul à la Wilson Pickett spezialisierte. Ebenfalls 1963 wechselten *The Star Kings* um den Gitarristen Walter «Bibaff» Steiner ihren Namen und führten als *The Babblers* mit unter anderem Gere Stoll am Schlagzeug ein ungewöhnlich langes Leben. Der «Rolling Stones-artige» Sänger Roland Dobler verliess die Gruppe jedoch 1964, und die Band kaperte sich dafür den Frontmann von *Tony & From Shunt*, Tony Gloor, aus deren Probelokal in Zielebach. Bis

Ende 1967 waren nun *The Babblers* eine der gefragtesten *Rolling Stones*-Cover-Bands
der Schweiz und traten sogar in Deutschland und Österreich auf. Sänger Dobler führte
daneben noch etwa zwei Jahre die Beatband *Sounds* an. Einer ihrer grossen Hits: «I'm A
Believer» von den *Monkees*. Eine Gitarren-Instrumentalband aus Solothurn nannte sich
noch *The String Brothers*.

In der Nachbar- und Konkurrenzstadt Olten lief eine ähnliche Entwicklung mit Bands
wie *The 16 Strings*, *The Clevers*, *Apaches* oder *Wood Bees*. Ab 1970 blühte in Olten
dann eher die Jazzszene.

Sie alle betrieben die Musik als Hobby, und traten eher sporadisch in den wenigen
angesagten Beizen der umgebenden Dörfer auf, spielten auch mal im «Rendez-Vous»
in Solothurn, oder als poppige Einlage an Unterhaltungsabenden der lokalen Jodler-,
Kegel- oder Handharmonikavereine der Region, um «auch den Jungen etwas zu bieten».
Es waren keine ernsthaften Bemühungen zu erkennen, eine eigenständige Rockmusik
mit professionellem Anspruch zu entwickeln. «Da gab es wenig bis nichts», sagt Chris
von Rohr. «Klar hörte und sah man Woodstock im Kino, aber eine echte Rockszene gabs
nicht wirklich. Die mussten wir erst gründen.»

Die gesellschaftlichen Voraussetzungen dafür waren aber auch am Jura-Südfuss vorhanden. «Wir wollten unsere eigene Version der Lebens-Soap durchwandeln», erklärt

Lovely Fleas (1968) mit Peter «Pippo» Oeuvray (Schlagzeug), Tommy Kiefer (Gitarre) und
Peter Richard (Bass) spielten Blues Rock à la Hendrix und *Cream*.
© Archiv Naegeli

8.1 In Solothurn brodelts (1960er- und 70er Jahre)

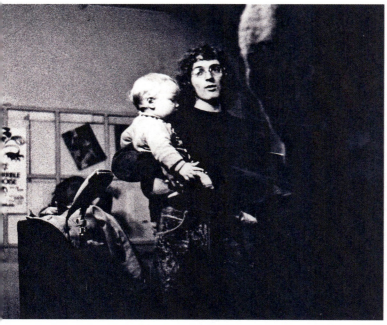

Jürg Naegeli hat Kiefer und Richard mit progressivem Underground-Sound infiziert, was 1970 zur Gründung von *Terrible Noise* führte.
© Archiv Naegeli

von Rohr. Die Glaubwürdigkeit und die Autorität der Eltern-Generation wurde auch hier zusehends und zunehmend infrage gestellt. «Wir wollten einfach frei sein, unseren Weg gehen und Musik machen. Pflastersteine werfen war aber nicht unser Ding. Uns gings in erster Linie um die Musik.»

Erste Zuckungen einer eigenen Rockmusik mit selbst komponierten Songs waren in Solothurn Ende der 1960er-Jahre zu vernehmen. 1968 war der spätere *Krokus*-Musiker Jürg Naegeli noch im vorletzten Jahr an der Kanti Solothurn und hatte alles andere als Schule im

Kaktus war die härteste und lauteste Band der Region. 1971 mit Tommy Kiefer, Remo Spadino, Duco Aeschbacher, Jürg Naegeli und Tony Gloor (von links).
© Archiv Naegeli

Sinn. Die Filmerei faszinierte ihn und die Musikszene des «American Underground»: Frank Zappa, *Jefferson Airplane*, *Doors*, *Love* oder *Iron Butterfly*. Für den 16-Millimeter-Film «Lydia» von Reto Savoldelli und Naegeli brauchte es einen Soundtrack, den er im November 1968 zum Teil bei den *Lovely Fleas* mit Gitarrist Tommy Kiefer und Peter Richard am Bass und Gesang in deren Probelokal in Biberist aufnahm. Sie hatten sich dem Blues Rock à la Hendrix und *Cream* verschrieben. Die Aufnahmen weckten in ihm die Lust, selbst Musik zu machen. Er mietete eine Farfisa Orgel und nahm mit den Musikern Kontakt auf. Eine erste Jamsession weckte den Hunger auf mehr. Er infizierte Kiefer und Richard mit seinem progressiven Underground-Sound, was zur Gründung von *Terrible Noise* führte, einer unkonventionellen Band, später auch mit Cello und Flöte und einem abgefahrenen, experimentellen Sound. «Die Band hat in Konzerten im Kreuz und im Landhaus Solothurn für Furore gesorgt», erzählt Naegeli.

Die Band *Kaktus* um den Schlagzeuger Duco Aeschbach mit Remo Spadino (Bass) wurde im Juli 1969 gegründet und war die härteste und lauteste Rockband der Region mit den ersten Sound-City- und Marshall-Verstärkern. Die Band *Jethro Tull* war eins ihrer Vorbilder. Der umtriebige Duco Aeschbach versuchte immer wieder, die interessantesten Solothurner Rockmusiker in seine Band zu integrieren. So gab es im Sommer 1971 eine Formation mit Tony Gloor (ex-*Babblers*), Tommy Kiefer (Gitarre), Remo Spadino (Bass), Jürg Naegeli (Wurlitzer Piano) und Duco (Schiessbude). 1973 war für ein Konzert sogar eine Grossformation auf der Bühne mit den beiden führenden Gitarristen Marco Dermel und Tommy Kiefer sowie neben Duco noch Chris von Rohr am zweiten Schlagzeug.

Cover der Single «Bünzlischwizerhuus» von *Kaktus*, 1977.
© Archiv sk

Chris von Rohr, damals noch Schlagzeuger, griff 1970 ins Solothurner Rockgeschehen ein. Er war vom Willen getrieben, es allen zu zeigen. Wir gegen den kleinbürgerlichen Mief von Solothurn, wir gegen «Geiertown Zürich», wir gegen den Rest der Welt. Von Rohr setzte alles auf die Karte Musik und für ihn gab es nie einen Zweifel, dass er es schaffen würde. Für seinen Traum war er bereit, Dreck und Gras zu fressen. Um seinen Lebensunterhalt zu verdienen, machte er anfänglich sogar «beschissene Tanzmusik». «Auch da lernte ich was», sagt er. Doch dann waren Rock und Rüebli rüsten im Restaurant Kreuz angesagt. *Plastic Joint* hiess die experimentelle Instrumental-Band mit Gitarrist Marco Dermel, Ben Jeger an den Keys und teilweise Jürg Naegeli am Bass. Doch von Rohr lockte das Wilde und Intensive, weshalb er sich mit Peter Richard (Bass und Gesang) und Tommy Kiefer von *Terrible Noise* zur Band *In*, später *Indian Summer* und *Inside* formierte, die erste Solothurner Supergroup, die lang, viel und intensiv improvisierte und den Blues deklinierte. Blues, das Höllengebräu des Rock.

Montezuma als Trio mit Fernando von Arb, Jürg Naegeli und Freddy «Steady» Frutig.
© Alexander Rudin

Montezuma im Sextett live 1971 mit Ueli Derendinger (Flöte), Peter Born (orgel), Walter «Züri» Zürcher (Gesang, Bass), Freddy «Steady» Frutig (Schlagzeug), Fernando «Hush» Von Arb (Gitarre) und Lee Bohnenblust (Sax).
© Archiv von Arb

Das Rennen um die erste Solothurner Rocksingle konnte aber die Rockband *Monte-zuma* für sich entscheiden. Jürg Naegeli (Bass), Fernando von Arb (Gitarre) und Freddy «Steady» Frutig (Schlagzeug) starteten im Frühling 1970 mit Schülern des Lehrerseminars Solothurn. Vom festen Willen geprägt, in das professionelle Rockgeschäft einzusteigen, probte das Trio ab August 1974 im Keller des Elternhauses von Chris von Rohr fleissig drei bis vier Mal in der Woche, teils eigene Kompositionen, teils *Beatles*- und andere Pop-Rocksongs. Neben den Instrumenten wurde dabei auch dem Gesang grosse Beachtung geschenkt. Der erste offizielle Gig stieg am 2. November 1974 im Singsaal Biberist. Im September 1975 fuhren sie ins Berner Sinus Studio und nahmen die Single «Rock Is Here» auf. Sie erschien im Frühling 1976 bei EMI.

Solothurner Rockurgesteine sind auch der Keyboarder und Sänger Steff Bürgi und Chris Bürgi an der Gitarre. Schon im Teenageralter gründeten sie in ihrem Heimatort Kestenholz ihre erste Schülerband, spielten Coversongs der *Beatles* und gaben erste Konzerte. Nach etlichen Mitglieder- und Namenwechseln wurde 1975 die Band *Irrwisch* gegründet, die sich dem progressiven Rock zwischen *Genesis* und *Gentle Giant* verschrieben

hatte. Die Band war geprägt vom klassisch geschulten Bandleader und Komponisten Steff Bürgi. Dieser interessierte sich zwar auch für freiere Formen des Jazz und Jazz Rock, die Strukturen bei *Irrwisch* waren aber klar und vorgegeben. 1978 wurde im Powerplay Studio in Horgen die erste Single mit den Stücken «Metronom» und «Reflections» aufgenommen und 1979 gewann die Band den ersten Platz an der «Nationalen Rockausscheidung» am Rockfestival in Augst. Ein Auftritt am Montreux Jazz Festival als Vorband der *Brecker Brothers* und der *Mingus Dynastie* war der verdiente Lohn. Es folgten die beiden LPs «In Search Of» und «Living In A Fool's Paradise», die von Armand Volker produziert wurden. Die Band erreichte ihren

Das Debütalbum «In Search Of» von Irrwisch, 1981.
© Archiv sk

ersten Höhepunkt als der progressive Rock immer weniger gefragt war. «Wir waren anders und agierten gegen den Trend», meint Steff Bürgi, «wir sind eine eklektizistische Band, in der kommerzielle Überlegungen nie eine Rolle spielten». *Irrwisch* ist eine der dienstältesten Bands der Schweiz und besteht noch heute.

8.2 Der Weg zum Erfolg (ab 1974)

Mit über 1,5 Millionen verkauften Tonträgern ist *Krokus* die mit Abstand erfolgreichste Schweizer Rockband. Die Solothurner Combo hat als erste Schweizer Band bewiesen, dass auch Rock aus der betulichen und beschaulichen Schweiz international erfolgreich sein kann. Der internationale Durchbruch erfolgte aber erst 1980 mit dem Album «Metal Rendez-Vous» und den Songs «Bedside Radio», «Tokyo Nights» und «Heatstrokes». Der Weg dorthin war lang, Musiker kamen und gingen und der Sound wurde ständig verändert. Dieser Transformationsprozess der Solothurner Provinzband, von der verkopften progressiven Rockband zur weltweit erfolgreichen Hard-Rockband soll hier nachgezeichnet werden.

Der Startschuss von *Krokus* fiel erst im November 1974. Dafür legte die Band einen Schnellstart hin, denn schon an Silvester darauf ging im Restaurant Grünau in Gerlafingen das erste Konzert über die Bühne – im Vorprogramm von Nella «Bella Musica» Martinetti (welch Kombination!). Und schon im November 1975 gings ins Sinus Studio in Bern. Mit finanzieller Hilfe der Familie sollte es grad eine ganze LP werden. Diese Urformation setzte sich aus den *Inside*-Musikern Chris von Rohr (Schlagzeug), Tommy Kiefer (Gitarre), Peter Richard (Gesang) zusammen, dazu kam Remo Spadino (Bass), der Aeschbachs *Kaktus* ausgespannt wurde.

Und wie war das mit dem Namen? Eine Anlehnung an *Kaktus*? Oder an *Krokodil*? Oder eine Kombination von beiden? Nae-

Inside, die Keimzelle von *Krokus* mit Chris von Rohr, Peter Richard und Tommy Kiefer (von links).
© Archiv von Rohr

geli beteuert, dass er von Rohr den Namen *Krokus* nach einer durchjammten Nacht in Anlehnung an *Kaktus* vorgeschlagen habe. Von Rohr verneint dagegen: «Ich sah immer diese wilden Krokusse im März durchs Eis brechen. Das war die Idee. Inspiration war diese Pflanze. Dazu fand ich, dass der Name rockt bzw. krokt.» Es war die Liebe zur Musik, die von Rohr und Co. antrieben und der Traum, «vielleicht einmal ausbrechen zu können – weg von Suppenthurn, ab in die weite Welt».

Doch zunächst galt es menschliche Hindernisse zu überwinden. Sänger Peter Richard wollte nur noch halbwegs mitziehen: Er verfiel einem indischen Guru. Dazu belastete der Drogenkonsum von Tommy Kiefer die Band zunehmend. Doch *Krokus* wählte die

Krokus live 1976 in Kloten: Jean-Michel Foutre (Gitarre, an der Diele hängend), Remo Spadino (Bass), Chris von Rohr (Schlagzeug), Peter Richard (Gesang) und Thommy Kiefer (Lead-Gitarre). Peter Richard, Hansi Droz, Jürg Naegeli, Chris von Rohr, Daniel Debrit und Tommy Kiefer (von links).
© Ueli Frey

Vorwärtsstrategie und nahm das Projekt LP-Plattenaufnahme in Angriff. Das für *Rumpelstilz* gegründete Schnoutz-Label von Eric Merz zeigte Interesse und in vier Monaten mussten zehn Stücke aufnahmebereit gemacht werden.

Der junge Gitarrist Hansi Droz wurde beigezogen, um Kiefer zu entlasten. Richard, Kiefer und von Rohr teilten sich das Mikrofon. Doch die Songs, die da komponiert wurden, waren noch weit von dem entfernt, was wir heute unter dem Label *Krokus* kennen. «Insalata Mista» hiess ein Song und so tönte er auch. Die Urformation von *Krokus* spielte mehrheitlich progressiven Rock, verkopft, vertrackt und verspielt. «Wir fanden es geil», sagt dazu von Rohr, aber auch: «Es hatte zu viele zu komplizierte, zusammengepuzzelte Teile.» In «Himmel Hölle Rock 'n' Roll» schreibt von Rohr von einer «gigantischen Irreise ins tonale Nebelland». «Origi-

Tommy Kiefer in Kloten 1976.
© Ueli Frey

8 Vom Jurasüdfuss in die Welt: Krokus

nell daran war eigentlich nur, dass wir es trotzdem taten, ohne Rücksicht auf Verluste, und das ist das Recht der Jugend.»

Das Platten-Debüt von *Krokus* (April 1976) wurde nicht zum angestrebten und erhofften Meilenstein des Rock. Zu uneinheitlich ist es ausgefallen. *Krokus* hat Lehrgeld bezahlt. Mit 560 verkauften Tonträgern wurde das Album auch ein kommerzieller Flop. Dabei hatte es durchaus reizvolle Einfälle und Momente, schöne und gelungene Gitarrenarbeit von Droz und Kiefer. Doch es fehlte die Energie, Druck und Gesang waren bescheiden.

Trotzdem ist das Debüt von «Krokus» mit all seinen Mängeln und Unzulänglichkeiten ein wichtiges Dokument der Schweizer Rockgeschichte. Zusammen mit dem von Polo Hofer kreierten Cover ist die LP sogar ein gesuchtes Sammlerobjekt, das im gut erhaltenen Original nicht unter 1000 Franken zu haben ist.

Die grosse Mehrheit der Schweizer Bands hatte sich damals dem Progressive Rock verschrieben, fühlten sich vom Komplexen angezogen. Auch *Krokus*. Von Rohr führt die damalige stilistische Ausrichtung auf die Jugend zurück: «Am Anfang probierst du gerne alles aus. Du musst deinen Weg erst finden. Irgendwann merkst du dann, wo du zu Hause bist und wo du dich am wohlsten fühlst.»

Für die Habsburger war die Heirat ein Machtinstrument, um den eigenen Herrschaftsbereich auszudehnen. Für den Solothurner Musiker mit dem adligen «Von» war die Übernahme ein geeignetes Mittel, um Konkurrenz auszuschalten und mit seiner Band einen Schritt vorwärtszukommen: Best of Solothurn. Nach *Terrible Noise* und *Kaktus*

Krokus im Steinbruch 1977: Chris von Rohr, Jürg Naegeli, Freddy Frutig, Fernando von Arb und Tommy Kiefer (von links).
© Archiv von Rohr.

Krokus 1980 mit Tommy Kiefer, Chris von Rohr und Marc Storace (von links).
© Ueli Frey

nahm er sich nun *Montezuma* vor und schlug dem anderen «Von», Gitarrist Fernando von Arb, eine «Rockfusion der verschärften Art» vor. So blieben von der Urformation schliesslich nur noch Kiefer und Chris von Rohr übrig. Letzterer wechselte nun aber als Sänger an die Front und überliess Freddy Frutig das Schlagzeug. Jürg Naegeli ersetzte Remo Spadino am Bass.

Für die Entwicklung von *Krokus* war diese «Fusion» wegweisend. Denn in Fernando von Arb fand von Rohr einen Gleichgesinnten, mit dem er die Band nach seinen Wünschen und Visionen vorantreiben konnte. «Von Arb war das Yin zu meinem Yang. Ein würdiger Partner, um die Welteroberung endlich richtig anzupacken», wie sich von Rohr ausdrückt. Und von Arb ergänzt: «Wir waren das optimalste Team und trieben die anderen phasenweise fast in den Wahnsinn mit unseren Ansprüchen und Kehrtwendungen.»

Auch sound- und stilmässig war die neue Besetzung ein Schritt in die richtige Richtung. Weniger Akkorde, weniger Firlefanz, dafür reduzierter, direkter und härter. «Highway Song» und «Lonesome Rider» gaben eine erste Vorahnung von dem, was da noch kommen sollte. Es waren die ersten beiden Songs der «Vons». Die neue Rhythmusgruppe erzeugte mehr Druck und die Riff-Maschine von Arb war die perfekte Ergänzung zum virtuosen Solo-Gitarristen Kiefer. Ein Wendepunkt in der Geschichte von *Krokus*. «Für mich und Fernando war der Stilwechsel ganz natürlich, uns zog es zum einfacheren, weniger kopflastigen Sound», erzählt von Rohr.

Geld spielte am Anfang kaum eine grosse Rolle. Man lebte für die Musik und seine Träume. «Wenn wir von Geschäft sprachen, meinten wir Frauen, nicht Money. Wir hielten es da wie Jagger und Co. Wir wollten Musik, Party und Girls. Alles andere war für die Normalos. Das Geld kam erst in den 1980ern ins Spiel», sagt von Rohr.

Das zweite Album «To You All» vom April 1977, erstmals mit dem ikonischen *Krokus*-Logo, wurde immerhin ein erster bescheidener Erfolg, ein Achtungserfolg. Und mit dem Minihit «Highway Song» entstand das erste *Krokus*-Video auf einer abgesperrten Autobahnstrecke bei Zürich mitten im Winter. Doch es kam noch nicht ganz aus einem Guss. Hard Rock, Blues und progressive Elemente wechselten sich ab. Kiefer steuerte noch am meisten Stücke bei, doch stilistisch und kompositorisch zeichneten sich die unterschiedlichen Vorstellungen, von Kiefer einerseits und von Arb/von Rohr andererseits, ab. Hier der Filigran-Techniker, der virtuose Kiefer, dort die Dampfhammer-Fraktion der Vons. «Wir wollten einfach nicht ständig auf die Griffbretter starren müssen, sondern nach vorne ins Publikum. Einfach das Einfache, wie im Blues: Drei Akkorde und die Wahrheit! Bumm!»

Das wirkte sich 1978 im dritten Album «Painkiller» – später umbenannt in «Pay It In Metal» – aus, das in nur sechs Tagen in den «Manor Studios» in Oxford aufgenommen wurde. Die Songs wurden noch einmal eine Spur härter, kompromissloser und schnörkelloser und trugen ganz klar die Handschrift des Gespanns von Arb/von Rohr. *Krokus* präsentierte sich erstmals in einem einheitlichen Soundgewand und Kiefer war nur noch bei einem Song, «Deadline», kompositorisch beteiligt. Die Gewichte innerhalb der Band hatten sich ganz klar zu den Vons verschoben. «Tommy war nie der grosse Komponist, Fernando und ich dagegen immer mehr», meint von Rohr und verweist auf Kiefers zunehmende Drogenprobleme: «Drogen schwächen dich auf allen Ebenen, wenn du es mit ihnen übertreibst.»

Gitarrist Tommy Kiefer, 1980.
© Ueli Frey

Marc Storace und Chris von Rohr
© CH Media

Drogen gehörten zu jener Zeit einfach dazu. Natürlich auch bei «Krokus». Doch während bei Kiefer der Drogenkonsum immer selbstzerstörerischer wurde, waren die anderen eher Gelegenheits-Drögeler. «Erfolg und das weisse Pulver sind eine schlechte Kombination – das schwächt nur», sagt von Rohr.

Doch dass der erhoffte kommerzielle Sprung mit «Painkiller» ausblieb, hatte nichts mit Kiefers Drogensucht zu tun. Deshalb gab Chris von Rohr Ende 1978 der Band bekannt, dass er vom Gesang an den Bass wechseln würde. Das Schlüsselerlebnis war ein Konzert von *AC/DC* im Volkshaus Zürich. Damit verbunden war die Einsicht des Frontmannes, dass seine Bluesstimme für den immer härter werdenden Sound nicht geeignet war: zu dünn und zu wenig hoch. Von Rohr verfügte über jenen Drang an die Rampe, der für einen guten Frontmann unerlässlich ist, doch von Rohr hatte eben keine Röhre. «Man muss erkennen, auf welchen Posten man gehört und wie man einer Truppe am meisten bringen kann. Da war ich einfach gnadenlos zu mir selbst und zu meiner Vision. Man muss bereit sein, sich für das grosse Ganze zu opfern. Ich war ja auch eher ein Bluessänger und kein Shouter. Doch genau den brauchten wir für die neuen Songs, die wir für ‹Metal Rendez-Vous› bastelten.» Auch für das Wohl des Ganzen verliess Bassist Jürg Naegeli die Bühne und besetzte nun den immer wichtiger werdenden Posten am Live- und Studio-Mischpult als Toningenieur.

Damit war der Weg frei für einen neuen Sänger: für Marc Storace. Seine Stimme war das letzte Puzzleteil im Transformationsprozess von *Krokus* hin zum internationalen Durchbruch, zum ersten weltweiten Erfolg einer Schweizer Rockband.

Chris von Rohr

«Ich war und bin schon immer eine Art Freiheitskämpfer, ein romantischer Hippie-Rocker», sagt Chris von Rohr über sich. Als Kind war er ein wildes Energiebündel, doch deutete zunächst noch nichts auf den rebellischen Charakter hin. Am 24. Oktober 1951 in Solothurn, im Schosse einer typischen Schweizer Mittelschichtsfamilie geboren, erlebte

Chris von Rohr heute: *Krokus*-Gründer, Musiker, Komponist, Produzent und Buchautor.
© Archiv von Rohr

er eine glückliche Kindheit. Vater Adolf war Treuhänder, ein musisch und künstlerisch begabter Mensch, der seine Talente und Träume nicht ausleben konnte. Mutter Magrit war Haus- und Geschäftsfrau, das Zentrum und die Seele der Familie. Vom Vater hat Klein-Christoph wahrscheinlich das Talent, von der Mutter den Ehrgeiz und den Eifer geerbt.

Chris von Rohr 1980 im Volkshaus Zürich.
© Ueli Frey

Der Schock folgte erst in der Schule. «Die Schule war totalitär. Eine Diktatur. Ich bin jeden Tag mit einem Gefühl der Angst und Ohnmacht dahin gegangen. Die Steiner-Schule gabs damals leider in Solothurn noch nicht. Lehrer trugen den Aggro-Frust in sich und haben Fehler mit Ohrfeigen bestraft. Die Schule war ein Kampfgebiet, ein Ort der Züchtigung anstatt Förderung, in dem ich zehn Jahre meines Lebens verschwendet und verloren habe», erzählt von Rohr, «ich wurde zum Schulversager erzogen». In der sechsten Klasse, 13-jährig, wurde er als untragbar eingestuft und ins Internat nach Zuoz geschickt, in die Schlauch- und Zuchtanstalt für störrische Knaben.

Doch der Rebell in ihm wurde in diesem autoritären Umfeld erst recht geweckt. «Wenn du damals, in deiner Jugend, nicht der Norm entsprochen hast, wurdest du sofort als Gammler oder Spinner ausgegrenzt und angefeindet. Alle Leute um mich herum wollten mir ständig weismachen, was richtig und was falsch für mich sei. Ich konnte es zwar noch nicht artikulieren, merkte aber instinktiv, dass ihre Werte und ihr Lebensgospel für mich nicht stimmten. Schliesslich hat mich der Rock 'n' Roll gerettet. Er hat mir gezeigt, dass es tatsächlich noch eine andere Welt da draussen gab. Das war mein Abenteuer, mit Menschen, die wie ich dachten und fühlten. Es ist kein Job, sondern eine Berufung. Egal wie gut oder schlecht du bist, du steigst, wie David Grohl es treffend sagt, in diesen Bus, um herauszufinden, ob du das Zeug dazu hast. Ich fand in dieser Musik Kraft und Halt. Und schliesslich meine Bestimmung und meinen Weg. Rock 'n' Roll aus Notwehr sozusagen.»

In diesem Umfeld wurde der Rockmusiker geboren. Aber vielleicht noch wichtiger war, dass dadurch die Basis für seinen späteren Erfolg als Rockmusiker gelegt wurde. Chris von Rohr war als Schlagzeuger kein Ginger Baker, als Bassist kein Jack Bruce und auch als Sänger kein Robert Plant. Trotzdem war er einer der ersten und wenigen Schweizer Rockmusiker, die sich im internationalen Rock-'n'-Roll-Business durchsetzten. Er und *Krokus* haben es zu Weltruhm gebracht. Dazu hat von Rohr wie kein Zweiter die Schweizer Rockszene geprägt und als Produzent und Songwriter von *Gotthard* und anderen Bands deutliche Spuren hinterlassen.

Was ist sein Erfolgsrezept? Von Rohr verfügt über ein fein entwickeltes Gespür für den richtigen Sound im richtigen Moment und die Bedürfnisse des Publikums. Er hat ein sehr gutes Ohr für die Kombination von Musik, Wort, Melodie und Groove. Dazu kommen, wie er sagt, zwei grosse Credos: «Simplify, simplify, simplify» sowie «Nichts ist stärker als ein starker Song». Nicht nur *Krokus* hat er damit auf den Erfolgskurs gebracht. Entscheidend ist auch, dass er seine Ziele mit einer unglaublichen Energie und einem unbändigen, unbedingten Willen verfolgt hat. Oft hat er damit Leute, die mit ihm arbeiteten, überfordert oder gar genervt. Aber wenn er einmal Blut geleckt hatte, dann brachte ihn nichts und niemand von diesem Weg ab. Von Rohr ist ein Perfektionist und hat nichts dem Zufall überlassen. Als misstrauischer, grundsätzlich hinterfragender, optimierender

Vollgas: Chris von Rohr und Tommy Kiefer.
© Archiv von Rohr

Mensch will er nichts in andere Hände geben. Es gäbe zu viele Bastler und Fummler, Laien, die glauben Profis zu sein. Der Perfektion und dem Gelingen hat er alles untergeordnet und war den anderen immer einen Schritt voraus. «Nachhaltiges Gelingen ist nur durch knallharte Arbeit, keinen Plan B und hartnäckiges Dranbleiben zu erreichen. Gott steckt im Detail», meint er. Von Rohr ist auch mit seiner überschwänglichen Leidenschaft der geborene Vorwärtsreisser.

Angetrieben wurde er in den frühen Jahren von seinem Bestreben, es allen zu zeigen. Den verbohrten Hinterwäldlern in Solothurn, den ewigen Nörglern in Bern sowie den ignoranten Pappnasen in «Geiertown Zürich».

Dabei scheute er nicht vor unbequemen und harten Entscheiden zurück. «Nein, bei *Krokus* herrscht keine Basisdemokratie. Das haben Fernando und ich schon 1978 und später bei der Reunion 2007 so beschlossen», sagt von Rohr. «Rockbands, die das versuchen, fallen schnell wieder auseinander oder zerdiskutieren alles. Es braucht einen Oberhirten, der erfolgsorientiert führt, aber natürlich auch Verantwortung übernimmt, wenn's nicht läuft. Als Alphatier und Motivator liegt mir diese Rolle von Natur aus im Blut.»

Von Rohrs Erfolgsrezept liest sich wie eine Anleitung für angehende Musikerinnen und Musiker. Doch Hits und den Durchbruch kann man im Rock- und Popgeschäft nicht auf dem Reissbrett planen. «Begabung und Leidenschaft für die Sache, alle Antennen auf Empfang schalten, sind quasi Voraussetzung. Sowie der Hunger, die Leidenschaft, die Vision und grosses Durchhaltevermögen. Aber auch die Bereitschaft, gross zu denken. Gib dich nicht mit der zweitbesten Lösung zufrieden.»

Interessant ist, dass die beiden prägenden und erfolgreichsten Figuren des Schweizer Rock, also Polo Hofer und Chris von Rohr, auch diejenigen sind, die die Mechanismen des Popgeschäfts als Erste und am besten erkannten und auch über einen gewissen Geschäftssinn verfügten. «Wir lasen viel, tauschten uns hie und da aus und waren beide schon immer am Ganzen interessiert, also von der Quelle bis zum Meer. Von der Grundidee, dem Song, der Interpretation, der Aussage, über das Coverdesign, dem Video bis zum T-Shirt. Das fanden wir immer spannend», sagt dazu von Rohr.

Als wichtige Erkenntnis und Botschaft nennt er die Risikobereitschaft. «Das Wichtigste, und das müssen wir auch unseren Kindern vermitteln: Man darf hinfallen. Pleiten sind erlaubt, solange man wieder aufsteht, zurück in die Spur findet und seinen Traum weiterverfolgt. Rückschläge und Niederlagen gehören zum Leben und sind als Chancen zu sehen. Was wäre aus mir geworden, wenn es damals in den 1980ern den Bruch mit *Krokus* nicht gegeben hätte? Erst dadurch konnte ich mich entwickeln, neue Wege einschlagen und den ganzen Regenbogen erkunden: Bücher schreiben, komponieren, Radio, Fernsehen und Produktionen für andere Bands und Musiker machen.»

Umgekehrt nennt er als Killer für den Erfolg nebst Bequemlichkeit die Drogen: «Wir haben selbst nur wenig ausgelassen, aber schon bald gemerkt, dass Drogen vor allem schwächen. Erst recht in einer Musik, die so physisch ist wie unsere. Es ist wie im Fussball. Wenn du es 90 Minuten mit Verlängerung bringen willst, musst du fit sein. Die Musik ist unsere Droge, das genügt. Wir brauchen keine Droge zur Droge.»

Chris von Rohr residiert seit Jahren standesgemäss in der «Villa Montechristo», einem stattlichen Jugendstilhaus am Rande der Stadt Solothurn. «Im Vergleich zu einem Milliardär habe ich ein Juniorvermögen. Im Vergleich zu einem Arbeitslosen bin ich very reich. Ich müsste jedenfalls nicht mehr arbeiten. Ich lebe zwar in einem tollen Schlössli, aber relativ bescheiden. Ich habe aufgehört, Autos und teure Uhren zu kaufen. Material kann die Seelenlöcher eh nicht füllen. Ich habe alles, was ich brauche, liebe das Leben, meinen Garten und all meine Spielsachen und Freunde. Reich bist du, wenn du jeden Tag, zu jeder Tageszeit das tun und lassen kannst, was du willst. Einfach sein und es fliessen lassen, wie's gerade kommt. Mein Leben ist spannend und elektrisierend und ich bin dankbar und privilegiert, es so führen zu dürfen.»

Doch nicht alles im Leben des Chris von Rohr verlief reibungslos. Einige seiner privaten Beziehungen sind in die Brüche gegangen, weil Partnerschaften schwer mit dieser Musikerkarriere vereinbar waren. «Dass es mit der Mutter meiner Tochter Jewel einfach nicht geklappt hat, betrachte ich als meine grösste private Niederlage. Das ging mir sehr nahe. Meine Tochter musste zum Glück nicht gross darunter leiden, weil wir immer getrennte Haushalte hatten», sagt er. Klar hätte er gerne dieses Family-Feeling erlebt. Aber man könne nicht alles haben im Leben.

Wenn der harte Rocker und Rebell über seine Tochter spricht, beginnen seine Augen zu glänzen: «Jewel war oft mein Richtstern. Wenn ich sie zu lange nicht sehe, fehlt mir

Chris von Rohr heute in seiner Villa.
© Archiv von Rohr

etwas. Nicht zuletzt die Streiche, die wir uns und anderen spielen. Klar, sehen wir uns heute nicht mehr so viel, haben aber eine kreative, schöne, tiefe Verbindung. Ich konnte über die Jahre sehr viel von und durch sie lernen. Die heutige Abschiebekultur, wo viele Eltern gar keine Zeit mehr für ihren Nachwuchs haben, stimmt mich traurig. Viele Erwachsene verpassen dadurch das Wertvollste, was Kinder uns geben können: Liebe, das Im-Moment-Leben und ein neues, waches Bewusstsein. Auch für die Kinder ist dieser Mangel an echter Zuwendung Gift an der Wurzel.»

Zu seinem aktuellen Beziehungsstatus sagt er: «Seit einem Jahr bin ich jetzt mit einer grossartigen Zauber-Frau zusammen, die auf allen Ebenen inspirierend ist. Ich kann es kaum glauben, was für einen Groove und Spirit wir haben. Sie ist meine Muse, erkennt mich voll und wenn ich ihre Augen leuchten sehe, ist das ein Feuerwerk von einem anderen Stern. Wir können sehr viel teilen und abfeiern zusammen. Humor, Reflexion und gleiche Bedürfnisse spielen da eine extrem wichtige Rolle. Ich darf mich sehr glücklich schätzen, dass wir uns gefunden haben.»

Daneben sind die Werte und die Idee der Rockmusik für ihn immer noch eine Art Wegweiser. «Rock 'n' Roll, das bedeutet für mich ehrlicher, ungekünstelter Klartext. Mach es auf deine Art. Egal was die anderen sagen. Rock 'n' Roll stellt Autoritäten und Prinzipien infrage. Rock 'n' Roll heisst etwas wagen und unerschrocken seinen Weg gehen. Es ist eine Lebenshaltung. Freiheit, Ehrlichkeit, Empathie und Respekt gegenüber anderen Menschen, der Natur und Tieren. Und eine gesunde Dosis Witz und Gelassenheit, um diesen Weltenwahn zu ertragen», meint er. Von Rohr gehört keiner Partei an, ist gegen jegliche Art von Extremismus, Moralismus, Rassismus, Tugendwahn und Ausgrenzung, gegen Aufrüstung und Waffenhandel. «Ich plädiere auch für einen schlanken, effizienten Staat, Verschlankung der uferlos wachsenden Verwaltung und weniger Behördenwillkür, unbedingt eine Schulvielfalt wie in nordischen Ländern, die Abschaffung der heutigen Armee und für das bedingungslose Grundeinkommen», äussert er sich.

Aktuell ist Rockmusik etwas in der Defensive. Doch von Rohr ist überzeugt von einem grossen Revival des Rock und von der Idee dahinter. «Die Rockrevolution wird kommen», sagt er, «in einer neuen Form. Wir stehen am Vorabend einer weltweiten Revolution. Mit diesen politischen Schwachmaten, Abzockern, Mutter-Erde-Schändern und Wachstumsjüngern wird es langfristig so nicht weitergehen. In Gesellschaft und Kultur braut sich etwas zusammen. Und zwar nicht in jener subventionierten Cüpli-Kultur, die am staatlichen Rockzipfel hängt, sondern bei den wagemutigen, dringlichen Künstlern, die sich aus der Komfortzone rausbewegen, an der Arschrunzel des realen Lebens schnuppern, die ins Abseits gedrängt wurden oder es auf eigene Faust im Ausland probieren. Hungrig und wach werden diese jungen Rebellen den Soundtrack der Zukunft prägen. Mit Gitarren, starken Rhythmen, Melodien und berührenden Botschaften. Ich hoffe, ich darf das noch erleben.»

EPILOG

Die Euphorie war gross, der Anspruch noch grösser. Nachspielen war gestern, Kopieren out, eigene Ideen sollten es sein, eigene Songs, eigene Wünsche, Sehnsüchte und Entfaltung, eigene Musik. Unsere Rock Pioniere wollten die Welt verändern, die Welt erobern. Sie haben die persönliche Selbstverwirklichung gesucht, wollten ihren Traum leben, das Abenteuer Musik wagen und gewinnen. Sie waren nicht bereit, sich auf Anforderungen des Musikgeschäfts einzulassen. Nur die Musik zählte. Am Schluss war die Herrlichkeit vorbei, der grosse Traum geplatzt, jedenfalls bei den meisten. Die 1970er-Jahre waren ein grosses Experimentierfeld, ein musikalisches Schlaraffenland, mit musikalischen Höhenflügen, aber auch peinlichen Flops und Abstürzen. Man durfte noch Risiken eingehen und Fehler machen. Doch gegen Ende des Jahrzehnts zerbrachen die Illusionen einer ganzen Musikergeneration. Es war eine Zäsur.

Der Wind hatte gedreht. Der ungehobelte Punk, der sich in der Schweiz ab 1976 von Zürich aus bemerkbar machte, definierte sich ästhetisch und musikalisch als Gegenprogramm zum fabulierenden Prog und mit seiner «No Future»-Attitüde traf er den Zeitgeist punktgenau. Die Zukunftseuphorie war in der zweiten Hälfte der 1970er-Jahre gebrochen worden. Die Jugendlichen konnten sich mit überbordenden Hippiefantastereien nicht mehr identifizieren. Ein Generationenwechsel setzte ein. Angefeindet wurden auch Leute wie Polo Hofer oder Toni Vescoli, die als Teil des Establishments wahrgenommen wurden.

Das Ende des progressiven Rock war aber auch selbst verschuldet. Wie auch auf internationaler Ebene hatten es einige Schweizer Bands mit dem Hang zum Bombast übertrieben. Andere überforderten in Sachen Komplexität nicht nur das Publikum, sondern auch sich selbst. Prog hatte sich ausgereizt. Der Schock des Punk war insofern auch willkommen und heilsam.

Die Schweizer Rock Pioniere zählten nie zu den Grossverdienern. Aber auch sie mussten erkennen, dass nicht die Musik, sondern das Geld die Welt regiert. «Unsere Musik war kommerziell nicht verwertbar», bringt es Düde Dürst auf den Punkt. Was für *Krokodil* galt, traf erst recht für auf meisten anderen Schweizer Prog-Bands zu, die schon früher aufgeben mussten. Insofern war die Ära der Rock Pioniere auch eine Ära des Scheiterns.

Die Schweizer Rock Pioniere mussten viel Lehrgeld bezahlen. Aber es galt noch weitgehend das Primat der Musik. Vielleicht war sie deshalb so vielfältig und reichhaltig. Die Musiker und Bands bestimmten weitgehend, was auf Platte kommen sollte und die Labelbosse mischten sich erst bedingt ein. Nicht zuletzt, weil ihnen das Know-how fehlte. Das änderte sich Ende der 1970er-Jahre. Wie David Weigel in seinem Buch «Progressive Rock» ausführt, liessen die Labels die angeschlagenen, progressiven Bands über Nacht wie eine heisse Kartoffel fallen. Sie ergriffen die erstbeste Gelegenheit, um die Superbands in ihre Schranken zu weisen und das Zepter an sich zu reissen. Die Bilanzbuchhalter und Erbsenzähler hatten übernommen und läuteten, unterstützt von der britischen Musikkritik, «die Totenglocke für die kreative und progressive Musik». 1979 war «das Jahr der Verdammnis», schreibt Weigel.

Das mag übertrieben sein, doch die Folgen waren hörbar: Die einen gaben auf, die anderen passten sich an. Gefragt waren nicht mehr episch lange Stücke und verschachtelte, mehrteilige Kompositionen, sondern kurze, knackige und einfach gestrickte Songs fürs Radioformat und das Popzeitalter. Interessant ist, dass dieser Paradigmenwechsel sich international auswirkte, im viel kleineren Format aber auch in der Schweiz zu beobachten war. Eine um die andere Prog-Rockband strich die Segel, bis Mitte der 1980er-Jahre hatten alle aufgegeben.

Aber auch der musikalische Richtungsstreit bei *Rumpelstilz*, der 1978 zur Auflösung der Band führte, kann als eine Folge dieses Paradigmenwechsels gedeutet werden: Die Plattenbosse wollten Hits, die Band gute Musik. Und ist es Zufall, dass *Krokus* ausgerechnet im Jahr der Verdammnis, also 1979, den letzten Prog-Ballast abwarf, härtere, direktere und knackigere Songs produzierte und damit auf den Erfolgskurs einschwenkte?

Für die Schweiz und die Entwicklung des Rock war die progressive Phase sehr wichtig, lehr- und aufschlussreich», sagt Düde Dürst. Die Musiker konnten sich austoben, die verrücktesten Ideen entwerfen, Erfahrungen sammeln und abstürzen.

Doch die Phase des Experimentierens, die Phase des kreativen Dilettierens war auch in der Schweiz langsam vorbei. Es wurden Strukturen aufgebaut, es entwickelte sich eine Branche für professionelle Schweizer Pop- und Rockmusik. Auch der Schweizer Markt begann, die Musik der Gegenkultur in ein gewinnbringendes Produkt zu verwandeln. Schweizer Rock wurde betriebsfähig gemacht. Gemäss Bruno Spoerri stand auch in der Schweiz um 1977/78 eine neue Generation von Plattenmanagern in den Startlöchern, die nicht einfach übernehmen wollten, was die Musiker lieferten. Sie hatten das Sagen und gaben vor, was geht und wie etwas klingen soll. Die Musiker hatten ihre Carte blanche verloren, die Entscheidungsträger in der Musikbranche zeigten ihnen umgekehrt, dass auch im kleinen Schweizer Markt ein Leben als professioneller Pop- und Rockmusiker möglich war. Und da waren sie, die generalstabsmässig geplanten Marketing- und Imagekampagnen. Das Musikgeschäft hatte gewonnen, die gewerbsmässige und kommerzielle Ära der Schweizer Pop- und Rockmusik begonnen.

100 Meilensteine: Die wichtigsten Platten aus der Gründerzeit des Schweizer Rock

Diese Liste der Meilensteine ist chronologisch gegliedert: Von Anfang der 1960er-Jahre bis Ende der 1970er-Jahre. Nicht alle aufgeführten Alben und Singles sind aktuell verfügbar. Auch auf den Streaming-Portalen wird man nicht in allen Fällen fündig. Dafür ist die Online-Datenbank Discogs eine willkommene Schatzgrube, wo fast alle Alben und Singles im Occasion-Marktplatz zu meist erschwinglichen Preisen angeboten und gehandelt werden. Gesuchte Original-LPs wie das Debüt von *Krokus*, der Sampler «Heavenly and Heavy» oder «An Invisible World Revealed» von *Krokodil* können dort aber gut und gerne mehrere hundert Franken kosten oder werden sogar zu vierstelligen Preisen gehandelt. CDs sind billiger. Das Album «Pyrrho» von *Island* und die Single «Walkin' On This Road» von *Hepp Anselmo* sind aktuell leider überhaupt nicht mehr verfügbar. Wie die meisten Songs und Alben sind diese Raritäten aber auf Youtube auffindbar und hörbar. Parallel zur Lektüre empfehlen wir die «100 Meilensteine aus der Gründerzeit des Schweizer Rock» auf den Online-Portalen von CH Media.

1. Champion Jack Dupree feat. Chris Lange: The Women Blues (Zürich, 1961)

2. Champion Jack Dupree feat. Chris Lange: Trouble Trouble (1962)

3. Les Aiglons: Stalactite (Lausanne/Paris, 1963, Single)

4. Les Faux Frères: Oh! Oui (Lausanne/Paris, 1963, Single)

5. Les Sauterelles: Hongkong (Zürich, 1965, Single)

6. Swiss Beat Live: Les Sauterelles, The Counts, The Dynamites (Zürich, 1965)

7. The Sevens: The Sevens
(Basel, 1966)

8. Les Sauterelles: Les Sauterelles
(Zürich, 1966)

9. Hepp Anselmo: Walkin' On
This Road (Zürich, 1966, Single)

10. POP presents: 1. Schweiz.
Rhythm And Blues Festival
(Zürich, 1967)

11. Nightbirds: Nightbirds
(Locarno, Best of Live)

12. Les Sauterelles: Heavenly
Club (Zürich, 1968, Single)

13. Les Sauterelles: View To
Heaven (Zürich, 1968)

14. The Shiver: Hey, Mr. Holy
Man (St. Gallen, 1969)

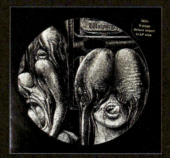

15. The Shiver: Walpurgis
(St. Gallen, 1969)

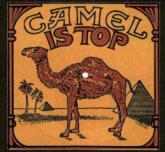

16. Krokodil: Camel Is Top
(Zürich, 1969, Single)

17. Krokodil: Krokodil (Zürich,
1969)

18. Les Sauterelles & The Nightbirds (Zürich/Locarno, 1966–69)

19. Tusk: Child Of My Kingdom
(Zürich, 1970, Single)

20. Jazz Rock Experience: J.R.E.
(1969)

21. Anton Bruhin: Vom Goldabfischer (Zürich, 1969)

22. Krokodil: Swamp (Zürich,
1970)

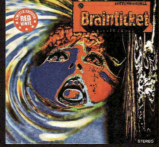

23. Brainticket: Cottonwoodhill
(Basel, 1971)

24. Mainhorse: Mainhorse
(Waadt/London 1971)

25. Toad: Stay! (Basel, 1971,
Single)

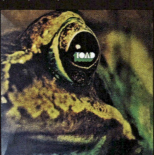

26. Toad: Toad (Basel, 1971)

27. Michel Buhler: Michel Buhler
(Lausanne, 1971)

28. Cardeilhac: Cardeilhac
(Lausanne, 1971)

29. Toni Vescoli: Information
(Zürich, 1971)

30. Spot: Spot (Genf, 1971)

31. Drum Circus: Magic Theatre (Bern, 1971)

32. Hepp – Hahn & Huhn: Alive And Good Night (Zürich, 1971)

33. Krokodil: An Invisible World Revealed (Zürich, 1971)

34. Brainticket: Psychonaut (Mailand, 1972)

35. Deaf: Alpha (St. Gallen, 1972)

36. Tommy Fortmann Demon Thor: Anno 1972 (Bern, 1972)

37. Corry Knobel: Waterfall (Locarno, 1972)

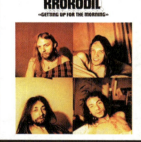

38. Krokodil: Getting up for the Morning (Zürich, 1972)

39. Toad: Tomorrow Blue (Basel, 1972)

40. Hunka Munka: Dedicato A Giovanna G. (Locarno/Milano, 1972)

41. After Shave: Skin Deep (Biel, 1972)

42. Ertlif: Ertlif (Basel, 1972)

43. Markheim: Markheim (Lugano, 1972)

44. Pacific Sound: Forget Your Dream! (Neuchatel, 1972)

45. A Look Into The Evasion Disques: Vaults (Lausanne, 1970–1973)

46. Krokodil: Sweat and Swim (Zürich, 1973)

47. Michel Buhler: Vivre nus (Lausanne, 1973)

48. Demon Thor: Written In The Sky (Bern, 1973)

49. Rumpelstilz: Warehuus Blues (Bern, 1973, Single)

50. Country Lane: Substratum (La Chaux-de-Fonds, 1973)

51. Gong: Lost Thing (Locarno, 1973, Single)

52. Hardy Hepp: Hardly Healed (Zürich, 1973)

53. Refugee: Refugee (Lausanne/London, 1974)

54. TEA: TEA (Zürich, 1974)

Die wichtigsten Platten aus der Gründerzeit des Schweizer Rock

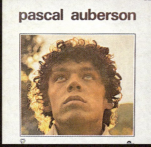

55. Pascal Auberson: Ophélie
(Lausanne, 1974)

56. Toni Vescoli: Lueg für dich
(Zürich, 1974)

57. Heavenly And Heavy: Mixed
Swiss Rock Candies (Bern, 1974)

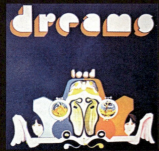

58. Toad: Dreams (Basel, 1974)

59. Lise Schlatt: Lise Schlatt
(Zürich, 1974)

60. Freeway 75: Boozed
(Wettingen, 1974)

61. Rumpelstilz: Vogelfuetter
(Bern, 1975)

62. Grünspan: Bärner Rock
(Bern, 1975, Single)

63. TEA: The Ship (Zürich, 1975)

64. Folk – Made in Switzerland
(Zürich, 1975)

65. Pop – Made in Switzerland
(Zürich, 1975)

66. Toni Vescoli: Guete Morge
(Zürich, 1975)

67. Span: Nimm das nid so tragisch (Bern, 1975, Single)

68. Rumpelstilz: Kiosk (Bern, 1976, Single)

69. Rumpelstilz: Füüf Narre im Charre (Bern, 1976)

70. Marco Zappa: Change (Locarno, 1976)

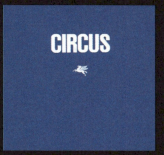

71. Circus: Circus (Basel, 1976)

72. Skibbereen: Skibbereen (Zürich, 1976)

73. Montezuma: Rock Is Here (Solothurn, 1976)

74. Island: Pyrrho (Zürich/ St. Gallen 1975/76)

75. Docmec: Objet Non Identifié (Lausanne, 1976)

76. Hardy Hepp Bruno Spoerri: Hepp Demo Spoerri (1976)

77. Krokus: Krokus (Solothurn, 1976)

78. TEA: Tax Exile (Zürich, 1976)

79. Max Lässer: Songs (Zürich, 1976)

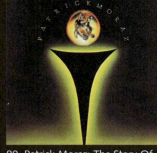

80. Patrick Moraz: The Story Of I (Morges, 1976)

81. Island: Pictures (Zürich/ St. Gallen, 1977)

82. Bode Band: Unter der Brugg (Zürich, 1977)

83. Lise Schlatt: Kuddelmuddel (Zürich, 1977)

84. Patrick Moraz: Out In The Sun (Morges, 1977)

85. Rumpelstilz: La Dolce Vita (Bern, 1977)

86. Jean-Pierre Huser: Chuisse (Lausanne, 1977)

87. Krokus: To You All (Solothurn, 1977)

88. Circus: Movin On (Basel, 1977)

89. Tell! The Musical (Zürich, 1977)

90. Kaktus: Singles 1976–78 (Solothurn, 1978)

91. Chicken Fisher: Feel It (Aarau, 1978, Single)

92. Rumpelstilz: Fätze u Bitze Vo Geschter u Jitze. Live im Atlantis Basel (Bern, 1978)

93. Krokus: Pay It in Metal / Pain Killer (Solothurn, 1978)

94. Span: You Need A Driver / Evi (Bern, 1978)

95. Bruno Spoerri: Voice Of Taurus (Zürich, 1978)

96. Gaston Schaefer: Gaston Schaefer (Lausanne, 1978)

97. Polo Hofer Schmetterding (Bern, 1978)

98. Circus All Star Band: Live (Basel, 1978)

99. Le Beau Lac de Bâle: Baignades strictement interdites (Genf, 1980)

100. Krokus: Metal Rendez-vous (Solothurn, 1980)

BIBLIOGRAFIE

Action CH Rock / Kari Zbinden (Hg.): Action Rock Guide. Das Schweizer Rockhandbuch, Ausgabe 1996/97.

Action CH Rock / Philippe Neyroud (Hg.): L'Officiel du Rock et des musiques actuelles. Suisse romande & Suisse italienne, 1998.

Philippe Bachelin (Hg.): Swiss Singles Cover Gallery. Beat Jazz Pop Punk Rock Schlager. 1950–1990.

Peter Bissegger, Martin Hauzenberger, Manfred Veraguth: Grosse Schweizer Kleinkunst. (rüffer & rub, 2010).

Christine Burckhardt-Seebass: «Gang, hol d'Gitarre …»: das Folk-Festival auf der Lenzburg 1972–1980 und die Schweizerische Folk-Bewegung. (In: Schweizerisches Archiv für Volkskunde, 1987).

Gogo und Melanie Frei: Gogo. Die Karriere eines Provinzmusikers. Eine biografische Dokumentation 1970–2020. (Eigenvertrieb 2020).

Lurker Grand: Die Not hat ein Ende. The Swiss Art of Rock. (Edition Patrick Frey, 2015).

Beat Grossrieder: Das Jahr mit den Blumen im Haar. Der Summer of Love 1967 in Zürich. (Seismo, 2018).

Higi Heilinger, Martin Diem: Muesch Nid Pressiere. Noten und Notizen zum Berner Mundartrock (Zytglogge, 1992).

Ernst Hofacker: 1967. Als Pop unsere Welt für immer veränderte. (Reclam, 2016).

Ernst Hofacker: Die 70er. Der Sound eines Jahrzehnts. (Reclam, 2020).

Olivier Horner: Romands Rock. Panorama des musiques actuelles en suisse romande de 1960 à 2000. (Edition Slatkine, 2013).

Alois Koch (Hg.): Kreative Provinz. Musik in der Zentralschweiz. (Pro Libro, 2010).

Dieter Kohler: La Welsch Music. Chanson, Pop und Rap aus der Westschweiz (Christoph Merian Verlag, 2006).

Marc Krebs: Pop Basel. Musik und Subkultur. (Christoph Merian Verlag, 2009).

Thomas Küng: Rhythmus & Rausch. Polo Hofers langer Weg (Bugra Suisse, 1988).

René Matti, Lukas Müller, Teddy Riedo: Als die Haare länger wurden. Die Sixties in Basel (Christoph Merian Verlag, 2000)

Christoph Merki (Hg.): Musikszene Schweiz. Begegnungen mit Menschen und Orten. (Chronos, 2009).

Montreux Jazz Festival. 30 Jahre Musikgeschichte. (Werd Verlag, 1996).

Samuel Mumenthaler: BeatPopProtest. Der Sound der Schweizer Sixties. (Verlag Editions Plus, 2001).

Samuel Mumenthaler: 50 Jahre Berner Rock (Zytglogge, 2009).

Samuel Mumenthaler: Polo. Eine Oral History. (Editions Plus, 2005).

Samuel Mumenthaler, Kurt Stadelmann (Hg.): Oh Yeah! 200 Pop-Photos aus der Schweiz. 1957–2014.

Dieter Ringli: Schweizer Volksmusik. Von den Anfängen um 1800 bis zur Gegenwart. Mülirad-Verlag, 2006).

Dieter Ringli, Johannes Rühl: Die neue Volksmusik. Siebzehn Portraits und eine Spurensuche in der Schweiz. (Chronos, 2015).

Christian Schmid: You Really Got Me. Music 1947–1970. (Books on demand, 2018).

Schweizer Popgruppen-Verzeichnis (Magazin POP, Hg. 1976).

Bruno Spoerri (Hg.): Jazz in der Schweiz. Geschichte und Geschichten. (Chronos, 2005).

Bruno Spoerri (Hg.): Musik aus dem Nichts. Die Geschichte der elektroakustischen Musik in der Schweiz (Chronos, 2010).

Klaus Staib: Rockmusik und die 68er-Bewegung. Eine historisch-musikwissenschaftliche Analyse. (Verlag Dr. Kovac, 2009).

Toni Vescoli: MacheWasiWill (Cereus, 2014).

Chris von Rohr: Himmel Hölle Rock 'n' Roll. Die Autobiografie. (Wörthersee, 2019).

David Weigel: Progressive Rock. Pomp, Bombast und tausend Takte (Hannibal, 2018).

Peter Wicke: Rock und Pop. Von Elvis Presley bis Lady Gaga (C. H. Beck, 2011).

DANKE

Dieses Buch widme ich meiner Familie. Danke, dass ihr mit mir die Freude und das Interesse an der Musik teilt.

Mein Dank geht an die Schweizer Rock-, Blues-, Jazz-, und Poppioniere Chris Lange, Toni Vescoli, Düde Dürst, Hardy Hepp, Walty Anselmo, Dany Rühle, Chicken Fischer, Dinu Logoz, Cla Nett, Werner Fröhlich, Jack Conrad, Ernesto Vögeli, Bruno Spoerri, Max Lässer, Roli Frei, Thomas Fortmann, Armand Volker, Marc Storace, Eliano Galbiati, Marco Zappa, Patrick Moraz, John Woolloff, Anton Bruhin, Beat Hebeisen, Kurt Güdel, Schifer Schafer, Sam Jungen, «Schöre» Müller, Mathias Kohli, Christoph Kohli, Gogo Frei, Steff Bürgi, Jürg Naegeli, Chris von Rohr sowie die Zeitzeugen Beat Hirt, Teddy Meier, Peter Wälti, Giorgio Fieschi, Alain Croubalian, Martin Schäfer, Victor Pelli, Bobby Leiser, Rolf Schlup, Marco Piazzalonga, Roland Fischer, Nick Heizmann und Bruno Huber. Ohne eure Mithilfe wäre dieses Buch nie zustande gekommen. Ein spezieller Dank gebührt dem Musikhistoriker und Dokumentaristen Sam Mumenthaler (www.sams-collection.ch), der nicht nur wesentliche Vorarbeiten geleistet hat, sondern mir auch Infos, Material und Bilder zur Verfügung gestellt hat. Das gilt auch für Ueli Frey, Juerg Morgenegg, Marcel Aeby sowie Jenny Pastorini, die mir mit wertvollen Bildern und sonstigem Material geholfen haben. Unterstützt hat mich auch mein Arbeitgeber CH Media, Chefredaktor Patrik Müller und das Bild/Fotografenteam sowie der Zytglogge Verlag. Für die Druckkostenbeiträge möchte ich mich bei der L'Unique Foundation, Münchenstein (Rockgallery Basel), der Hans und Lina Blattner Stiftung Aarau und dem Swisslos-Fonds des Kantons Aargau bedanken.

In Gedenken an Polo Hofer, Hanery Amman und Marco «Jelly» Pastorini.

NAMENSREGISTER

Der Autor

Stefan Künzli ist am 14. Januar 1962 in Oberentfelden/AG geboren und aufgewachsen. Er hat neue Geschichte und Schweizer Geschichte an der Universität Bern sowie Musikethnologie an der Universität Zürich studiert. 1988 ist er als Auslandredaktor beim damaligen Badener Tagblatt in den Journalismus eingestiegen und übernahm nach einigen Jahren die Ressortleitung. Nach der Fusion von Aargauer und Badener Tagblatt zur Aargauer Zeitung 1996 kam er in die Redaktionsleitung, war Blattmacher und leitete den Bund für Kultur und Gesellschaft. Heute ist er Ressortleiter Kultur und Musikredaktor für Pop, Rock und Jazz bei CH Media.

Foto: Sandra Ardizzone

Daneben spielte er Saxofon in den verschiedensten Rock- und Bluesbands. Aktuell ist er aktiv in der Rock-Coverband *AZton*, spielt im Duo mit Levi Bo und ist Mitglied der Hornsektion *The Horns*. Stefan Künzli ist verheiratet, Vater von zwei erwachsenen Kindern und wohnt in Oberentfelden.